Czarnowski · Das kontrollierte Paar

Ergebnisse der Frauenforschung
Band 24

Herausgegeben im Auftrag des Präsidenten der Freien Universität
Berlin von

Prof. Anke Bennholdt-Thomsen, Germanistik
Prof. Marlis Dürkop, Sozialpädagogik
Prof. Ingeborg Falck, Medizin
Prof. Marion Klewitz, Geschichtsdidaktik
Johanna Kootz, Soziologie
Prof. Jutta Limbach, Jura
Prof. Hans Oswald, Pädagogik
Prof. Renate Rott, Soziologie
Dr. Hanna Beate Schöpp-Schilling,
    Amerikanistik/Anglistik, Germanistik

Koordination: Anita Runge

Gabriele Czarnowski

Das kontrollierte Paar

Ehe- und Sexualpolitik
im Nationalsozialismus

Deutscher Studien Verlag · Weinheim 1991

Über die Autorin:

Dr. phil. Gabriele Czarnowski, Jg. 48, studierte Germanistik und Politikwissenschaft in Hannover und Marburg. Promotion am Fachbereich Politikwissenschaft in Verbindung mit dem Institut für Geschichte der Medizin an der FU Berlin. Freiberufliche Tätigkeiten und Publikationen zur Geburtenpolitik im Nationalsozialismus.

Nachweis der Abbildungen und Tabellen
Die Abbildungen auf den Seiten 5, 153, 156 und 158 sind entnommen der Zeitschrift *Neues Volk*, 5. 1937, Heft 12, S. 31–33. Die Tabelle auf Seite 225 ist dem *RGesBl* 16. 1941, S. 643 entnommen.

E Kn

D 8

Cz a

CIP-Titelaufnahme der Deutschen Bibliothek

Czarnowski, Gabriele:
Das kontrollierte Paar : Ehe- und Sexualpolitik im Nationalsozialismus / Gabriele Czarnowski. – Weinheim ; Deutscher Studien Verlag, 1991
    (Ergebnisse der Frauenforschung ; Bd. 24)
    Zugl.: Berlin, Freie Univ., Diss., 1990
    ISBN 3-89271-288-3
NE: GT

© 1991 Deutscher Studien Verlag · Weinheim
PC-Texterfassung durch die Autorin
Datenkonvertierung: Fotosatz Barbara Steinhardt, Berlin
Druck: Druck Partner Rübelmann, 6944 Hemsbach
Seriengestaltung des Umschlags: Atelier Warminski, 6470 Büdingen 8
Printed in Germany

ISBN 3 89271 288 3

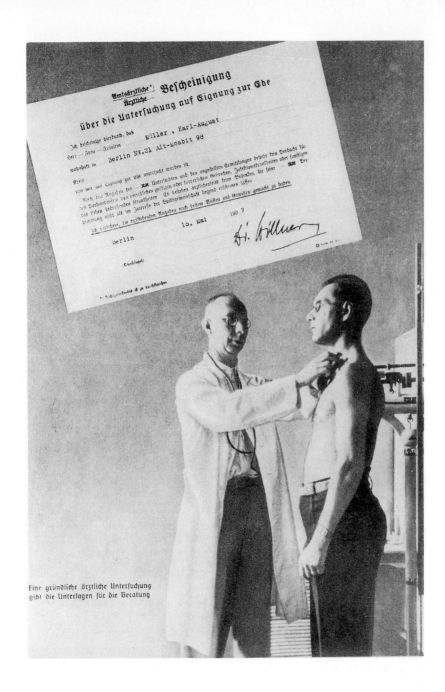

Eine gründliche ärztliche Untersuchung
gibt die Unterlagen für die Beratung

Inhalt

DRITTER TEIL

PRAXIS DER KÖRPERPOLITIK –
DAS BEISPIEL DER ÄRZTLICHEN UNTERSUCHUNGEN
VON MÄNNERN UND FRAUEN FÜR EIN EHESTANDSDARLEHEN

9

Abkürzungsverzeichnis

Archiv Gyn	Archiv für Gynäkologie. Organ der Deutschen Gesellschaft für Gynäkologie
ARGB	Archiv für Rassen- und Gesellschaftsbiologie
AVO	Ausführungsverordnung
BAK	Bundesarchiv Koblenz
BFL	Baur/Fischer/Lenz, Menschliche Erblehre und Rassenhygiene, Bd. I und Bd. II
BGB	Bürgerliches Gesetzbuch
BGBl	Bundesgesetzblatt
BlSchG	Gesetz zum Schutze des deutschen Blutes und der deutschen Ehre (»Blutschutzgesetz«)
DÄBl	Deutsches Ärzteblatt
DGT	Deutscher Gemeindetag
DMW	Deutsche medizinische Wochenschrift
DVO	Durchführungsverordnung
DVP	Deutsche Volkspartei
ED	Ehestandsdarlehen
EhegesG	Gesetz zum Schutze der Erbgesundheit des deutschen Volkes (»Ehegesundheitsgesetz«)
Erl	Erlaß
ETZ	Ehetauglichkeitszeugnis
E.U.	Eheunbedenklichkeitsbescheinigung
G	Gesetz
GBGK	Reichsgesetz zur Bekämpfung der Geschlechtskrankheiten
GesA	Gesundheitsamt
GLM	Gütt/Linden/Maßfeller, Blutschutz- und Ehegesundheitsgesetz. Gesetze und Erläuterungen
GRR	Gütt/Rüdin/Ruttke, Gesetz zur Verhütung erbkranken Nachwuchses. Gesetz und Erläuterungen
GVG	Gesetz über die Vereinheitlichung des Gesundheitswesens
GzVeN	Gesetz zur Verhütung erbkranken Nachwuchses
HdG	Arthur Gütt (Hg.), Der öffentliche Gesundheitsdienst. Erläuterungen zum Gesetz über die Vereinheitlichung des Gesundheitswesens vom 3. Juli 1934 (Handbücherei für den öffentlichen Gesundheitsdienst, Band 1)
IfZ	Institut für Zeitgeschichte, München
Infodienst HAfVg	Informationsdienst des Hauptamtes für Volksgesundheit der NSDAP
Klin Wschr	Klinische Wochenschrift

KWI	Kaiser Wilhelm-Institut
Kom	Kommentar
LT	Landtag
MinBliV	Ministerialblatt für die innere Verwaltung
MMW	Münchener medizinische Wochenschrift
NSDAP	Nationalsozialistische deutsche Arbeiterpartei
Öff GesD A	Der öffentliche Gesundheitsdienst, Ausgabe A
Öff GesD B	Der öffentliche Gesundheitsdienst, Ausgabe B
PersStG	Personenstandsgesetz
Präs.	Präsident
PrMdI	Preußisches Ministerium des Innern
RAM	Reichsarbeitsminister(ium)
RdErl	Runderlaß
RGBl	Reichsgesetzblatt
RGesA	Reichsgesundheitsamt
RGesBl	Reichsgesundheitsblatt
RMdI	Reichsminister(ium) des Innern
RMJ	Reichsminister(ium) der Justiz
RMF	Reichsfinanzminister(ium)
Rk.	Reichskanzlei
RKV oder RKFDV	Reichskommissar für die Festigung deutschen Volkstums
RT	Reichstag
RSHA	Reichssicherheitshauptamt
RuPrMdI	Reichs- und preußischer Minister des Innern
RuSHA	Rasse- und Siedlungshauptamt SS
Schr.	Schreiben
SS	Schutzstaffel
StB	Standesbeamte
StA Zs	Zeitschrift für Standesamtswesen
StGB	Strafgesetzbuch
vgl.	vergleiche
WuS	Wirtschaft und Statistik
Zbl Gyn	Zentralblatt für Gynäkologie
Z Neurol	Zeitschrift für die gesamte Neurologie und Psychiatrie
Zs Gesverw Gesfürs	Zeitschrift für Gesundheitsverwaltung und Gesundheitsfürsorge
Zs indukt Abst	Zeitschrift für induktive Abstammungs- und Vererbungslehre
Zs Medb	Zeitschrift für Medizinalbeamte
Zs psych Hyg	Zeitschrift für psychische Hygiene
ZStAP	Zentrales Staatsarchiv der ehemaligen DDR Potsdam

Einleitung

Die Ehe als allgemeine Lebensform ist entgegen verbreiteten Vorstellungen jüngeren Datums. Noch um die Jahrhundertwende war es nicht allgemein üblich oder möglich zu heiraten, wiewohl die wenigsten Menschen allein lebten. In den zwanziger Jahren heirateten zwar so viele wie nie zuvor. Aber erst in den fünfziger Jahren können wir von der gesellschaftlichen Durchsetzung der modernen »Kernfamilie« in Deutschland sprechen und einer tendenziellen Egalisierung der Lebensform Ehe über alle soziale Schichten hinweg. Seither ist diese Lebensform charakterisiert durch bestimmte klassenübergreifende Normen und Leistungsstandards für die »unsichtbare« Hausarbeit der Frauen, moderne Vorstellungen über »eheliche Partnerschaft«, Praktiken ehelicher Geburtenregelung und, damit verknüpft, die Existenz von »Wunschkindern«.

Dieser Entwicklung – so scheint es – setzten die Nationalsozialisten eine archaische und atavistisch anmutende Frauen- und Familienpolitik entgegen. Im öffentlichen Diskurs und in älteren Forschungen über den National-sozialismus[1] wurde diese Politik als rückwärtsgewandt, konservativ oder reaktionär angesehen. Der Nationalsozialismus hätte demnach die moderne Entwicklung gestoppt. Seither ist auch die »Mütterlichkeit« bei den Linken und der jüngeren Generation ins Zwielicht geraten. Im Streit um das »Müttermanifest« der Grünen wurde deutlich, daß Muttersein und Mütterlichkeit in die Nähe des Nationalsozialismus gerückt werden, sobald sie von Frauen als spezifische Frauenangelegenheit reklamiert werden.

Diese Art und Weise der Verknüpfung von Nationalsozialismus mit Familie und Mutterschaft hat unter andererem mit bestimmten Vorstellungen über Frauenemanzipation zu tun, die mit den – richtigen – Forderungen von Frauen nach dem Recht auf Erwerb und Abschaffung des § 218 verbunden sind. Danach gilt die Emanzipation der Frau im wesentlichen als erreicht, wenn alle Frauen in die Sphäre »öffentlicher Arbeit«, also in außerhäusliche Erwerbsverhältnisse, eingetreten sind. In der Tat ist es richtig, daß in den ersten Jahren des NS-Regimes Parolen wie »Die Frau gehört ins Haus«, die Antidoppelverdiener-Kampagne und die Ehestandsdarlehensvergabe darauf zielten, Frauen vom Arbeitsmarkt zu verdrängen bzw. die Arbeitslosen-statistik entsprechend zu »bereinigen«.[2] Dies aber war spätestens mit Er-reichen der Vollbeschäftigung 1936/37 und dem beginnenden Arbeitskräfte-mangel im Zuge der Aufrüstung vorbei. Die Haus- und Familienarbeit der Frauen, wie sie sich auf Basis der grundlegend geschlechtsspezifischen Arbeitsteilung der bürgerlichen Gesellschaft klassenübergreifend heraus-gebildet hat – ohne welche die hochindustrialisierten Länder gar nicht funktionsfähig wären – bleibt in diesen Emanzipationskonzepten entweder unberücksichtigt oder wird unausgesprochen als Fähigkeit oder Anspruch vorausgesetzt. Die moderne Superfrau erledigt »selbstverständlich« über ihre qualifizierte Erwerbstätigkeit hinaus die notwendige Haus- und Familienarbeit »nebenbei«. Die Doppelbelastung wird zum »normalen« weiblichen Lebensplan. Gerade an der Durchsetzung dieser »Normalität« jedoch hatte der Nationalsozialismus einen nicht zu unterschätzenden Anteil.

Entgegen der landläufigen Meinung über das »Frauenbild« des Faschismus war nicht das »Heimchen am Herd« das Ziel nationalsozialistischer Politik, sondern Ehe und Familie als Leistungsgemeinschaft. Für das Verhältnis der Geschlechter zueinander und ihre Beurteilung galt das Prinzip »gleichwertig, nicht gleichartig«. Hieraus leitete sich die »artgemäße« häusliche und außerhäusliche Arbeitsteilung ab. Die Ehegatten hatten folglich ihren spezifischen Anteil in die Familie einzubringen: Der Ehemann das Geld durch regelmäßige Lohnarbeit bzw. Berufstätigkeit, die Ehefrau die Arbeit: Hausarbeit, mehrfache Mutterschaft, Pflege und Erziehung der Kinder. Sofern der Lohn des »Familienernährers« nicht ausreichte, wurde von ihr zusätzliche Erwerbsarbeit erwartet. Die einseitige familiale Arbeitsteilung war nichts Neues: »zuständig« für die Versorgung des Ehemannes, Hausarbeit und Kindererziehung waren Frauen vor 1933 und nach 1945, sie sind es weitgehend noch heute, ob erwerbstätig oder nicht.

Als Erwerbstätige wie als »Nur-Hausfrauen« waren Frauen zu keiner Zeit während der nationalsozialistischen Herrschaft sich selbst überlassen, noch genossen sie in der Familie einen besonderen Schutz oder Schonraum. Die These etwa, berufstätige Frauen seien für die Partei viel leichter zu erfassen gewesen als die »nichtarbeitenden« Frauen (gemeint sind die nichterwerbstätigen), da jene durch ihre Erwerbsarbeit aus der Privatsphäre des Haushalts in die Öffentlichkeit getreten seien,[3] trifft nicht zu. Im Gegenteil: die neue Qualität nationalsozialistischer Politik gegenüber Frauen zeichnete sich gerade dadurch aus, daß Hausarbeit im weitesten Sinne zu einem öffentlichen Thema wurde und einer gesetzlich eingeführten Kontrolle durch »Sach-«Verständige unterworfen werden sollte. Frauen wurden von zwei Seiten »erfaßt«: als Arbeiterinnen und Angestellte *und* als Hausfrauen und Mütter.[4]

Mutterschaft war von einem – wenn auch wegen Kompetenzstreitigkeiten nicht immer und überall reibungslos funktionierenden – »öffentlichen« System umgeben, das von (Haus-)Arbeits- und Mütterschulung über materielle Hilfestellung und Beratung bis hin zur Kontrolle und Selektion reichte. Wesentliche Träger dieser Funktionen waren die NS-Frauenschaft und das Deutsche Frauenwerk (NSF/DFW) mit dem *Reichsmütterdienst*, die Nationalsozialistische Volkswohlfahrt (NSV), hier besonders das *Hilfswerk Mutter und Kind*, und das öffentliche Gesundheitswesen. Die geringsten Sanktionen konnten die NS-Frauenschaft und das Frauenwerk verhängen. Ihnen fiel die

14

ideologische und praktische Schulung von Frauen zu. Sie bauten einen umfangreichen Schulungsapparat auf. Die in hoher Zahl laufenden Kurse über Haushaltsführung, Kinder-, Gesundheits- und Krankenpflege waren Angebote; daran teilzunehmen waren einige Frauen jedoch – regional unterschiedlich – gezwungen, beispielsweise wenn sie Wohlfahrtsunterstützung oder ein Ehestandsdarlehen erhalten wollten. Viele Frauen nahmen die Kursangebote wahr. Ein Fernbleiben zog – außer in den genannten Fällen – keine meßbaren Sanktionen nach sich.[5] Über mehr Kompetenzen verfügte die NSV. Sie konnte Geld- und Sachmittel vergeben, kurzfristig »ehrenamtliche« Haushaltshilfen vermitteln und Erholungsplätze gewähren, oder dies alles verweigern. Die weitreichendsten Machtbefugnisse und Eingriffskompetenzen besaß das öffentliche Gesundheitswesen, wie es zu zeigen gilt. Die Gesundheitsämter kontrollierten nicht nur die Gebärmütter und die weibliche Arbeitsleistung, sondern konnten die Mutterschaft als solche durch Einleitung von Zwangssterilisationsverfahren bei Frauen oder ihren (Ehe-)Männern überhaupt unmöglich machen.

Nicht also die Zwangsmutterschaft ist das Charakteristische der nationalsozialistischen Frauenpolitik. Es ist zwar richtig, daß der § 218 verschärft wurde und Frauen, die eine Schwangerschaft abbrechen lassen wollten, erheblich größere Probleme als in der Weimarer Zeit hatten. Dies geschah nicht zuletzt durch die Legalisierung der medizinischen Indikation 1935, die zugleich eine Verwissenschaftlichung und Verfeinerung der Indikationsstellung in der Klinik mit sich brachte. Der erschwerte Zugang zu einem von Frauen selbst gewünschten Schwangerschaftsabbruch und zu Verhütungsmitteln (außer Kondomen) existierte jedoch zeitgleich und parallel – das soll einmal mehr betont werden – mit Sterilisation und Abtreibung *gegen* den Willen von Frauen. Diese beruhten auf ärztlichen Klassifizierungen rassischer und eugenischer »Minderwertigkeit«.

Die hier vorgestellte These ist, daß die Ehe- und Sexualpolitik im Nationalsozialismus nicht rückwärtsgewandt, reaktionär oder konservativ war, sondern ganz im Gegenteil höchst modern. Der nationalsozialistische Staat führte in spezifischer Weise fort, was etwa um die Jahrhundertwende begonnen hatte: die sozialpolitische Einflußnahme und Kontrolle von Experten auf die soziale und sexuelle Geschlechtergemeinschaft Ehe. Wichtigstes Element dieser Modernität ist der medizinische Zugriff auf den Körper von Männern und Frauen sowie die familiale Arbeit von Frauen. Im Nationalsozialismus wurde er direkt oder indirekt staatlich erzwungen. Es ist von daher irreführend, in Fragen der Geburtenregelung, Abtreibung, Ehe- und Sexualberatung den blanken wissenschaftlichen »Fortschritt« in der Weimarer Republik am Werke zu sehen, der durch den Nationalsozialismus abrupt unterbrochen worden wäre. Ebenso irreführend ist die Behauptung einer ungebrochenen

Kontinuitätslinie. Diese Einschätzungen geschehen häufig deshalb, weil nicht genügend zwischen Wissenschaftsentwicklung einerseits sowie öffentlichen und privaten Rechtsverhältnissen andererseits getrennt wird. Der Unterschied zwischen der Politik der Weimarer Republik und des Nationalsozialismus – das wird zu zeigen sein – liegt kaum in den wissenschaftlichen Begründungen und den Praktiken dieses Zugriffs, als vielmehr in der legalen wie illegalen Gewalt, mit der er nur aufgrund der politischen Diktatur durchgesetzt werden konnte.

In der nationalsozialistischen Ehe- und Sexualpolitik kam der Medizin nicht nur hinsichtlich der wissenschaftlichen Begründung der Maßnahmen eine zentrale Bedeutung zu. Sie bedurfte darüber hinaus zu ihrer Realisation der medizinischen Profession. Ohne wissenschaftliche Kliniker, Erbpathologen, Psychiater, Gynäkologen, Chirurgen, Medizinalbeamte, Fürsorgeärzte, Ärzte in Krankenhäusern und niedergelassene Fachärzte verschiedener Gebiete wäre diese Politik nicht möglich gewesen. Die Frage nach den Gründen dafür galt es in dieser Arbeit zunächst aufzuspüren. Die besonderen Affinitäten zwischen Medizin und Nationalsozialismus und die allzuoft mörderischen Abgründe inmitten der professionellen und wissenschaftlichen »Normalität« werden von der deutschen medizinhistorischen und zeitgeschichtlichen Forschung in den letzten Jahren spät zwar, aber zunehmend ins Licht gerückt. Die Frage nach dem Warum stellt sich umso dringender, als eugenische Eheverbote und Zwangssterilisation in der Nachkriegszeit weder von Amtsärzten noch den operierenden Ärzten noch Humangenetikern als nationalsozialistisches Unrecht begriffen wurden und die Standesorganisationen sich mit der Aufklärung der Vergangenheit ihres Berufsstands und ihrer Wissenschaft noch immer schwer tun. All das spricht – neben sicher auch stark vorhandenen Verdrängungstendenzen – für eine solide und lange Verankerung bzw. eine hohe Akzeptanz in professionellen und wissenschaftlichen Diskursen vor wie nach der Hitler-Diktatur, deren Reichweite hier nachgegangen werden soll.

Dennoch reicht eine Wissenschaftsentwicklung als solche nicht hin. Es gibt keinen Automatismus oder gar eine »Notwendigkeit«, daß wissenschaftliche Erkenntnis, auch wenn sie wie die Eugenik und Rassenhygiene als anwendungsorientierte Wissenschaft den Eingriff in Ehe und »Fortpflanzung« für unabdingbar erklärte, in die Praxis umgesetzt werden muß. Außerhalb illegaler Praktiken, die aber niemals die angestrebte Massenwirkung entfalten können, muß sie entweder breiter anerkannt und von den betroffenen Menschen oder den Gesellschaftsmitgliedern für die je eigene Lebenspraxis internalisiert worden sein oder, wie in Deutschland, gewaltsam durchgesetzt werden. Hier stellt sich die Frage nach sozialen Entwicklungen und politischem Handeln, nicht zuletzt die nach dem totalitären Staat.

Mit dem Unterfangen, Medizin- und Wissenschaftsgeschichte einerseits mit der Politikgeschichte andererseits unter der Fragestellung nach ihrer Bedeutung für das Geschlechterverhältnis zu verbinden, betritt diese Arbeit für die Zeit des Nationalsozialismus Neuland. Eine Untersuchung über die Ehe- und Sexualpolitik im Nationalsozialismus unter dieser Perspektive existierte bislang nicht. Die Arbeit knüpft dennoch an verschiedene bisherige Ergebnisse und Diskurse an und stellt sich zugleich in die noch junge Tradition einer historischen Frauenforschung, die es für notwendig erachtet, den Blick auf die politischen, rechtlichen, wissenschaftlichen und kulturellen Strukturen zu richten, die Frauen und Männer umgeben, um so unterschiedliche und sich wandelnde Handlungsräume von Frauen und Männern in der Geschichte begreifen zu können.[6]

Diese Untersuchung über die Ehe- und Sexualpolitik im Nationalsozialismus fragt nach der Bedeutung von Medizin und Politik für das Geschlechterverhältnis am Beispiel der ärztlichen Untersuchung vor der Eheschließung.

Der Leser oder die Leserin erwarte keine sozialhistorische Analyse etwa über die Konfrontation verschiedener gesellschaftlicher Gruppen (hier: Amtsärzte und Eheschließende). Es handelt sich auch nicht um eine historisch-soziologische Untersuchung über die Frauen und Männer, die ein Ehestandsdarlehen beantragten. Aus diesem Grund sind bis auf eine Ausnahme keine ausgefüllten *Untersuchungsbögen* herangezogen und ausgewertet worden. Soweit von Ärzten veröffentlichte »Fallgeschichten« in die Arbeit eingegangen sind, sollen sie die Definitionsmacht der Medizin im Verbund mit der vom Staat verliehenen Rechtskraft dokumentieren. Das Interesse gilt primär der Untersuchung von Frauen und Männern vor der Eheschließung als solcher, den Gründen für ihre Einführung und der Darstellung und Analyse der dabei angewandten Verfahren und Methoden im einzelnen. Die medizinische Untersuchung der Eheschließenden erweist sich in sozialhistorischer und geschlechterpolitischer Hinsicht als ein wichtiges Indiz für den Wandel der Eheinstitution und damit auch des sexuellen und sozialen Geschlechterverhältnisses. Eine Schlüsselrolle kommt dabei der im Nationalsozialismus gesetzlich eingeführten körperlichen (genitalen) Untersuchung der (künftigen) Ehe-)Frauen zu.

Die vorliegende Arbeit basiert primär auf der Auswertung gedruckter Quellen, hinzu kommen einige Archivalien. An zeitgenössischer medizinischer und vererbungswissenschaftlicher Fachliteratur wurden ausgewählte Monographien, Zeitschriftenaufsätze und Dissertationen, fachwissenschaftliche Hand- und Lehrbücher verschiedener Einzeldisziplinen zugrundegelegt, vor allem aber das erste große Sammelwerk ärztlicher Autoren von 1904/1916, das sich mit *Krankheiten und Ehe* beschäftigte, sowie das erste systematische Lehrbuch der frühen deutschen Humangenetik, *Menschliche Erblehre und*

Rassenhygiene, das von 1921/22 bis 1936 in vier Auflagen erschien. Die politik- und verwaltungsgeschichtlichen Teile der Arbeit stützen sich hauptsächlich auf die Auswertung von Gesetzen, Erlassen, Verordnungen, einschlägigen Gesetzeskommentaren und Verwaltungshandbüchern und Archivdokumenten, vornehmlich Überlieferungen aus dem Reichsministerium des Innern. Die Quellen wurden herangezogen zur Darstellung der Gesetzesgenese für die ärztlichen Untersuchungen von Männern und Frauen für ein Ehestandsdarlehen, zur Vorgeschichte der Reform des öffentlichen Gesundheitswesens und der internen Auseinandersetzungen von Partei und Staat um die Gesundheitsfürsorge. Einen wichtigen Stellenwert nimmt neben der Diskursanalyse der Amtsärzte auf Basis der in den Fachzeitschriften publizierten Beiträge die Darstellung und Analyse der Arbeitsmittel der Gesundheitsämter ein, Begutachtungsbögen, Karteikarten, Zeugnisformulare. Auch zeitgenössische Statistiken wurden herangezogen.

Der erste Teil »Wissenschaft – Die Ehe als 'Angriffspunkt der Eugenik'« zeigt vor dem Hintergrund verschiedener Entwicklungslinien auf, wie es dazu kommen konnte, daß Staat und Medizin in der zuvor privatrechtlich streng geschützten Eheinstitution eine so entscheidende Rolle spielen konnten. Im ersten und zweiten Kapitel werden die wissenschaftlichen, im dritten Kapitel die sozialen und rechtlichen Voraussetzungen dieses Prozesses dargestellt. Die Ausführung reicht zeitlich bis zur Jahrhundertwende zurück, um den enormen Wandel verständlich zu machen, den die ärztliche Untersuchung vor der Eheschließung bedeutete, und die wissenschaftlichen wie gesellschaftlichen Entwicklungen zu zeigen, die ihre Einführung überhaupt ermöglichten. Dazu war es notwendig, auf die Diskussionen über Ehezeugnisse während des Ersten Weltkriegs einzugehen und das alte Ehetrennungsrecht des BGB ausführlicher als das neue nationalsozialistische Scheidungsrecht zu behandeln. Die Ausführungen zur Wissenschaftsgeschichte der frühen Genetik und ihren Einfluß auf die medizinische Erbforschung sollen zeigen, wieso das Postulat des Körpereingriffs am individuellen Menschen durch das neue genetische Vererbungsparadigma als naturwissenschaftlich begründet erschien. Werden also im ersten Teil dieser Arbeit die zum Teil länger zurückreichenden wissenschaftlichen, sozialpolitischen und rechtlichen Voraussetzungen vorgestellt, die in ihrer Gesamtheit dazu beitrugen, daß die Ehe zum »Angriffspunkt der Eugenik« werden konnte, so wendet sich der zweite Teil der Politik zu: den im Nationalsozialismus geschaffenen verwaltungsrechtlichen, materiellen und personellen Voraussetzungen dieses »Angriffs«. Im Zentrum steht die Beschreibung von Genese, Struktur und Funktionsweise des öffentlichen Gesundheitswesens als »biologischer Zentrale«. Wie notwendig ein funktionsfähiger, gut ausgestatteter Apparat für die Durchführung rassenhygienischer Politik ist, wird im vierten Kapitel am Beispiel der überstürzten

18

Einführung der ärztlichen Untersuchungen für Ehestandsdarlehensbewerber/ innen aufgezeigt, der ersten rassenhygienischen Selektionsmaßnahme des NS-Staates. Das fünfte Kapitel thematisiert den engen strukturellen Zusammenhang zwischen Gesundheitsfürsorge, Genetik und »Fortpflanzungs«-Kontrolle. Der dritte und letzte Teil stellt die Prüfungen auf *Eheeignung* von Männern und Frauen für ein Ehestandsdarlehen in den Mittelpunkt. Hier verbinden sich die durch Wissenschaft und Politik gegebenen Voraussetzungen in der Praxis der amtsärztlichen Untersuchung und Begutachtung, hier zeigt sich die Bedeutung von Medizin und Politik für das Geschlechterverhältnis. Die vorliegende Arbeit verfolgt in ihrer Beschränkung auf ein Stück Wissenschafts- und (Un-)Rechtsgeschichte, das öffentliche Gesundheitswesen und die ärztlichen *Eheeignungsprüfungen* das Ziel, das auch dieser vermeintlichen Normalität innewohnende Gewaltsame zu entdecken und zum Nachdenken darüber anzuregen, inwieweit es die Zeit des Nationalsozialismus überlebt hat.

Dieses Buch ist die gekürzte und teilweise überarbeitete Fassung einer Dissertation, die im Januar 1990 am Fachbereich Politische Wissenschaft der Freien Universität angenommen wurde.

Ich danke Hajo Funke und Gerhard Baader, daß sie die Arbeit in der Endphase betreut und damit wesentlich zu ihrer Fertigstellung beigetragen haben. Die notwendigen Wege in »fremdem Gelände« wurden durch die Begleitung von Gerhard Baader als Medizinhistoriker erleichtert. Karin Hausen danke ich für Anregungen zur Konzeption. Wichtig waren jedoch vor allem kontinuierliche und anregende Diskussionen mit Susanna Dammer, Dagmar Reese, Carola Sachse, Elisabeth Meyer-Renschhausen, Anna Bergmann, Annegret Ehmann und Ruth Köppen. Ihnen möchte ich für Gespräche, Kritik und Hilfe danken. Ohne die Unterstützung und Ermutigung von Gerhard Keller wäre diese Arbeit nicht geschrieben worden.

ERSTER TEIL

WISSENSCHAFT

DIE EHE ALS »ANGRIFFSPUNKT DER EUGENIK«

1. Kapitel

Rassenhygiene – Eugenik – Fortpflanzungshygiene als wissenschaftliches Programm: Eine neue Qualität des Zugriffs auf den Körper

>»Schon seit Jahrzehnten haben ... Vererbungswissenschaftler aller Länder, besonders aber in Deutschland, ihre warnende Stimme erhoben und darauf hingewiesen, daß die Abnahme der Geburten und der fortschreitende Verlust der wertvollen Erbmasse auf der einen Seite, dagegen die Zunahme der Erbkrankheiten und der asozialen Geisteshaltungen auf der anderen Seite eine schwere Entartung der Kulturvölker zur Folge haben müssen.«[1]

Zur Bedeutung von Rassenhygiene und Eugenik in Politik und Öffentlichkeit bis 1933

Als der Nationalsozialismus die Rassenhygiene zur Staatsdoktrin erhob, knüpfte er an eine moderne, internationale Entwicklung in Wissenschaft und Politik an.[2] Um die Jahrhundertwende noch Angelegenheit einer kleinen Gruppe von vornehmlich (Natur-)Wissenschaftlern und Ärzten, die sich in Deutschland ab 1905 in der Gesellschaft für Rassenhygiene organisierten, hatten rassenhygienische und eugenische Deutungsmuster sozialer Phänomene bis Anfang der Dreißiger Jahre im öffentlichen gesundheitspolitischen wie berufspolitischen Diskurs, an den Universitäten und in der Politikberatung beachtlichen Einfluß gewinnen können.

Gegenstand der Rassenhygiene wie der Eugenik war nach Alfred Ploetz (1860-1940), dem »Altmeister« der deutschen Rassenhygiene, die *Vitalrasse*. Darunter faßte er, im Unterschied zur *Systemrasse* der messenden und beschreibenden Anthropologie, den durch »Fortpflanzung« gegebenen Zusammenhang der Gesellschaftsmitglieder. Der Rassenbegriff implizierte bei einer Reihe von Rassenhygienikern verschiedener Lebensalter auch ein hierarchisches ethnisches Rassenverständnis. So waren etwa Ploetz, Fritz Lenz (1887-1976), Eugen Fischer (1874-1967) und Otmar von Verschuer (1896-1969) verdeckt oder offen antisemitisch und setzten die »nordische Rasse« als Hort von Geist und Kultur an die Spitze aller »Rassen«, im Gegensatz etwa zu dem frühen deutschen Rassenhygieniker Wilhelm Schallmayer (1857-1919) oder dem Eugeniker und Gynäkologen Max Hirsch (1877-1943), der bis zu seiner Verfolgung durch die Nationalsozialisten 1933 eine bedeutsame Rolle in der

Geburtenpolitik der Weimarer Zeit spielte. Um sich von dem hierarchischen Rassenbegriff, vor allem dem damit verbundenen Antisemitismus abzugrenzen, plädierte der Sozialhygieniker Alfred Grotjahn (1869-1931)[3] für den Begriff der *Fortpflanzungshygiene.* Er schlug vor, den Begriff der Rasse durch *Konnubialkreis* zu ersetzen oder durch »Konglomerat generativ untereinander verbundener Menschen«.[4] Über die Entwicklung der Anthropologie zur *Anthropo-Biologie* – eine Vorläuferin der heutigen Populationsgenetik – wurde die theoretische Verbindung zwischen dem anthropologischen und dem eugenischen Rassenbegriff hergestellt: Die Anthropo-Biologie definierte *Rassenunterschiede* als *Erbunterschiede.* Hierbei spielten vor allem Eugen Fischer und das 1927 gegründete *Kaiser Wilhelm-Institut für Anthropologie, menschliche Erblehre und Eugenik* in Berlin-Dahlem eine maßgebende Rolle.[5]

Trotz beträchtlicher Differenzen[6] stimmten Rassenhygiene, Eugenik und Fortpflanzungshygiene in dem Objekt ihres Interesses überein: Sexualität, »Fortpflanzung« und Gesellschaft. Sie beurteilten Frauen und Männer nach ihrem sozialen Wert und waren davon überzeugt, daß die »Beschaffenheit« jedes Menschen neben Umwelteinflüssen wesentlich von seinen »erblich überkommenen Anlagen«[7] bestimmt werde. Sexualität und »Fortpflanzung« könnten deshalb nicht (mehr) dem Zufall oder dem Gutdünken der individuellen Menschen oder der (Ehe-)Paare allein überlassen bleiben, sondern bedürften der Beratung, Überwachung und regulierender Eingriffe durch Experten. Zu berufenen »Sach«-Verständigen für diese Tätigkeit in Forschung und Praxis erklärten Rassenhygieniker und Eugeniker ihre eigene Zunft: Naturwissenschaftler und Ärzte.

Eugenisches und rassenhygienisches Denken fand Anhänger und Anhängerinnen in vielen gesellschaftlichen Gruppen, quer durch das Spektrum der politischen Parteien, in den Kirchen, bei den Linken, in der Frauenbewegung, war also kein Reservat der Konservativen oder der nationalen Rechten. Die Innere Mission, die große evangelische Wohlfahrtsorganisation, hatte 1932 in Treysa einen Konferenzbeschluß über die Befürwortung der eugenischen Sterilisation gefaßt.[8] Einer der bekanntesten Eugeniker war hier der Bevölkerungswissenschaftler Hans Harmsen (geb. 1899); nach 1945 baute er *pro familia* auf.[9] Im katholischen Milieu sorgte der Jesuitenpater und Biologe Hermann Muckermann (1877-1962), der gute Beziehungen zum Zentrum und zur preußischen Regierung hatte, vor allem durch seine Vortragstätigkeit seit 1917 für die Verbreitung eugenischen Denkens unter dem Motto »Schutz der Familie«. Als einer von wenigen, aber einflußreichen Katholiken befürwortete er die eugenische Sterilisation,[10] während die päpstliche Enzyklika über die Ehe *Casti connubii* vom Dezember 1930 Körpereingriffe aus eugenischen Gründen (wie alle sonstigen Eingriffe in »Fortpflanzung« ebenfalls) ablehnte.

Auch im Bund für Mutterschutz, einem »radikalen« Flügel der Frauen-bewegung,[11] bei der Gruppe der organisierten Berliner Ärztinnen,[12] bis hin zur linken Sexualreformbewegung, deren Verbände unterschiedlich mit SPD und KPD verknüpft waren,[13] war das Denken in eugenischen Mustern en vogue. Besonders verbreitet war es – außer in den Bio-Wissenschaften – unter Angehörigen von Berufsgruppen, die mit Menschen zu tun hatten, vor allem in der Ärzteschaft, aber auch bei einigen Krankenkassen und in der Gesundheits- und Wohlfahrtspflege Tätigen.

Der gemeinsame Nenner für die breite Allianz von Angehörigen ansonsten höchst divergierender Institutionen und Organisationen in Fragen der Euge-nik war neben ihrer Zukunftsorientiertheit vor allem ihr wissenschaftlicher und damit parteipolitisch neutraler Charakter. Eugenik als *angewandte Wis-senschaft* versprach, die von vielen gesehenen sozialen Probleme sachlich, objektiv und fern von allem »Parteiengezänk« zu lösen. Gleichwohl war sie damit nicht »unpolitisch«, sondern zur Umsetzung ihrer Programme auf den Staat angewiesen. Es kommt nicht von ungefähr, daß gerade Zeugung, Schwangerschaft, Geburt und Mutterschaft im weitesten Sinn als unpolitische Themen aufgefaßt wurden: Sie waren »Natur« in demselben Sinn, wie etwa Pflanzen, Haare und Nägel unbewußt wachsen, und dem Privatbereich zuge-hörig. Als solche hatten sie nie eine Chance, anerkannt »politisch«, d.h. als individuelle Rechte von Bürgern und vor allem von Bürgerinnen öffentlich verhandelbar zu werden. Sie wurden es erst – als Reaktion auf den Geburten-rückgang – unter der Prämisse des großen Ganzen: seien es Volksgesundheit, Rasse oder Volksgemeinschaft. Und da standen sogleich die vermeintlich neu-tralen, »unpolitischen«, weil wissenschaftlichen Experten auf dem Plan.[14] Hierbei ist zu bedenken, daß die kommunale und staatliche Gesundheits- und Fürsorgepolitik als Beginn des modernen Sozialstaats zum großen Teil über-haupt erst während und nach dem ersten Weltkrieg entstand, binnen weniger Jahre einen mächtigen Aufschwung nahm und durch die Weltwirtschaftskrise wieder abrupt schrumpfte.

In die politische Diskussion hatten rassenhygienische Deutungsmuster auf-grund des historisch neuen Phänomens des Geburtenrückgangs ihren Weg gefunden.[15] Im Reichsgesundheitsamt wurden seit 1907 Akten unter der Rubrik »Rassenhygiene und Eugenik« geführt, ab 1923 über »Unfruchtbar-machung geistig Minderwertiger«.[16] Nach Ende des Ersten Weltkriegs mit seinen vielen Kriegstoten, zerrütteten Ehen und dem von Politikern und Demographen beklagten »Geburtenausfall« hatten Rassenhygiene und Euge-nik offiziell ihren Einzug in die wissenschaftliche Politikberatung erreicht. Der Sozialhygieniker Adolf Gottstein (1857-1941), von 1919 bis 1924 Leiter der Medizinalabteilung in Preußen, etablierte 1920 den *Beirat für Rassen-hygiene* beim Preußischen Minister für Volkswohlfahrt, der nach zweijährigem

Bestehen als *Ausschuß für Bevölkerungspolitik und Rassenhygiene* im neu gegründeten Preußischen Landesgesundheitsrat weitergeführt wurde.[17] Als Mitglieder wurden hauptsächlich Genetiker vom damaligen *Kaiser Wilhelm-Institut für Biologie* und Mediziner berufen, so Carl Correns (1864-1933), Richard Goldschmidt (1878-1958) Agnes Bluhm (1862-1943), Erwin Baur (1875-1933) und andere. Alle einschlägigen geburtenpolitischen Themen (Eheberatung, Verhütungsmittel, Abtreibung, Sterilisation, Elternschaftsversicherung) wurden hier verhandelt. Resultat der Arbeit waren Gesetzesvorstöße für Ehezeugnisse (1922), die Zulassung von Indikationen für Schwangerschaftsunterbrechung (1925/26), Sterilisation (1932) sowie die Schaffung neuer sozial- und geburtenpolitischer Infrastrukturen (Eheberatungsstellen 1927).[18] Im Reichstag konnten die Gesetzesentwürfe allerdings nie eine Mehrheit auf sich vereinigen.

Hatte der Erste Weltkrieg die Institutionalisierung von Rassenhygiene und Eugenik in der wissenschaftlichen Politikberatung gebracht und im Zusammenhang damit die Gründung des ersten humangenetischen und eugenischen Forschungsinstituts in Deutschland bewirkt, so führte die Weltwirtschaftskrise mit der Finanzknappheit der öffentlichen Kassen, Massenarbeitslosigkeit, wachsender Armut und sozialem Elend dazu, die von Rassenhygienikern seit langem propagierte »Sterilisierung Minderwertiger« staatlicherseits in die Wege zu leiten. »Eugenik im Dienste der Volkswohlfahrt« war Titel und Motto der Sitzung des Preußischen Landesgesundheitsrats im Juli 1932, an deren Ende der Auftrag an eine Kommission stand, ein Sterilisationsgesetz zu erarbeiten.[19] Als Indikator dafür, wie verbreitet Rassenhygiene und Eugenik als wissenschaftliche Interpretation gesellschaftlicher Verhältnisse Anfang der dreißiger Jahre waren, kann das politische Engagement sozialer und medizinischer Berufsgruppen für die rechtliche Verankerung der »Sterilisation Minderwertiger« gelten. Alle beriefen sich ausnahmslos auf vorhandene wissenschaftliche Erkenntnisse. So überreichte am 11.2.1932 Prof. Dr.med. P.Nitsche – später T4-Gutachter – dem RMdI eine Resolution der Forensisch-Psychiatrischen Vereinigung zu Dresden »mit der Bitte um wohlwollende Prüfung«.[20] Im selben Jahr beschäftigte sich auch die Tagung der deutschen Sektion der Internationalen kriminalistischen Vereinigung mit dem Thema Sterilisation; darauf verwies der Präsident des Reichsgesundheitsamts, Hamel, in einer gutachterlichen Äußerung auf das Schreiben Nitsches an das RMdI. Er berichtete weiter, daß »in der Angelegenheit auch bereits die Herren Professor Dr. Muckermann vom Kaiser Wilhelm-Institut für Anthropologie, menschliche Erblehre und Eugenik, sowie das Mitglied des Preußischen Staatsrates, Dr.Struve, auf dessen Referat hin diese Körperschaft kürzlich eine Entschließung gefaßt hat, die praktischen Ergebnisse der eugenischen Forschung in erhöhtem Maße der Volkswirtschaft nutzbar zu machen«, an ihn

bereits herangetreten seien.[21] Auch der Geschäftsausschuß des Ärztevereinsbunds befaßte sich im September 1932 mit dem Thema. Die Referate und eine
Entschließung wurden im Deutschen Ärzteblatt veröffentlicht.[22] Anfang
November 1932 erschienen als Vertreter der Ärzteschaft Geheimrat Dr.Stau-
der, Dr.Haedenkamp, Dr.Schneider und Dr.Felt im Reichsministerium des
Innern und forderten in einem Gespräch mit dem damaligen Innenminister
von Gayl den Erlaß eines Sterilisationsgesetzes auf dem Wege der Notverord-
nung.[23] Wenige Tage später unterstützten sie ihre Forderung durch eine Eingabe des Ärztevereinsbunds zugleich im Namen des Verbandes der Ärzte
Deutschlands (Hartmannbund). »Unverkennbar liegt genügend Anlass vor,
um gerade jetzt aus den Ergebnissen längerer wissenschaftlicher Vorarbeiten
und aus der Einsicht in die gegenwärtige erbbiologische Situation des deutschen Volkes praktische Folgerungen zu ziehen«, hieß es in der Eingabe. Die
medizinische Wissenschaft habe es ermöglicht, bei »bestimmten Leiden körperlicher und geistiger Art eine hinreichend genaue Aussage über die Erblichkeit zu machen.«[24] Auch die Tagespresse ging in ihrer Berichterstattung von
einer vorhandenen wissenschaftlichen Basis für die Sterilisation aus.[25] Der
Genetiker Richard Goldschmidt, 1933 wegen rassischer Verfolgung zur Emi-
gration gezwungen, sah den Preußischen Landesgesundheitsrat um die
Früchte seiner wissenschaftlich-politischen Arbeit betrogen: die Nazis hätten
den gesamten Plan eugenischer Maßnahmen übernommen.[26] In der Tat
konnte das *Gesetz zur Verhütung erbkranken Nachwuchses* bereits im Juli
1933 vom Reichskabinett verabschiedet werden, weil im Preußischen Landesgesundheitsrat ein Entwurf erarbeitet worden war. Die Nationalsozialisten
ergänzten ihn um den Zwang; sie bezogen sich ausdrücklich auf die wissenschaftliche Legitimierung.[27]

Auf Basis der hier skizzierten Fakten – zumeist Ergebnisse neuerer Untersuchungen – wie auch derjenigen über eugenische Bewegungen in den USA
und in Europa wird deutlich: Eugenik und die in Deutschland zunehmend rassistisch ausgerichtete Rassenhygiene können nicht allein als bloße Vorläufer
des Nationalsozialismus betrachtet werden. Sie sind als fundamentales politi-
sches, soziales und wissenschaftliches Glaubens- und Handlungssystem der
Moderne aufzufassen, dessen Ende und dessen Folgen noch nicht abzusehen
sind. Im nationalsozialistischen Deutschland erfuhr es eine bestimmte und
besonders brutale historische Konkretion.

Experimentelle Genetik, Menschliche Erbforschung und Rassenhygiene: Ein wissenschaftshistorischer Überblick

Rassenhygiene und Eugenik hatten seit 1909 Eingang in den Lehrbetrieb der Universitäten gefunden, vornehmlich an den medizinischen Fakultäten in den Fächern Hygiene, Anthropologie, Anatomie, Psychiatrie, aber auch in Zoologie und Botanik im Rahmen der sich entwickelnden allgemeinen Vererbungslehre.[28] Der bis heute in seinem Fach berühmte Pflanzengenetiker Erwin Baur (1875-1934)[29] hielt ab 1905 an der Landwirtschaftlichen Hochschule Berlin jeweils eine Einführungsvorlesung über Vererbungslehre, die er 1911 als Buch herausbrachte. Thema der letzten Vorlesung war *Vererbung beim Menschen. – Die Bedeutung der Vererbungswissenschaft für die Medizin, Anthropologie und Eugenik*. Das Buch erschien 1922 in zweiter, 1930 in 7.-11. Auflage.[30] Lehrveranstaltungen rassenhygienischen Inhalts waren von der Initiative der an diesen Fragen interessierten Dozenten und Professoren abhängig. Bis zum Nationalsozialismus, der einen Boom an Institutsgründungen bringen[31] und Rassenhygiene als Pflichtfach im Medizinstudium verankern sollte, existierte nur ein Lehrstuhl für Rassenhygiene an der medizinischen Fakultät der Universität München, den von 1923 bis 1933 Fritz Lenz innehatte.[32]

Die naturwissenschaftliche Grundlage der Eugenik und Rassenhygiene bildete neben der Darwinschen Evolutionstheorie die Vererbungslehre. Bis zur Gründung des Kaiser Wilhelm-Instituts für Anthropologie, menschliche Erblehre und Eugenik im Jahre 1927, dessen Einweihung im Zusammenhang mit dem 5. Internationalen Kongreß für Vererbungswissenschaft stattfand, existierte in Deutschland keine Forschungseinrichtung, die ausschließlich oder vorwiegend mit der menschlichen Vererbung befaßt war. Arbeiten über Vererbung beim Menschen wurden außer in dem von Alfred Ploetz 1904 gegründeten *Archiv für Rassen- und Gesellschaftsbiologie* und in der medizinischen Fachpresse auch in Zeitschriften der allgemeinen Vererbungslehre mit abgehandelt, so in dem weltweit ersten genetischen Periodikum, der von Erwin Baur 1908 gegründeten *Zeitschrift für induktive Abstammungs- und Vererbungslehre*. Umgekehrt erschien z.B. 1913 in dem u.a. von Alfred Grotjahn herausgegebenen *Archiv für Soziale Hygiene* ein *Originalbericht* Baurs über »Die Frage der Vererbung erworbener Eigenschaften im Licht der neuen experimentellen Forschung mit Pflanzen«.[33] Als Vortrag bei der Berliner Gesellschaft für Rassenhygiene vom November 1912 wurde er im Rahmen der in dieser Zeitschrift veröffentlichten Sitzungsberichte abgedruckt.

Die Allgemeine Vererbungslehre oder Experimentelle Genetik war eine noch junge Wissenschaft, die seit »Wiederentdeckung« der *Mendelschen Gesetze* um die Jahrhundertwende durch Correns, Tschermak und de Vries einen ungeheuren Aufschwung nahm und im Zuge der breiten Begeisterung für Naturwissenschaften und rationale Welterklärung auch die Frage nach der Vererbung beim Menschen neu stellte. Bei Rassenhygienikern und Eugenikern fand die sich entwickelnde Genetik große Aufmerksamkeit, bildeten doch *Vererbung und Auslese* den zentralen Mechanismus rassenhygienischer Natur- und Gesellschaftstheorie.

Gregor Mendel hatte 1865 bei Inzuchtversuchen mit rund- und kantigsamigen Erbsen herausgefunden, daß selbständige und konstante Einheiten, die *Erbfaktoren*, Grundlage der Vererbung von bestimmten Erbeigenschaften sein müßten, da Merkmale, die in der ersten Generation verschwanden, in der zweiten und den folgenden wieder auftauchten, und zwar in einem konstanten Zahlenverhältnis, das der binomischen Formel entsprach. Die älteren Vorstellungen hingegen gingen davon aus, daß alle Merkmale »vermischt« und bei »Kreuzung« verschiedener »Rassen« verdünnt weitergegeben würden. Tier- und Pflanzenzüchter hatten zwar bereits vor Mendel in Experimenten die Vererbung vieler Merkmalsunterschiede festgestellt, aber sie hatten sie nicht voneinander getrennt und nicht einzeln ausgezählt. Das Einmalige bei Mendel war – so sieht es der heutige Genetiker Monroe Strickberger –, »daß er jedes Merkmal getrennt betrachtete, daß er die Häufigkeit des Auftretens der verschiedenen Merkmale bei den Individuen in jeder Generation feststellte und daß er seine Zahlenergebnisse als Verhältnisse analysierte, die die zugrundeliegenden Gesetzmäßigkeiten der Vererbung ausdrückten«.[34] Die sich entwickelnde junge Wissenschaft der Genetik trat in den Kreis der »exakten Wissenschaften« aufgrund der Methoden, mit denen sie arbeitete: das Experiment und die Statistik.

Daß die allgemeine Vererbungswissenschaft ihre Ergebnisse durch Experimente an Pflanzen und Tieren gewann, stand der Annahme der prinzipiellen Gültigkeit der Vererbungsgesetze auch für den Menschen nicht entgegen. Davon gingen die Wissenschaftler aus. Grundsätzlich war der einheitliche Blick auf Pflanze, Tier und Mensch möglich, seitdem die moderne Botanik, Zoologie und Medizin (Histologie) die Zelle als Grundbaustein aller Lebewesen definierten, insbesondere die spezifische Bedeutung und Organisation der *Keimzellen*. Dieser Blick ist historisch geworden.[35] Die gleiche Vererbungsgesetzmäßigkeit für Löwenmäulchen, Drosophila und Mensch anzunehmen, war und ist unter naturwissenschaftlicher Perspektive durchaus logisch, auch wenn die Vorgänge im einzelnen nicht bekannt waren.[36] Sie auf Basis der neuen Erkenntnismethode zu finden, war eine Herausforderung an die Forschung und eine Frage der Zeit. Die entstehende Humangenetik folgte den experimentell gewonnenen Ergebnissen der Allgemeinen Genetik.[37] Waren auch die Fragestellungen hinsichtlich der Vererbungsvorgänge bei Pflanze, Tier und Mensch im Grundsatz dieselben, so konnten doch faktisch nicht die gleichen Forschungsmethoden angewandt werden. Denn »Kreuzungs«-Experimente wie bei Fruchtfliege, Mais und Löwenmaul, die in kurzer Zeit viele »Generationen« hervorbrachten, waren (und sind) beim Menschen nicht möglich: zum einen aufgrund des etwa 20 bis 40 Jahre dauernden Generationswechsels, zum anderen wegen der im Verhältnis zu Löwenmaul und Fruchtfliege sehr begrenzten Zahl von »Nachkommen«. Das Vergleichen und Auszählen der »Kreuzungsergebnisse« vieler Generationsfolgen nach der Häufigkeitsverteilung bestimmter Merkmale war jedoch für die Erklärung des Vererbungsmodus in der experimentellen Genetik zentral. Als »Ausgleich« sahen menschliche Erbforscher das in der Medizin über die Spezies Mensch zusammengetragene Wissen an, das bei keinem anderen Lebewesen so umfangreich war. Die menschliche Vererbungsforschung basiert(e) damit hinsichtlich der Definition wie dem Zugang zu ihrem »Forschungsgegenstand« auf dem Konzept des Menschen, das die moderne, naturwissenschaftliche Medizin hervorgebracht und durch ihre Erkenntnismethoden entwickelt hat.[38]

Genetik und Humangenetik zählen zu den statistischen Wissenschaften, weil sie nach Gesetzmäßigkeiten und Wahrscheinlichkeiten der Vererbung fragen; die Humangenetik gehört zudem zu den medizinischen Wissenschaften, weil sie deren Menschenbild zugrundelegt und auf therapeutische Eingriffe abzielt. Beide aber haben eine spezifische, nichtstatistische und nichtmedizinische Grundlage: die aus der Tier- und Pflanzenzüchtung übernommene Praxis der *Kreuzung*. In der der Genetik wird die »Kreuzung« zum spezifischen und das Fach als solches konstituierenden Experiment.[39] Über den Zusammenhang von allgemeiner Genetik und menschlicher Erbforschung heißt es im methodischen Teil des Baur/Fischer/Lenz: In ihren allgemeinen Sätzen gründe sich die menschliche Erblehre auf Ergebnisse der experimentellen Forschung an Tieren und Pflanzen, in ihren speziellen Sätzen auf direkte Erfahrung am Menschen. Während jedoch der experimentierende Erbforscher bestimmte Kreuzungen absichtlich herbeiführe, suche der menschliche Erbforscher sie auf: »Alle Kreuzungen sind schon irgendwo vorhanden«.[40] Diese Aussage ist höchst bemerkenswert. Zum einen treffen wir hier auf eine hochgradige Abstraktion des (hetero-)sexuellen Geschlechterverhältnisses; zum anderen zeigt sich in der Begrifflichkeit der der Humangenetik immanente forschungsstrategische wie sexual- und geburtenpolitische Kern. Er bestimmte sowohl die Auswahl wie den Blick auf das »Forschungsmaterial«, Zwillinge, »Mischlinge« und Familien: den über Sexualität und Geburt gegebenen Zusammenhang von Männern und Frauen, von Eltern und Kindern. »Rassenkreuzung« war nichts anderes als eine bestimmte auffällige und deshalb gut zu studierende Form der »Familienbiologie«, Begriffe, die Eugen Fischer synonym setzte.[41] Jeder Mensch erscheint als »Kreuzungsprodukt«

seiner Eltern, und in Kindern, Geschwistern, Großeltern, Onkeln, Tanten, Neffen und Nichten spiegelt sich gleichsam retrospektiv das Vererbungsgesetz hinsichtlich bestimmter Merkmalsverteilungen, hergestellt durch »Fortpflanzung« und »Vererbung« als Weitergabe von »Erbanlagen«.

1930 führte Baur in seiner Einführungsvorlesung über die Vererbung beim Menschen aus, daß besonders durch die von Verschuer in den vorangegangenen Jahren ausgebaute Zwillingsforschung »die Bedeutung der erblichen Veranlagung nicht nur für die Entstehung von Krankheiten, sondern auch für ihren Verlauf in allen Einzelheiten (schlagend erwiesen)« sei. Und mehr noch als das: »Überhaupt die ganze körperliche und psychische Entwicklung, besondere Fähigkeiten und Talente, verbrecherische Neigungen, der ganze Charakter bis in Kleinigkeiten und damit das ganze Geschick des einzelnen Menschen« zeige sich aufgrund dieser Zwillingsuntersuchungen »in einem erstaunlich hohen Grade durch erbliche Veranlagung bedingt«. Selbstverständlich spielten auch Umwelteinflüsse mit. »Aber daran, daß *die erbliche Veranlagung* – die physische und auch die psychische – *für das Schicksal eines Menschen im wesentlichen entscheidend ist*, können wir heute nicht mehr zweifeln«.[42] Daß Vererbung so über alle Maßen ausschlaggebend sei, sollte seiner Meinung nach besonders Ärzte, Lehrer und Richter interessieren, – jedoch nicht nur diese Berufsgruppen, sondern auch die Rassenhygiene und die Soziologie.

Soziale Rassenhygiene: Sozialpolitik auf naturwissenschaftlicher Grundlage – Die »Beständigkeit des Erbgutes« als Basis einer genetischen Gesellschaftstheorie

In der der neueren Literatur taucht in der Beurteilung der Politik von Weimar und des Nationalsozialismus häufiger die Unterscheidung auf zwischen sozialpolitischen oder sozialen Lösungen einerseits und rassistischen, biologischen oder extremen Lösungen andererseits. Wichtig ist hier zunächst der Hinweis, daß seit Ferdinand Hueppes (1852-1938) programmatischer Rede bei der *Gesellschaft Deutscher Naturforscher und Ärzte* im Jahr 1893 Sozial- und Rassenhygiene eng beieinander liegen.[43] Die mit dem Begriff *sozial* konnotierte Bedeutung rührt zumeist aus der Geschichte der Sozialen Frage und ihrer Entwicklung zur *Sozialpolitik* her. Diese zielt auf Integration und Anpassung: das klassische Konzept des modernen Sozialstaats, der sich in der Weimarer Republik zu entfalten begann. Rassenpolitik zielte und zielt demgegenüber stets auf Trennung, die schnelle Lösung, Desintegration – im Nationalsozialismus im Angriff auf die Unversehrtheit der Person, Verschleppung und Vernichtung von Millionen Menschen konsequent zu Ende geführt.

31

Wurde dies auch rassenhygienisch begründet, so spielte doch die Ökonomie eine große Rolle. Den Staatshaushalt »belasten« Kosten für Rassenpolitik und Sozialpolitik; allerdings profitieren von den Geldern jeweils verschiedene soziale Gruppen: von der Sozialpolitik im klassischen Sinn die Unterprivilegierten, von der modernen, wissenschaftlichen Rassenpolitik insbesondere die mit der Selektion, Segregation (und Ausrottung) befaßten Berufsgruppen. Gegen Ende der Weimarer Republik wurde angesichts der Weltwirtschaftskrise und drastischer Mittelkürzungen der öffentlichen Haushalte der Begriff der »differenzierten Wohlfahrtspflege« breit diskutiert.[44] Im Konzept der »differenzierten Fürsorge«, das eugenische Selektion zugrunde legte, wird deutlich: Rassenhygiene, Fortpflanzungshygiene und Eugenik waren nicht Gegensatz zur Sozialpolitik, sondern selbst Sozialpolitik: Rassenpolitik als Sozialpolitik mit bestimmten Grundlagen und Zielen.

Francis Galton (1822-1911), der Begründer der Eugenik, verstand wie später Fritz Lenz und Alfred Grotjahn unter *sozialen Maßnahmen* auf die Gesellschaft wirkende, staatlich durchzusetzende Maßnahmen im Gegensatz zum privaten Handeln der (in der Regel männlich gedachten) individuellen Gesellschaftsmitglieder (und ihrer Familien). Auch Grotjahn und Lenz machten diese Unterscheidung. Neben ihren gesellschaftspolitischen Forderungen entwarfen sie Ratschläge für das *Privatleben*, ein Aspekt, der in den bisherigen Untersuchungen zu wenig berücksichtigt wird. In diesen Ratschlägen zur individuellen Lebensführung schwingt zum einen noch etwas von den lebensreformerischen Anfängen der rassenhygienischen Bewegung mit, die wir auch in der Eugenik und der Sexualreformbewegung finden.[45] So wurde z.B. Alfred Grotjahn gegen Ende seines Lebens Antialkoholiker und Vegetarier und lehnte den Genuß von Tee und Kaffee ab.[46] Zum anderen sind Aussagen über die beanspruchte ärztliche Führung im Privatbereich von Ehe, Sexualität und Geburtenkontrolle nicht nur bei den sozialpolitischen Maßnahmen angesiedelt, sondern auch in den Ausführungen zum Privatleben, betreffen also auch das private Arzt-Patienten-Verhältnis.[47] Wie wenig Eugenik und Rassenhygiene sich in dieser Hinsicht unterschieden, zeigt ein Vergleich zwischen Grotjahn und Lenz. Zur *Individuellen Fortpflanzungshygiene* gehörten für Alfred Grotjahn 1926 das *eugenische Gewissen* als *Verantwortungsgefühl für die Erhaltung des eigenen Erbgutes und das der Bevölkerung* sowie die *Selbstprüfung auf Eignung zur Fortpflanzung*, außerdem das *eugenische Verhalten vor der Eheschließung und während der Ehe* und die *eugenische Beratung durch den Arzt vor der Eheschließung und während der Ehe.*[48] Fritz Lenz thematisierte 1931 als *Private Rassenhygiene* die *rassenhygienische Gestaltung des eigenen Lebens*, unter anderem mit Kriterien zur Gattenwahl; die *Selbstbehauptung der Familie,* mit Fragen der ehelichen Konzeptionsverhütung[49], sowie geschlechtsspezifische Erziehungsfragen für Jungen und

Mädchen des Bürgertums im Abschnitt *Die junge Generation*. Die *Soziale Rassenhygiene* umfaßte demgegenüber bei Lenz *Eheverbote und Eheberatung, die Verhinderung der Fortpflanzung 'Untüchtiger', quantitative und qualitative Bevölkerungspolitik, den Ausgleich der Familienlasten, Erbrecht und Erbschaftssteuer, Siedelung und Wanderung.* Grotjahn behandelte im Kapitel *Soziale Fortpflanzungshygiene* nach den Aufgaben der Arbeiter- und der Frauenbewegung in dieser Hinsicht *Gesetzgebung und Verwaltung* mit folgenden Punkten: *das Verbot der Abtreibung, die Zulassung der Schwangerschaftsunterbrechung, die Unfruchtbarmachung, das Gesundheitszeugnis vor der Eheschließung, die Eheberatungsstellen und das Bewahrungswesen.*

Die moderne Vererbungstheorie, deren Ausarbeitung mit der »Wiederentdeckung« der Mendelschen Gesetze begann, verhalf der Rassenhygiene zum Status einer fundierten naturwissenschaftlichen Gesellschaftswissenschaft, die geburtenpolitisches Eingreifen dringend und ohne Aufschub als erforderlich begründen konnte, wenn nicht bestimmte »Varianten« der *Spezies* Mensch unwiederbringlich verloren gehen sollten. Die Vererbungsgesetze machten es möglich, den bis dahin zumeist individuell oder familial verstandenen Begriff der *Entartung* oder *Degeneration* als Erklärung für soziale Prozesse auf die Gesellschaft als Ganzes zu beziehen (wie es in dem Motto dieses Kapitels zum Ausdruck kommt, um die Notwendigkeit der Sterilisation zu begründen). Den Entartungsbegriff hatten die frühen Rassenhygieniker aus der Degenerationslehre der Psychiatrie übernommen. Als »entartet« diagnostizierten die Psychiater global Menschen mit bestimmten »Abnormitäten«, ihre Eltern und Großeltern. Überdies wurde diese »Krankheit« als progredient betrachtet: Mit ihr sei eine allgemeine Verschlechterung der Familien von Generation zu Generation verbunden.[50] Die darwinschen Prinzipien der *natürlichen Selektion* und *sexuellen Zuchtwahl* als Entwicklungsmotor standen bei den frühen Rassenhygienikern noch ganz im Vordergrund. Anstelle von Fortschritt und Höherentwicklung sahen sie Degeneration und Entartung, weil nicht mehr nur »der Sieger im Kampf ums Dasein« zusammen mit dem »kräftigsten Weib(chen)« »sich am meisten fortpflanzte«, sondern auch die Schwachen und »Untauglichen« »zur Fortpflanzung kamen«. Statt also wie früher im Daseinskampf »ausgemerzt« zu werden, blieben sie – nicht zuletzt durch die Entwicklung der Sozial- und Gesundheitsfürsorge – am Leben, setzten Kinder in die Welt und konnten auf diese Weise »sich fortpflanzen«: als »Vermehrer ihrer eigenen Spezies«.[51] Hinsichtlich der Vererbung gingen auch Ploetz und Schallmayer zunächst noch wie Darwin und Galton davon aus, daß erworbene Eigenschaften an die Nachkommen weitergegeben würden. Diese Auffassung wurde erst durch die Weismannsche Lehre von der Unveränderlichkeit des Keimplasmas und die sich entwickelnde Genetik erschüttert.[52] Damit erhielt die Darwinsche Idee der unbegrenzten Höherentwicklung gewissermaßen einen Dämpfer. »Eine Beschränkung und Quantifizierung der vererbbaren Züge, wie sie Mendel fand, leuchteten der Zeit der Träume von der Zucht des Übermenschen, der Vererbung erworbener Eigenschaften und der Darwinschen Pangenesis nicht ein«, schreibt Esther Fischer-Homberger, und weist darauf hin, daß man auf Mendels Arbeiten erst aufmerksam wurde, als sich die Möglichkeit abzeichnete, daß die Zellkerne bzw. die Chromosomen als Substrat der Vererbung anzusehen seien.[53]

Die ehemals unbegrenzt gedachten Entwicklungsmöglichkeiten wurden nun begrenzt auf das, was »in der Erbmasse« vorhanden war, im »Guten« wie im »Schlechten«. Lenz führt in diesem Zusammenhang gegen die ältere Auffassung von *Vererbung als Verhängnis* als moderne, durch die Genetik gestützte Auffassung die *Treue* an, mit der sich die *normalen und krankhaften Erbanlagen* vererben würden: Man dürfe nie vergessen, daß der *Grundstock* jedes Lebewesens sich aus seiner *Erbmasse* aufbaue, und daß die Einflüsse der Umwelt nur bei der Ausgestaltung der Anlagen im einzelnen mitwirkten.[54] Ähnlich sah Grotjahn die »über den Weg der Romanliteratur (verbreitete Vorstellung), es könnten etwa durch Verweichlichung und kulturelle Verfeinerung die Glieder einer generativ zusammenhängenden Gruppe von Menschen (z.B. einer reichen Familie oder des Adels …) von Generation zu Generation schwächer werden und dadurch schließlich … einer allgemeinen Entartung anheimfallen« durch die Genetik als widerlegt an: Es sei eine »wichtige und gesicherte Feststellung der neuzeitlichen Vererbungsbiologie, diese Anschauung als irrig nachgewiesen zu haben«.[55] Die moderne Genetik veränderte also den Entartungsbegriff. Er war nicht mehr ein qualitativer, der Psychiatrie entlehnter Sammelbegriff für verschiedenste körperliche, soziale, sittliche oder charakterliche *Degenerationen* einer Familie, sondern drückte nun ein durch »Vererbung« und »Fortpflanzung« konstituiertes gesellschaftliches Mengenverhältnis aus. Grotjahn erklärte:

»Die allgemeine Entartung ist vorwiegend als ein quantitativer Vorgang aufzufassen, der dadurch zustande kommen kann, daß die minderwertigen Glieder sich dauernd stärker fortpflanzen als die Rüstigen und diese schließlich vollständig überwuchert werden.«[56]

Der quantitative Entartungsbegriff ließ die Gesellschaft oder den *Volkskörper* als System kommunizierender Röhren erscheinen: verschiedene »Erblinien« wurden durch ihn miteinander verkettet und in ein statistisch bestimmbares Verhältnis gesetzt. Berühmt sind die Schaubilder, auf denen die Kinderzahlen von Schwarzen und Weißen in Südafrika generationenweise für 300 Jahre hochgerechnet werden. Sie sollten ebenso wie Schaubilder über die Entwicklung der Kinderzahlen von »Begabten« und »Unbegabten« die »drohende Entartung« belegen.[57]

Die durch die moderne Genetik mit einem festeren Fundament versehene Rassenhygiene (Eugenik) definierte Rassen, Klassen und Geschlechter als

Gruppen vorhandener »Erbmassen« (heute: *gen pools*) von unterschiedlicher Beschaffenheit oder Qualität. Der Qualitätsbegriff war – von Lenz offen zugegeben – ein Wertbegriff. Als Maßstab galt ein bestimmter Standard von *Kulturbegabung*, den er als *erbliche Veranlagung* zu gelingender oder nicht möglicher Anpassung an die Erfordernisse der *modernen Kultur* formulierte.[58] *Fortpflanzung* wurde so zu dem zentralen Faktor für die Vermehrung, Erhaltung oder das Verschwinden des jeweiligen Vorrats oder *stocks* an *verschieden wertvollem Erbgut*. Erwin Baur definierte den Zusammenhang von Sexualität, Eltern und Kindern und Gesellschaft so:

»Wir können ... mit großer Wahrscheinlichkeit heute damit rechnen, daß, wie bei jeder allogamen Spezies (mit allelen Genen, GC.), so auch beim Menschen die 'erbliche Variation' im wesentlichen auf der bei jedem Sexualakt stattfindenden Neukombination mendelnder Faktoren beruht. Was wir ein 'Volk' heißen, etwa die 'Deutschen', ist ... ein buntes mendelndes Gemisch, das entstanden ist aus der Kreuzung einer ganzen Reihe von (auch in sich ursprünglich nicht einheitlichen) 'Rassen'. ...

Ein solches Gemisch bleibt bei freier Panmixie ... in seiner bunten Zusammensetzung konstant, falls kein Selektionsprozeß eingreift. Sowie aber eine Selektion etwa durch Ausscheidung bestimmter herausmendelnder Typen erfolgt, muß sich, wenn auch langsam, die durchschnittliche Zusammensetzung ändern.«[59]

Unter dieser Perspektive erhielten Ehelosigkeit, Heiratsalter, Kinderzahl bzw. Kinderlosigkeit, männliches und weibliches vor- und außereheliches Sexualverhalten und Verhütungspraktiken (Abtreibung, Antikonzeptiva, Sterilisation) der verschiedenen Ethnien und sozialen Klassen eine ungeheure Wichtigkeit als »Selektionsinstrument«: Sie regulierten die weitere Entwicklung der unterschiedlichen *Erbmassen* und ihr Verhältnis zueinander. *Differenzierte Fortpflanzung* war der Oberbegriff, unter dem dies studiert wurde, Denk-Basis die *natürliche Fruchtbarkeit der Frau* gleichsam als schierer Überfluß der Natur: Lenz legte seinen Berechnungen »die höchstmögliche Zahl von Kindern einer Frau im Leben« zugrunde, nämlich zwanzig(!). So kam er auf einen jährlichen *Geburtenausfall* von 10 Millionen Kindern im Deutschen Reich, den er allerdings begrüßte, weil zur »Bestanderhaltung« »nur« vier Kinder gehörten, wie der Bevölkerungsstatistiker Friedrich Burgdörfer[60] errechnet habe. Diese Zahl aber wurde längst unterschritten. Für ein Volk bedrohlich würden »die durch ungleiche Fruchtbarkeit seiner Teile bedingten Veränderungen immer nur dann, wenn *minderwertige Bevölkerungselemente* sich stärker vermehrten als die ihren erblichen Rasseeigenschaften nach *hochwertigen Bevölkerungsbestandteile* des Volkes. *Das aber (sei) in allen Kulturländern der Fall*, so Baur, und zwar aufgrund der am weitesten gediehenen Geburtenbeschränkung bei den sozial höherstehenden Schichten. In der Begründung, weshalb dies so sei, wird im folgenden noch einmal die durch die moderne Genetik geschaffene »Beschränkung der vererbbaren

Züge« deutlich. Baur schrieb:»Solange man glaubte, daß ein solcher fortdauernder Ausleseprozeß, der gerade die besten 'Varianten' ausmerzt, die *Variationsmöglichkeit* des Ausgangsmateriales nicht ändere, konnte man unbesorgt sein, man sah in den sozial tiefer stehenden Schichten und in der Landbevölkerung eine unversiegbare Quelle, aus der immer wieder genügendes Material von führenden Elementen hervorgeht.« Diese Anschauung sei aber unbedingt falsch:»Wenn die Variation im wesentlichen auf Neukombination mendelnder Unterschiede beruht, wird eine dauernde Ausmerzung bestimmter Typen d.h. bestimmter Kombinationen, sehr rasch zur Veränderung in der Zusammensetzung des Ausgangsmateriales führen. Wenn nur einige hundert Jahre lang gerade die besten Elemente aus dem Volke ausgelesen und an der genügenden Fortpflanzung gehindert werden, dann wird das Volk im Durchschnitt rasch schlechter, wird vor allem nicht mehr die zur Erhaltung seiner Kulturstufe nötige Anzahl tüchtiger führender Elemente hervorbringen.«[61]

Als methodisch exakter Sozialforscher stellte Lenz zur Zeit, als er an der dritten Auflage des Baur/Fischer/Lenz (1931) schrieb, fest, daß die Vorliebe für kleine Familien und weniger Geburten sich inzwischen gesellschaftlich weiter verbreitet hatte. Das größte Ausmaß hätten»die Unterschiede in der Fortpflanzung anscheinend in den ersten beiden Jahrzehnten dieses Jahrhunderts erreicht«.[62] Die Angleichung der Geburtenzahlen der verschiedenen Klassen sei jedoch kein Grund zu»optimistischen Trugschlüssen«, denn diese sei nur eingetreten, wo»die Fortpflanzung weit hinter der zur Erhaltung des Bestandes nötigen Zahl« zurückbleibe; eine Erhöhung der»Geburtenzahl der oberen Klassen« sei hingegen nirgends eingetreten.[63] Die *Gegenauslese* schreite also weiter fort, denn»das Erhaltungsminimum« werde»nur bei den ungelernten Arbeitern überschritten«. Und die aus seiner Sicht furchterregende Zukunftsvision war:»In verhältnismäßig wenigen Generationen wird also jener körperlich und seelische Typus, den heute die ungelernten Arbeiter aufweisen, den Typus der ganzen Bevölkerung darstellen.«[64] Ähnliches sah er in Südafrika:»Wenn man es so gehen läßt, wie es geht, so gehört in Südafrika wie in Europa die Zukunft den primitivsten und bedürfnislosesten Rasseelementen« – nur daß dies dort wegen des Unterschieds der Hautfarbe auffälliger sei als in Europa, denn » … wie im Körperlichen, so unterscheiden sich auch im Seelischen die oberen Stände von den unteren in derselben Richtung wie die nordische Rasse von den meisten übrigen, besonders von den negriden und den primitiven Urrassen«.[65]

Der durch die allgemeine Genetik veränderte Entartungsbegriff hob also die Vorstellung von Entartung als»unentrinnbar fortschreitendem Verhängnis« auf. In demselben Maß aber, wie sie den schrecklichen, auf Generationen bestimmter Familien lastenden Druck der Degeneration stoppte, machte sie, wie wir sahen, auch der Vorstellung von einer allgemeinen unbegrenzten individuellen Höherentwicklung endgültig den Garaus. In beide Richtungen schränkte die neue Sichtweise ein: Sie legte die entscheidenden Entwicklungsvoraussetzungen in jeden einzelnen Menschen selbst, und zwar in seine *Erbanlagen*. Damit schuf sie zugleich unumgänglich das Postulat nach dem wissenschaftlichen Körpereingriff als sozialpolitischer Notwendigkeit. »Das fertige Individuum ist … kein Angriffspunkt der Eugenik mehr, wohl aber die Masse der Individuen, aus denen neue Individuen hervorgehen können, also die Bevölkerung«, schrieb Alfred Grotjahn 1926.[66] Im Gegensatz zu der vererbungsbiologisch heute feststehenden Tatsache, daß sich das Erbgut des Individuums nach der Befruchtung nicht mehr ändere, lasse sich das *Gesamt*erbgut einer Bevölkerung, also einer Masse von Individuen, sehr wohl dadurch mindern, daß für eine verschiedene Fortpflanzung der einzelnen, je nach ihrem generativen Werte gesorgt werde. Dies geschehe im guten wie im schlechten Sinne durch das »Spiel der sozialen Faktoren«, die im Gegensatz zu den Erbfaktoren schnell und leicht änderbar seien.[67] Ähnlich Lenz: »Wir können die erbliche Veranlagung des Individuums nicht ändern. Soweit unsere Fürsorge sich auf das einzelne Individuum erstreckt, müssen wir damit als etwas Gegebenem rechnen. Wohl aber kann sich die erbliche Veranlagung einer Bevölkerung ändern, und zwar … einesteils durch das direkte Einwirken auf die Erbmasse (z.B. durch »Keimgifte« wie Blei oder Röntgenstrahlen, GC.), ganz besonders aber durch verschieden starke Fortpflanzung der verschiedenen Erbmassen, d.h. durch Auslese«.[68] Rassenhygiene, Eugenik und Fortpflanzungshygiene erweisen sich somit – bei allen Unterschieden – als Gesellschaftstheorie auf naturwissenschaftlicher Grundlage, die den sozialpolitischen Eingriff in die individuellen Körper erheischt.

2. Kapitel

Der medizinische Ehe-Diskurs:
»Fortpflanzung« und »Vererbung«

»Ärztliche Ehekunde«:
Eine neue Lehre über die Beziehungen zwischen Ehe und Krankheiten

Im Jahre 1904 erschien ein umfangreiches Handbuch mit dem Titel *Krankheiten und Ehe. Darstellung der Beziehungen zwischen Gesundheitsstörungen und Ehegemeinschaft*. Herausgeber waren die Internisten Hermann Senator[1] und Siegfried Kaminer.[2] Zum zweiten Mal wurde es 1916 aufgelegt, neu bearbeitet und erweitert.[3] An die Stelle des verstorbenen Senator war Carl von Noorden getreten, einer der führenden Spezialisten auf dem Gebiet der Stoffwechsel- und Ernährungsstörungen.[4] Zehn Jahre später, als die öffentliche Debatte um *Ehereform* auf vollen Touren lief, verwies der Sexualreformer und Eugeniker Max Marcuse (1877-1963) auf dieses Buch als Standardwerk, was Fragen der *Pathologie der Ehe* angehe.[5] Schließlich ist es nach weiteren zehn Jahren im nationalsozialistischen Gesetzeskommentar zum »Blutschutz- und Ehegesundheitsgesetz« von 1936 im Literaturverzeichnis unter »Eheberatung« aufgeführt.[6] In den gut drei Jahrzehnten, die hiermit umrissen sind, erweitert und wandelt sich nicht nur die ärztliche Zuständigkeit für Eheangelegenheiten, sondern auch das medizinische Wissen darüber. Letzteres soll in diesem Kapitel beleuchtet werden.

Krankheiten und Ehe war das erste Buch dieser Art überhaupt. Zusammenhängende Darstellungen über »Beziehungen zwischen Gesundheitsstörungen und Ehegemeinschaft« gab es vorher nicht. »Die ... hier in Betracht kommenden Fragen gehören den verschiedenen Gebieten der Medizin an, sie finden sich deshalb mehr oder weniger zerstreut in den einzelnen Sonderfächern abgehandelt«, zudem »nicht immer unter den hier maßgebenden Gesichtspunkten«, heißt es im Vorwort von 1904.[7] In der Tat ist das Werk ein gut tausend Seiten langes Kompendium, in dem anerkannte Vertreter der medizinischen Disziplinen – in der Regel Kliniker und andere Spezialisten – vorgegebene Fragestellungen unter der Perspektive ihres jeweiligen Fachgebietes bearbeitet haben. Die Beziehungen zwischen Krankheiten und Ehe waren jeweils in drei Richtungen zu beleuchten: 1. die Ehe als Quelle von Krankheiten oder als Ursache der Verschlimmerung bestehender Krankheiten, 2. der Einfluß von körperlichen Mängeln oder von Krankheiten auf die Ehe, 3. die Ehe als Therapeutikum zur Heilung oder Besserung krankhafter Zustände. Über weite Strecken liest es sich aus heutiger Sicht wie ein Lehrbuch der Gynäkologie und Geburtshilfe – ein Zeichen für die damals noch wenig im Denken vollzogene Trennung von »(ehelicher) Sexualität und Fortpflanzung«.

Eine heilsame Wirkung, darin stimmten so gut wie alle Autoren überein, hatte die Ehe vor allem für den Mann, weil er durch sie in geordnete Lebensverhältnisse hinsichtlich Sexualleben, Ernährung und Wohnung kam; andererseits könnten die neuen Aufgaben als Familienernährer belastend werden. Für Frauen hingegen sah es in der Ehe schlecht aus – wiewohl nichts anderes doch ihre Bestimmung war! Eine gewisse therapeutische Wirkung käme auf dem Gebiet der Nervenleiden in Frage, die durch den Geschlechtsverkehr teilweise gebessert würden; ansonsten sahen die Verfasser die Wirkungen der Ehe für die Frau hauptsächlich unter dem ersten Punkt: als Quelle von Gesundheitsgefährdungen durch Schwangerschaft, Geburt und Wochenbett sowie aufgrund sexueller Gewalt des Ehemannes. Auffallend häufig ist von Verletzungen der Ehefrauen durch Geschlechtsverkehr die Rede, auch von der Hochzeitsnacht als Vergewaltigung. Unklar bleibt, was hier Fiktionen und Ängste der Autoren und was Erfahrungsberichte aus der ärztlichen Praxis sind. Alfred Grotjahn etwa machte noch 1926 den Vorschlag, die Entjungferung der Frau durch einen Arzt vornehmen zu lassen als Maßnahme zur »Entbrutalisierung des Ehelebens«![8] Dies konnte sich nur auf den Ehebeginn des Bürgertums beziehen, da in der ländlichen Bevölkerung und der Arbeiterschaft voreheliche sexuelle Kontakte beider Geschlechter üblich waren (was auch Grotjahn wußte). Schließlich würden kranke Frauen nicht nur durch Geschlechtsverkehr, Schwangerschaft, Geburt und Wochenbett in der Ehe gefährdet, sondern auch dadurch, daß sie in der Regel nicht so sehr auf sich selbst Rücksicht nähmen: so würden z.B. zuckerkranke Ehefrauen nicht in gleichem Maße auf die vorgeschriebene Diät achten, wie es umgekehrt bei Ehefrauen diabeteskranker Männer der Fall sei. – Das Buch ist eine aufschlußreiche historische Quelle über die Eheauffassung und durch die Augen von Ärzten gespiegelte Eherealität des Bürgertums um die Jahrhundertwende, in der sehr genau auch die geschlechtsspezifische Bedeutung der Ehe als Versorgungseinrichtung des Mannes durch die Hausarbeit der Frau deutlich wird. Als Subinstitut der Gesellschaft für das Wohlergehen ihrer Mitglieder gerät die Ehe auch in das Interesse von Ärzten.

Das Motiv der neuen ärztlichen Sorge für die Ehe um die Jahrhundertwende war ein sozialpolitisches. Es knüpfte an die zeitgenössischen »Bestrebungen zur Hebung der Volkswohlfahrt«, besonders an die »Sorge für die Gesundheit und Kräftigung des Volkes« als Bedingung für »geistigen und sittlichen Fortschritt« an.[9] In diesem Zusammenhang wurde der Ehe eine wesentliche Bedeutung für das »leibliche und geistige Wohl des Menschen« zugesprochen, das weit über die »Sphäre der Fortpflanzung« – den bis dahin allein interessierenden »Ehezweck« – hinausging. Soweit es sich um die »Fortpflanzungstätigkeit oder auch nur um die naturgemäße Befriedigung des Geschlechtstriebes handelte«, sei der Einfluß körperlicher Mängel oder von Krankheiten auf die Gestaltung der Ehe seit dem Altertum, auch von der Kirche, niemals verkannt oder unterschätzt worden, schreibt Senator 1904. Bestimmungen über Eheverhütung oder Eheauflösung in diesem Punkt seien alt. Allesamt berücksichtigten sie jedoch nur einen sehr kleinen Teil dessen, was auf das eheliche Leben störend oder zerstörend wirken könnte:

»Die Gefahr ist nicht allein in Zuständen begründet, welche mit dem Geschlechtsleben in irgendeinem Zusammenhang stehen, sondern auch mit anderweitigen Abweichungen von der Norm. Es ist ohne weiteres klar, daß es hauptsächlich, wenn nicht ausschließlich, *chronische* und kaum jemals akute Zustände sind, welche in dieser Weise unheilvoll für die Ehe werden können.«[10]

Die »Ehegemeinschaft mit all ihren Folgezuständen« wurde zum »außerordentlich großen Feld für die Betätigung der Volkshygiene und der ärztlichen Fürsorge« erklärt. In der Tat war das Handbuch an die Hausärzte gerichtet: es war ihnen als Ratgeber und eine »Quelle der Belehrung« zugedacht, auch die Grenzen des ärztlichen Eingriffs aufzeigend. Die niedergelassenen Ärzte sollten bei ihrer Klientel dahin wirken, daß Ehen nur geschlossen würden »unter Berücksichtigung der Konstitution, des Gesundheitszustands, der Abstammung und etwaiger erblicher Belastung der Personen«.[11] Es sei allerdings nicht Sache des Arztes, hier Grenzen zu ziehen. Rücksicht auf die persönliche Freiheit bei Schließung und Führung der Ehe ließe äußerste Einschränkungen der gesetzlichen Bestimmungen im Gebiete des Eherechts ratsam erscheinen. Große Hoffnung setzten die Herausgeber des Buches auf Aufklärung im privaten Arzt-Patienten-Verhältnis. Jedoch hielten sie es für wünschenswert, daß »von Seiten des Staates oder der Gemeinden den somatischen Verhältnissen der eine Ehe eingehenden oder bereits ehelich verbundenen Personen mehr Aufmerksamkeit als bisher gewidmet«[12] würde. Und Senator warf die Frage auf, ob nicht »mit Rücksicht auf die Gesundheit der Ehegatten und der Nachkommenschaft der Kreis der gesetzlich bestehenden Ehehindernisse und Ehescheidungsgründe sich erweitern ließe.« Ebenso gewiß sei es jedoch, »daß die Schwierigkeiten, auf diesem Gebiete das richtige zu treffen, die Interessen des Gemeinwohls mit dem Rechtsgefühl, den allgemeinen Anschauungen über Moral und Sitte und über persönliche Freiheit in Einklang zu bringen, außerordentlich groß sind.« Gleichwohl existierte ein wohlausgebildetes medizinisches Denken unabhängig von diesen Fragen, was das Buch *Krankheiten und Ehe* eindrucksvoll belegt.

Beiträge des speziellen Teils behandelten folgende Themen: *Stoffwechselkrankheiten und Ehe,*[13] *Erkrankungen der endokrinen Drüsen und Ehe,*[14] *Blutkrankheiten und Ehe,*[15] *Krankheiten des Gefäßapparates und Ehe,*[16]

Krankheiten der Atmungsorgane und Ehe,[17] *Krankheiten des Verdauungs-*
apparates und Ehe,[18] *Nierenkrankheiten und Ehe,*[19] *Krankheiten der Kno-*
chen und Gelenke und Ehe,[20] *Beziehung der Ehe zu Augenkrankheiten mit*
besonderer Rücksicht auf die Vererbung,[21] *Die Vererbung von Sprachstörun-*
gen,[22] *Hautkrankheiten und Ehe,*[23] *Syphilis und Ehe,*[24] *Trippererkrankung*
und Ehe,[25] *Erkrankungen der tieferen Harnwege, physische Impotenz* (des
Mannes, GC.) *und Ehe,*[26] *Frauenkrankheiten, Empfängnisunfähigkeit und*
Ehe,[27] *Nervenkrankheiten und Ehe,*[28] *Geisteskrankheiten und Ehe,*[29] *Perverse*
Sexualempfindung, psychische Impotenz und Ehe,[30] *Alkoholismus, Morphi-*
nismus und Ehe[31] sowie *Gewerbliche Schädlichkeiten und Ehe.*[32]

Das Buch *Krankheiten und Ehe* entstand nicht zufällig zu dieser Zeit. Es
war nicht nur sozialpolitisch motiviert, sondern auch Resultat neuer Lehren
und Forschungsergebnisse der Medizin. Manche Fragen seien überhaupt erst
in jüngerer Zeit aufgetaucht und zum Gegenstand von Untersuchungen gemacht worden; andere seien zwar schon in älterer Zeit aufgeworfen, aber
neuerdings mehr und gründlicher bearbeitet worden, schreibt Senator im Vorwort von 1904, er erinnere hier nur an die *Lehre von den parasitären Erkran-*
kungen und ihre Übertragung und die *Lehre von der Erblichkeit, Vererbung*
und erblichen Belastung. Außerdem hätten Platons Empfehlungen, die
Zuchtwahl – von alters her in der Landwirtschaft und Tierzucht beherzigt –
auch auf den menschlichen Nachwuchs auszudehnen, angesichts der Bedeutung der Ehe für Leben und Gesundheit der Nachkommenschaft »heutzutage
im Lichte der Darwinistischen Lehre an Berechtigung noch gewonnen«.[33]

Das Buch traf bei seinem ersten Erscheinen auf großes Interesse. Es habe
»die Forschung über die Beziehung zwischen Krankheit und Ehe in ungeahn-
ter Weise angeregt und eine große Literatur gezeitigt«, erfahren wir im Vor-
wort der zweiten Auflage. »Groß sind die Umwälzungen, welche im letzten
Jahrzehnt in den Anschauungen über die Genese und den Verlauf vieler
Krankheiten eingetreten sind.«[34] Kein Kapitel habe in der urspüglichen
Form für die Neubearbeitung stehen bleiben können; manche seien von
Grund auf umgearbeitet worden. So habe insbesondere die Syphilis durch
Kenntnis des Erregers, die Wassermann-Reaktion und das Salvarsan ein völlig
neues Gesicht gewonnen. Als nicht so bedeutend schätzten von Noorden und
Kaminer den Wandel auf dem Gebiet der Tuberkulose ein, doch auch hier
gebe es Antworten auf viele Einzelfragen durch neue Forschungen. Neu bearbeitet wurden die Kapitel *Klima, Rasse und Nationalität in ihrer Bedeutung*
für die Ehe,[35] *Menstruation, Schwangerschaft, Wochenbett und Laktation in*
ihren Beziehungen zur Ehe[36] und die über Stoffwechselkrankheiten, Erkrankungen der Gefäßapparate sowie Geisteskrankheiten und Ehe. Erstmalig in
der zweiten Auflage erschienen Beiträge über *Erkrankungen der endokrinen*
Drüsen und Ehe, Vererbung der Sprachstörungen, Der Familienbegriff und

die genealogische Vererbungslehre,[37] *Statistik der Geburtsziffern in den Kulturstaaten.*[38] In der ersten Auflage bereits vorhanden und nicht völlig neu bearbeitet hingegen waren Beiträge über *Die hygienische Bedeutung der Ehe,*[39] *Angeborene und ererbte Krankheitsanlagen,*[40] *Blutsverwandtschaft in der Ehe und deren Folgen für die Nachkommenschaft,*[41] *Sexuelle Hygiene in der Ehe;*[42] ferner *Krankheit und Ehetrennung,*[43] *Ärztliches Berufsgeheimnis und Ehe*[44] sowie ein Beitrag über *Die sozialpolitische Bedeutung der sanitären Verhältnisse in der Ehe.*[45]

Das Handbuch mit dem gesammelten medizinischen Wissen in seiner Verknüpfung mit dem Eheleben beinhaltete eine Perspektiverweiterung vom kranken Menschen bzw. von pathologischen Organen und Organsystemen »an sich« auf die »normale« oder »pathologische« Existenz von Männern und Frauen im Leben, ihrem sozialen Umfeld. Sammelwerke dieser Art enstanden mehrere um die Jahrhundertwende. Genannt sei hier vor allem *Krankheit und soziale Lage*, herausgegeben von Mosse und Tugendreich, aus dem Jahre 1913.[46] Sie sind ohne das neue sozialmedizinische Paradigma, wie es Alfred Grotjahn 1904 in seiner *Sozialen Pathologie* formuliert hatte, undenkbar.[47] Auch die ersten *Indikationslehren* für den *künstlichen Abort* entstanden um diese Zeit.[48] Spätere Werke sind in ihren medizinischen Erläuterungen die Kommentare zum *Gesetz zur Verhütung erbkranken Nachwuchses* und zum *Ehegesundheits- und Blutschutzgesetz* sowie die von der Reichsärztekammer 1936 herausgegebenen *Richtlinien für Schwangerschaftsunterbrechung und Unfruchtbarmachung aus gesundheitlichen Gründen.*[49] Ein ebensolches Kompendium stellt die Herausgabe einer Sammlung von dreizehn Vorträgen dar, die im Rahmen der ärztlichen Fortbildung 1935 in Berlin gehalten wurden. Es trägt den schlichten Titel: »Wer ist erbgesund und wer ist erbkrank?« und sollte den niedergelassenen Berliner Ärztinnen und Ärzten »praktische Vorschläge für die Durchführung des Gesetzes zur Verhütung erbkranken Nachwuchses und zur Verleihung der Ehrenpatenschaft« geben.[50] In der Zeitschrift *Der Öffentliche Gesundheitsdienst* wurde es zudem als gute Grundlage für die Eheberatung empfohlen: »Es dürfte kaum ein Buch geben, welches in derartig zusammengefaßter Form so viele praktische Fragen der Eheberatung beantwortet, wie dieses.«[51] Alle diese Sammelwerke folgen demselben Strukturprinzip: Sie sind – außer den beiden formal anders strukturierten Gesetzeskommentaren – durch Fachspezialisten zusammengestellte Darlegungen von Ergebnissen verschiedener medizinischer Einzeldisziplinen zu nicht medizinischen Phänomenen: Gesellschaft, soziale Klassen, Berufsgruppen, Armut, Ehe, Abtreibung, Sterilisation, Schwangerschaft, Geburt und Wochenbett, Säuglingssterblichkeit, Kinderzahl.

Auch der Gegenstand der medizinischen Einzelwissenschaften erweiterte sich. Die Gynäkologie z.B. erweiterte sich von der Organlehre zur *Sozialen*

Gynäkologie oder *Frauenkunde* und war nicht mehr nur *Frauenheilkunde*. Max Hirschs *Mutterschaftsfürsorge* von 1931 ist ein Prototyp dieser neuen Richtung.[52] Bereits der weibliche Embryo soll unter ärztlichen Schutz gestellt werden, und erst in der Menopause wird die Frau daraus entlassen. Im einzelnen machte Hirsch beachtliche Vorschläge, z.B. für Arbeiterinnen-Mutterschutz in den Fabriken. Ansonsten fragt man sich aber, wieso z.b. für männliche Jugendliche der Gesundheitsschutz nicht so ausgeprägt sein soll wie für weibliche. Andere Vertreter der Sozialen Gynäkologie waren z.b. August Mayer, Hugo Sellheim, Ludwig Seitz. Auch im Titel eines mehrbändigen gynäkologischen Handbuchs, das in den Zwanziger Jahren zum ersten Mal erschien, wird der Trend der wissenschaftlichen Vereinnahmung des Nichtpathologischen deutlich: Die Herausgeber Halban und Seitz nennen ihr Buch *Biologie und Pathologie des Weibes*.[53] Max Marcuses Ehebuch von 1927 schließlich versteht sich ausdrücklich als *biologisches Ehebuch*:

»Unter Biologie versteht – wie der Titel erläutert – dies Buch die Gesamtheit ärztlich-medizinischer Erfahrung und Voraussicht. Es will die Somatologie und Psychologie der Ehe … darstellen und zwar immer in Hinblick auf die Ehe als biologischen Tatbestand, d.h. als *Funktion menschlichen Lebens und Fortlebens*. Dabei bleiben *pathologische* Formen im allgemeinen unberücksichtigt, teils weil die Beziehungen zwischen Krankheiten und Ehe schon in anderen Zusammenhängen erfolgreich behandelt worden sind (Senator-von Noorden-Kaminer), teils weil in *diesem* Rahmen nur die normale – will sagen biologischen Normen gemäße Ehe interessieren kann.«[54]

Auch die Konstitutionslehre entwickelte sich zur *Biologie der Person*, in der es nicht mehr nur um pathologische Dispositionen ging, sondern zunehmend auch der gesunde Mensch unter der Perspektive seiner physischen und psychischen Funktionalität in das naturwissenschaftlich-medizinische Blickfeld geriet. Ein Beispiel dafür ist das vierbändige Handbuch *Biologie der Person*, das Theodor Brugsch zusammen mit Fritz Heinrich Lewy in den Jahren 1926 bis 1931 herausgab.[55] Damit änderte sich zugleich die Auffassung des Pathologischen selbst.

Zum Einfluß der allgemeinen Genetik auf die Medizin: Naturwissenschaftliche Familienforschung und Statistik

Die Beschäftigung mit Fragen der Vererbung in der Medizin ist älter als die Genetik und die menschliche Erblehre.[56] Die meisten und wohl auch die frühesten Annahmen und Untersuchungen über Vererbung gab es über die Augen- und die Hautkrankheiten.[57] Eine zentrale Rolle spielte Vererbung in der Psychiatrie für die Ätiologie der Geistes- und Nervenkrankheiten, lange bevor die Vererbungslehre als eigenständige Disziplin entstand.[58] Die Anschauungen über Erblichkeit im 19. Jahrhundert wichen jedoch erheblich von denen des 20. Jahrhunderts ab. Meistens wurde die »Erblichkeit dort als ätiologisches Moment herangezogen, wo es an der Kenntnis eigentlicher Ursachen überhaupt fehlte«, führte der Berliner Dermatologe Heinrich Gottron auf dem ärztlichen Fortbildungskurs 1935 in Berlin aus. »Anders wurde dies mit dem Bekanntwerden der *Mendelschen* Gesetze.«[59] Ihre Rezeption wirkte in der medizinischen und psychiatrischen Forschung über erbliche Krankheiten außerordentlich innovativ. Der Einfluß der jungen Genetik auf die Medizin war so groß, daß sie nicht nur die Forschungen einzelner Kliniker zu bestimmen begann, sondern auch breiter und grundsätzlich diskutiert wurde. So stellte z.B. 1912 die Berliner medizinische Fakultät die Preisfrage »Inwiefern gelten die Vererbungsgesetze in der Pathologie?«[60] Um die große Bedeutung zu kennzeichnen, die Vererbungsfragen in der Psychiatrie beigemessen wurde, sei eine Einschätzung Oswald Bumkes angeführt. Er kritisierte 1919 als einer von wenigen Fachpsychiatern, daß die Psychiatrie »auf die Darstellung der hereditären Verhältnisse und auf die Beschreibung der 'Entartungszeichen' beinahe mehr Wert gelegt (hätte) als auf die Analyse der psychischen Persönlichkeit«.[61]

Psychiatrie und Medizin »vor Mendel« gingen von einer ungeschiedenen, polymorphen Vererbung der Krankheiten aus. Psychiater z.B. versuchten seit 1824, dies auch massenstatistisch zu erklären, kamen aber zu unbefriedigenden Resultaten. Aus der »nach Mendel«-Sicht der 1920er Jahre lag das an Folgendem: Die statistisch-psychiatrische Erbforschung im 19. Jahrhundert hatte das zahlenmäßige Verhältnis der Gesunden zu den Kranken in den einzelnen Familien nicht berücksichtigt,[62] alle Arten von Geistesstörungen oder Abweichungen zusammengerechnet, ohne »eine Scheidung der belastenden Momente nach klinischen Entitäten« vorzunehmen, und die Frage nach dem Erbgang nicht bedacht.[63] Was Ernst Rüdin (1874-1952) auf der Jahresversammlung der Bayerischen Psychiater 1923 über die genealogische Epilepsieforschung ausführte, umreißt das große neue erbpsychiatrische Forschungsprogramm für alle Gruppen von »Geisteskrankheiten«:

»Auf der Suche nach gesetzmäßigen, erbbiologischen Zusammenhängen auf dem Gebiete aller Formen der Epilepsie ist noch recht viele lohnende, aussichtsreiche Arbeit zu tun, aber nicht mit den alten, zu immer neuen Widersprüchen führenden mangelhaften Forschungsmethoden, sondern nur auf der Basis gut differenzierter Ausgangskranker und Verwandter mit den neuen Methoden der modernen, erbbiologischen Medizinalstatistik und den Methoden der experimentellen Vererbungsforschung, soweit sie auf den Menschen anwendbar sind.«[64]

Ernst Rüdin war es, der in der Psychiatrie »als erster die Erblichkeit der Geisteskrankheiten mit wirklich moderner Fragestellung in Angriff genommen hat«, schrieb Lenz 1927.[65] Einen aufschlußreichen Überblick darüber, wie die junge Lehre der Genetik die Methoden der medizinischen und psychiatrischen Erbforschung neu bestimmte, bietet der Abschnitt *Die krankhaften Erbanlagen* im ersten Band des Baur/Fischer/Lenz. In der dritten Auflage von 1927 gibt Lenz, der diesen Teil verfaßte, auf rund 200 Seiten eine zusammenfassende Darstellung damaliger Forschungen – das waren Hunderte! – und diskutiert sie. Auch in der vierten Auflage von 1936 war dieser Abschnitt in derselben Einteilung mit 236 Seiten nicht viel länger.[66] Ebenso berichtet z.B. Otmar von Verschuers *Erbpathologie* »aus der Geschichte der Erblehre vom Menschen« und beschreibt eine Fülle von Einzelforschungen.[67] Fast alle angegebenen Arbeiten tauchen in den amtlichen medizinischen Gesetzeskommentaren zum Sterilisationsgesetz 1934 und 1936 sowie im Gesetzeskommentar zum *Blutschutz- und Ehegesundheitsgesetz* 1936 auf. Einige Untersuchungen aus verschiedenen Disziplinen seien im folgenden exemplarisch angeführt.[68]

Rüdins Studie *Zur Vererbung und Neuentstehung der Dementia praecox* von 1916 gilt als »erstes Werk der streng mendelistisch-genealogischen Erbforschung in der Psychiatrie. Hinsichtlich der »mathematisch-statistischen Auswertung des Ergebnisses« sei sie unanfechtbar.[69] Rüdin hatte, ausgehend von »klinisch klaren Fällen« schizophrener »Probanden«, über 700 Personen aufgesucht und Eltern, Geschwister, Stiefgeschwister und Kinder auf das Vorkommen von Schizophrenie und »andersartigen psychotischen Erkrankungen« klassifiziert.[70] Aufgrund von Rechenoperationen entsprechend der Mendelschen Statistik kam er zu Wahrscheinlichkeitsaussagen über den Erbgang, die die Erblichkeit der Schizophrenie beweisen sollten.[71]

Für die psychiatrische Forschung war die Gründung der Deutschen Forschungsanstalt für Psychiatrie 1917/18 in München mit Emil Kraepelin als Direktor von großer Bedeutung. Sie sollte die Psychiatrie auf eine naturwissenschaftliche Grundlage stellen. Rüdin war Leiter des genealogisch-demographischen Instituts, das für die Erbforschung zuständig war. Dies spricht für die Relevanz, die den statistischen Methoden der genetischen Familienforschung in diesem Bereich zuerkannt wurde. Die Forschungsanstalt wurde 1927/28 in die Kaiser Wilhelm-Gesellschaft aufgenommen.[72] Wissenschaftler des Münchner Instituts für Genealogie überzogen – neben Serienuntersuchungen an Zwillingen – z.B. mehrere oberbayerische Regionen mit Erhebungen über das prozentuale Vorkommen der einschlägigen *Geisteskrankheiten* in der Bevölkerung.[73] Rüdin setzte sich seit 1903 für die Sterilisation »Minderwertiger« ein und war dreißig Jahre später einer der Mitverfasser des amtlichen nationalsozialistischen Kommentars zum *Gesetz zur Verhütung erbkranken Nachwuchses*. In dem von Bumke Ende der Zwanziger Jahre herausgegebenen *Handbuch der Geisteskrankheiten* rangierte das Thema *Ursachen der Geisteskrankheiten. Vererbung, Keimschädigung* an erster Stelle.[74] Baur-Fischer-Lenz führen es in der 4.Auflage von 1936 als Literaturhinweis zur Vererbung von Geisteskrankheiten an. Das Handbuch gehörte ebenfalls zur Grundlagenliteratur im Gesetzeskommentar zum nationalsozialistischen Sterilisationsgesetz. Psychiatrische Indikationen waren hier in der Mehrzahl.

Im *Archiv für Ophthalmologie* erschien 1911 eine Arbeit mit dem Titel »Über einige Stammbäume und die Anwendung der Mendelschen Regeln auf die Ophthalmologie«, in *Pflügers Archiv für die gesamte Physiologie* war 1923 ein Beitrag E. Wölfflins »Über das Vererbungsgesetz der anomalen Trichromaten« (Rot-Grün-Blindheit) zu lesen.[75] Der Hallenser Augenkliniker Clausen veröffentlichte 1925 im *Zentralblatt für die gesamte Ophthalmologie* eine zusammenfassende Darstellung der über die ganze Fachliteratur zerstreuten einschlägigen Veröffentlichungen unter dem Titel »Vererbungslehre und Augenheilkunde«.[76] Er selbst nahm – so Lenz 1927 – »in den letzten Jahren Hunderte von Myopie-Stammbäumen auf« und erklärte aufgrund dieses »Materials« Kurzsichtigkeit für rezessiv erblich – was durch Familienforschungen des Züricher Augenklinikers A. Vogt teilweise widerlegt wurde.[77] Auf dem 5. Internationalen Kongreß für (allgemeine) Vererbungswissenschaft 1927 in Berlin – anläßlich dessen das KWI für Anthropologie, menschliche Erblehre und Eugenik eingeweiht wurde – sprach auch der Berliner Augenarzt und Familienforscher Arthur Czellitzer.[78] Sein Thema war »Die Vererbung hochgradiger Kurzsichtigkeit (aufgrund einer 27jährigen Sammelforschung)«.[79] Gestützt auf ausführlich dargelegte Berechnungen zu seinen familienstatistischen Erhebungen nahm er entsprechend den Mendelschen Regeln zwei rezessive Erbfaktoren für Myopie an.[80] Ein anderes Beispiel für den Einzug der neuen Vererbungslehre in die Medizin sind die Arbeiten des Breslauer Chirurgen und Konstitutionsforschers Karl Heinrich Bauer (1890-1978).[81] Er »glaubt(e), die erbliche Bedingtheit der endemischen Kropfanlage als Erster sicher nachgewiesen zu haben, und zwar in dem Sinne, 'daß das Primäre der Kropfentstehung eine mendelnde, auf ein und nur auf ein Gen zurückzuführende Kropfanlage' sei«[82], schrieb Lenz 1927. Der von Bauer beanspruchte Beweis könne indessen nicht als erbracht gelten, wie Berta Aschner mit Recht scharf betont habe, referierte Lenz einen Teil des zeitgenössischen wissenschaftlichen Diskurses. Er selbst gab unter anderem zu bedenken, daß der Jodmangel durch die Verbreitung des jodfreien Steinsalzes mit eine Rolle für die stark verbreitete Kropfanlage in manchen Regionen spiele.[83] Für eine im ARGB erschienene Studie über »Die Erblichkeit der angeborenen Hüftverrenkung« hatte G. Hooff, ein Schüler von Lenz, »ein großes Material (! GC.) erbbiologisch bearbeitet«.[84] Rainer Fetscher (1895-1945) studierte bereits 1922 ebenfalls an »Material«, nämlich Patienten der Tübinger Chirurgischen Klinik und deren

Angehörigen, die »Erblichkeit des angeborenen Klumpfußes« und sprach sich für Rezessivität der Anlage zu Klumpfuß aus.[85] Unter der im Baur-Fischer-Lenz abgedruckten Familientafel mit der Unterschrift »Klumpfuß nach Fetscher« – die Abweichenden sind immer durch einen schwarz ausgefüllten Kreis symbolisiert – wies Lenz nochmals eigens darauf hin, daß »das klumpfüßige Mädchen in der dritten Generation ... aus Inzest zwischen Bruder und Schwester (stammt)«.[86] Solche »Fälle« boten immer das interessanteste »Material«, ebenso wie »Blutschande« oder eine Ehe zwischen Onkel und Nichte sowie »Inzuchtgebiete«: was bei Drosophila-, Mäuse-, Ratten- und Kaninchen-Zucht in großem Rahmen experimentell hergestellt wurde, war hier zufällig im kleinen vorhanden und glücklicherweise für den Forscher mit einer Abweichung verbunden, und die Familien ließen sich offensichtlich untersuchen. Bewohnern von sog. Inzuchtgebieten in der Schweiz widmete sich in dieser Hinsicht besonders der Züricher Erbforscher Ernst Hanhart.[87]

»Die Bedeutung der Erblichkeit für die Ätiologie« beschäftigte auch den Internisten Wilhelm Weitz in einem Aufsatz in der Zeitschrift *Ergebnisse der gesamten Medizin* 1925. Hier meinte er u.a. einen «dominant geschlechtsgebundenen Erbgang« für Migräne gefunden zu haben, u.a. deshalb, weil Migräne im weiblichen Geschlecht doppelt so häufig wie im männlichen vorkomme.[88] Sein Buch *Über die Bedeutung der Erbmasse für die Ätiologie der Herz- und Gefäßkrankheiten* kam ein Jahr später heraus. Es fand Eingang in das Literaturverzeichnis des Ehegesundheitsgesetz-Kommentars.[89] Wilhelm Weitz, in den Zwanziger Jahren Direktor der Medizinischen Poliklinik in Tübingen, war neben Hermann Werner Siemens einer der ersten deutschen Kliniker, die sich außer mit der Familien- auch mit der Zwillingsforschung als Methode der menschlichen Erbforschung befaßten.[90] 1936 wurde er als Direktor der II. Medizinischen Klinik der Hamburger Universität berufen, wo er eine Abteilung für Zwillings- und Erbforschung einrichtete.[91] Otmar von Verschuer, von 1923-1927 Weitz' Assistent in Tübingen, habilitierte sich bei ihm mit einer Arbeit über *Die vererbungsbiologische Zwillingsforschung. Ihre biologischen Grundlagen. Studien an 102 eineiigen und 45 gleichgeschlechtlichen zweieiigen Zwillings- und 2 Drillingspaaren.*[92] In der fünften Neuauflage des Baur-Fischer-Lenz 1940 verfaßte Weitz die Kapitel *Die Vererbung der inneren Krankheiten* und *Erbliche Nervenleiden.*[93]

Als Beispiel für die weit ausgreifende genetische Familienforschung auf diesem Gebiet sei die 1933 erschienene Untersuchung von Friedrich Curtius *Multiple Sklerose und Erbanlagen* erwähnt.[94] 56 »Sklerose-Familien« hatte er erfaßt: sie bestanden aus 2728 »Blutsverwandten«, von denen 2006 noch am Leben waren. Von diesen untersuchte Curtius selbst 1036 Personen; über 1445 weitere hatte er genaue Berichte erhalten: Krankenblätter, Arztberichte, Versorgungs-, Sozial- und Klinikakten, Schul- und Pfarramtsberichte,

Standesamtsmeldungen sowie mehrseitige Verwandtenberichte (also von mehreren Familienangehörigen über eine Person). Damit hatte er rund 90 % »des gesamten Materials« – so Curtius – erfaßt, nämlich 2481 Personen. Unter diesen fand er 160 »neuropathologisch Auffällige« in der »engeren biologischen Familie«. Durch die klinische Familienanamnese – das bisher übliche – waren von diesen nur 17 Personen bekannt geworden; seine »systematische Familienforschung« hingegen förderte die anderen 143 »Fälle« zutage. Curtius führte seine Untersuchung vor den Berliner Ärzten als Beispiel dafür an, daß der »Nachweis der Erblichkeit« auf üblichem Wege, nämlich als »rein anamnestisch gewonnenes Material«, mangelhafte Ergebnisse zeitige. Nur eingehende Untersuchungen und Informationen über möglichst alle Familienangehörigen könnten den Nachweis der Erblichkeit erbringen.[95]

Daß so gut wie jede Disziplin – wenn auch in unterschiedlichem Umfang – Ergebnisse vorzuweisen hatte, belegen schließlich die 1935 im Rahmen der ärztlichen Fortbildung gehaltenen Vorträge. Sämtliche Referenten bezogen sich dabei nicht nur auf Literatur der vorangegangenen zwei Jahre. Den einzigen »aktuellen« Vortrag über *Bevölkerungspolitische Maßnahmen im Dritten Reich* hielt der Berliner Nazi-Stadtmedizinalrat Wilhelm Klein (1887-?), der eine zentrale Figur in der Gleichschaltung des Gesundheitswesens der Stadt gewesen war.[96] Natürlich waren alle anderen Vorträge auch hochaktuell, in dem Sinn nämlich, daß sie Ergebnisse des jeweiligen Fachgebiets unter der vorgegebenen Fragestellung der praktisch-politischen Selektion behandelten; nur griffen sie sämtlich auch auf wissenschaftliche Ergebnisse vor der nationalsozialistischen »Machtergreifung« zurück.[97] Der Dermatologe Gottron wies darauf hin, daß das Denken in verschiedenen Zeitströmungen auch unterschiedliche Erklärungen für die krankmachenden Faktoren hervorbringe, und machte dies an einem Beispiel deutlich, der *Akne vulgaris* (Pickel). In der bakteriologischen Ära sei das Komedo (»Mitesser«) als Reaktionsprodukt der Epithelzelle auf Toxine des Aknebazillus verstanden worden; die endokrinologische Denkweise sehe es als den Ausdruck eines formativen Reizes auf die Epidermiszelle; zuletzt habe der Erbforscher und Dermatologe Siemens zeigen können, daß bei der Bildung der gewöhnlich multiplen Komedonen der Idiotypus[98] von entscheidender Bedeutung sei. Und er schlußfolgerte: »Verhältnismäßig spät also wird die Erbbedingtheit der Akne vulgaris mit dem Mittel der Statistik gesichert.«[99]

Zusammenfassend läßt sich sagen: Die genetische Vererbungstheorie führte Wahrscheinlichkeitsrechnung und neue statistische Verfahren auf der Basis ausgedehnter Familien- und (seit etwa Mitte der Zwanziger Jahre) Zwillingsforschung als Mittel zur Erklärung bestimmter Krankheitsursachen in Medizin und Psychiatrie ein. Aussagen über die Ursache von Qualitäten wurden durch Berechnungen über die Häufigkeit ihres familialen Vorkommens ersetzt bzw. ergänzt, also durch an Sexualität und Geburt gebundene Quantitäten. Dieser Aspekt ist bisher in der neueren historischen Forschung zu wenig berücksichtigt worden, weil primär darauf geachtet wurde, *daß* und für welche Abweichungen und Leiden Vererbung behauptet wurde, als genauer zu überprüfen, *wie* dies geschah.

Die »Einheitlichkeit der Entartung« als »Trugbild der vorgenetischen Epoche«: Von der Heredodegeneration zur Erbpathologie

Aufgrund der Lektüre neuerer Forschungen ist man geneigt anzunehmen, daß gegen Ende der Weimarer Republik in der Weltwirtschaftskrise wie aus heiterem Himmel das Vererbungsparadigma als Erklärung für Kankheiten und soziale Abweichungen herangezogen worden wäre. Dies war zwar zunehmend der Fall in Politik und Öffentlichkeit sowie in bestimmten sich neu engagierenden professionellen Gruppen, nicht aber in den medizinischen Wissenschaften. Gerade diejenigen Abweichungen und Leiden, die Roth z.B. als Armutskrankheiten bezeichnet und die in der Mehrzahl zur Psychiatrisierung von Angehörigen des »Subproletariats« führten, wurden bereits seit Jahrzehnten mit *Vererbung* erklärt. Die *Asozialen* der Zwanziger Jahre waren die *psychopathischen Degenerierten* des letzten Drittels im 19. Jahrhundert; selbst die von den Nationalsozialisten häufig verwendeten Begriffe antisozial und asozial, die in Erlassen des Polizeichefs Himmler wiederkehren würden, stammen aus der Psychiatrie des 19. Jahrhunderts.

Auch hinsichtlich der Tuberkulose wurde bereits um die Jahrhundertwende die Frage der Erblichkeit im Zusammenhang mit Konstitution und Disposition diskutiert und nicht erst durch die Forschungen von Diehl und Verschuer am KWI für Anthropologie, menschliche Erblehre und Eugenik in den wissenschaftlichen Diskurs eingebracht.[100] Was allerdings neu war, war die staatliche finanzielle Förderung für Massenuntersuchungen an Zwillingen unter dieser Fragestellung und der administrativ hergestellte Zugang zu den begehrten »Forschungsobjekten«. Eine alte Frage sollte mit den neuen Methoden der Vererbungswissenschaft beantwortet werden.[101] Nach Angaben des Münchner Internisten Kurt Lydtin geriet die Vererbung als Ursache der Tuberkulose im Zusammenhang mit dem Aufschwung der Immunbiologie und der Epidemiologie eine Zeitlang in den Hintergrund, nicht zuletzt auch deshalb, weil die genealogischen Forschungen hier zwischen Ansteckung und Vererbung methodisch nicht genügend trennen konnten.[102] Familienforschung bei Tuberkulose kam dennoch nicht völlig aus der Mode, wie z.B. die 1933 von Ickert und Benze veröffentlichten *Stammbäume mit Tuberkulösen* zeigen.[103] Lydtin war kein Vererbungsforscher, sondern befaßte sich mit der

Ätiologie der Tuberkulose – wie fast alle seiner Kollegen in den ersten drei Jahrzehnten des 20.Jahrhunderts – unter epidemiologischer und immunologischer Fragestellung. Durch experimentelle Forschungen an Tieren mit Bruno Lange sei er bereits »vor Jahren« zu dem Schluß gekommen, daß die Tuberkuloseanfälligkeit letztendlich doch ein Konstitutionsproblem und abhängig von bestimmten Erbanlagen sei, wenngleich diese Erkenntnis noch keinen Anlaß für »unmittelbar praktische Folgerungen« gebe. »Wir haben mit unserem Standpunkt lange Zeit wenig Freude erlebt«, berichtete Lydtin 1934. »Inzwischen haben wir aber Bundesgenossen bekommen. Diehl und Verschuer haben durch Untersuchungen auf einem ganz anderen Gebiet, und zwar durch die Zwillingsforschung, die Bedeutung des Erbfaktors eindeutig erwiesen ... Sie haben aus ihren Untersuchungen auf einen Genotypus 'Tuberkulosedisposition' geschlossen und haben für ihn eine Manifestationswahrscheinlichkeit etwa wie für die Schizophrenie festgestellt«.[104]

Die Bedeutung des politischen Wandels für den »Sieg« der wissenschaftlichen Anschauungen über Vererbung wurde von Medizinern mehrfach auf berufsöffentlichen Veranstaltungen zu Beginn der Nazi-Ära betont; so z.B. auch von Adam und Gottron auf der ärztlichen Fortbildungswoche 1935. Wenn Lydtin allerdings sagt: »Klingt (die konstitutionsbezogene Deutung der Epidemiologie) uns heute vielleicht als eine Binsenwahrheit, so standen bis vor Jahresfrist mit Ausnahme von wenigen fast alle Tuberkuloseforscher auf einem anderen Standpunkt. Man dachte immunbiologisch«[105] – so erscheint es allerdings fraglich, ob all jene Forscher, die »vor Jahresfrist« noch »immunbiologisch dachten«, durch die neue Regierung Hitler von ihren wissenschaftlichen Auffassungen so schnell Abstand nahmen und ob hier nicht vielmehr eine Anbiederung an die neuen Machthaber vorliegt.

Ein genaues Studium des Abschnitts *Die krankhaften Erbanlagen* im Baur-Fischer-Lenz ergibt: Durch die analoge »Anwendung« der neuen Vererbungsgesetze der experimentellen Genetik in der Ätiologieforschung wurden nicht bestimmte Krankheiten plötzlich zu Erbkrankheiten erklärt, die zuvor als nichterbliche aufgefaßt worden wären, sondern es fand eine breite Ausdifferenzierung von bereits lange als erblich angesehenen oder als solche zumindest umstrittenen Krankheitsgruppen in fester umrissene einzelne Krankheiten statt. Dies geschah dadurch, daß für sie jeweils besondere genetische Erbanlagen postuliert wurden. Wie sich hier der Wandel in den Auffassungen spiegelt und welche Konsequenzen er nach sich zog, soll abschließend dargelegt werden.

Wie schon angesprochen, veränderte die moderne Vererbungstheorie in einem langsamen Prozeß die um 1900 in der Medizin noch vorherrschenden Vorstellungen über die Weitergabe hereditärer Krankheiten. Vererbung war hier noch ungeschieden oder *polymorph* und zeitigte gerade »im Lichte« des

Darwinismus schreckliche Folgen. Die von der allgemeinen Genetik formulierten Vererbungsgesetze (Quanitifizierung und Konstanz der Erbfaktoren) schufen nun in der Medizin als *Erbpathologie* gleichsam ein neues Plateau, von dem aus der unaufhaltsamen familialen Degeneration, wie sie sich nach älterer Auffassung vollzog, Einhalt geboten wurde; zugleich aber wurden die hierunter gefaßten Phänomene gezielter und umfassender als je zuvor neu erforscht und berechnet, sozusagen mathematisch »dingfest« gemacht. Grundlegend war der moderne genetische Entartungsbegriff, der nicht die inhaltliche Vorstellung der Degeneration als Verschlechterung verwarf, diese aber durch eine neue Definition in gewisser Weise unter der Hand methodisch neutralisierte, wenn es hieß: »Unter Entartung verstehen wir heute nicht mehr ein unentrinnbar fortschreitendes Verhängnis, sondern die Neuentstehung und Ausbreitung krankhafter Erbanlagen.«[106] Aufbauend auf den älteren globalen Erklärungen und ohne sie gar nicht möglich, wurden diese durch die neuen Methoden revidiert. Die neue Basis für die Erklärung des Zustandekommens der hereditären Krankheiten war die vererbungstheoretische der Genetik: »sexuelle Auslese«, »Kreuzung«, »Kombination«, heute: »Ehetypus«.

Die Quantifizierung führte zur Auflösung und internen Zerlegung von früher als »wesensgleich« angesehenen hereditären Krankheitsgruppen. Nach der älteren Auffassung war für sie eine jeweils ähnliche »spezifische Fehlerhaftigkeit der Keimstoffe«[107] angenommen worden, daher rührte auch ihr »unheilvoller Einfluß für die Frucht«.[108] Der Psychiater Heinrich Schüle beispielsweise erklärte 1878 im *Handbuch der Geisteskrankheiten* als den »Schlüssel zur Natur unserer Geistesstörungen«, sie als Hirnkrankheiten und Nervenleiden aufzufassen, »und zwar in einer solchen unabtrennbaren Zugehörigkeit wie diese nur aus der *Wesensgleichheit* entstehen« könne. Die angenommene Wesensgleichheit von Eltern und Kindern und von Krankheiten vermischen sich: »Aus der nervösen Constitution der Mutter entwickelt sich eine Hysterie beim Kinde, aus dem habituellen Jähzorne des Vaters eine Epilepsie. Wir dürfen das geisteskranke Individuum nicht für sich allein, sondern nur in der Kette seiner Abstammung erfassen.«[109] Um »die ganze schwere Folgekette der hereditären Entartung« abzuwenden, trat er für ärztliche Eheverbote ein.

Polymorphe Vererbungsvorgänge sieht auch noch Albert Eulenburg 1916 in *Krankheiten und Ehe*, wenn er z.B. über die Epilepsie ausführt: Die direkte Übertragung der Epilepsie von Eltern auf Kinder sei »ein häufiges Vorkommnis« aufgrund vorliegender Statistiken. Häufig sei aber auch eine Übertragung in Form der *'Belastung' der neuropsychischen Konstitutionsschwäche*: Sie ergebe sich »aus dem Umstande, daß in der Deszendenz von Epileptikern die verschiedensten Neurosen und Psychosen ungemein zahlreich vertreten erscheinen«. Zudem sei auch »die Epilepsie selbst mit anderen

Neurosen und Neuropsychosen, mit Neurasthenie und Hysterie, Hemikranie, Basedowscher Krankheit, Diabetes insipidus und mellitus, mit anderweitigen Krampfformen (Katalepsie, Chorea) und mit ausgesprochen degenerativen Irreseinsformen, Melancholie, schwerer Hypochondrie, zirkulärem Irresein usw. keineswegs selten verbunden.«[110]

In den Ausführungen Max von Grubers im selben Buch spiegelt sich hingegen bereits ein Wandel in der Vererbungsauffassung. Auch er spricht davon, daß bei den erblichen Geistes- und Nervenkrankheiten eine außerordentliche Mannigfaltigkeit der Krankheitsformen, in denen die ererbte Minderwertigkeit oder Fehlerhaftigkeit des Nervensystems zutage trete, charakteristisch sei; »... indessen (werde) mehr und mehr gewiß, daß es eine *Mehrheit* von erblich krankhaften Anlagen des Nervensystems«[111] gebe – d.h. nicht mehr nur eine einzige genetische Ursache, wäre fortzusetzen. Das Bemerkenswerte bei der Vererbung krankhafter Anlagen sei überdies, »daß das eine oder andere Glied in der Kette der Generationen von der Krankheit verschont bleiben (könne) und doch die Krankheitsanlage latent vererbe, zum Beispiel die Großeltern auf den Enkel.« In den beiden Begriffen, die Gruber für die Bezeichnung dieses Phänomens einführt, treffen alte und neue Anschauungen zusammen: er nennt es *Atavismus* oder *rezessive Anlagen*. Der erste Begriff stammt aus der Lehre der Degenerationszeichen und wird im Laufe der Zwanziger Jahre immer mehr zurückgehen, der zweite aus der Genetik, er wird bis heute verwendet. Schließlich wird Lenz es als Ziel der psychiatrischen Erblichkeitsforschung bezeichnen, »die einzelnen krankhaften Erbanlagen in ihren verschiedenen Äußerungsmöglichkeiten zu erkennen und ihren Erbgang festzustellen.« Von vornherein sei klar, daß es eine ganze Anzahl verschiedener erblicher Seelenstörungen geben werde, denn »ebenso wie bei jedem anderen Organ (gebe) es natürlich auch zahlreiche erbliche Anomalien des Gehirns, dessen Funktion ja die seelischen Vorgänge (entsprächen)«.[112]

Auch in einem anderen Punkt spiegelt sich der Umschwung zwischen alter und neuer Auffassung über Vererbung in der Pathologie und zeigt eindringlich die daran geknüpften praktischen Folgen für die Betroffenen. Albert Eulenburg verweist 1916 in *Krankheiten und Ehe* auf die noch nicht entschiedene Theorie über die Vererbung erworbener Eigenschaften. Damit bleibe die Frage vorerst unbeantwortet, ob der Arzt z.B. einem *geheilten* Epileptiker (was zwar selten, aber dennoch vorkomme) zur Ehe raten könne oder diese ablehnen müsse. (Bei einem Kranken wird das Abraten aufgrund der Vererbungsannahme bejaht.) Die Heilung erscheint hier als erworbene Eigenschaft! Auf Basis der noch nicht geklärten Theorie müßte in diesem Fall die Ehe erlaubt werden. Die sich später durchsetzende Auffassung wird dies ablehnen: wenn die Krankheit einmal zum Ausbruch kommt, zeigt sich darin die *genotypische Veranlagung*; die Frage der Heilung ist auf dieser Ebene unerheblich, ein Verbot für Ehe und »Fortpflanzung« zwingend.

Folgen wir den Ausführungen des Baur-Fischer-Lenz, so betraf die Ausdifferenzierung der hereditären Krankheitsgruppen durch die neue genetische Methode in der Neurologie die *heredodegenerativen Nervenleiden*, in der Konstitutionspathologie den von Julius Bauer (1887-1979) beschriebenen *Status degenerativus* und damit verbunden die ältere *Lehre von den körperlichen Entartungszeichen*, in der Psychiatrie die sog. *Degenerationspsychosen*, in der inneren Medizin den *Arthritismus*, in der Kinderheilkunde schließlich die Vorstellung einer einheitlichen *exsudativen Diathese* (Anfälligkeit für Entzündungen, Skrofulose).

Die Bezeichnung *heredodegenerative Krankheiten* hatte sich in Anlehnung an die Ausführungen des ungarischen Neurologen Ernö Jendrassik (1858-1921) über *Die hereditären Krankheiten* in Lewandowskys *Handbuch der Neurologie* von 1911 für bestimmte erbliche Nervenleiden eingebürgert.[113] Die Degenerationsbegriffe der Neurologie und der Genetik rieben sich, wie wir bereits wissen. »In der Erbbiologie versteht man unter Entartung oder Degeneration sonst das Auftreten und die Ausbreitung erblicher Krankheitsanlagen«, sagt Lenz; in diesem Sinne wäre der Begriff eine »überflüssige Doppelbildung«. Meist sei das Veröden von Organen auf erblicher Grundlage gemeint. Lenz kritisierte zum einen den »schillernden Doppelsinn« und die »magische Imponierwirkung« dieses Begriffs, es klinge wissenschaftlich und unheimlich zugleich und sei »trotzdem nicht zweckmäßig«. Insbesondere aber lehnte er seine Verwendung deshalb ab, weil »manche Autoren« damit »halb bewußt« die Vorstellung verknüpften, daß die erblichen Nervenleiden überhaupt nicht durch bestimmte pathogene Erbeinheiten verursacht würden, sondern daß es nur eine allgemeine »Heredodegeneration« gebe, die sich bald in diesem, bald in jenem Krankheitsbild äußern könne – daß also erbliche Nervenleiden wesensgleich seien. Tatsächlich aber gebe es – wie er zuvor ausführlich dargelegt habe – »zahlreiche verschiedene Nervenleiden, die ihre Eigenart innerhalb derselben Sippe bewahren und oft auch durch ihren Erbgang als besondere Biotypen gekennzeichnet« seien. Jendrassik selbst wird zum Kronzeugen erhoben: Er habe aufgrund seiner Erfahrung betont, daß »die erblichen Krankheiten in den verschiedenen Sippen recht verschieden, innerhalb derselben Sippe aber gleichartig zu verlaufen pflegen«. »Durch diese Tatsachen« – so Lenz – »wird die Lehre von einer einheitlichen Degeneration eindeutig widerlegt«. Wenn Jendrassik selbst die Konsequenz nicht gesehen habe, so müsse man ihm zugute halten, daß ihm die Tatsachen der wissenschaftlichen Genetik noch nicht bekannt gewesen seien. Die modernen Heredodegenerationisten hätten diese Entschuldigung nicht mehr! Der Unterschied zwischen den vorgenetischen medizinischen Theorien über

Erbkrankheiten und der neuen, von der Genetik geleiteten Auffassung wird deutlich in Lenz' Erklärung, wie »das Trugbild einer einheitlichen 'Heredodegeneration'« zustandegekommen sei und wie es sich im Lichte der neuen Erkenntnisse auflösen lasse:

»Die Neurologie fing mit der Aufstellung zunächst weniger 'Typen' erblicher Nervenleiden an, einer 'progressiven Muskeldystrophie', einer 'spastischen Spinalparalyse', einer 'Friedreichschen Ataxie' ... usw. Im Lauf der Zeit kamen aber immer mehr neue Bilder hinzu, die 'Übergänge' zwischen den 'Typen' zu sein schienen, z.B. die myotonische Dystrophie. Andererseits fanden sich innerhalb einer Sippe gelegentlich Unterschiede im klinischen Bilde ... Und schließlich wurden neben ausgeprägten Krankheitsbildern in derselben Sippe auch leichte gleichsinnige Anomalien beobachtet. Diese Tatsachen erklären sich zwanglos daraus, daß eine bestimmte pathogene Erbeinheit sich bis zu einem gewissen Grade verschieden äußern kann und daß die Äußerungsmöglichkeiten verschiedener pathogener Erbeinheiten sich teilweise überschneiden können. Für eine einheitliche 'Heredodegeneration' dagegen gibt es keine Belege.«[114]

Mit dem Begriff des *Status degenerativus* bezeichnete Julius Bauer »jene allgemeinste Form konstitutioneller Anomalie, bei der ihr Täger eine mehr oder minder große Zahl von Degenerationszeichen aufweist«. Seine »Unterabteilungen« sollen – so Lenz – der »Status lymphaticus, hypoplasticus, asthenicus, neuropathicus, exsudativus, arthriticus und wie sie alle heißen«,[115] sein. Die Aufstellung eines solchen *Status* hielt Lenz für unglücklich: Es liege auf der Hand, daß »ein derartig unbestimmter, die allerverschiedensten Anomalien umfassender Begriff für die Umgrenzung eines bestimmten Zustandes nicht brauchbar« sei; als Sammelbegriff für alle genetisch verschiedenen *Konstitutionsanomalien* aber sei er überflüssig. Außerdem verführe ein solcher Name immer wieder zu der Vorstellung einer einheitlichen »Heredodegeneration«.[116] Das hieße jedoch nicht, daß an der Lehre von den sog. Entartungszeichen, die sich im Anschluß an die Entartungslehre von Morel entwickelt habe, nichts Wahres sei; sondern die Frage nach den Entartungszeichen stelle sich auf Basis des modernen genetischen Entartungsbegriffs neu: »ob es äußere Merkmale des Körpers gebe, auf Grund deren man auf krankhafte Erbanlagen schließen könne.« Die bejahte Lenz und wies auf Literatur hin, wo eine Aufzählung der »landläufigen Entartungszeichen« zu finden sei![117] Das Vorkommen mehrerer *Degenerationszeichen* wurde nun als eine »Häufung« *erblicher Anomalien* aufgefaßt.

Ebenso wurden die alten *Degenerationspsychosen* aufgelöst, wie sie z.B. noch um 1910 Grundlage gerichtsmedizinischer Gutachten waren[118] oder etwa in *Krankheiten und Ehe* von 1916 auftauchten. Ein *Entartungsirresein* lasse sich ebensowenig wie ein *moralisches Irresein* als besondere Geisteskrankheit aufrechterhalten, schrieb Lenz unter Hinweis auf Rüdin.[119] Weshalb etwa die Schizophrenie oder die Epilepsie nicht zur Entartung gehören sollen, sei nicht ersichtlich. Gegen den Begriff eines »Entartungsirreseins« gälten dieselben

Gründe wie gegen den Begriff des »status degenerativus« und den der »Heredo-degeneration« als biologischer Einheit. [120] Nach den neuen vererbungstheoretischen Grundannahmen beruhten *erbliche Geisteskrankheiten und Psychosen* auf je spezifischen *Erbanlagen*, die es statistisch-genealogisch zu erforschen galt. Die Notwendigkeit zur Ausdifferenzierung wurde für alle »großen« »Geisteskrankheiten« postuliert: »Die klinisch abgegrenzte Gruppe der Schizophrenie ist sicher keine biologische Einheit ... Die einzelnen pathogenen Erbeinheiten sind offenbar nicht wesensgleich.«[121] Auch bei der Epilepsie entspreche dem »klinischen Bilde keine erbbiologische Einheit«. [122] Die Forschung werde sich daher auf die Herausarbeitung elementarer Unterarten der Epilepsie richten müssen. [123] Das gleiche ergab sich für *Schwachsinn*: »Der ganzen Sachlage nach ist geistige Schwäche ebensowenig biologisch einheitlich wie körperliche Schwäche«. [124]

Demselben Verdikt verfiel die mit dem Begriff des *Arthrismus* verbundene Auffassung, dieser sei die »gemeinsame Grundlage von Diabetes, Gicht, Fettsucht, Arteriosklerose, Schrumpfniere, Asthma, Psoriasis (Schuppenflechte, GC.), Muskelrheumatismus und mancherlei anderer Leiden«, wie er in der älteren Literatur, besonders in der französischen, noch eine Rolle spiele. Obwohl alle diese Leiden erblich mindestens mitbedingt seien, könne man eine *arthritische Diathese* als biologische Einheit nicht aufrechterhalten. [125] Ähnlich verwarf Lenz die Vorstellung einer *exsudativen Diathese*. Von manchen Ärzten werde sie »übermäßig weit gefaßt«. Sie rechneten auch die *lymphatische, vagotonische* und *neuropathische Diathese* dazu, da alle diese nach Erfahrung häufiger gemeinsam auftreten »als nach der Häufigkeit der einzelnen Merkmale zu erwarten wäre«. Als Gewährsmann für die genetisch beeinflußte Auffassung führte Lenz den Pädiater Meinhard von Pfaundler (1872-1947) an. Er habe in seiner Untersuchung *Kindliche Krankheitsanlagen (Diathesen) und Wahrscheinlichkeitsrechnung*[126] gezeigt, »daß solche 'kombinierten' Diathesen in eine Anzahl einzelner Diathesen aufzulösen sind, die sich miteinander nach dem Gesetze der Wahrscheinlichkeit, also wie unabhängige Erbeinheiten, kombinieren«. Gewisse Erbanlagen könnten mehrere solcher Zustände zugleich bedingen; z.B. stünden ja auch Farbe von Augen, Haar und Haut in gewissen Korrelationen. [127]

Die moderne Genetik zerlegte nicht nur die zuvor als »wesensgleich« angesehenen hereditären Krankheitsgruppen, sondern veränderte zugleich, wenn offensichtlich auch nur langsam, die Lehre von ihrer Progression und Antizipation. Ein Beispiel dafür sind die Ausführungen von Lenz über Forschungen zur *myotonischen Dystrophie*. In der Literatur – er nennt dazu drei Arbeiten von 1922 bis 1925 – werde angegeben, daß »die krankhafte Anlage, die nach dem Zusammenhang der Fälle bis zu acht Generationen zurückverfolgt werden konnte, im Laufe der Generationen sich immer schwerer krankhaft (äußere). Aus den frühesten Generationen seien keine entsprechenden krankhaften Erscheinungen bekannt geworden; in den mittleren Generationen sei bei den Trägern der Anlage im wesentlichen nur Linsentrübung in Erscheinung getreten; und erst in den beiden letzten Generationen sei schließlich das Vollbild der myotonischen Dystrophie aufgetreten. Dabei habe das Leiden in der letzten Generation früher eingesetzt und einen schwereren Verlauf genommen als in der vorletzten. Es soll also eine 'Antizipation' und eine 'Progression' stattgefunden haben. Ein solcher Vorgang würde der von Morel und einigen anderen älteren Ärzten behaupteten aus inneren Gründen fortschreitenden Entartung entsprechen.«[128] Bevor man jedoch »das Vorliegen derartiger ungeklärter Vorgänge« im Falle der myotonischen Dystrophie annehme, tue man gut daran, weitere Forschungen abzuwarten. Lenz glaubt an einfachere Erklärungen. Diese Krankheit sei erst in den letzten Jahren als besonderes und eigenartiges Leiden erkannt, das den Ärzten der älteren Generation entgangen oder als Auszehrung oder Kachexie usw.»verkannt« worden sei. Er bezweifelt folglich die Angaben, daß die Krankheit im Laufe von acht Generationen sich immer schwerer gezeigt habe. Nicht zuletzt wegen der Wandlungen in der medizinischen Nomenklatur hielten es die modernen Erbforscher für ergiebiger, statt eine lange Folge von Generationen anhand »veralteter« Diagnosen zurückzuverfolgen, die noch lebenden Menschen eines größeren Familienverbandes selbst zu untersuchen.[129]

Die Auffassung über eine *organische Grundlage* der *Entartung* hatte die vormals herrschende religiöse oder moralische Erklärung von Krankheit, Verbrechen und Schwäche abgelöst, die Lehre der *Heredodegeneration* sozusagen die Sünde in den hereditären Krankheiten materialisiert.[130] Die moderne Vererbungslehre ging einen Schritt weiter. Wenn wir in der Diktion bleiben wollen, können wir sagen: Sie materialisierte nun auch das Gesunde, Rechtschaffene, Starke. Sie gab sowohl dem *Normalen* wie dem *Pathologischen* eine neue gemeinsame Grundlage: die *Erbanlagen*.[131] Das Argument, mit dem Lenz gegen die älteren Vorstellungen einer einheitlichen Degeneration zu Felde zog, kennzeichnet dieses neue Denken und macht klar, weshalb die interne Ausdifferenzierung der Krankheitsgruppen, aber ebenso auch des *Normalen* notwendig wurde:

»Es wäre auch nicht abzusehen, weshalb es nur eine gemeinsame Quelle gerade für Krankheiten und Anomalien geben solle und nicht auch für normale Typen und Eigenschaften. Wenn aber Krankes und Normales unterschiedslos daraus fließen würde, so würde eine Erbpathologie überhaupt keinen Sinn mehr haben.«[132]

Die Krankheiten werden ihrer früheren *Entwicklungsgeschichte* durch die Generationen beraubt und als abgrenzbare, zählbare und korrelierbare Erbmerkmale in die Menschen hineingelegt. Die alte Erklärung über die Heredodegeneration mußte der neuen genetischen Erklärung über den

Ursprung weichen. Aus der »Natur der Gicht«[133] beispielsweise, die »Familiengeschichte« machen kann und nach älteren medizinischen Auffassungen im Verein mit anderen Krankheiten als »arthritische Diathese« aufgetreten ist, wird ein bestimmter *Biotypus* der Gattung Mensch. Die Krankheiten »hängen nicht mehr hartnäckig an Familien« – wie es von Gruber noch 1916 über die Geisteskrankheiten formulierte –, sie sind auch nicht von Gott geschickt zur Prüfung, sie sind keine Strafe mehr für schuldhaftes Verhalten, oder was immer an äußerlichen Erklärungen für die Gründe der Krankheiten sonst gefunden wurde. »Bei den erblichen Krankheiten ... handelt es sich um Varietäten des Menschen«, sagt Lenz, man könne von einem *Homo sapiens var. asthenicus* sprechen.[134] Ob es eine bestimmte (Erb-)Krankheit oder die *Belastung* mit ihr auch künftig geben wird, hängt unter dieser Perspektive davon ab, ob »der« Kranke »sich fortpflanzt«, d.h. »seine Art erhält«, und mit wem er »sich fortpflanzt«. Lenz spricht in diesem Zusammenhang als Darwinist von *sexueller Auslese*. Es gibt keine Einheitlichkeit der Vererbung, sondern eine *Neukombination* von vielen unterschiedlichen Merkmalen.

Wir können also festhalten, daß so gut wie alle zuvor gesehenen *degenerativen erblichen Krankheiten* weiter als solche exisfieren. Was sich durch die moderne Vererbungstheorie ändert, ist das Vererbungsparadigma selbst. »Kommen erbliche Anomalien, die nicht von derselben Erbeinheit abhängig sind, häufiger zusammen vor, als nach Maßgabe der einzelnen Häufigkeiten zu erwarten« wäre, so sind sie dadurch zustandegekommen, »daß Menschen mit körperlichen oder seelischen Mängeln oft nur Ehepartner bekommen, die ebenfalls irgendwelche Mängel haben.«[135] Hier kommt in der medizinischen *Erbpathologie* die *Kreuzung* als *Kombination pathologischer Erbmerkmale* zum Tragen, wie wir im ersten Kapitel allgemein darstellten.

»Insbesondere im Bodensatz der Bevölkerung sammeln sich infolge sozialen Absinkens der geistig und körperlich Schwachen allerlei erbliche krankhafte Zustände an. So entsteht eine Häufung von 'Entartungszeichen' in manchen Sippen.« Man habe diese nur falsch gedeutet: »Die Entartung ist nichts Einheitliches; der Begriff der Entartung ist vielmehr nur eine Zusammenfassung für die Entstehung und Ausbreitung der allerverschiedensten krankhaften Erbanlagen.«[136]

Auch für die *exsudative Diathese* wird die über Sexualität und »Fortpflanzung« hergestellte – also der *Diathese* selbst äußerliche – Erklärung letztlich die alles erhellende: Eine »wirkliche Häufung« von Diathesen in manchen Familien sei auch davon abhängig, daß »krankhaft veranlagte Personen häufiger untereinander als mit völlig gesunden die Ehe (eingingen)«![137] Der Humangenetiker Vogel spricht heute vom »Ehetypus«.[138] In der nationalsozialistischen Ehepolitik wird man diesem Aspekt unter dem Schlagwort der »erbbiologischen Partnerregel« eine hohe Aufmerksamkeit schenken, das

Heiratsverhalten berechnen und durch Eheverbote und die Verweigerung von Ehestandsdarlehen zu lenken versuchen.

Im zweiten Band des Baur/Fischer/Lenz stehen im Kapitel »Die biologische Auslese« *Sexualität* und *Fortpflanzung* als Selektionsmechanismus für den Erhalt oder das Untergehen verschiedener *pathologischer Biotypen* im Mittelpunkt.[139] Lenz beschreibt »die Wirkung der Auslese auf die wichtigsten krankhaften Anlagen« in derselben »Reihenfolge ... wie bei der Besprechung ihres Erbganges« im ersten Band.[140] Bei jeder »krankhaften Anlage« geht es um dieselben Fragen nach dem folgenden Muster: Kommen die Träger dieser *pathologischen Erbanlage* zur Heirat? Wenn ja, wie hoch ist die Kinderzahl? Kommen sie aus großen Familien? *Erhalten die Schizophrenen sich selbst?* die Alkoholiker, die Verbrecher, die Herzkranken, die Tuberkulösen, die Blinden, die Taubstummen, etc.? Er geht alle die im ersten Band aufgeführten *Krankheiten* und *Anomalien* unter dieser Fragestellung durch – wobei er sich auf wesentlich weniger Forschungen stützen kann – und kommt zu dem Schluß: Von den »Erbkranken« »erhält sich« fast keine Gruppe »selbst«, da »die schweren Formen nicht zur Fortpflanzung kommen« und diejenigen, die verheiratet sind, mit ihrer »unterdurchschnittlichen Kinderzahl« »ihren Bestand« nicht erhalten können. Dieses Ergebnis mag für viele seiner Zeitgenossen überraschend gewesen sein. Aber Lenz ist auch in dieser Frage streng methodisch: Er übt Kritik an älteren Untersuchungen, die zu »überdurchschnittlichen Kinderzahlen entarteter Familien« kommen aufgrund statistischer Fehler. Mit der Größe der Familie wachse auch die Wahrscheinlichkeit, »daß krankhafte Individuen von einer bestimmten Beschaffenheit daraus hervorgehen«, und man erhalte zu hohe Zahlen.[141] Als weitere Fehlerquelle nennt er in Anlehnung an Weinberg die im medizinischen Schrifttum verbreitete literarisch-kasuistische Auslese: es gebe mehr Untersuchungen über große Familien, weil sie interessanter erschienen als solche mit nur wenigen Kranken, deshalb seien unverhältnismäßig viele kinderreiche Familien in der Literatur beschrieben worden. Ausgehend von den Stammbäumen aus der Literatur seien daher besonders große Kinderzahlen bei gewissen Leiden gefunden worden, diese beruhten jedoch auf einer statistischen Täuschung und nicht auf einer *biologischen Grundlage*.[142]

Bedeutende Ausnahmen konstatierte er jedoch bei bestimmten *Geisteskrankheiten und Nervenleiden*, speziell bei *Chorea-Sippen*[143], *leicht Schwachsinnigen*[144], und *leichten Psychopathen*: Diese »Erbkranken« würden »sich« überproportional »fortpflanzen«. Bei den letzteren vermutete er, »... daß zwar die schweren Psychopathien der Fortpflanzung hinderlich sind, daß aber gewisse leichte Psychopathen viele Kinder haben.«[145] In Band I hatte Lenz die »dominante Vererbung« besonders der »leichten Schwachsinnsformen« anhand weniger Untersuchungen – eine war von dem Rostocker Hygieniker und späteren nationalsozialistischen Präsidenten des Reichsgesundheitsamts Hans Reiter (zusammen mit Osthoff)[146] – dargelegt. Für Lenz »bestätigte sich die Regel, daß innerhalb einer klinischen Gruppe die leichteren Leiden dominant, die schwereren rezessiv zu sein pflegen. Idiotie als dominantes Erbleiden konnte sich ja nicht halten, da Idioten in der Regel nicht zur Fortpflanzung kommen ... Je leichter der Schwachsinn, desto größer scheint der Anteil der erbbedingten Fälle und im besonderen der dominante zu sein.«[147] Auch die Annahme einer »dominanten Erbanlage« für *leichten Schwachsinn* beruhte auf auf dem Ausforschen von Familien und anschließenden Rechenoperationen auf der Basis einer bestimmten klinischen Definition von *Schwachsinn*. Eines der wichtigsten Kennzeichen war eine hohe Kinder- oder Geschwisterzahl, verbunden mit Wertungen des Familienlebens. Neben mit Intelligenztests gemessenen Graden »geistiger Schwäche« charakterisierten das *klinische Bild* »sexuelle Triebhaftigkeit« (insbesondere bei Frauen), »Leichtsinn«, »mangelnde Vorsorglichkeit«. Nicht von ungefähr ergibt dieses Bild Ähnlichkeiten mit dem »Typus des ungelernten Arbeiters« oder »dem Neger«, wie im vorigen Kapitel angerissen wurde. Ihm korrespondierte die »unordentliche Hausfrau«. Den Inhalt der klinischen Definition zeigen z.B. die Ausführungen über *Erbhygienische Untersuchungen an Hilfsschulkindern* der Münsteraner Hygieniker K. W. Jötten und H. Reploh auf dem internationalen Kongreß für Bevölkerungswissenschaft:

»In den Wohnungsverhältnissen der Hilfsschulkinder spiegelt sich das soziale Elend dieser Kreise sehr stark wieder (sic). In etwa 55 v.H. der Fälle wurden die Wohnungsverhältnisse als schlecht und völlig unzureichend angegeben ... Entsprechende Ergebnisse ergab die Untersuchung über die Berufe der Väter der Hilfsschulkinder. Weitaus die meisten gehörten zu den ungelernten oder halbgelernten Arbeitern (68,5 v.H.) ... Sowohl aus den Wohnungsverhältnissen wie auch der Berufsverteilung in den Hilfsschulfamilien geht u. E. deutlich hervor, daß wir es bei den Hilfsschulfamilien zum weitaus größten Teil mit Minderwertigen zu tun haben, bei denen sich der geistige Defekt sowohl in der Unfähigkeit zu einem lohnenden Beruf wie auch in der Unfähigkeit zur Pflege der Wohnung zeigt.«[148]

Der Kongreß, auf dem diese Worte gesprochen wurden, fand 1935 in Berlin statt. Die Diagnostik hatte sich gegenüber den Weimarer Jahren nicht geändert, wohl aber die zuvor im Stadium der Diskussion verharrende praktische Konsequenz: Um diese Zeit waren bereits an die Hunderttausend Menschen zwangssterilisiert, davon über die Hälfte aufgrund der Diagnose *angeborener Schwachsinn*.[149]

Doch zurück in die Endphase von Weimar. Zusammenfassend und bedeutsam für den Fortgang der Ereignisse läßt sich feststellen: Der »Stand der Wissenschaft« Mitte/Ende der Zwanziger, Anfang der Dreißiger Jahre floß auf zwei Ebenen in staatlich-medizinisches geburtenpolitisches Handeln ein. Sie beinhalteten eine kurzfristig-punktuelle und eine langfristige, auf Dauer angelegte wissenschaftlich-politische Handlungsperspektive. Beide wurden von den Nationalsozialisten aufgenommen und weitergeführt – parallel zum breiten Ausbau der Humangenetik.

Die erste Ebene betrifft die Aufstellung konkreter Indikationen für Körpereingriffe aus eugenischen Gründen. Daß dies möglich wurde, ist auch Resultat der Ausdifferenzierung der *Krankheiten*, die, wie wir sahen, zunehmende, aus meiner Sicht zweifelhafte Plausibilität gewinnen, nicht zuletzt durch die qua Genetik in Medizin und Psychiatrie eingeführten neuen statistischen quantitativen Methoden. Im Preußischen Landesgesundheitsrat diskutierten und einigten sich die Experten 1925 auf folgende Indikationen für Schwangerschaftsabbruch aus eugenischen Gründen: »besondere Einzelfälle von Retinis pigmentosa, amaurotische Idiotie, Dementia praecox, genuine Epilepsie, Schwachsinn, Huntingtonsche Chorea, manisch-depressives Irresein, Pelizäus-Merzbachersche Krankheit und degenerative Hysterie«.[150] 1932 diskutierte der Preußische Landesgesundheitsrat bestimmte Krankheiten als Indikationen für eugenische Sterilisation. Sie wurden in einen Gesetzesentwurf eingearbeitet und im GzVeN von 1933 übernommen. Sterilisationsgründe waren in der Mehrzahl Geistes- und Nervenkrankheiten sowie die am besten erforschten Gruppen der Körperkrankheiten.[151] Die *Richtlinien für die ärztlichen Untersucher der Ehestandsdarlehensbewerber* von 1934 benannten als Ablehnungsgründe für ein Ehestandsdarlehen außer den Sterilisationsindikationen Krankheiten und Abweichungen, die uns ebenfalls im medizinisch-psychiatrischen Diskurs begegnet sind.[152] Die Eheverbote des *Ehegesundheitsgesetzes* von 1935 wurden begründet durch die im GzVeN aufgeführten »Erbkrankheiten«, außerdem »ansteckende Krankheiten«, Entmündigung und das unbestimmte Ehehindernis »geistige Störung«. Bereits 1916 wurden in dem Sammelwerk *Krankheiten* (!) *und Ehe* von Noorden/Kaminer *Rassenmischehen* und unerwünschte außereheliche *Rassenmischung* auf vielen Seiten im Hinblick auf die deutschen Männer in den Kolonien erörtert. Im September 1935 wurden sie *zum Schutz deutschen Blutes und deutscher Ehre* in Deutschland gesetzlich verboten. Angesiedelt auf verschiedenen Maßnahme-Stufen nationalsozialistischer Ehe- und Sexualpolitik tauchten also so gut wie alle Gruppen von Krankheiten, Abweichungen und Anomalien auf, die in der psychiatrischen und erbpathologischen Forschung zum Teil bereits seit Jahrzehnten »verhandelt« wurden – bis hin zu Themen der im Kolonialismus wurzelnden rassistischen Anthropologie.[153]

Die zweite Ebene betrifft die ärztliche Eheberatung als langfristig angelegten Prozeß der »Fürsorge für die kommende Generation«: die eugenische Eheberatung.[154] Von ihrer wissenschaftlichen Basis wie von ihrer Methode her war sie angewiesen auf die Ausleuchtung der jeweiligen Familienverbände. Auf anderem Weg war es gar nicht möglich, zu Wahrscheinlichkeitsaussagen über ein Risiko der *erblichen Belastung* zu kommen, was immer Medizin und Psychiatrie im einzelnen als pathologisch, abweichend oder anormal definieren.[155] Die Eheberatung war familiale Totalerfassung, wie und weil die Wissenschaft es verlangte. Auch jene wurde, wie zu zeigen sein wird, während des Nationalsozialismus unter derselben Perspektive fortgeführt.

Fragen nach der Klientel sowie dem Verhältnis von Staat und Ärzteschaft blieben bisher offen. Sie sind aber die für die Durchsetzung dessen, was »Stand der Wissenschaft« war (und ist), entscheidend. Wie weit konnten die wissenschaftlichen Konzeptionen umgesetzt werden? Hier werden wir zu bedeutsamen Unterschieden zwischen der Weimarer Republik und der nationalsozialistischen Diktatur kommen, die vor allem in der Frage des Zwangs liegen. Nichtsdestoweniger haben sich die entscheidenden Weichenstellungen nicht erst zwischen 1930 und 1933, nicht also zwischen Weimar und dem »Dritten Reich« vollzogen. Wandlungen in der Auffassung über die Ehe einerseits und über die ärztlichen Zuständigkeiten in diesem Bollwerk der Privatheit andererseits beginnen sich um die Zeit der Jahrhundertwende, spätestens während des ersten Weltkriegs anzubahnen. Dies soll uns im folgenden Kapitel beschäftigen.

3. Kapitel

Ehetauglichkeit und Eheeignung als eugenische Werte: Gesetzlicher Zwang zur ärztlichen Untersuchung vor der Eheschließung?

> »Die für die angewandte Eugenik wichtigste soziale Institution ist die Ehe. Sie ist der Hauptangriffspunkt jeder planmäßigen Regelung der Fortpflanzung. ... Nur im Rahmen der Familie kann die Fortpflanzung und die Aufzucht der Nachkommen der hygienischen Überwachung mit solcher Gründlichkeit und auf so lange Dauer unterstellt werden, daß die Entstehung körperlich und geistig Minderwertiger mehr und mehr verhindert und die Aufzucht einer den nationalen Auftrieb gewährleistenden Anzahl rüstiger Nachkommen gesichert wird.«[1]

> »Die Ehe muß auch für den Rassenhygieniker und deutschen Arzt unangreifbar bleiben, da nur sie es erlaubt, gewisse Forderungen in erbgesundheitlicher und rassischer Hinsicht zu verwirklichen.«[2]

Die Forderung nach Asylierung und Eheverboten als Mittel der Geburtenkontrolle ist älter als die nach Sterilisation, da sie aus der Frühzeit der Eugenik stammt, in der Ehe und »Fortpflanzung« noch in eins gedacht wurden. Dies kommt in den Diskursen um die Jahrhundertwende zum Ausdruck. Zwei Beispiele mögen dies erhellen. Das umfangreiche Werk von Senator/von Noorden/Kaminer über Krankheiten und Ehe enthält sehr viele Passagen, die sich heute in gynäkologischen Lehrbüchern, nicht aber in einem Buch über die Ehe finden lassen. Über weite Strecken geht es um die Gefahren von Schwangerschaft, Geburt und Wochenbett für die Frau bei den verschiedenen Krankheiten; auch der Schwangerschaftsabbruch wird in diesem Zusammenhang thematisiert. Das zweite Beispiel: Die Begriffe Sterilisation und Kastration wurden gegen Ende des 19. Jahrhunderts noch häufig undifferenziert nebeneinander gebraucht.[3] Der Geburtenrückgang, der diesen Zusammenhang aufbrechen und die Frage des »ehelichen Präventivverkehrs« zunehmend zum politischen wie öffentlichen Thema machen sollte, war bis zum ersten Jahrzehnt unseres Jahrhunderts noch wenig auffällig geworden; die gynäkologischen Operationsverfahren befanden sich noch im z.T. illegalen Versuchsstadium.[4] Wiewohl Kastrationen und Sterilisationen bei Frauen seit längerem praktiziert wurden, waren sie als brutale »Therapie« gegen Hysterie eingesetzt und nicht als Mittel zur Schwangerschaftsverhütung. Die Trennung zwischen Sexualität und »Fortpflanzung« war noch kaum im Denken vollzogen und setzte sich gesellschaftlich recht langsam durch. Wie Gisela Bock bemerkt, führte in manchen ländlichen Gebieten erst die Zwangssterilisation im Nationalsozialismus zu »sexueller Aufklärung« und anhaltenden Diskussionen: unvorstellbar war, was das Merkblatt der Erbgesundheitsgerichte gemäß wissenschaftlichem Standard verkündete: daß die Potenz des Zeugens oder des Schwangerwerdens zwar operativ unterbunden, nicht aber zugleich damit das Lustgefühl beeinträchtigt werde.[5] Die früheste Überlegung über Eheverbote als Mittel der Geburtenbeschränkung »Untüchtiger« stammt übrigens schon von Darwin – noch vor Galton, dem Begründer der Eugenik.[6] Für Rassenhygieniker und Eugeniker spielten spätestens ab Ende der Zwanziger Jahre die Eheverbote diese Rolle nurmehr in sehr beschränktem Ausmaß – ebensowenig in der nationalsozialistischen Bevölkerungs- und Rassenpolitik oder in der humangenetischen Beratung bis heute.[7] An ihre Stelle trat die Sterilisation. Der Körperschnitt wurde zur sichersten und am leichtesten zu kontrollierenden Methode der »Verhütung minderwertigen Nachwuchses«. Falls es zu allzu großen quantitativen Bevölkerungseinbußen käme, könne »man mit der Sterilisierung ja jederzeit leicht wieder aufhören, während die Empfängnisverhütung sich direkter Kontrolle durch staatliche Organe entziehe«, bemerkte Fritz Lenz 1931.[8]

Die modernen ärztlichen Ehekontrollen des 20. Jahrhunderts, die der Nationalsozialismus nach vorausgegangenen jahrelangen Diskussionen qua politischer Diktatur einführen konnte, müssen deshalb in einem anderen Licht gesehen werden. Sie waren weder den Zwangssterilisationen als geringfügiger Eingriff untergeordnet, noch wurden sie durch jene ersetzt, sondern sie hatten ihre eigenständige Bedeutung. Durch die Eheberatung werde dem beratenden Arzt »eine wesentliche Einwirkung auf die gesundheitliche Beschaffenheit der künftigen Generation eingeräumt«, umriß Arthur Gütt das Programm der Ehepolitik im Nationalsozialismus.[9] Die staatlich-medizinische Geburtenverhinderung war dabei nur *eine* mögliche Folge. Es ist deshalb angemessener, ihren primären Konnex in der Unterstellung von Sexualität und Gebären unter das »Urteil des Fachkundigen«[10] zu sehen. Hieraus ergeben sich dann erst menschenzerstörende oder auch nur leichter beeinträchtigende Wirkungen. Diese Wirkungen hängen in erster Linie von einer Gesetzgebung ab, welche die Experten mit Machtbefugnissen ausstattet, am wenigsten aber, so scheint es, von jenen, die mit oder ohne Zwang zum *Gegenstand* dieser »fachkundigen« Unterstellung gemacht werden (sollen).

Zur Begrifflichkeit von Tauglichkeit und Eignung

Eheeignung und *Ehetauglichkeit* waren zentrale Begriffe der nationalsozialistischen Ehepolitik. Sie waren allerdings keine Erfindung der Nationalsozialisten, sondern stammen aus der seit etwa der Jahrhundertwende geführten Debatte über ärztliche *Ehegesundheitszeugnisse*. Im öffentlichen, politischen und wissenschaftlichen Diskurs der Weimarer Zeit häufig synonym gebraucht, erhielten die Begriffe *Eheeignung* und *Ehetauglichkeit* durch die nationalsozialistische Gesetzgebung jeweils einen spezifischen Inhalt und unterschiedliche rechtliche Wirksamkeit. Beiden gemeinsam war, daß sie auf einer (amts)ärztlichen Untersuchung beruhten. Die Bescheinigung der *Eheeignung* durch ein *Eheeignungszeugnis* war Voraussetzung für den Erhalt eines Ehestandsdarlehens.[11] Die Unterlagen für den untersuchenden Arzt hießen *Prüfungsbogen für Eheeignung*. Ohne umfassende ärztliche Kontrollen mit dem abschließenden Urteil »ehegeeignet« förderte der nationalsozialistische Staat keine einzige Ehe mit einem Darlehen. Die amtsärztliche Überprüfung auf *Ehetauglichkeit* war Teil der neuen eherechtlichen Regelungen im *Ehegesundheitsgesetz* und im *Blutschutzgesetz*. Die *Ehetauglichkeit* war in bestimmten Fällen durch ein amtsärztliches *Ehetauglichkeitszeugnis* (ETZ) zu bescheinigen. Seine Verweigerung begründete ein Eheverbot.

Der Begriff der *Tauglichkeit* stammt aus der militärärztlichen Praxis: wehrpflichtige junge Männer wurden (und werden) auf ihre Militärtauglichkeit hin gemustert. Im etymologischen Wörterbuch findet sich bei »Musterung« folgender Eintrag: »'prüfend betrachten; Rekruten auf ihre militärische Tauglichkeit untersuchen' (15.Jh.) … 'kritische Besichtigung und Prüfung'«.[12] Den Begriff der Tauglichkeit finden wir ebenfalls für schulärztliche Untersuchungen schulpflichtiger Kinder – früher auch *Schulrekruten* genannt – auf ihre Schultauglichkeit.[13] Nun also wurden »Ehebewerber« von einem Arzt auf ihre *Tauglichkeit* kritisch geprüft und gemustert.

Schule und Militär sind staatliche Einrichtungen, verankert im Öffentlichen Recht (Staats- und Verwaltungsrecht). Für sie besteht eine »allgemeine« Pflicht – notfalls polizeilich durchsetzbar –, die nur in bestimmten gesetzlich geregelten Fällen aufgehoben ist bzw. werden kann (bzw. war und werden konnte). Die Ehe hingegen unterliegt keiner allgemeinen staatlichen Pflicht. Niemand kann von staatswegen zur Eheschließung gezwungen werden. Hierin kommt ihre privatrechtliche Seite zum Ausdruck: die Ehe als Vertrag. Die Voraussetzungen und Regeln der Eheschließung, Eheführung und Ehescheidung waren deshalb im Bürgerlichen Gesetzbuch (BGB) als Teil des Familienrechts kodifiziert. (Auf die Ehe als soziale Institution, die nicht der vertraglichen Disposition der Ehegatten unterliegt, wird später einzugehen sein.)[14]

Das Ergebnis der militär- und schulärztlichen Tauglichkeitsprüfung konnte dazu führen, daß die Wehrpflicht bzw. die Schulpflicht aufgehoben oder aufgeschoben wurden oder mit bestimmten Einschränkungen bzw. Besonderheiten zu absolvieren waren; d.h., das ärztliche Urteil militär- bzw. schul-»untauglich« konnte (und kann) individuell einzelne Kinder, Jugendliche und Männer vom staatlichen Zwang entbinden. Die Nichterteilung eines ärztlichen *Ehetauglichkeitszeugnisses* im nationalsozialistischen Deutschland hingegen hob die persönliche Freiheit der Eheschließung – seit etwa Mitte des 19. Jahrhunderts unabhängig von Stand und Besitz gesetzlich garantiert – auf, setzte also staatlichen Zwang. Die Übernahme des Tauglichkeitsbegriffs für die Ehe kennzeichnet eine neue Dimension staatlich-medizinischen Zugriffs auf sie.

»Geeignet sein« wird seit etwa 1800 als »sich qualifizieren« im Sinne von »sich aneignen« gebraucht.[15] Der Begriff der *Eignung* in Verbindung mit einer *Eignungsprüfung* oder einem *Eignungstest* ist eine Errungenschaft des 20. Jahrhunderts. Er hat das aktive Handeln der Person in ihr passives Beurteiltwerden verwandelt und kommt aus einer im Zusammenhang mit der Wirtschaftsrationalisierung entstehenden neuen »angewandten« Wissenschaft, der Arbeitswissenschaft. Unter diesem Sammelbegriff entwickelten sich verschiedene Zweige wie Psychotechnik, Arbeitspsychologie, Ergonomie und Arbeitsphysiologie. Ein Zeichen für das Aufstreben dieser Wissenschaft ist z.B. die Gründung des Kaiser Wilhelm-Instituts für Arbeitsphysiologie in Dortmund-Münster 1927 nach Vorarbeiten seines Direktors Edgar Atzler und Kollegen seit 1921. Das Handbuch der Kaiser Wilhelm-Gesellschaft ordnete es unter »biologisch-medizinische Institute« ein.[16] Ingenieure, Ärzte und Psychologen untersuchten die bestmögliche Anpassung des »Produktionsfaktors Mensch« an die Maschine und machten ihn, indem sie sein »Funktionieren« im industriellen Arbeitsprozeß zu optimieren suchten, selbst zu einer solchen.[17] Sie sorgten für die »wissenschaftliche Durchdringung der Arbeitsrationalisierung«.[18] Ergebnisse der Arbeitswissenschaft wurden u.a. in *beruflichen Eignungsprüfungen* praktisch umgesetzt: zum einen in der während der Zwanziger Jahre neu entstehenden *Berufsberatung* für (in der Regel männliche) Jugendliche, zum anderen in großindustriellen Betrieben als Mittel der Personalpolitik sowohl bei Neueinstellungen als auch internen Arbeitsplatzüberprüfungen.[19] Der Begriff der *Eheeignung* kam in Deutschland in den Zwanziger Jahren auf und erschien 1926 erstmals in einem behördlich beratenen und sanktionierten Entwurf, dem von dem Gynäkologen und Eugeniker Max Hirsch (1877-1943) für den Preußischen Landesgesundheitsrat erarbeiteten *Ehezeugnis*, das von einer Eheberatungsstelle bzw. *Prüfungsstelle für Eheeignung* ausgestellt werden sollte.[20]

Die Analogie der Begriffe *Berufseignung – Eheeignung, Berufsberatung –*

Eheberatung verweist auf die Ehe als Ort der Arbeit, für die ebenso wie für die Erwerbsarbeit Kriterien von Arbeit und Leistung gelten und für die von außen angelegte bestimmte individuelle Qualifikationen verlangt werden. In der Tat wandten *Berufseignungsprüfer* dieselben Tests (z.B. Intelligenztests) wie *Eheeignungsprüfer* (Amtsärzte) an. Der Blick war derselbe: Er galt den in Körper und Geist des jeweiligen Menschen eingeschriebenen »Eigenschaften« und »Funktionen«, die durch eine »Prüfung« festgestellt werden können. Diese Einschreibung erfolgte qua Wissenschaft: Leistungsfähigkeit wird zu einer medizinisch definierten, diagnostizierbaren und immer besser zu erforschenden Größe. Die Aufhebung der Privatheit der Ehe/Familie zugunsten des Zutritts von »Sach«-Verständigen ergibt sich dabei geradezu zwangsläufig.

Führt uns also der Begriff der Eignung zum Verhältnis von Ehe und Arbeit mit dem Schwerpunkt der in der Familie von der Ehefrau zu leistenden Hausarbeit, Säuglingspflege und Kindererziehung, so führt uns der Begriff der Tauglichkeit zur Rechtsinstitution der Ehe und läßt uns nach dem Verhältnis von Ehe, Staat und ärztlichen Eingriffskompetenzen fragen.

Ehe und Staat:
Personenstandsrecht und das Recht der Eheschließung

Die Voraussetzungen und Prozeduren der Eheschließung sind in keiner Gesellschaft »gesetzesfrei«. Jede hat bestimmte Regeln, Rituale, Sitten und Gebräuche. Seit sie in Deutschland nicht mehr unter das kirchliche Heiratsrecht fallen, unterliegen sie staatlichen Vorschriften. Auch die kirchliche Heirat machte im Verlauf des Mittelalters bis zu Renaissance und Reformation Veränderungen durch, die – wie die Agrarhistorikerin Heide Wunder gezeigt hat – weniger im kanonischen Eherecht selbst, als in den sich ändernden Orten der Zeremonie zum Ausdruck kommen.[21] Sie können als Beginn des langsamen wie langwierigen Prozesses im Wandel des Eheverständnisses hin zur Moderne aufgefaßt werden. Ursprünglich war die Eheschließung im Mittelalter eine reine Familienangelegenheit. Durch die eheliche Verbindung ihrer Kinder begründeten zwei Familien ein neues Verwandtschafts- und Besitzverhältnis. Die Trauung fand nicht in der Kirche, sondern im Hause der Familie (meist der Braut) statt. Ein Schritt der Ausdifferenzierung war, daß die Eheschließung »öffentlich«, d.h. draußen *vor* der Kirche und nicht mehr im Haus der Familie stattfand; die Hochzeit *in* der Kirche war offensichtlich eine recht späte Erscheinung.[22] Nach Luther war die Ehe keine familiale Pflicht (mehr), sondern eine religiöse Pflicht, erfüllte also (auch) einen außerhalb der Familie gelegenen »Zweck«. Luther säkularisierte überdies die

Klöster – jahrhundertelang eine Alternative zur ehelichen Lebensform – und hob das für Priester geltende Zölibat auf. Erst spät wird die Eheschließung zu einer staatlichen Angelegenheit.[23] Die erstmalige Beurkundung der Eheschließung vor einer staatlichen Instanz (Standesamt), und damit die Aufhebung der zuvor allein gültigen kirchlichen Heirat, führte in Deutschland zuerst die Bismarcksche Zivilstandsgesetzgebung von 1875 ein.[24] Seit dieser Zeit werden Geburten, Eheschließungen und Sterbefälle außer in Kirchenbüchern in Standesamtsregistern geführt. Das Personenstandsgesetz vom 3. November 1937, unterzeichnet von Hitler, Schlegelberger und Frick, setzte das Gesetz von 1875 und einige Gesetzesänderungen der Weimarer Republik außer Kraft[25] und veränderte die bisherige Registrierung in charakteristischer Weise: Die wichtigste Neuerung war die reichsweite Einführung des *Familienbuchs* anstelle der bisherigen Geburten- und Heiratsregister. Beginn des Eintrags war nicht mehr die Geburt, sondern die Eheschließung der Eltern. Ein solches Verfahren war bereits lange insbesondere vom Verband der Standesbeamten, aber auch von vielen Genealogen und anderen (medizinischen) Familienforschern gefordert worden und existierte bis dahin nur in Württemberg (Württembergisches Familienregister).[26] Eine Vorform waren die von Standesbeamten in Preußen in den Zwanziger Jahren begonnenen Verweise innerhalb der Sterbe-, Geburten- und Heiratsregister. Die »Familienbuchführung« bildete nun den Zusammenhang der Ehegatten sowie von Eltern und Kindern in der standesamtlichen Notierung ab. Dadurch wurde es möglich, ein Kataster der Ehegatten- und Generationenzusammenhänge herzustellen, was vorher von Staats wegen nicht geschah.[27] Durch bundesdeutsche Gesetzgebung erhielt das Personenstandsgesetz 1957 eine neue Fassung; die *Familienbuchführung* wurde nicht aufgehoben.[28]

Die Eheschließung war (und ist) nicht voraussetzungslos, sondern an die Bedingung der *Ehefähigkeit* geknüpft (§§ 1303-1322 BGB). Auch vor Erlaß der nationalsozialistischen Ehegesetze von 1935 existierten Eheverbote. Erstens betrafen sie Fragen der Mündigkeit bzw. der Geschäftsfähigkeit. Hier spielte zunächst das Alter der Brautleute eine Rolle. Der Bräutigam durfte nicht unter 21 Jahre, die Braut nicht unter 16 Jahre alt sein. Bei wegen Geistesschwäche, Verschwendung oder Trunksucht Entmündigten war die Eheschließung mit Einwilligung des Vormunds möglich. Desgleichen mußte bei noch nicht volljährigen Frauen der Vater der Eheschließung zustimmen und die Eheurkunde mit unterschreiben, während derselbe Weg für junge Männer ausgeschlossen war, weil sie nicht vor Erreichen der Volljährigkeit heiraten durften.[29] Ein Eheverbot für Personen zu erlassen, die wegen Geistesschwäche oder Trunksucht entmündigt waren, für die Dauer ihrer Entmündigung, hatte 1920 der Reichsgesundheitsrat vergeblich empfohlen. § 1 b des

Ehegesundheitsgesetzes von 1935 sollte dieses Eheverbot einführen. Geschäftsunfähige durften nicht heiraten. Außer Kindern unter 7 Jahren wurden als solche angesehen»…wer sich in einem die freie Willensbestimmung ausschließenden Zustand der Bewußtlosigkeit oder krankhafter Störung der Geistestätigkeit befindet, sofern nicht der Zustand ein vorübergehender ist« und »wer wegen Geisteskrankheit entmündigt ist«.[30] Der nationalsozialistische Gesetzeskommentar erläuterte geltendes Recht seit 1900:

»Nach den Vorschriften des BGB kann ein wegen Geisteskrankheit Entmündigter nicht heiraten, weil er nicht fähig ist, eine Willenserklärung abzugeben.«[31]

Das Entmündigungsverfahren wegen Geisteskrankheit vor dem Vormundschaftsgericht war abhängig von einem oder mehreren psychiatrischen Gutachten.[32] Zweitens bestand ein Eheverbot für Verwandte in gerader Linie, für Voll- oder Halbgeschwister, unabhängig von deren ehelicher oder unehelicher Geburt, und für Verschwägerte in gerader Linie. Dieses Ehehindernis wurde in der nationalsozialistischen Literatur gern als ein bereits bestehendes erbhygienisches Ehehindernis dargestellt: Die Eheschließung zwischen Geschwistern wie zwischen Onkel und Nichte oder Tante und Neffe solle die Weitergabe rezessiv vererblicher Leiden verhindern. Ich bezweifle, daß dies der Fall war. Von Rezessivität kann man erst um 1900 überhaupt sprechen; wie im zweiten Kapitel dargestellt, dauerte es mindestens ein Jahrzehnt, bis die Begriffe und Methoden der modernen Vererbungstheorie in die Medizin Eingang gefunden hatten; bis dies bei den Juristen durchgedrungen war, ist noch später anzusetzen, wenn überhaupt nicht erst durch die Gesetzgebung der Nationalsozialisten. Plausibler erscheint mir Freuds Erklärung über das Inzesttabu; der historische Ursprung liegt möglicherweise in Besitzfragen.[33] Drittens gab es ein zeitlich beschränktes Eheverbot für Witwen und geschiedene Frauen: Frauen, die in ehelichen Beziehungen zu einem anderen Mann gestanden hatten und wieder heiraten wollten, mußten die sog. *Wartezeit* von zehn Monaten beachteten, eine im BGB § 1592 festgelegte Frist über Empfängniszeit und Schwangerschaftsdauer. So sollte verhindert werden, daß dem künftigen Ehemann ein eheliches Kind geboren würde, an dessen Zeugung er legal nicht beteiligt war. Jedes in der Ehe geborene Kind gilt als ehelich und der Ehegatte als Vater desselben, unabhängig davon, ob der Ehemann auch tatsächlich der Vater ist.[34] Schließlich berührte die standesamtliche Prüfung der Ehefähigkeit Fragen des »Standes« zum Schutz der/des anderen Verlobten: ledig, verwitwet oder geschieden, nicht jedoch bereits verheiratet durften beide Verlobte zum Zeitpunkt der Eheschließung sein. Die Ehe war auch strafrechtlich geschützt; z.B. war (und ist) Bigamie unter Strafe gestellt.

Ab 1935 stellte die Verweigerung eines Ehetauglichkeitszeugnisses durch den Amtsarzt ein neues Ehehindernis dar. Das Neue an diesem Ehehindernis war, daß es inhaltlich weder vom staatlichen »Eheschließungsagenten«, also dem Standesbeamten, noch von den sonst vorgesehenen Gerichten nachgeprüft werden konnte. Die Standesbeamten hatten allein das Recht, formal die Erfordernisse für das Aufgebot zu kontrollieren – damit hatten sie gegenüber den Ehewilligen natürlich eine große Macht –, nicht aber die *Ehetauglichkeit* selbst. Im Gesetzeskommentar von Stuckart und Globke hieß es dazu:

»Da die Ehehindernisse auf medizinischen Erwägungen beruhen, konnte dem Standesbeamten die Prüfung, ob ein solches Ehehindernis vorliegt, nicht überlassen werden. Diese ist vielmehr den Gesundheitsämtern übertragen worden. Der Nachweis, daß kein Ehehindernis besteht, wird durch das vom Gesundheitsamt auszustellende Ehetauglichkeitszeugnis erbracht.«[35]

Der Kommentar Gütt/Linden/Maßfeller führt hier zum möglichen Tätigwerden von Amtsgerichten, Landgerichten und Reichsgericht aus:

»Die Entscheidung der Gerichte (hat) sich darauf zu beschränken, festzustellen, ob das Ehetauglichkeitszeugnis vorgelegt werden muß oder ob eine Vorlegung deshalb nicht erforderlich ist, weil das EhegesGes. keine Anwendung findet. Ueber die Ehetauglichkeit der Verlobten selbst kann in diesem Verfahren nicht entschieden werden.«[36]

Gegen die Verweigerung des Ehetauglichkeitszeugnisses konnten Betroffene bis Anfang des Krieges bei zwei gerichtlichen Berufungsinstanzen Beschwerde einlegen. »Ob ein Ehehindernis nach § 1 des (Ehegesundheits-)Gesetzes vorliegt«, prüften die Richter derselben Gerichte, die auch die Zwangssterilisation als rassenhygienische Maßnahme verhängten: die Erbgesundheitsgerichte und -obergerichte.[37] In ihnen hatten Ärzte als »Sachkundige« qua Gesetz das Übergewicht; sie verfuhren ohne Prozeßordnung nach den Grundsätzen der freiwilligen Gerichtsbarkeit. Nach Kriegsbeginn war Beschwerde nur noch bei einer Instanz, der jeweiligen höheren Verwaltungsbehörde, möglich.

Der medizinisch-juristische Kommentar von Gütt, Linden und Maßfeller sah in den rassistischen, gesundheitlichen und eugenischen Eheverboten nichts weiter als eine bloße Ergänzung bereits bestehender Eheeinschränkungen. Hinsichtlich des Verbots der »Rassenmischehen« verwies Gütt auf die USA als liberales und demokratisches Land: »Bei einer derartigen politischen Einstellung, die grundsätzlich von der Gleichheit all dessen ausgeht, was Menschenantlitz trägt, ist es umso erstaunlicher, wie umfangreich die rassische Gesetzgebung in USA. ist.«[38] In vielen Bundesstaaten gehöre die Rassentrennung zum Alltag, die Rassenzugehörigkeit sei auf Geburts-, Trau- und Totenscheinen vermerkt; schließlich nannte er die restriktiven rassenhygienischen und rassistischen Einwanderungsgesetze – die ja später tatsächlich vielen verfolgten jüdischen Deutschen die Rettung versperrten und den Transport nach Auschwitz bedeuteten.

In der Tat haben wir es mit einer Fortsetzung, zugleich aber auch mit einer neuen Qualität von Ehehindernissen zu tun. Die Fortsetzung besteht darin, daß neben die bereits existierenden Ehehindernisse formalrechtlich ein weiteres trat: das amtsärztlich versagte *Ehetauglichkeitszeugnis*. Die Unvergleichbarkeit zwischen ihnen liegt darin, daß dieses neue Ehehindernis in der »sachverständigen« Entscheidung von Experten begründet war. Damit war die Freiheit der Eheschließung kein Grundrecht mehr, das jeder Bürger und jede Bürgerin gegen den Staat einklagen konnte. Das heißt nicht, daß die Gerichtsbarkeit des Personenstandsgesetzes aufgehoben wurde. Das neue Ehehindernis beruhte nicht auf offener Willkür des nationalsozialistischen Staates, auch wenn es ohne ihn niemals hätte verhängt werden können. Er wischte die Bestimmungen des BGB und des Personenstandsrechts nicht weg, sondern hielt sich streng an die Gesetze, indem er sie ergänzte bzw. reformierte.[39] Daß die eugenischen und gesundheitlichen Eheverbote des Nationalsozialismus im Gegensatz zu den rassischen Eheverboten bis heute rechtlich unbeanstandet blieben, weil sie wissenschaftlich begründet waren, zeigt die Nachkriegsgeschichte. Sie ähnelt der der Zwangssterilisation.[40] Die Nachkriegsgeschichte zeigt aber ebenso, daß bei Geltung der Freiheitsrechte der ärztliche Rat, nicht zu heiraten, nur sehr begrenzt beherzigt wurde. Die 1946 in Württemberg eingeführte eugenische Eheberatung vor der Eheschließung wurde wenig später aufgrund des geringen Erfolges bei Brautpaaren wieder abgeschafft.[41]

Das bürgerliche Recht auf Freiheit der Eheschließung war und ist noch gar nicht so alt. Eheverbote und -erlaubnisregelungen hatte es in den meisten deutschen Ländern bis etwa Mitte des 19. Jahrhunderts gegeben (außer in Baden, wo sie mit dem Code civil als Landesgesetz Anfang des Jahrhunderts eingeführt worden waren[42]). Sie wurden erst im Zuge der Bauernbefreiung mit Aufhebung der Leibeigenschaft und mit der Lockerung der strengen Zunftvorschriften in den Städten hinfällig.[43] Aufschlußreich ist, daß diese feudalen Eheverbote in den Schriften der rassenhygienischen Klassiker positiv angeführt werden: Sie hätten nicht dysgenisch gewirkt, sondern – entsprechend den Darwinschen Prinzipien des Kampfes ums Dasein und der sexuellen Auslese – die zahlenmäßig stärkere »Fortpflanzung der Besten« gewährleistet, während sie die »Fortpflanzung der Untüchtigen« entweder durch ein spätes Heiratsalter hinausgezögert oder ganz verhindert hätten. Wilhelm Schallmayer (1857-1919), einer der ersten deutschen Rassenhygieniker, lobt die – für seine Generation noch gar nicht so lange aufgehobenen (in Bayern erst 1868) – Ehebeschränkungen und Eheverbote als eugenische Maßnahme gegen Arme.[44] Die bis Mitte des 19. Jahrhunderts geltenden Eheerlaubnisse und Eheverbote sind nun aber gar nicht zu vergleichen mit denjenigen, die die Rassenhygieniker verlangten und die im Nationalsozialismus durchgesetzt wurden: Jene waren abhängig vom Stand bzw. der Fähigkeit zu einer eigenen Wirtschaft, also ökonomisch begründet und materiell gebunden an Äußeres: ein Stück Land, Aussteuer, Vieh. Die neuen Eheerlaubnisse bzw. -verbote hingegen waren etwas völlig anderes. Sie sollten an die körperliche Untersuchung durch einen Arzt gebunden sein, der mit bestimmten diagnostischen Mitteln und Verfahren, einschließlich der Erfassung der Familienangehörigen, die *Ehetauglichkeit* in »Anamnese und Befund« der ihm im Sprechzimmer gegenübertretenden »Ehebewerber« niederzulegen hatte. Wenn Max Hirsch 1921 das ärztliche Heiratszeugnis mit dem Argument der Gesundheitsüberprüfung als alter Tradition auch in anderen Kulturen als gar nicht so unüblich darstellt, so beschreibt er sie selbst als familiale, von Angehörigen desselben Geschlechts vorgenommene Kontrolle – nicht als ärztliche Kontrolle und auch nicht als (in der Regel) männliche über Frauen und Männer![45]

Das Staatsinteresse an Nachkommenschaft hingegen ist nicht neu, sondern beginnt mit der absolutistischen Peuplierungspolitik, die die Heiratsschranken lockert. Marianne Weber sieht die Verallgemeinerung der Ehefreiheit auch im Zusammenhang staatlicher Politik zur Bereitstellung von Lohnarbeiter/innen für die kapitalistische Produktion. Dies bezieht sich auf äußere Erleichterungen, ohne die inneren Strukturen des Eherechts (Regelung der Verhältnisse zwischen den Ehegatten) zu tangieren: Die verschiedensten Kodifikationen können gleichzeitig mit der kapitalistischen Wirtschaftsform existieren.[46]

In seinem Plädoyer für das ärztliche Heiratszeugnis betonte Max Hirsch 1921, daß »die Ehe keine reine Privatangelegenheit« sei, sondern »mannigfachen Beschränkungen der Eheschließung, ... dem Einspruchs- und Überwachungsrecht des Staates« unterliege. Die ärztliche Kontrolle von Brautpaaren vor der Eheschließung ordnete sich für ihn in diese überwachende und einschränkende Tätigkeit des Staates ein:

»Es kann daher nicht zugegeben werden, dass der Staat kein sittliches Recht habe, auch das gesundheitliche Gut der Ehe mit Schutzvorschriften zu umgeben. Die *Volksgesundheit ist ein Faktor des öffentlichen Lebens, und der Staat hat nicht nur das Recht, sondern auch die Pflicht, sie zu schützen.* Er erfüllt diese Pflicht heute bereits auf vielen Gebieten, wie denen der Seuchenbekämpfung, der Bekämpfung der Geschlechtskrankheiten ... Ebensogross ist sein Interesse daran, dass die aus der Ehegemeinschaft hervorgehende Nachkommenschaft möglichst wenige Individuen aufweist, welche zu den sogenannten Gebrechlichen zählen, zu den Geisteskranken, Tauben, Blinden und Krüppeln.«[47]

Die Weimarer Reichsverfassung war in der Tat die erste deutsche Verfassung, die Ehe und Familie unter Schutz und Aufsicht des Staates stellte sowie Rechte und Pflichten von Eltern gegenüber ihren Kindern formulierte. Darauf verwies auch eine preußische Denkschrift über den gesetzlichen Austausch von Eheeignungszeugnissen von 1922:

»Artikel 119 der Reichsverfassung sagt ausdrücklich: Die Ehe steht als Grundlage des Familienlebens und der Erhaltung und Vermehrung der Nation unter besonderem Schutz der Verfassung. Die Reinerhaltung, Gesundung und soziale Förderung der Familie sind Aufgaben des Staates und der Gemeinden. Artikel 120 aber lautet: Die Erziehung des Nachwuchses zur leiblichen, seelischen und gesellschaftlichen Tüchtigkeit ist oberste Pflicht und natürliches Recht der Eltern, über deren Betätigung die staatliche Gemeinschaft wacht.«[48]

Aufgrund des Jugendwohlfahrtsgesetzes von 1922 konnten erstmalig Kinder gegen den Willen ihrer Eltern aus der Familie entfernt, das elterliche Sorgerecht also aufgehoben werden. Hier stand das *Wohl des Kindes* bzw. Jugendlichen an erster Stelle und nicht mehr die private, bis dahin unantastbare Erziehungsgewalt der Eltern. Damit wurde eine Form der Staatsunmittelbarkeit als übergeordnete staatliche Verantwortung gegenüber Kindern und Jugendlichen hergestellt – und gleichzeitig der Familienvater als Inhaber der damals noch so benannten *elterlichen Gewalt* gewissermaßen entmachtet. Das Jugendwohlfahrtsgesetz initiierte außerdem neben den neu einzurichtenden Jugendämtern eine breite Palette in der Regel kommunaler freiwilliger Fürsorgemaßnahmen, die in industriellen Ballungsgebieten schon im ersten Jahrzehnt dieses Jahrhunderts begonnen hatten. Bereits während des Ersten Weltkrieges wurden einige auf die Familienangehörigen von Versicherten bezogenen familienrechtliche Neuerungen in der Reichsversicherungsordnung (RVO) eingeleitet, die während der Weimarer Republik ausgebaut wurden. Hier ist der Ort der sozialpolitischen Einbeziehung von Frauen als Ehefrauen (und Töchter) wie auch von selbstversicherten Frauen im Zusammenhang mit Schwangerschaft, Geburt und Wochenbett, Kinderpflege und Kindererziehung und Haushalt: Wochenhilfe, Mutterschutzgesetz, Wohnungsfürsorge, Säuglingsfürsorge, Schwangerenfürsorge, Kleinkinderfürsorge, Mütterberatung oder Familienfürsorge.[49]

Zusammenfassend läßt sich das sich wandelnde Verhältnis von Ehe/Familie und Staat kennzeichnen mit dem Urteil eines heutigen Juristen, daß »die Geschichte der Familie ... nicht nur die Geschichte ihrer Zersetzung (ist), sondern auch die ihrer Durchsetzung mit staatlichem jus cogens (zwingendem Recht) und obrigkeitlichen Aufsichts- und Eingriffsbefugnissen.«[50] Offenbar ist das eine unabdingbar mit dem anderen verknüpft.

Ehegesundheitszeugnisse und Eheberatung –
Kurzer historischer Abriß

Ärztliche Heiratszeugnisse und Eheverbote werden in neueren Untersuchungen primär unter der Perspektive auf die damals damit verbundenen Ziele und Zwecke betrachtet und die damit angestrebte, auf der Stigmatisierung von Menschen als minderwertig oder krank beruhende »Fortpflanzungs«-Verhinderung als Eingriff in die Freiheit der Person kritisiert.[51] Natürlich ist die Entscheidungsmöglichkeit von Heiratswilligen, ein negatives ärztliches Urteil zu beherzigen oder nicht, weniger eingreifend als ein auf derselben Diagnose beruhendes staatlich verhängtes Eheverbot. Der Vorgang jedoch, der diese Entscheidungsmöglichkeit überhaupt herstellt und ihr zugrundeliegt, die ärztliche Untersuchung, ist bisher unberücksichtigt. Sie scheint heute offensichtlich so selbstverständlich, daß sie keines weiteren Gedankens bedarf. Gerade dies scheint mir aber unumgänglich notwendig. Welches Denken und welche Rechtsauffassungen liegen Aussagen wie den folgenden zugrunde: Die ärztliche Untersuchung sei keine Einschränkung der Freiheit der Person, weil kein Eheverbot daran gebunden sei, sondern nur eine ärztliche Empfehlung, die nicht befolgt werden müsse? So heißt es in der preußischen Denkschrift von 1922 zum Austausch von Ehegesundheitszeugnissen vor der Eheschließung.[52] Auf ähnlicher Linie liegt die Anweisung an die ärztlichen Untersucher für die Beurteilung der Ehestandsdarlehensbewerber: Sie hätten auf die Interessen der Antragstellenden keinerlei Rücksicht zu nehmen, weil es hier nicht um einen Eingriff in deren Lebensglück gehe, sondern (»nur«) um die Prüfung, ob die Ehe staatlich besonders förderungswürdig sei.[53] Der Vorgang der ärztlichen Untersuchung als solcher bleibt rechtlich gesehen ungreifbar, obwohl es – unabhängig von den Resultaten – faktisch ein großer Unterschied ist, ob eine ärztliche Untersuchung stattfindet oder ob sie nicht stattfindet. Analog ist, wenn in einer populärwissenschaftlichen Aufklärungsbroschüre über »Erbhygiene« von 1970 der Zwang des nationalsozialistischen Sterilisationsgesetzes kritisiert wird gegen die Freiheit zur Sterilisation, die es zu erkämpfen gelte (endlich, ist man versucht zu sagen, wo die Zunft der Humangenetiker durch ihren Einsatz im Nationalsozialismus ihre gesellschaftliche Anerkennung jahrelang völlig verspielt hatte) – und dabei genau dieselben inhaltlichen wissenschaftlichen Kriterien zugrundegelegt werden![54] Das ärztliche Urteil und die ihm zugrundeliegende Untersuchung stehen offensichtlich außerhalb und über allem. Die Freiheit der Wissenschaft ist offenbar sakrosankt und erscheint grenzenlos; die Freiheit der Person hingegen ist ein weitaus gefährdeteres Gut. Die Freiheit zur eugenischen Sterilisation erweist sich letztendlich als die Freiheit der Person, sich einer wissenschaftlichen Auffassung über sich selbst und dem Stand der Technik anzuschließen.

Die gesamte frühe Diskussion um gesetzliche Eheverbote und den obligatorischen Austausch von Gesundheitszeugnissen vor der Eheschließung zeigt hingegen, wie neuartig die Frage einer staatlich vorgeschriebenen ärztlichen Untersuchung von Frauen und Männern vor der Heirat als solche überhaupt war, und dies ganz unabhängig davon, ob ihre Befürworter und Befürworterinnen allein auf die Wirkung gesundheitspolitischer und eugenischer Propaganda setzten, oder ob sie letztlich doch Eheverbote intendierten.

Da die nationalsozialistische Politik in einer spezifischen Weise die Erfüllung dieser fast drei Jahrzehnte lang erhobenen Forderungen nach ärztlicher Untersuchung von Brautpaaren wie nach Eheverboten brachte, ohne – ähnlich wie beim *Gesetz zur Verhütung erbkranken Nachwuchses* – großen Widerständen von seiten der Ärzte und der medizinischen Wissenschaft zu begegnen, ist es notwendig, die Anfänge zu betrachten – nicht zuletzt deshalb, weil die Nationalsozialisten sich selbst darauf beriefen und bis hin zur Verwendung vorhandener Zeugnisformulare darauf aufbauten.

Die Frage, ob durch ein Gesetz der Zwang zur ärztlichen Untersuchung von Verlobten und der Austausch von Gesundheitszeugnissen vor der Eheschließung verordnet werden solle, befand sich seit 1920 während der gesamten Weimarer Zeit rechtlich gesehen in einer Stagnation – und dies angesichts der ansonsten schnellen Entwicklung der ärztlichen Ehe- und Sexualberatung in nur wenig mehr als zehn Jahren. Diesen Eindruck des Wartens auf ein Weiterschreiten in einer begonnenen, aber noch nicht zu Ende geführten wichtigen Angelegenheit gewinnt man durch die Lektüre verschiedener Schriften gegen Mitte / Ende der Zwanziger, Anfang der Dreißiger Jahre. In einer Art Geschichtsschreibung von ärztlicher bzw. wissenschaftlicher Seite werden Ehezeugnisse in Deutschland, verschieden weitreichende Modelle aus den USA, Norwegen, Schweden und Dänemark vorgestellt und in ihrem Für und Wider diskutiert.[55] Hermann Muckermann z.B. spricht 1931 in der Zeitschrift *Das kommende Geschlecht* von drei Abschnitten der geschichtlichen Entwicklung der Eheberatung in Deutschland. Der erste beginnt nur wenige Jahre zuvor mit Erörterungen dieses Themas während des Ersten Weltkriegs und den Anfängen seiner eigenen Vortragstätigkeit über den Austausch von Gesundheitszeugnissen 1916 / 17. Einen zweiten sieht er von 1922 bis 1926, ein Interim, in dem mehrere Vorstöße Preußens und des Reichsgesundheitsrats, den zwangsweisen Austausch von Ehegesundheitszeugnissen gesetzlich vorschreiben zu lassen, sich als nicht realisierbar erweisen. Der dritte Abschnitt beginnt in Muckermanns Zeitrechnung mit dem Erlaß des Preußischen Ministers für Volkswohlfahrt an die Regierungspräsidenten vom Februar 1926, in dem die Einrichtung kommunaler Eheberatungsstellen empfohlen wurde. Diese Phase dauerte 1932 noch an – für Muckermann ein »Chaos«, weil jede weltanschauliche Gruppe meine, ihre eigene Eheberatungsstelle einrichten zu müssen – vor allem aber wegen der aus seiner Sicht mangelhaften Ausrichtung an eugenischen Zielen.[56]

Für andere in der Ehe- und Sexualberatung engagierte Personen und Verbände waren Ehezeugnisse ohne größere Bedeutung oder sie lehnten sie ab. Viele Organisationen der Sexualreformbewegung – von eugenischen Ideen bewegt und von der Notwendigkeit ärztlicher Kontrolle oder Hilfe überzeugt – sahen als ihre Hauptaufgaben an, über Methoden der Schwangerschaftsverhütung aufzuklären und Verhütungsmittel als Mittel familialer Geburtenkontrolle an verheiratete Frauen zu vergeben. Verlobte über ihre eugenischen Qualitäten aufzuklären, war ein nicht sehr häufig verlangtes Anliegen der Klientel.[57] Gegen Ehezeugnisse trat vehement der Gynäkologe und katholische Pastoralmediziner (Sozialhygieniker) Albert Niedermeyer (1878-1957) ein, wiewohl seine Lebensarbeit der eugenischen Eheberatung galt. Für ihn waren Ehezeugnisse der gerade Weg zur (Zwangs-)Sterilisation, womit er für die deutsche Entwicklung vollkommen recht behalten sollte.[58]

Die Gründe für die Minister-Empfehlung an die Regierungspräsidenten zur Einrichtung kommunaler Eheberatungsstellen 1926 lagen zum einen in der Schaffung infrastruktureller Angebote zur freiwilligen ärztlichen Eheberatung als Ersatz für die nicht durchsetzbare Vorschrift einer obligatorischen ärztlichen Untersuchung im Personenstandsgesetz; zum anderen aber auch in der Intention, der außerordentlichen Zunahme privater Ehe- und Sexualberatungstätigkeit verschiedenster Gruppen und Verbände gegenzusteuern, deren Ausrichtung auf Geburtenkontrolle staatlicherseits mißtrauisch beobachtet wurde.[59] Nach den Vorstellungen der preußischen Gesundheitsverwaltung sollte allein die eugenische Beratung vor der Eheschließung Aufgabe der Beratungsstellen sein. In der Praxis der kommunalen und privaten Beratungsstellen besonders der Großstädte ließ sich jedoch bald kein Unterschied mehr ausmachen.[60] In Sachsen war die Geburtenregelung überdies ausdrücklich in den Aufgabenbereich der kommunalen Eheberatungsstellen einbezogen worden.[61]

Zwei größere Versammlungen während des Ersten Weltkrieges hatten dazu geführt, daß sich der Reichsgesundheitsrat 1920 mit dem Thema befaßte. Die Berliner Gesellschaft für Rassenhygiene konnte 1916/17 fast alle bedeutsamen gesundheitspolitisch und sozialreformerisch interessierten Vereine und Gruppen jener Zeit für eine Aussprache *Ueber den gesetzlichen Austausch von Gesundheitszeugnissen vor der Eheschließung und über rassenhygienische Eheverbote* gewinnen. Nach einer Vorbesprechung im September 1916 im Hygiene-Institut ersetzten die Veranstalter das ursprünglich geplante Thema »Eheverbote« durch Diskussionen über den »gesetzlichen Austausch von Ehezeugnissen und Eheverbote«; die Hauptveranstaltung fand im Februar 1917 in der Königlichen Landwirtschaftlichen Hochschule, der Arbeitsstätte Erwin

Baurs, statt. Die Ansichten der Versammelten gingen beträchtlich auseinander.[62] Übereinstimmung herrschte jedoch hinsichtlich des Nutzens oder gar Segens, der von einer ärztlichen Untersuchung der Verlobten vor der Eheschließung als solcher erwartet wurde: wachsendes Gesundheitsbewußtsein durch ärztliche »Aufklärung« und eine gesündere Nachkommenschaft. Konkrete Durchführungsprobleme – wie die Frage der Sicherheit des ärztlichen Urteils bei einer einmaligen Untersuchung, insbesondere auf Geschlechtskrankheiten – und die Probleme im Zusammenhang mit der körperlichen (genitalen) Untersuchung der Frauen – bewogen die Mehrheit der an der Aussprache Beteiligten, den gesetzlichen Zwang zur Untersuchung abzulehnen, ganz zu schweigen von Eheverboten.

Zu anderen Ergebnissen kamen die Mitglieder der vom Ärztlichen Verein München gegründeten *Kommission zur Beratung von Fragen der Erhaltung und Mehrung der Volkskraft*, die auf Vorschläge des Kinderarztes, Professor für Pädiatrie an der Münchner Universität, Josef Trumpp (geb.1867, em.1937) zurückging. Trumpp hatte hierzu 1916 einen Aufsatz in dem angesehenen Fachblatt *Deutsche Medizinische Wochenschrift* veröffentlicht. »Um eine Fortpflanzung der Kranken und Minderwertigen und ihre schädliche Vermischung mit tüchtigen Volkselementen möglichst zu verhindern, sollen von Staats wegen geprüfte und vereidigte Ehebrater bestellt werden, von deren Gutachten die Zulässigkeit der Eheschließung abhängig gemacht werden soll«, forderte die Kommission. Die ärztlichen Eheberater – hier war an die approbierten Ärzte mit einer Zusatzprüfung gedacht – sollten die Kompetenz haben, in bestimmten eng umgrenzten Fällen Eheverbote zu verhängen: bei noch ansteckenden Geschlechtskrankheiten, Lepra, schweren Vergiftungen und schweren Geisteskrankheiten. »Ehebewerber männlichen wie weiblichen Geschlechts« hatten dem Standesbeamten ein ärztliches Ehezeugnis vorzulegen; die ärztliche Untersuchung sollte nach genau festzusetzenden Vorschriften erfolgen. Für Frauen jedoch gab es eine Ausnahmeregelung: »Die weiblichen Ehebewerber sollen von der Genitaluntersuchung befreit sein, wenn nicht ein besonderer Anlaß für diese vorliegt.«[63]

Die Kommission war – anders als die Berliner Versammlung – in erster Linie ein exklusives Wissenschaftlergremium: neben Trumpp waren Mitglieder u.a. der Gynäkologe Alfred Döderlein, der *Altmeister* der Rassenhygiene Alfred Ploetz, die Psychiater Emil Kraepelin und Ernst Rüdin, Max von Gruber und der Bevölkerungsstatistiker Friedrich Burgdörfer.[64] Geza von Hoffmann brachte die von der Münchner Kommission erarbeiteten *Leitsätze betreffend Ehekonsens und Eheverbote* in die Aussprache in Berlin ein.[65] Hier wies der Freiburger Sozialhygieniker Alfons Fischer (in einer schriftlichen Äußerung) darauf hin, daß auch der nächste Kongreß für Innere Medizin in Wiesbaden sich mit der Frage der Ehehindernisse befassen wolle, wie er einer Zeitungsnotiz entnommen habe. Er machte den Vorschlag, daß ein Ausschuß hervorragender Fachleute gebildet werde, der sich dazu äußern solle, welche Krankheiten nach dem gegenwärtigen Stande der Wissenschaft als unbedingtes Ehehindernis unter dem Gesichtswinkel der »Rassenhygiene« zu betrachten seien. Alfons Fischer sprach sich wie die meisten Teilnehmer/innen gegen jeden Zwang aus, gegen Eheverbote und gegen den Zwang für Paare, sich untersuchen zu lassen. Er empfahl hingegen tatkräftige Aufklärung und kostenlose Untersuchungen für Minderbemittelte.[66]

War schließlich der Berliner Versammlung nicht der Erfolg beschieden, den die veranstaltende Initiatorin, die Berliner Gesellschaft für Rassenhygiene, angestrebt hatte, nämlich mindestens einen Konsens über die gesetzliche Verpflichtung zur ärztlichen Untersuchung vor der Eheschließung herbeizuführen – das Ziel der Eheverbote hatten die Veranstalter nach der ersten sondierenden Versammlung fallengelassen, weil sie damit völlig allein gestanden wären –, so war es ihnen trotzdem gelungen, diese Frage überhaupt in einem größeren öffentlichen Rahmen zum Diskussionsthema zu machen. Die Rassenhygieniker bestimmten also den Gegenstand der Diskussion, selbst wenn die Mehrzahl – wie in dieser Versammlung – dagegen war. Dies gilt ähnlich von der Tagung der *Ärztlichen Gesellschaft für Sexualwissenschaft und Konstitutionsforschung* und der *Forensischen medizinischen Vereinigung*, die sich nach Kriegsende 1921 mit der Frage befaßte »Soll der Staat ärztliche Ehezeugnisse fordern?« Die Referate kamen unter dem folgenden Titel heraus: *Das ärztliche Heiratszeugnis, seine wissenschaftlichen und praktischen Grundlagen*[67]. Fünf Jahre später führte Max Hirsch in einem Vortrag bei der *Berliner medizinischen Gesellschaft* aus, daß die 1921 gehaltenen Referate von Vertretern der verschiedensten Fachgebiete das wissenschaftliche Fundament für die Frage der Eheeignungsprüfung geliefert hätten.[68] Die Durchsicht des Buches ergibt allerdings, daß von den sieben Vortragenden sich vier gegen das Heiratszeugnis vor der Eheschließung ausgesprochen hatten![69]

Der Frauenarzt Max Hirsch war als Mitglied des Preußischen Landesgesundheitsrats einer der Protagonisten eugenischer Geburtenkontrolle, von der eugenische Eheberatung nur ein kleines Teilgebiet war. Max Hirsch gilt als einer der Begründer der Sozialen Gynäkologie; in seinem Buch *Mutterschaftsfürsorge* von 1931 stellte er dieses umfassende ärztliche Programm für jedes weibliche Wesen von der Embryonalzeit bis zur Menopause vor. Er hielt auch einen der Hauptvorträge auf dem Gynäkologenkongreß 1931 und war lange Jahre in der Berliner Gesellschaft für Geburtshilfe und Gynäkologie aktiv, bevor er 1933 aus allen Verbänden ausgeschlossen, seiner herausgeberischen Aktivitäten beraubt, mit Berufsverbot belegt nach England emigrieren mußte.[70] Als besondere Ironie des Schicksals erscheint, daß die von ihm entworfenen *Prüfungsbogen für Eheeignung* von den Nationalsozialisten als erste Unterlagen für die ärztliche Kontrolle der Antragstellenden für ein Ehestandsdarlehen benutzt wurden.

Auf Basis der Kriegserörterungen hatte der Reichsgesundheitsrat im Februar 1920 Leitsätze verabschiedet, in denen er die Einführung gesetzlichen Zwangs zur ärztlichen Untersuchung vor der Eheschließung und den Austausch von Zeugnissen empfahl. Das hieß: es sollte keine Ehe mehr geschlossen werden können ohne eine vorherige ärztliche Untersuchung. Das Ergebnis sollte in einem Zeugnis über den Gesundheitszustand niedergelegt und von den Verlobten gegenseitig zur Kenntnis genommen werden – was per Unterschrift vor dem Standesbeamten zu bestätigen war. Die Eheschließung sollte völlig unabhängig davon bleiben, wie die Diagnose des untersuchenden Arztes lautete, ob er Bedenken gegen die Heirat äußerte oder keine, ob er für einen zeitlichen Aufschub der Eheschließung plädierte oder ob er auf der Basis seines Wissens den Heiratskonsens verweigerte. Die Entscheidung darüber sollte den Verlobten selbst überlassen werden. Anders als die Mehrzahl der Diskutierenden auf der Berliner Kriegsversammlung 1917 waren die Mitglieder des Reichsgesundheitsrats der Auffassung, daß die bloße Aufklärung der Bevölkerung über die Wichtigkeit einer ärztlichen Untersuchung vor der Eheschließung und der Rat an beide »Ehebewerber«, sich ihr zu unterziehen, zwar nützlich, aber nicht ausreichend sei. Die Begründung für die Notwendigkeit, einen Zwang zur ärztlichen Untersuchung auszuüben, lautete, daß die Einschätzung der Ehe als Privatangelegenheit eine Beachtung des Rates in größerem Umfange nicht erwarten lasse. Eheverbote aufgrund der Zeugnisse waren nicht beabsichtigt. Der Reichsgesundheitsrat empfahl jedoch, ein Eheverbot für Personen zu erlassen, die wegen Geistesschwäche oder Trunksucht entmündigt waren, für die Dauer ihrer Entmündigung (sie waren nach dem BGB beschränkt heiratsfähig mit Einwilligung des Vormunds).[71]

In der Weimarer Nationalversammlung gab es für die Vorschläge des Reichsgesundheitsrats keine Mehrheiten. Stattdessen änderte man das Personenstandsgesetz so, daß künftig die Brautleute auf dem Standesamt ein Merkblatt ausgehändigt bekamen. Es wies sie auf den Vorteil einer ärztlichen Untersuchung hin, wovon sie selbst und der Staat profitieren würden. Als einziges Druckmittel konnten die Merkblattverfasser aus dem Reichsgesundheitsamt auf die §§ 1333 und 1334 BGB verweisen, die eine Eheanfechtung im Falle des Irrtums oder der arglistigen Täuschung ermöglichten. Dies setzte jedoch die Anfechtung der bereits geschlossenen Ehe von seiten eines der Ehegatten voraus. Das Merkblatt, das die Standesbeamten beim Aufgebot den Verlobten aushändigten, wurde häufig auf den Stufen der Standesämter wiedergefunden – ein Zeichen für die völlige »Uneinsichtigkeit« bzw. Interesselosigkeit der meisten Brautleute in dieser Frage, wußte Max Christian in

Marcuses *Ehebuch* zu berichten.[72] Die Leitsätze des Reichsgesundheitsrats harrten also Anfang der Dreißiger Jahre noch immer der Umsetzung.

Körperlichkeit und Privatheit:
Die Ehe und das Arzt-Patienten-Verhältnis

Das Bollwerk der Ehe-Institution und die doppelte Moral

Bis zu den nationalsozialistischen Eherechtsreformen waren Ehe und Eheschließung in einem viel mächtigeren Sinn als heute Privatangelegenheit. Die Ehe als Institution glich einer staatlich geschützten Festung, aus der es, war man einmal eingetreten, kaum einen Weg heraus gab. War die Freiheit der Eheschließung wahrgenommen, also die Ehe geschlossen worden, so war sie sogar gegen eine einvernehmliche Trennung der Ehegatten »geschützt«. Das BGB von 1900 hatte die Ehescheidung gegenüber dem bis dahin gültigen Allgemeinen Preußischen Landrecht und dem in Baden gültigen Code civil wegen des Staatsinteresses an der Stabilität der Ehen bewußt erschwert, was eine Verschlechterung gegenüber dem zuvor geltendem Rechtszustand war. In den *Motiven* und den Reichstagsverhandlungen wurden dafür – so Marianne Weber – folgende Gesichtspunkte geltend gemacht: »Daß, 'der christlichen Grundauffassung des deutschen Volkes entsprechend', die Ehe 'als eine vom Willen der Ehegatten unabhängige, sittliche und rechtliche Ordnung anzusehen' und 'ihrem Begriff und Wesen nach unauflöslich sei'.«[73] Dies spiegelt sich darin, daß die Scheidung einer Ehe sehr schwer war. Sie war – außer im Falle von *Geisteskrankheit* – nur möglich aufgrund eines prozessual nachweisbaren Verschuldens. Die von dem klagenden Ehegatten vorgebrachten Scheidungsgründe mußten dem Gericht plausibel erscheinen: »Sie begründeten die Scheidung nur dann, falls der Richter die Überzeugung gewinnt, daß dadurch im konkreten Fall der verklagte Gatte 'eine so tiefe Zerrüttung des ehelichen Verhältnisses verschuldet hat, daß dem klagenden Gatten die Fortsetzung der Ehe nicht zugemutet werden kann.'«[74] Krankheiten konnten nur dann ein Ehescheidungsgrund sein, wenn es sich um Geisteskrankheiten handelte (§ 1569) oder »ihrer Erwerbung ein schuldhaftes Verhalten des krank gewordenen Ehegatten zugrunde lag«.[75]

Eine andere Möglichkeit der Ehelösung war die Anfechtungsklage wegen Irrtums (§ 1333 BGB) oder arglistiger Täuschung (1334 BGB), die auf eine gerichtliche Nichtigkeitserklärung einer geschlossenen Ehe zielte. Hier spielten Krankheiten eine größere Rolle als bei der Ehescheidung. Nach § 1333 BGB konnte eine Ehe »von dem Ehegatten angefochten werden, der sich bei der Eheschließung in der Person des anderen Ehegatten oder über solche persönlichen Eigenschaften geirrt hat, die ihn bei Kenntnis der Sachlage und bei verständiger Würdigung des Wesens der Ehe von der Eingehung der Ehe abgehalten haben würden ... Der Irrtum muß ein erheblicher sein; er kann sich auch auf die persönliche Eigenschaft 'Gesundheit' beziehen.«[76] Grundsätzlich war auch hier entscheidend, was der Richter für gegeben ansah oder nicht, außerdem mußte dieser sich in die Zeit der Eheschließung zurückversetzen. »Für die Entscheidung der Gerichte gibt das Verhalten, das der irrende Ehegatte *nach der Vorstellung des Richters vor Eingehung der Ehe* beobachtet haben würde, den Ausschlag, nicht sein späteres Verhalten«, schreibt Heller.[77] Das Gericht habe »in jedem Fall festzustellen, ob der infolge seines Irrtums die Ehe anfechtende Ehegatte unter Berücksichtigung der zur Zeit der Eheschließung obwaltenden Verhältnisse und unter Abschätzung seiner Denk- und Empfindungsweise durch die fragliche Eigenschaft des anderen von der Eheschließung abgehalten worden wäre«. Das heißt also, daß der Richter den wegen Irrtums oder Täuschung klagenden Ehegatten auf Herz und Nieren prüfte, um herauszufinden, ob zum Zeitpunkt der Eheschließung der angegebene Grund tatsächlich für den Verzicht auf die Heirat ausschlaggebend gewesen wäre. Heller stellt den Fall einer Frau dar, die die Ehe anfocht aufgrund der ihr zum Zeitpunkt der Heirat unbekannten Krankheit (Epilepsie) des Ehemannes. Das Reichsgericht gab ihrer Klage nicht statt: Zum Zeitpunkt der Eheschließung sei sie bereits schwanger gewesen, und man müsse deshalb davon ausgehen, daß die Schande der Geburt eines unehelichen Kindes für die Klägerin damals subjektiv größer gewesen sei als die Belastung durch einen kranken Mann![78]

Die internen ehelichen Rechtsbeziehungen waren nicht von Individualismus oder Gleichheit zwischen den Ehegatten geprägt, sondern beinhalteten gesetzlich abgesicherte eheherrliche Gewalt über die Ehefrau, wie Marianne Weber es 1907 kritisierte, und zwar im BGB von 1900 weitaus mehr als im Preußischen Allgemeinen Landrecht von 1794.[79] Wir dürfen ebenso nicht vergessen, daß zur Zeit der Kriegs-Diskussionen über das Ehezeugnis Frauen über keinerlei staatsbürgerliche Rechte verfügten.[80] Der Rechtsschutz des BGB für die Ehe als Privatverhältnis sicherte von daher im Verhältnis Individuum-Staat vorrangig die Privatautonomie des Ehemannes als freien Bürgers, im Verhältnis zur Ehefrau die feudale eheherrliche Herrschaft in der Familie. Außerdem schützten höchstrichterliche Rechtsprechung und sanitätspolizeiliche Praxis die männlichen Vorrechte der doppelten Moral: Sie unterstützten das Verlangen nach Virginität der künftigen Ehefrau und sorgten durch Zwangsuntersuchungen von tatsächlichen und vermeintlichen Prostituierten für hygienisch einwandfreie vor- oder außereheliche sexuelle Versorgung. Aufschlußreich erscheint mir in diesem Zusammenhang der in den Texten auftauchende ältere Begriff der *puella publica* für Prostituierte: das »öffentliche

Mädchen« im Gegensatz zur »privaten« Ehefrau. Für die Frauen waren hier allerdings Fallstricke gespannt. Eine voreheliche Beziehung der Ehefrau konnte noch nach Jahrzehnten den Grund für eine Eheanfechtung von seiten des Ehemannes abgeben, während die Anfechtung der Ehe durch die Ehefrau wegen eines unehelichen Kindes ihres Gatten vor der Eheschließung nicht anerkannt wurde: »Das Reichsgericht sah in dem vorehelichen Geschlechtsverkehr des Beklagten mit dem unverheirateten Dienstmädchen keinen Anfechtungsgrund.«[81] Entsprechend dem damaligen Unehelichenrecht, das den Vater völlig aus der Verantwortung für die Folgen des unehelichen »Verkehrs« ausnahm, taucht hier noch nicht einmal das Kind auf! Heller führte hier in seiner Untersuchung ein Urteil aus dem Jahre 1909 an. Daß sich in diesem Punkt auch in der Weimarer Zeit in Justiz und Medizin nichts Wesentliches geändert hatte, zeigt neben der Aufnahme dieser Entscheidung in das Buch von 1927 z.B. auch die Diskussion um die Indikationen für Schwangerschaftsabbrüche auf dem Ärztetag 1925. Ein Argument gegen die *soziale oder wirtschaftliche Indikation* als nichtwissenschaftliche (im Gegensatz zur medizinischen oder eugenischen) war unter anderem, daß bei zu großer Lockerung des Abtreibungsverbots »jede sittliche Scheu schwinden (werde), die heute noch so manches Mädchen davon zurückhalte, sich preiszugeben«. Der § 218 galt als »die letzte Schranke im Verkehr der Geschlechter«; wenn diese falle, würde »eine masslose Verwilderung des Geschlechtslebens Platz greifen«, der uneheliche Geschlechtsverkehr überhandnehmen und als Folge die Geschlechtskrankheiten enorm ansteigen.[82] Nach Max Christian machte sich in den Zwanziger Jahren in der Rechtsprechung »auch die Neigung bemerkbar, … die Abwesenheit der Jungfräulichkeit als Nichtigkeitsgrund anzuerkennen«[83] – dies trotz aller sonstigen »Fortschrittlichkeit« und der Verankerung der Gleichberechtigung in der Verfassung!

Vor diesem Hintergrund gewinnen die frühen Diskussionen um die ärztliche Untersuchung von Frauen und Männern vor der Eheschließung eine bislang zu wenig beachtete neue Dimension. Wie wir uns erinnern, war besonders die körperliche bzw. genitale Untersuchung der Frauen ein gewichtiges, wenn auch nicht von allen geteiltes Argument gegen den Zwang zur ärztlichen Untersuchung gewesen. Das Erfordernis der ärztlichen Untersuchung der künftigen Ehefrauen war einer der wesentlichen Streitpunkte in der frühen Kriegs- und Nachkriegsdiskussion. In ihm kulminierten Klassen- und Geschlechterfrage und sozialer Wandel. Für eine Reihe von Medizinern und Juristen der Berliner Versammlung war die Verletzung des weiblichen Schamgefühls noch mit ausschlaggebend für die Ablehnung der ganzen Angelegenheit. Die Münchner Kommission hatte bekanntlich vorgeschlagen, Frauen nur bei *Verdacht* genital zu untersuchen. Diese geteilte Untersuchung – an die ja immerhin ein Eheverbot geknüpft werden sollte – stieß auf vehemente

Ablehnung, so z.B. bei Ludwig Ebermayer, der besonders den zu erwartenden Klassencharakter bei einer solchen Regelung hervorhob, wiewohl er an den Zielen als solchen – wie alle – nichts auszusetzen hatte.[84]

Die Sexualreformerin Adele Schreiber-Krieger (1872-1957)[85] hingegen vertrat auf der Berliner Versammlung eine »aufgeklärte« Position. Sie befürwortete die freiwillige ärztliche Untersuchung vor der Eheschließung von Frauen grundsätzlich, da die Geschlechtskrankheiten sich zunehmend auch unter den jungen Frauen verbreiteten, und sah das weibliche Schamgefühl durch die genitale Untersuchung von Frauen nicht prinzipiell verletzt. Zum einen maß sie der Erziehung hier eine große Rolle zu, zum anderen hoffte sie, »in absehbarer Zeit genügend weibliche Ärzte zur Verfügung zu haben, um Frauen und Mädchen auf die Untersuchung durch Frauen hinweisen zu können«. Ihre Sorge galt anderem: möglichen rechtlichen Konsequenzen für das weibliche Geschlecht. Sie warnte davor, daß das Ehezeugnis von Männern dazu benutzt werden könne, Frauen unter ein »Zwangs- und Ausnahmegesetz zu stellen«, wenn in das Ehezeugnis »irgendwelche peinlichen Dinge, die sich auf das Vorleben oder die Jungfräulichkeit beziehen, ... hineinkommen«. In der körperlichen Untersuchung könnten Geheimnisse der Braut sichtbar werden, die der Verlobte als Grund für die Lösung des Verlöbnisses oder später der Ehe durch eine Anfechtungsklage verwenden könnte. Die Form des Ehezeugnisses müsse in dieser Hinsicht einwandfrei sein, und der Arzt müsse tiefstes Stillschweigen wahren, um nicht die Frauenwelt gegen diese Einrichtung Sturm laufen zu lassen, forderte Adele Schreiber-Krieger.[86]

Auf derselben Versammlung problematisierte der Venerologe und langjährige Vorsitzende der deutschen Gesellschaft zur Bekämpfung der Geschlechtskrankheiten Alfred Blaschko (1858-1922), daß man nicht generell von jedem Mann verlangen könne, für eine ärztliche Untersuchung vor der Eheschließung zu onanieren, ohne daß ein Verdacht auf Geschlechtskrankheit vorliege. Andererseits mußten sich die Männer schon für die Militärtauglichkeit körperlich mustern lassen. Offensichtlich war die Frage der ärztlichen Untersuchung von Männern in den Diskussionen deshalb nicht so heikel. Bedeutsam erscheint hier auch die von Virginitätsfragen nicht belastete Sichtweise von Männern auf den männlichen Körper.

In der ersten Petition, die den Reichstag zur Frage des Austauschs von Gesundheitsattesten vor der Eheschließung im Jahr 1908 erreichte, hieß es gegenüber »Bedenken, ... derart neue und ungewöhnliche Bestimmungen einzuführen, ... daß derartige Untersuchungen durchaus nichts Neues darstellen, sondern beim Militärdienst, bei zahlreichen staatlichen und privaten Anstellungen, bei Lebensversicherungen längst anstandslos eingeführt sind«.[87] In der preußischen Denkschrift über Ehegesundheitszeugnisse von 1922 wurde die umstrittene Frage der körperlichen Untersuchung von Frauen nochmals aufgenommen, die Eingrenzung auf Männer jedoch abgelehnt, zum einen mit dem Hinweis, daß die »Geschlechtskrankheiten neuerdings auch unter dem weiblichen Geschlecht, und zwar nicht nur unter meist durch ihre kranken Männer infizierten Ehefrauen, sondern auch unter den ledigen weiblichen Personen eine außerordentliche Verbreitung gefunden« hätten. Ein weiterer Grund lag in dem, was als eine bestimmte Form *wissenschaftlicher* Aufwertung und Gleichberechtigung *der Frau* durch die Genetik bezeichnet werden könnte: »… eine einseitige Beschränkung auf den männlichen Teil (würde) den positiven Ergebnissen der Vererbungsforschung vollkommen widersprechen. Jedes Kind kann krankhafte Erbanlagen in gleichem Maße von der Mutter wie vom Vater bekommen, und es kann gar keine Rede davon sein, daß etwa – wie dies vielfach herrschenden Auffassungen entspricht, der Vater bei der Bestimmung der Erbanlagen der Nachkommenschaft eine irgendwie größere Rolle spielte als die Mutter.« Auf das Argument einer zu großen Verletzung des Schamgefühls der Frau durch die vorgeschriebene ärztliche Untersuchung verwiesen die Denkschrift-Verfasser zum einen auf den Arzt, der in vielen Fällen bei der Begutachtung einer ihm genau bekannten Ehebewerberin auch ohne eingehende körperliche Untersuchung ein einwandfreies Zeugnis werde ausstellen können (was, wie wir sehen werden, so kaum zutraf), zum anderen auf die berufliche Emanzipation der Frau, ihren Eintritt in die Öffentlichkeit, die auf die Privatheit der Ehe in spezifischer Weise zurückwirke:

»Im übrigen hat in unserer modernen Zeit, in der die Frauen zu vielen Hunderttausenden bereits am Erwerbsleben teilnehmen, in der sie zahllose Stellungen bekleiden, die ihnen nur aufgrund einer vorausgegangenen körperlichen Untersuchung ihres Gesundheitszustandes übertragen werden, der Wunsch, die Frauen in einer so ernsten Angelegenheit, bei der es sich letzten Endes um das Wohl des Staates und seiner Zukunft handelt, von den gelegentlichen Unbequemlichkeiten einer ärztlichen Untersuchung auszunehmen, keine Berechtigung mehr. Hiernach muß … der Gedanke, für die Frauen beim Erlaß solcher Bestimmungen irgendein Sonderrecht zu schaffen, ohne weiteres ausschalten.«[88]

Es ist allerdings zweifelhaft, ob zur Einstellungsuntersuchung von Beamtinnen auch eine genitale Untersuchung gehörte. Die körperliche und genitale Kontrolle von Frauen war ja nicht neu, sondern gang und gäbe bei bestimmten Frauen, eben jenen »puellae publicae«: Frauen und Mädchen, die der Prostitution verdächtigt wurden. Grundsätzlich jede Frau, die allein »aufgegriffen« oder von einer Person männlichen Geschlechts als Prostituierte denunziert wurde, mußte eine polizeiärztliche Zwangsuntersuchung über sich ergehen lassen: Ausgangs- und Anklagepunkt der breiten und vehementen *Sittlichkeitskampagne* der »alten« Frauenbewegung im Kampf gegen die doppelte Moral und um die Zulassung von Frauen zum Medizinstudium.[89] Im Nationalsozialismus wird in der Frage der körperlichen Untersuchung als solcher kein Unterschied mehr gemacht werden, keiner mehr zwischen den Geschlechtern und keiner mehr zwischen den »privaten« und den »öffentlichen« Frauen – wohl aber in den Untersuchungsverfahren, der Diagnostik und den Folgen. Daß Männer wie Frauen untersucht werden, wird vordergründig ebenso »normal«, wie die körperliche Untersuchung überhaupt als Muß eingeführt wird. Eine Möglichkeit, dies zu umgehen war, auf ein Ehestandsdarlehen zu verzichten, oder – für Paare, denen vom Standesbeamten auferlegt wurde, ein Ehetauglichkeitszeugnis vorzulegen – gar die geplante Heirat aufzugeben oder illegal im Ausland zu heiraten.

Das Arzt-Patienten-Verhältnis und die Freiheit der Person

Die Konsultation eines Arztes in Heiratsangelegenheiten und Ehefragen war nun nichts grundsätzlich Neues. Sie unterschied sich jedoch in mehrfacher Hinsicht erheblich von dem, was durch einen gesetzlichen Zwang zur Untersuchung vor der Eheschließung mit oder ohne die Folge eines Eheverbots eingeführt werden sollte, ja, sogar von der bloßen Empfehlung zu einem solchen Vorgehen für jedes Brautpaar. Erstens war der ärztliche Rat streng an die Privatheit und Freiwilligkeit des Arzt-Patientenverhältnisses gebunden. Wenn angefragt wurde, ging dies vom in der Regel kranken Patienten aus. Nach den neuen Vorstellungen hingegen sollten sich alle Eheschließenden vor der Heirat untersuchen lassen, unabhängig davon, ob sie krank waren oder sich krank fühlten. Die Rat erteilenden Ärzte verfügten über keine rechtlichen Machtmittel, die Befolgung ihrer Ratschläge zu erzwingen, und dies obwohl, wie im zweiten Kapitel dargelegt, von seiten der medizinischen Wissenschaft und des professionellen Wissens ein gewaltiges »Indikationen-Gebäude« errichtet worden war. Dieses drückte sozusagen immer mächtiger gegen den Wall des Arzt-Patienten-Verhältnisses als Beziehung zwischen zwei gleichrangigen Rechtspersonen und ebenso gegen die gesetzlich verankerte Freiheit der Ehe(schließung) an. Eng umgrenzte rechtliche Befugnisse unter absolutem Vorrang der Privatheit des Arzt-Patienten-Verhältnisses hatten Ärzte in bestimmten Eheanfechtungs- und Scheidungsklagen. Schließlich gab es bedeutsame soziale und geschlechtsspezifische Unterschiede, was die Konsultation von Ärzten überhaupt betraf: Den Rat von Ärzten einzuholen, zudem noch vor der Eheschließung und nicht im Falle von Krankheit, war weder in allen sozialen Klassen üblich, noch bei Männern und Frauen gleichermaßen verbreitet. Diese Gesichtspunkte sollen im folgenden näher vorgestellt werden.

Das Arzt-Patienten-Verhältnis war rechtlich gesehen ein ähnlich geschütztes privates Verhältnis wie die Ehe. Der Arzt war der Klientel und nicht dem Staat verpflichtet, sein professionelles Handeln beruhte auf der Zustimmung des Patienten und galt als *Vertrauensverhältnis*. Wenn der Arzt aus wissenschaftlich-professionellen Erwägungen heraus glaubte, schwere Bedenken gegen die Eheschließung eines Patienten oder einer Patientin der Braut oder dem Bräutigam und deren Familie mitteilen zu müssen, setzte er sich einem Risiko aus, das vor Gericht verhandelt werden konnte: der Bruch des Berufsgeheimnisses war nach § 300 StGB mit Strafe bedroht. Das beinhaltete kein generelles Verbot: Wenn er der Überzeugung sei, er müsse die Gegenseite aufklären, führte Hoche 1916 aus, müsse der Arzt einen möglichen Prozeß unter die Rubrik Berufsrisiko buchen. Er könne sich jedoch nicht von vornherein darauf verlassen, daß der Richter in jedem Fall auf seiner Seite stehe.[90] Ähnlich gelagert war die Befugnis ärztlicher Aussagen über Patienten vor Gericht in Eheanfechtungsprozessen. Sie war nur möglich mit Einwilligung der Betroffenen.[91] Mehr noch: Das Arzt-Patienten-Verhältnis war so sehr ein privates und vom Berufsgeheimnis geschütztes, daß bei Eheanfechtungsprozessen wegen Krankheit die ärztliche Diagnose per se als eigenständiger Grund keine Bedeutung hatte. Das ärztliche Wissen war in gerichtlichen Eheangelegenheiten streng an die Person gebunden. Es hatte noch nicht die Möglichkeit, über das persönliche Arzt-Patienten-Verhältnis ohne weiteres hinwegzugehen, wie es durch die nationalsozialistische Politik Realität wurde. Hoche selbst schrieb 1916 über Eheanfechtung wegen Krankheit:

»Es handelt sich also nicht um irgendwelche absoluten Maßstäbe, sondern um solche Momente, die ... den eheschließenden Teil je nach seiner objektiven Situation und seiner individuellen Beschaffenheit von Eingehung der Ehe abgehalten haben würden.«[92]

Ein Beispiel für diese streng an das Individuum gebundene Weise ist, daß ein Gericht z.B. unterschied, ob ein Rassenhygieniker die Ehetrennung wegen »erblicher Belastung und Krankheit« seiner Frau verlangte oder ob der Kläger kein Rassenhygieniker war. Ersterem wurde dieser Anfechtungsgrund zugebilligt, aber nur dann, wenn der Richter zu der Auffassung gelangte, daß der Kläger schon zur Zeit der Eheschließung Rassenhygieniker war.[93] Zwischen dem ehelichen Frau-Mann-Verhältnis und dem Arzt-Patienten-verhältnis ergeben sich überhaupt verblüffende Analogien, die, so scheint es, in besonderer Weise mit der Körperlichkeit der Frau zu tun haben. Der ärztliche Körpereingriff war strafrechtlich gesehen Körperverletzung, der nur durch die Zustimmung des Patienten »geheilt« war. Geschlechtsverkehr mit einem »unbescholtenen Mädchen« galt nach höchstrichterlicher Rechtsprechung 1921 ebenfalls per se als Körperverletzung, die nur durch die Einwilligung der Frau bzw. die Ehe »geheilt« wurde:

»Der Geschlechtsakt ist nach dem Urteil des Reichsgerichts ... bei einer unberührten Frauensperson ein Eingriff in die körperliche Unversehrtheit und kann daher an sich den Tatbestand der Körperverletzung erfüllen. Die Einwilligung und selbstverständlich die Ehepflichten schließen natürlich die Strafbarkeit der im Geschlechtsverkehr an sich liegenden Körperverletzung aus.«[94]

Eine andere Parallele zwischen dem Arzt-Patienten-Verhältnis und der Ehe scheint mir die Ideologisierung der ärztlichen Ethik wie der Familie im 19. Jahrhundert zu sein. Esther Fischer-Homberger spricht von der Ideologisierung der ärztlichen Ethik als ihrer teilweisen Herauslösung aus einem unmittelbaren sozialen und zwischenmenschlichen Zusammenhang zugunsten hoher, unerfüllbarer Ideale, die sie unaufmerksam gegenüber der konkreten Situation mache.[95] Vom Arzt als »neuem Beichtvater« in Eheproblemen ist 1916 in *Krankheiten und Ehe* die Rede, wenn auch seine Stellung im Privatverhältnis Ehe durchaus heikel gewesen zu sein scheint: Eulenburg bezeichnet den Arzt als »drittes Geschlecht«, der den Ehemann nicht erzürnen oder beunruhigen dürfe. Dies zeugt von einer Privatheit, die an Intimität grenzt, die zum einen offensichtlich in der (körperlichen) Untersuchung der (Ehe-) Frau begründet liegt, zum anderen einen neuen Verbündeten im Privatverhältnis Ehe für die Ehefrau schafft und damit die rechtlich geschützte ehemännliche Autorität erschüttert.

»Dem als neutrale Person, als Wesen dritten Geschlechtes betrachteten Arzte ist ja nun einmal in der modernen Ehe vielfach die Rolle des Beichtvaters von ehedem zugeteilt. ... Schwerlich ist er in der Lage, sich den hieraus erwachsenden Ansprüchen ganz zu entziehen; allerdings wird er vielen Taktes bedürfen und Sorge tragen müssen, sich keine Blöße zu geben, und namentlich mißtrauisch veranlagten Ehemännern den Verdacht, daß er es insgeheim mit der Frau halte, nicht auf sich laden«,

schreibt Eulenburg zum Verhalten des Arztes bei »Neurastheniker-Ehen«.[96] Carroll Smith Rosenberg thematisiert dies für weiße Mittelschichtsehefrauen in den USA im ausgehenden 19. Jahrhundert.[97] Auch in der *Kreutzer-Sonate* von Tolstoj ist der Ehemann eifersüchtig auf den Arzt, den die Gattin wegen der Kinder aufsucht. Der Arzt als »drittes Geschlecht« ist nicht zuletzt aber auch derjenige, der seine eigenen Triebe zu neutralisieren hat. Wie sich das Faktum, die eigenen Gefühle zu ignorieren, in medizinischen Konzepten über die Frau spiegelt, zeigt Esther Fischer-Homberger anhand der im 19. und frühen 20. Jahrhundert »grassierenden Krankheit 'weibliches Geschlecht'« auf – einer Krankheit, die es »gar nicht gäbe, wenn ihre Entdecker sich über die Verwurzelung dieses Leidens in ihrer eigenen Beziehung zu Frauen und eigener Sexualität klar gewesen wären«.[98]

Julius Heller (1864-1931) bezeichnete 1927 aus seiner langjährigen Erfahrung als Spezialist für Geschlechtskrankheiten den »Arzt als Berater vieler Ehegatten«. Wenn er in seiner Untersuchung im Zusammenhang mit Ehescheidungs- oder -anfechtungsklagen bemerkte, daß der Arzt viel früher als der Richter mit Ehekonflikten in Berührung komme und helfen könne, so verweist dies auf die in manchen Kreisen große Bedeutung ärztlichen Rats im Privatverhältnis Ehe. Die Frage nach ärztlicher Heiratserlaubnis werde dem Arzte, speziell dem Psychiater, gar nicht so selten vorgelegt, so Hoche. Frage der *Heiratskandidat*, so wünsche er zumeist einen »guten« Rat – und das hieße in der Regel: eine Zustimmung zur Heirat. Hoche plädierte dafür, zu eruieren, ob bereits konkrete Heiratsabsichten bestünden oder nicht. Falls ja, rät er seinen ärztlichen Kollegen, die »wirklich ärztliche Meinung« zu verschweigen, um keine unnötigen Sorgen zu entfachen; denn seiner Erfahrung nach würden in diesem Falle die ärztlichen Ratschläge »fast ausnahmslos in den Wind geschlagen«.[99] Die meisten Autoren des Sammelwerks *Krankheiten und Ehe* waren hinsichtlich der Befolgung ihrer Ratschläge durch die Patienten recht skeptisch. Das ganze Gewicht ihrer persönlichen Autorität und ihres Wissens konnten sie in die Waagschale legen, doch mehr als ein Rat oder eine Warnung war es nicht. Die Verfasser thematisierten zudem die ärztliche Verantwortung in beide Richtungen: die Ehe zu verbieten sei genauso verantwortungsvoll, wie ihr zuzuraten, zumal eine Krankheit ganz unterschiedlich verlaufen könne.[100] Die Verquickung zu beachtender Fragen zeigt sich etwa in den Ausführungen Kaminers zum ärztlichen Ehekonsens im Beitrag über *Lungentuberkulose und Ehe*. »Die Bemühungen des Arztes, die Ehe tuberkulös belasteter Individuen tunlichst und ohne Verstoß gegen ethische Berufspflichten zu hindern, werden infolge der Kollision mit materiellen, physischen und psychischen Umständen nur allzu häufig von Mißerfolgen begleitet sein«, führte er aus.[101] Zwischen den Vorstellungen eines Virchow, der es jedem konsultierten Arzt riet, ohne Schonung und ohne jede Sentimentalität auf die Gefahren der Ehe für die Gesundheit aufmerksam zu machen, um es dann der freien Entscheidung der Ehekandidaten anheimzustellen, ob sie heiraten wollen oder nicht, oder eines Kirchner, der verlangte, daß jeder, dem dazu die Macht gegeben, die Eheschließung Tuberkulöser verhindern solle – einerseits und dem Handeln der Patienten andererseits klafften Welten:

»Denn wenn der Proletarier z.B., bevor er heiratet, den Arzt konsultiert, was ohnehin selten genug vorkommen mag, so wird er kaum den Erwägungen der Wahrscheinlichkeit Gehör schenken. Aber auch der sozial Höherstehende wird häufig nicht in der Lage und häufig nicht willens sein, sein persönliches Glück immer einer cura posterior zu opfern.«[102]

Der Verzicht auf die Ehe sei für solche Individuen ein heroisches Opfer, was eher in Romanen als im wirklichen Leben vorkomme. Unter allen Umständen aber werde der konsultierte Arzt, auch wenn er nicht abrate, seine warnende Stimme hören lassen müssen.

Professionalisierung: Von der Moral zum Sachverstand

Die Landbevölkerung, die städtische Arbeiterschaft und die Frauen waren weniger dem schulmedizinisch ausgebildeten Hausarzt, sondern häufig anderen Heilkundigen zugewandt, sog. Laienbehandlern, *Kurpfuschern* oder *weisen Frauen*. Daß Frauen überdies äußerst ungern männliche Ärzte und noch viel weniger Gynäkologen aufsuchten und es eher vorzogen, mit Unterleibskrankheiten unbehandelt zu leben, war neben der polizeiärztlichen Kontrolle von Prostituierten ein wesentliches Motiv für den Kampf um die Zulassung von Frauen zum Medizinstudium.[103] Den ärztlichen Klagen nach zu urteilen, schien der Hausarzt überhaupt zu entschwinden. Senator z.B. bedauert, daß die Patienten zunehmend sofort den jeweiligen *Spezialisten* zu Rate zögen und nicht zuerst den Hausarzt. Damit war für das frühe 20. Jahrhundert sicher nur ein sehr kleiner Patientenkreis angesprochen; die Verfasser von *Krankheiten und Ehe* hatten vornehmlich mit Patienten der »höheren Stände« zu tun. Eine andere Differenz war die zwischen *Hausarzt* (als Arzt der freien Wahl) und *Kassenarzt*; und schließlich trat durch die wachsende kommunale Gesundheitsfürsorge, die in den Zwanziger Jahren sich entfaltete, zunehmend der *Fürsorgearzt* auf den Plan. Der nationalsozialistische *Reichsärzteführer* Gerhard Wagner (1888-1939) schließlich wird sich propagandistisch stark machen für den Hausarzt, der »wieder« zum »Führer des Volkes« werden solle.[104]

Der Hausarzt als Familienarzt aller sozialen Klassen und Regionen war jedoch niemals Realität, sondern eher professionelles Wunschdenken, auch wenn im Zusammenhang mit der Errichtung der Gesetzlichen Krankenversicherung (GVK) seit 1885 die Zahl der Patienten und der Ärzte wuchs. Parallel zu den Schulmedizinern existierte bis weit in die Zwanziger und Dreißiger Jahre hinein die *Volksmedizin*, eine große Anzahl Heilkundiger ohne vorgeschriebene Ausbildung, die offensichtlich häufig aufgesucht wurden.[105] Die traditionelle Klientel von Volksheilern oder den von den Ärzten so bezeichneten *Kurpfuschern* waren zum einen die Landbevölkerung, zum anderen die Arbeiterbevölkerung in den Städten und Industrierevieren, die ja oft erst ein oder zwei Generationen früher vom Land in die Stadt gewandert waren. Außerdem existierten beachtliche regionale Unterschiede.[106] In seinen Ausführungen über die Heilkundigen in Preußen stützt sich Spree u.a. auf eine Untersuchung des Sozialhygienikers Adolf Gottstein von 1924, der »gegenüber der Laienmedizin eine sehr gemäßigte Haltung einnehme«.[107] Bis 1914 übernahmen die Krankenkassen durchaus auch die Kosten für Heilbehandlung durch Laienmediziner, was von den Ärzteverbänden heftig bekämpft wurde.[108] Einen »Teilsieg« konnten die Schulmediziner verbuchen, als 1927 die Kurierfreiheit für die Behandlung der Geschlechtsorgane aufgehoben wurde.[109]

Daß die Volksheilkundigen in der Weimarer Zeit noch stark verbreitet waren, zeigt Atina Grossmann anhand der Diskussionen, die über die Aufhebung der Kurierfreiheit durch das *Gesetz zur Bekämpfung der Geschlechtskrankheiten* (GBGK) entstanden, das die Fernbehandlung sowie die Behandlung von Geschlechtsorganen durch Nichtärzte unter Strafe stellte. Die sog. Laiengruppen der Sexualreformbewegung wurden von diesen Bestimmungen z.T. empfindlich getroffen, da sie, um dem § 184 Abs. 3 StGB[110] zu entgehen, die von ihnen vertriebenen Antikonzeptiva als Mittel gegen Geschlechtskrankheiten verkauften; andererseits lockerte das GBGK die strengen gesetzlichen Vorschriften des § 184.3 und erleichterte damit den Zugang zu Kondomen. Durch die nunmehr ausnahmslos schulmedizinische Zuständigkeit nicht nur für die Behandlung von Geschlechts*krankheiten*, sondern für die Geschlechts*organe* war gewissermaßen ärztliche Geburtenkontrolle gleich mit einbeschlossen – was Ärzte und Bevölkerungspolitiker auch kräftig als ihre Angelegenheit reklamierten: Sie hielten es für eine »zweifellos … gefährliche Erscheinung, daß die Führung auf diesem Gebiet nicht dem verantwortlichen Arzt zugefallen ist« und betonten die »Notwendigkeit, daß die Ärzteschaft die Führung in der Frage der Geburtenregelung wieder erhält, weil die rein geschäftliche Ausbeutung ohne jede letzte Verantwortung (die sie offenbar den die Antikonzeptiva benutzenden Menschen selbst nicht zugestanden, GC.) eine außerordentliche Gefahr für die sittliche und körperliche Volksgesundheit darstellt.«[111]

Lange Jahre beklagte Max Hirsch, daß die Ärzteschaft die Kontrolle über den Bereich der Geburtenverhütung verloren und diesen Bereich den Heilern und weisen Frauen überlassen habe. Er forderte in diesem Zusammenhang: »Eheberater soll der Arzt sein, … weil die Ärzteschaft Träger und Hüter des eugenetischen Gedankens werden muß.«[112] Verhütungsmittel wie das Mensinga-Pessar wurden zwar nur für Ärzte entwickelt, verbreiteten sich jedoch außerhalb und unkontrolliert von der Schulmedizin durch Schwarzmarkt und *Kurpfuscher.*[113] Die Sorge der Ärzte über den Vertrieb von Verhütungsmitteln und *sexuelle Aufklärung* durch *Laien* war nicht in erster Linie möglicherweise schädlichen Mitteln geschuldet, sondern neben nationalen bevölkerungspolitischen Gründen vor allem der professionellen Konkurrenz: die Beeinflussung und »Führung« der Klientel, insbesondere der Frauen, komme einzig den Ärzten zu.

Aber auch die Ärzte hatten einen Mentalitätswandel zu vollziehen. Max Marcuse berichtete in seinem *Ehebuch* über einen ärztlichen Kollegen, der noch um die Jahrhundertwende nur ein »Pfui!« ausrufen konnte, wenn es professionell um Fragen des *ehelichen Präventivverkehrs* ging. Zu dieser Zeit war damit noch eine Frage der Moral berührt: ein möglicher Vorwurf über die Lüsternheit der Ärzte. Marcuse konstatierte 1927, daß »diese Zeiten ja nun endgültig vorbei« seien und begrüßte den *Wandel der Moral*. Nunmehr ging es um ein »sachverständiges Urteil«.[114] Den ärztlichen Kollegen in der Mitte der Zwanziger Jahre, denen er »in erster Reihe« das Werk übergab, »(erscheine) die Problematik der Ehe mehr als je in den Mittelpunkt ihres Erfahrungs- und Aufgabenkreises gerückt«.[115] Dennoch waren sie auf der

Ebene des Wissens für den erhobenen Anspruch noch nicht besonders gut ausgerüstet: Erst 1928 fand in Berlin zum ersten Mal ein *Ärzte-Kurs für Geburtenregelung* mit etwa 300 Teilnehmenden statt, organisiert von Helene Stöcker (Komitee für Geburtenregelung) sowie der Berliner Krankenkasse, argwöhnisch beobachtet vom Reichsgesundheitsamt.[116] Die Frauenärzte beschäftigten sich erst sehr spät, nämlich auf dem Gynäkologenkongreß 1931, erstmals berufsöffentlich mit dem Thema Antikonzeption. Das Hauptreferat »Sterilisation und Konzeptionsverhütung« hielt der Breslauer Gynäkologe Ludwig Fraenkel.[117] Aufschlußreich scheint mir die Kritik aus den eigenen Reihen daran, dieses Thema auf einem Kongreß zu verhandeln, mit dem Argument, es gehöre ins Schlafzimmer der Eheleute, in das Sprechzimmer oder in die Fachzeitschriften.[118] Aufschlußreich deshalb, weil hier noch die strenge Privatheit für diese Fragen sichtbar wird, die sogar seine halböffentliche Diskussion auf einem Berufskongreß verbietet! Daß die Mehrzahl der Mitglieder sich jedoch dafür entschieden hatte, das Thema auf dem Gynäkologentag zu behandeln, kann als Zeichen des Wandels gelten – wenn auch eher unfreiwillig, wie es aussieht, denn die Fachärzte fürchteten, daß ihnen ihre Patientinnen davonliefen. In einem Bericht über die Herbstversammlung der gynäkologischen Gesellschaft der deutschen Schweiz im Oktober 1930 heißt es: »Ref. kommt zu der Ansicht, daß die Gynäkologen notgedrungen dazu kommen müßten, sich einmal eingehend mit Fragen zu befassen, welche mit der Prävention zusammenhängen ... Die Behandlung dieses Problems ist gewiß heute nicht mehr standesunwürdig und es ist an der Zeit, daß sich auch die Ärzte, besonders die Gynäkologen, damit befassen, da sonst die Frauenwelt anderswo Hilfe sucht.«[119]

Von der Krankheit als »Irrtum oder Täuschung in der Person des Ehegatten« (Eheanfechtung) zur Krankheit als wissenschaftlichem Ehehindernis

Geza von Hoffmann,[120] Verfechter von zwangsweisen Eheverboten, erläuterte auf der Berliner Versammlung 1917 die von dem Kinderarzt Prof. Trumpp entwickelten, von Ernst Rüdin und Max von Gruber ergänzten und schließlich vom Ärztlichen Verein München verabschiedeten Leitsätze für rassenhygienische Eheverbote folgendermaßen:

>»Wir (haben) darauf verzichtet, die strittige Frage der vererblichen Krankheiten hereinzuziehen und uns darauf beschränkt, *nur solche Krankheiten als Ehehindernisse* aufzustellen, *... die auch jetzt schon die Klage auf Nichtigkeitserklärung der Ehe ermöglichen*, so daß die entsprechenden Paragraphen des BGB dem Sinne und Zwecke nach keine einschneidende Wirkung erfahren müssen. *Es hätte lediglich an die Stelle der Lösung unhaltbarer Ehebündnisse deren Verhütung zu treten*, wodurch viel Unglück, vor allem aber die Zeugung kranker Nachkommen vermieden werden kann.«[121]

Diese Aussage ist außerordentlich aufschlußreich, denn sie zeigt die Schiene, über die medizinische Kriterien Gesetzeskraft für Ehehindernisse erhalten sollten. Um im Bild zu bleiben: Die Gleise waren nicht neu, sondern eingefahren; neu hingegen war der Zug, der darauf fahren sollte – mit allerdings für die Reisenden ganz erheblichen Einbußen: Lag es früher an den Mitfahrenden, ob und wann sie aussteigen wollten, so sollte der neue Zug jetzt gar nicht mehr bei ihnen anhalten, wenn sie nicht die richtige Fahrkarte – sprich Ehezeugnis – hatten. Die Klage auf Nichtigkeitserklärung der Ehe war nach geltendem Recht streng an die Person gebunden: Sie konnte von niemand anderem als einem der betroffenen Ehegatten selbst erhoben werden. Nun sollte die durch eine ärztliche Diagnose festgestellte Krankheit an die erste Stelle rücken und ein Heiratsverbot begründen können.

Die Gleichstellung von der persönlich bei Gericht zu initiierenden Eheanfechtung und staatlich-wissenschaftlichen Ehehindernissen auf Basis derselben Diagnostik folgte allein der medizinischen Logik. Es ist aber ein ganz gewaltiger qualitativer wie quantitativer Unterschied, ob einige tausend Ehen für nichtig erklärt werden wegen Irrtums oder Täuschung über die Person oder persönliche Eigenschaften des anderen Ehegatten – oder ob Millionen Heiratslustige vor der Eheschließung sich ärztlich untersuchen lassen sollen, mit oder ohne die Rechtsfolge des Eheverbots, unabhängig davon, ob sie selbst krank sind oder sich jemals wegen einer Krankheit trennen würden oder nicht. Auch gegen Mitte/Ende der Zwanziger Jahre war Irrtum oder Täuschung als Anfechtungsgrund der Ehe auch bei *Krankheit* noch immer ein *persönlicher Maßstab*. Julius Heller schreibt 1927:

»Ob eine Krankheit eine negative persönliche Eigenschaft eines Ehegatten ist, hängt von ihrer besonderen Art, von der Auffassung der Eheleute vom Wesen der Ehe, von der speziellen Stellung des gesunden zur Krankheit des anderen Ehegatten, schließlich in letzter Linie von der Stellung der Ehegatten zueinander ab.«[122]

Fortschreitende Lungenschwindsucht sei sicher eine negative persönliche Eigenschaft, so Heller weiter; viele Tuberkulöse jedoch hätten in ihrem Eheleben den Ehepartner so tief beglückt, daß dem gesunden gar nicht der Gedanke kam, in der in die Ehe mitgebrachten Krankheit etwas anderes als ein großes, sein eigenes Leben verdüsterndes Unglück zu erblicken. Viele Ehegatten nähmen an der ihnen bekannten oder bekannt gewordenen vorehelichen Geschlechtskrankheit keinen Anstoß. »Es wäre leicht, Beispiele aus der Kulturgeschichte und eigener ärztlicher Erfahrung in beliebiger Menge anzuführen.«[123] Auch Ehescheidungen wegen Geisteskrankheit eines Ehegatten – der einzigen Erwähnung von Krankheit im BGB als Eheauflösungsgrund überhaupt – waren offenbar nicht sehr häufig. Hoche schrieb 1916: »Tausende passieren die Klinik, ehe ein einziger Fall von Ehescheidung aufgrund § 1569 vorkommt«.[124]

Die Gleichsetzung von Eheanfechtung und Ehehindernissen war von der Münchner Kommission gewählt worden, damit die ärztliche Untersuchung für jedes Brautpaar und mögliche Eheverbote überhaupt gesetzlich »eingefädelt« werden konnten. Um Bedenken gegen Diagnose- und Abgrenzungsschwierigkeiten zu begegnen, hatte der Münchner Verein »ausschließlich Krankheitszustände … (gewählt), in denen auch jetzt schon in gerichtlichen Fällen ein präzises Gutachten gefordert wird und gefordert werden kann«.[125] Diese Begrenzung der Krankheiten verfiel prompt der Kritik: Sie schränkten bis auf die ansteckenden Geschlechtskrankheiten den Kreis auf »auch dem Laien auffallende Krankheiten« ein und berücksichtigten viel zu wenig die »erblichen Krankheiten im weiteren Sinne«, während die Geschlechtskrankheiten häufig gar nicht in einer einmaligen Untersuchung erkannt werden könnten, so ein Kritikpunkt des Reichsanwalts Ebermayer.[126] Adele Schreiber-Krieger sprach in diesem Zusammenhang sogar von der Scheinradikalität der vom Münchener Ärztlichen Verein vorgeschlagenen Eheverbote. Die Beschränkung auf einige wenige schwere Fälle würde dazu führen,

»daß alle diejenigen Ehebewerber, die nicht unter eines dieser Eheverbote fallen, sich für ganz besonders geeignet zur Ehe und Fortpflanzung halten würden, und daß gerade durch diese scheinbar radikalen Forderungen eine Einlullung der Gewissen erfolgen würde, also das Gegenteil von dem, was man erreichen (wolle).«[127]

Aus ähnlichen Gründen hatten bereits die Verfasser des BGB um die Jahrhundertwende vermieden, »Krankheiten oder gar bestimmte Krankheiten« in das Gesetz aufzunehmen. Im Entwurf waren noch Tuberkulose, Epilepsie und Syphilis aufgeführt, was später jedoch gestrichen wurde, weil durch das

Benennen einzelner Krankheiten andere ausgeschlossen zu sein schienen.[128] Man habe »bezüglich der Eheverbote ... die Wahl, sie entweder sehr eng einzuschränken, wie es die Münchner Kommission getan habe – dann wirken sie nicht; oder aber, sie auf weite Kreise auszudehnen – dann sind sie unmöglich, und kein Arzt kann die Verantwortung für solche Verbote auf sich nehmen«, so Schreiber-Krieger. Aus diesem Grunde plädierte sie für möglichst breite, umfassende *Aufklärung* mit dem Ziel der persönlichen Verantwortung.[129] Diese Verantwortung sollte in der Zeit des Nationalsozialismus der Staat auch gegen den Willen der Person übernehmen, was eine enorme Entlastung der selektierenden Ärzte sowie das Wegfallen etwaiger Berufsrisiken bedeutete.

Rechtlich gesehen konnten also alle Krankheiten den Grund für eine Eheanfechtung wegen Irrtums abgeben. Allerdings mußte der Irrtum ein »erheblicher« sein und der klagende Ehegatte die »persönliche Eigenschaft 'Gesundheit'« zur Zeit der Eheschließung voraussetzen, während »in Wahrheit beim anderen eine Krankheit bestand, die als ekelerregend, unheilbar oder schwer heilbar anzusehen ist und die geschlechtliche Zuneigung aufhebt«.[130] Ob dies jedoch vorkam und um welche Krankheiten es sich dabei handelte, war abhängig von der konkreten Klageerhebung einer bereits verheirateten Person, die sich in der Person der/des anderen Ehegatten getäuscht fühlte oder irrtümlich gehandelt hatte. Und all dies mußte schließlich dem Gericht plausibel erscheinen.

Die medizinische Diagnose im Eherecht war also vor den nationalsozialistischen Gesetzesänderungen von mehreren Wällen umgeben. Sie konnte nur unter eng umgrenzten Bedingungen geltend gemacht werden. Wie weit ärztliche Urteile unter diesen Bedingungen Eingang in die Ehegerichtsbarkeit gefunden hatten, soll zum Abschluß dieses Kapitels kurz skizziert werden. Dabei stütze ich mich auf das bereits mehrfach zitierte Buch von Julius Heller *Arzt und Eherecht. Die ärztlich wichtigen Rechtsbeziehungen der Ehe in der Rechtsprechung* aus dem Jahr 1927.[131] Ich beschränke mich auf die Eheanfechtung, zum einen, weil sie hinsichtlich der Berücksichtigung von Krankheiten gegenüber der Ehescheidung überhaupt die größere Bedeutung hatte, zum anderen, weil sie inhaltlich wie formal den Anknüpfungspunkt für die erste Aufstellung von wissenschaftlichen Ehehindernissen bildete. Es können hier nur einige wesentliche Gesichtspunkte hervorgehoben werden.

Basis der Hellerschen Darstellung sind etwa 200 Reichsgerichtsurteile, ergänzt durch einige Beispiele der Rechtsprechung von Oberlandesgerichten und aus dem Ausland. Urteile des Reichsgerichts sind deshalb von besonderer Bedeutung, weil sie als Entscheidungen der höchsten Rechtsinstanz quasi rechtssetzenden Charakter hatten. Zeitlich reichen sie aus dem letzten Jahrzehnt des 19.Jahrhunderts bis in die Mitte der Zwanziger Jahre. Aus praktischen Gründen unterteilte er die *Krankheiten und Anomalien*, die den Grund für eine Eheanfechtung abgeben konnten, in vier Gruppen:

»A. Chronische Krankheiten, die in ihren Anfängen in das voreheliche Leben eines Ehegatten zurückreichen, vom Anderen nicht bemerkt, vom Kranken nicht offenbart werden und für das Leben und die Gesundheit des Kranken so wichtig sind, daß sie eine persönliche Eigenschaft darstellen.«

»B. Gebrechen und Krankheiten, welche die körperliche eheliche Gemeinschaft erschweren oder unmöglich machen sowie ekel- und abscheuerregende, die eheliche Gemeinschaft beeinträchtigende, für das körperliche und seelische Eheleben aber bedeutungslose Krankheiten.«

»C. Geistes- und Charakterkrankheiten.«

»D. Körperliche Kankheiten, die den anderen Eheteil durch Ansteckung und die nächste Generation durch Übertragung gefährden.«[132]

In der ersten Gruppe führte er auf: Neubildungen, Bluterkrankungen, Störungen in der Funktion des Herzens, der Leber, der Lunge (außer Tbc), der Nieren, des Darmes, des Stoffwechsels, der Haut – also stärkere Grade von Diabetes, Nephrosen, beginnende maligne (bösartige) Tumore. Interessant ist seine Aussage, Gerichtsentscheidungen auf diesem Gebiet seien nicht bekannt. Dies beruhte nach Hellers Auffassung im Gegensatz zu der des Psychiaters Gaupp nicht auf seelischem Empfinden, das die gesunden Ehegatten von der Eheanfechtung zurückhalte, sondern »weil die Kenntnis dieser Möglichkeit nicht genügend bekannt« sei.[133] Zur letzten Gruppe rechnete er chronische Infektionskrankheiten, auch solche, die uterin (Syphilis) oder postnatal (Tuberkulose) übertragen werden; Diphtherie und Typhus (Bazillenträger), Favus, Aktinomykose, manche tropischen Wurmkrankheiten, Lepra, Tuberkulose und Geschlechtskrankheiten. Gerichtsurteile existierten nur für die beiden letzteren; Tuberkulose sei selten eine Anfechtungsursache. Sie dürfe auch großen Schwierigkeiten begegnen wegen der sehr schwierigen Klärung, wann die Erkrankung begonnen habe, was eine nur leichtere Affektion sei – also kein Anfechtungsgrund – usw. Heller erklärte den Umfang dieser Kategorien von Krankheiten für abhängig vom Stand der medizinischen Wissenschaft.[134]

Aufschlußreich für den Einfluß von Vererbungstheorien und Eugenik in Entscheidungen der höchsten Gerichte über Eheanfechtung ist die Gruppe der *Geistes- und Charakterkrankheiten.* Heller bespricht Urteile von 1907 bis 1925. Einer kurzen Darstellung dieser Gruppe stünden Schwierigkeiten entgegen: Die einzelnen Krankheitsgruppen seien nicht scharf voneinander abzugrenzen, die Übergänge zwischen der physiologischen Breite der Gesundheit und der gesetzlich festzustellenden Krankheit seien unmerklich, die wissenschaftlichen Auffassungen über die einzelnen Krankheitsgruppen änderten sich, die Auffassungen der medizinischen Sachverständigen stimmten nicht überein, letztlich sei alles abhängig von der Spruchpraxis der Gerichte.

Schließlich spiegelt sich in der Unterschiedlichkeit der Gerichtsentscheidungen überdies der Wandel der Auffassungen über Vererbung, was sich um diese Zeit noch sehr verwirrend gestaltet: In einer eingehenden Studie habe Reinheimer gezeigt, »welche Hindernisse … durch die Aus- und Umgestaltung der Begriffe Disposition, Konstitution, Kondition, Anlage, Veranlagung, Anfälligkeit, Anbrüchigkeit, Formes frustes der Krankheiten und der Anlagen (Genotypen, Phänotypen) erwachsen« seien.[135] Eine erbliche Belastung mit Geisteskrankheit oder das Vorkommen von mehreren Fällen von Geisteskrankheit in der Familie sei kein Grund für die Anfechtung der Ehe, entschied das Reichsgericht 1908; selbst eine etwa durch nachherige Erkrankung feststellbare persönliche Veranlagung zur Geisteskrankheit stelle an und für sich noch keine dem Wesen einer Person anhaftende Eigenschaft im Sinne des § 1333 BGB dar. Hingegen könne eine Anlage zur Geisteskrankheit eine persönliche Eigenschaft sein, wenn sie zur Erkrankung führen *müsse*. Heller hält »dieses Entgegenkommen an die moderne Eugenik … für ausreichend«. Krankheitsanlagen und Krankheitswahrscheinlichkeiten hingegen, Formes frustes, Dispositionen zu Krankheiten sowie geheilte Erkrankungen rechtfertigten die Anfechtung *nicht*. Eine überstandene Geisteskrankheit begründe keine persönliche Eigenschaft des Ehegatten im Sinne des § 1333 BGB, die Offenbarung einer früheren Geisteskrankheit sei nicht unbedingt Sache des früher krank gewesenen Ehegatten.[136] Vergleichen wir diese Zusammenfassung der Entscheidungen des Reichsgerichts mit dem zeitgenössischen Stand der modernen menschlichen Vererbungslehre, wie er im 2. Kapitel dieser Arbeit in großen Zügen dargestellt wurde, so wird deutlich, daß die Rechtsprechung hier zumeist noch mit dem alten Begriff der hereditären Krankheiten operierte und in weit höherem Maße Krankheit und Person trennte. Der einzelne Mensch ist noch nicht der *Biotypus*, dem die Krankheit mit der *Erbmasse* eingefleischt ist. Die *Eigenschaft* als *Erbmerkmal* und die *persönliche Eigenschaft* des Ehegatten als Grund für die Eheanfechtung wegen Irrtums oder Täuschung sind noch voneinander geschieden.

In Hinblick auf die in der Überschrift dieses Kapitels gestellte Frage: »Gesetzlicher Zwang zur ärztlichen Untersuchung vor der Eheschließung?« und die hieran geknüpften Überlegungen soll abschließend ein überraschendes Phänomen vorgestellt werden, welches Heller im Zusammenhang mit der dritten Gruppe von Anfechtungsgründen abhandelte. Es scheint mir von außerordentlicher Bedeutung für die gesamte hier untersuchte Fragestellung zu sein, nicht zuletzt deshalb, weil es aus heutiger Sicht so erstaunlich ist. In dieser Gruppe ging es um Krankheiten und Gebrechen des Körpers, die zum einen Fragen der sexuellen Potenz, der Gebär- oder Zeugungs(un-)fähigkeit sowie »sexuelle Perversionen« (dazu zählte Heller nach herrschender Lehre auch Homosexualität) betrafen, zum anderen »körperliche Schönheitsfehler«, einige Hautkrankheiten und »gewisse Ausdünstungen«.[137] Für die Eheanfechtung wegen »negativen körperlichen Eigenschaften« des Ehegatten galt alles, was für jede andere Anfechtung von Belang war:

> »Haben diese Affektionen vor der Ehe bestanden, waren sie dem kranken Nupturienten bekannt, sind sie dem anderen Nupturienten vor Eingehung der Ehe nicht offenbart worden, so sind sie Anfechtungsgründe, wenn der Richter die Überzeugung gewonnen hat, daß der anfechtungsberechtigte Ehegatte bei Kenntnis dieser Leiden die Ehe nicht geschlossen haben würde.«[138]

Aber, und das ist hier das Entscheidende: der »kranke« Ehegatte brauchte in eine körperliche Untersuchung nicht einzuwilligen. »Alle derartigen Fragen können nur durch eine eingehende körperliche Untersuchung des angeblich kranken Ehegatten beantwortet werden«, heißt es bei Heller im Jahr 1927, als die Diskussion um Sexual- und Ehereform ihrem Höhepunkt zustrebt und ärztlich geleitete Eheberatungsstellen wie Pilze aus dem Boden schießen! »Die Judikatur hat aber bisher keine Verpflichtung des Kranken zur Untersuchung anerkannt.« Wenn der Richter nicht auf andere Weise die Überzeugung gewinnen konnte, daß die körperliche Krankheit oder Abweichung bestand, die die klagende Partei behauptete und die es ihm oder ihr unzumutbar erscheinen ließ, die Ehe fortzuführen, wurde die Klage abgewiesen, weil »eine richterlich erzwingbare Verpflichtung einer Partei, die Einsichtnahme eines Augenscheins an der eigenen Person zu dulden, (nicht) besteht.«[139]

Max Christian konstatierte 1927 einen langsamen Wandel in der Rechtsprechung: die »Rechtspraxis (zeige) eine immer stärkere Nachgiebigkeit gegen die Forderungen der biologischen Vernunft«, lockerte also die strengen Bestimmungen zusehends nach Gesichtspunkten, die die Medizin für ein »normales Eheleben« (Marcuse) entwickelt hatte. So würden »das Vorhandensein einer übertragbaren Geschlechtskrankheit, der unheilbaren Impotenz, der homosexuellen Perversionen und sonstiger Mißbildungen und Gebrechen, die ein normales Eheleben unmöglich machen ... im allgemeinen als Gründe für die Nichtigkeitserklärung der Ehe wegen Irrtums oder Täuschung anerkannt.« Es mache »sich auch die Neigung bemerkbar, schwere Formen der Hysterie und die Abwesenheit der Jungfräulichkeit bei der Frau als Nichtigkeitsgrund anzuerkennen.«[140]

Die 1935 eingeführten rassischen, eugenischen und gesundheitlichen Ehehindernisse des *Blutschutz-* und *Ehegesundheitsgesetzes* wurden zugleich als von da an geltende Eheanfechtungsgründe erklärt.[141] Die Eheanfechtungsklage als solche wurde mit der Eherechtsreform 1938 abgeschafft und durch die Ehescheidung ersetzt. Ein Charakteristikum war die Einführung des Zerrüttungsprinzps, d.h. die Scheidung der Ehe, ohne daß schuldhaftes Verhalten vorliegen mußte.[142]

Die Tatsache, daß vor der nationalsozialistischen Ehegesetzgebung kein Zwang zur körperlichen ärztlichen Untersuchung in Eheangelegenheiten ausgeübt werden konnte, der ab 1933 indirekt, ab 1935 direkt eingeführt wurde, erscheint mir außerordentlich bedeutsam für den Wandel der Institution Ehe und das Geschlechterverhältnis. Die interne Struktur der Ehe würde sich durch die ärztliche Untersuchung als solche verändern.

Die Überprüfung der Männer auf *Eheeignung* oder *Ehetauglichkeit* beinhaltete eine Einschränkung ihrer vorherigen (Rechts-)Position als Ehemann durch die vom Staat zur »dritten Gewalt« erhobene Wissenschaft. Für die Frauen hingegen lockerte sich die vormals »feudale« eheliche (Rechts-) Beziehung durch den gesetzlich vorgeschriebenen Zugang eines Dritten (Arzt/Ärztin) in das Privatverhältnis Ehe. Die Frauen als Ehefrauen errangen damit eine Staatsunmittelbarkeit, die zuvor allein die Ehemänner innehatten. Nur: Die Emanzipation der Frau wäre, analog der Emanzipation des Bürgertums als Postulat der Aufklärung und »allgemeiner« Menschenrechte, die Entlassung der Ehefrau aus der eheherrlichen Abhängigkeit. Anstelle einer so gedachten Emanzipation aber erfolgte eine verwissenschaftlichte, instrumentelle Gleichstellung der Geschlechter. Die Ehe wurde zu einer von außen normierungsfähigen Einrichtung. Als Markstein dieser Entwicklung sehe ich die gesetzliche Einführung der ärztlichen Untersuchungen auf *Eheeignung* und *Ehetauglichkeit*.[143]

Die nationalsozialistische Geburten- und Rassenpolitik führte alle Stränge der Debatten über Ehezeugnisse, Eheverbote und Eheberatung, über Zwang oder Freiwilligkeit der ärztlichen Untersuchung, über haus- oder fürsorgeärztliche, amts- oder kommunalärztliche Eheberatertätigkeit zusammen, und zwar in der für die Klientel rigidesten und unerbittlichsten Weise.

ZWEITER TEIL

POLITIK

»DIE FAMILIE IM MITTELPUNKT DER STAATSPOLITIK«

4. Kapitel

Ehestandsdarlehen:
Der Zugriff auf die »freie Bevölkerung«

> »Vielleicht haben wir es nicht immer so ganz empfunden, welches
> Ereignis es war, als wir beauftragt wurden, die freie Bevölkerung
> zu untersuchen. Bislang haben wir vorwiegend nur ausgelesenes
> Material unter Anwendung besonderer Berechnungsmethoden
> bearbeitet, wie es sich in Kliniken, Fürsorgeerziehungsanstalten
> usw. ansammelt. Jetzt hat der Kreis- und Kommunalarzt zu
> entscheiden, wer in der freien Bevölkerung erbgesund ist und wer
> nicht. Damit entscheiden wir zugleich die Frage: Hat die Eugenik
> in ihrem Warnen vor Erbkrankheiten übertrieben?«[1]

Zur im Sinne ihrer Befürworter erfolgreichen Durchsetzung rassenhygienischer Politik gehören zwei wesentliche Elemente, die nur mit der Gesetz-
gebungskompetenz des Staates und aufgrund seiner finanziellen Ressourcen
realisierbar sind: erstens gesetzliche Regelungen, die ärztliche Selektionen
und Körpereingriffe – auch gegen den Willen der Betroffenen – vorschreiben,
die also das Recht auf körperliche Unversehrtheit der Person zugunsten
wissenschaftlich begründeter Kontrollen und Eingriffe einschränken; zweitens
ein personell, finanziell sowie mit den nötigen Machtmitteln ausgestatteter
Apparat, der in der Lage ist, diese Selektionen – von vornherein im Rahmen
der rassenhygienischen Theorie nur als Massenuntersuchungen sinnvoll und
deshalb als solche auch konzipiert – an Millionen von Menschen vorzunehmen. Erst beides gemeinsam erlaubt einen wirkungsvollen Zugriff auf die
»freie Bevölkerung« in den für den hygienischen wie anthropologischen
Rassismus zentralen »Angriffspunkten« von Ehe und Gebären: die »Überwachung der Fortpflanzungsverhältnisse und ihre Beeinflussung in Richtung
auf Erbgesundheit und Rassenreinheit« (Eugen Fischer).[2]
   Dies konnte nur unter den Bedingungen der politischen Diktatur realisiert
werden. Wie bereits im ersten Teil dieser Arbeit skizziert, war vor der Etablierung der nationalsozialistischen Bevölkerungs- und Rassenpolitik die
Umsetzung der rassenhygienischen bzw. eugenischen Seite dieser Politik nur
in einem sehr beschränkten Umfang möglich, wenngleich virtuell vorhanden.
Umfassende gesetzliche Regelungen waren im Parlament (Reichstag) der
Weimarer Republik nicht durchsetzbar. Maßnahmen mit eugenischen Impli-
kationen oder Zielen wurden auf Landesebene oder von seiten der Kommunen als Angebot bereitgestellt und waren so – das ist ein entscheidender
Unterschied zur darauf folgenden Zeit des Nationalsozialismus – allein von

der freiwilligen Inanspruchname von seiten der Bevölkerung abhängig. Ein Schreiben von Alfred Ploetz, »Altvater der Rassenhygiene«, an Hitler zeigt den Umschwung eindrucksvoll. Ploetz schickte einen Sonderdruck seines Vortrags über »Bisherige private und staatliche Förderung der Rassenhygiene und ihre nächste Weiterentwicklung« mit, den er 1927 auf dem 5. Internationalen Kongreß für Vererbungswissenschaft in Berlin gehalten hatte. Dazu schrieb er:

»… der Vortrag hat noch heute seine Bedeutung, obgleich das damals herrschende Weimarer System keine großen Hoffnungen aufkommen ließ und nur relativ kleine Ziele als erreichbar erklärt werden konnten. Ihre heutige Rede (vor den Ärzten), in der Sie ein Vorgehen auf dem Gebiet der Rassenhygiene ankündigen, hat mich als jemanden, der seit seiner Jugend sein Leben und Wirken der Rassenhygiene gewidmet hat, naturgemäß mit heller Freude erfüllt.

In meinem Alter als 72jähriger, der noch eine größere theoretische Arbeit zu vollenden hat, muss ich auf praktische Mitarbeit verzichten, ich möchte nur dem Mann in herzlicher Verehrung die Hand drücken, der die deutsche Rassenhygiene aus dem Gestrüpp ihres bisherigen Weges durch seine Willenskraft in das weite Feld freier Betätigung führt«.[3]

Eine rassistische Ehe- und Geburtenpolitik gegenüber jüdischen Frauen und Männern, den Familien der Sinti und Roma wie der deutsch-afrikanischen Minderheit im Rheinland (den Kindern von deutschen Frauen und nordafrikanischen französischen Besatzungssoldaten aus der Zeit des Ersten Weltkriegs) hatte in der Politik der Weimarer Republik kaum eine Chance, wiewohl es frühe behördliche Vorstöße gab, die »Sterilisierung der Rheinlandbastarde« durchzusetzen.[4] Wohl aber existierten rassistische Tendenzen in der Wissenschaft, insbesondere in der Anthropologie in der Tradition des Kolonialismus.[5] Schon wenige Monate nach dem Januar 1933 wurden nichtjüdische Frauen kahlgeschoren durch die Straßen geführt mit einem diskriminierenden Schild um den Hals als Strafe für (tatsächliche oder vermeintliche) sexuelle Beziehungen zu jüdischen Männern. Diese Form des Rassismus war also bereits lange vor dem gesetzlichen Ehe- und Sexualverbot vom Herbst 1935 vorhanden, welches ihn absegnete.[6]

Thema des nun folgenden Teils dieser Arbeit ist, die beiden Elemente zur Durchsetzung einer rassenhygienischen wie rassistischen Politik – Apparat und Gesetze – hinsichtlich der nationalsozialistischen Ehe- und Sexualpolitik in ihrer Verschränkung und Entwicklung darzustellen. Die Bedeutung, die dem Apparat in dieser Politik unverzichtbar zukommt, wird deutlich an den Problemen der überstürzten Einführung der ersten rassenhygienischen Selektionsmaßnahme des NS-Staates, den ärztlichen Untersuchungen für ein Ehestandsdarlehen, in der frühen Phase nationalsozialistischer Herrschaft. Die Intention der Ehestandsdarlehensvergabe verweist überdies auf einen von der vorangegangenen Debatte übernommenen Aspekt: den Erziehungsgedanken.

Zugleich waren die Ehestandsdarlehen Erfassungsinstrument für die Zwangs-sterilisation. Mit dem *Gesetz über die Vereinheitlichung des Gesundheits-wesens* vom 3. Juli 1934 begann der sukzessive Umbau und Ausbau des öffent-lichen Gesundheitssystems zu einem zentral gelenkten, modernen und – ge-messen an der Zahl von Millionen untersuchten und selektierten Menschen – effizienten Instrument zur Durchsetzung nationalsozialistischer Bevölke-rungs- und Rassenpolitik. Erst als die Reform des Gesundheitswesens durch-geführt, der Selektionsapparat also in seinen Grundzügen reichsweit ge-schaffen worden war, konnten mit dem im Herbst 1935 erlassenen *Ehegesund-heitsgesetz* und dem *Blut- und Ehre-Gesetz* entschiedenere Wege in der Ehe-und Sexualpolitik beschritten werden. Im Zweiten Weltkrieg schließlich erfuhr diese Politik eine absolute und von ihrer immanenten Logik her folge-richtige Radikalisierung. Entsprechend erfolgte parallel eine enorme Aus-weitung und Vernetzung des Selektionsapparats. Dabei sank – wie zu zeigen sein wird – das öffentliche Gesundheitswesen nicht etwa zur Bedeutungslo-sigkeit hinab. Die Geburten- und Rassenpolitik fächerte sich auf in eine Ver-vielfältigung der Körpereingriffe und der Schrecken, sie weitete sich unter den Bedingungen und im »Schutz« des Krieges zur systematisch betriebenen Mordpolitik. Gleichwohl wurden vorhergehende Praktiken nicht eingestellt, lösten hier nicht schlimmere Schritte weniger schlimme ab als Steigerung vor-heriger Grausamkeiten. Ärztliche Untersuchungen auf *Eheeignung* und *Ehe-tauglichkeit* existierten ebenso wie Zwangssterilisationen neben Anstalts-morden, Deportation und Völkermord in den Vernichtungslagern weiter, wenn auch mit beachtlichen Verschiebungen in der Beurteilung der Klientel und anderen kriegsbedingten Änderungen. Die Vergabe der Ehestands-darlehens-Gutscheine wurde 1944 durch den Bombenkrieg und den Mangel an Hausrat, nicht aber durch Einstellung der amtsärztlichen Kontrollen be-endet.

Gesetzesgenese und Gesetzesbestimmungen – ursprüngliches Ziel – nachträgliches Einbauen der rassistischen und eugenischen Selektion – Auseinandersetzungen über die Finanzierung – vorläufige Regelungen

Durch die Verabschiedung des »Gesetzes zur Verminderung der Arbeitslosig-keit« vom 1.Juni 1933, das in seinem V.Abschnitt die »Förderung der Ehe-schließungen« durch Ehestandsdarlehen einführte,[7] sah sich das Reichsmini-sterium des Innern unter Handlungsdruck gesetzt: Da war aus arbeitsmarkt- und finanzpolitischen Erwägungen heraus eine Maßnahme beschlossen worden, die gerade auf jenen Bereich zielte, den zu überwachen und in den einzugreifen die neuen Verwalter der Volksgesundheit sich vorgenommen hatten. Schnelles Handeln tat not, war doch das Gesetz längst in aller Öffentlichkeit verbreitet, die verwaltungstechnischen Vorbereitungen für Standes- und Finanzämter in Gang gesetzt, und – was das wichtigste war – erwarteten die Erfinder des Gesetzes einen regelrechten Ansturm von Ehewilligen, die das Darlehen in Anspruch nehmen wollten. Für weite Kreise der Bevölkerung, die durch die Weltwirtschaftskrise in Not geraten waren und nicht zuletzt aus diesem Grund das Heiraten aufgeschoben hatten, ging es in der Tat um eine beträchtliche Summe: sog. Bedarfsdeckungsscheine für Hausgerät im Wert bis zu 1000 RM (kein Bargeld) wurden pro Eheschließung als zinsloses Darlehen geboten. Die tatsächliche Höhe allerdings war »... nach dem Betrag zu bemessen, den ein Ehepaar gleichen Standes bei der Gründung eines Haushalts nach den ortsüblichen Verhältnissen für den Erwerb von Möbeln und Hausgerät aufzuwenden pflegt«.[8] Die Gemeinde sollte sich »gutachtlich« über die jeweilige Höhe dem Finanzamt gegenüber äußern. Nach Mason betrug die Durchschnittshöhe eines Ehestandsdarlehens um die 600 Reichsmark; diese Summe entsprach dem vier- bis fünffachen Monatslohn eines Industriearbeiters.[9]

Eine der Voraussetzungen für die Bewilligung des Darlehens war bis 1936/37, daß die »künftige Ehefrau« erwerbstätig war und ihren außerhäuslichen Arbeitsplatz mit der Eheschließung aufgab, oder daß sie erwerbslos war, aber zwischen dem 1.Juni 1931 und 31.Mai 1933 »mindestens sechs Monate lang im Inland in einem Arbeitnehmerverhältnis gestanden hat.« Die zweite Durchführungsverordnung vom 26.7.1933 erweiterte den Berechtigtenkreis auf seit dem 1.6.1932 Verheiratete, wenn die Ehefrau noch erwerbstätig war und die Erwerbsarbeit mit Erhalt des Darlehens aufgab und auf arbeitslose »künftige Ehefrauen«, wenn sie in der Zeit von 1.Juni 1928 bis zum 31.Mai 1931 mindestens sechs Monate erwerbstätig waren (Geltungsdauer vom 3.Juni bis 10.Dezember 1933, also ein knappes halbes Jahr). Die 3.DVO vom 22.8.1933 erweiterte den Berechtigtenkreis für ein gutes Vierteljahr auch auf arbeitslose, mindestens sechs Monate zwischen 1928 und 1933 erwerbstätig gewesene Ehefrauen.

Ab dem 1.4.1937 konnten die sog. Bedarfsdeckungsscheine außer in Hausrat auch in die Qualifizierung der Ehefrau als Hausarbeiterin gesteckt werden: sie konnten zur Bezahlung eines Lehrgangs an einer Reichsmütterschule des Deutschen Frauen-Werks (DFW) verwendet werden[10] – stellten somit eine Form moderner Verflüssigung von Sachwerten in die Ausbildung von Arbeitskraft dar: den Wert der häuslichen Arbeitskraft der Ehefrau.

Im Gegensatz zu der häufig mit den Ehestandsdarlehen allein konnotierten Heim-an-den-Herd-Parole und der entsprechend gern in diesem Sinn wissenschaftlich interpretierten »Rückständigkeit« der nationalsozialistischen Frauenpolitik muß ihre Modernität betont werden. Die Darlehen hatten ein doppeltes Gesicht, weil sie überhaupt an weibliche Erwerbsarbeit gekoppelt waren. Die Förderung der Eheschließung durch staatliche Darlehen war nicht generell gegen die weibliche Erwerbsarbeit gerichtet, sondern setzte sie voraus: Ohne eine vorangegangene Erwerbstätigkeit der Frau – mindestens neun Monate sinnigerweise – gab es kein Ehestandsdarlehen. Frauen wurden – wie erstmals mit der Demobilmachungsverordnung am Ende des Ersten Weltkrieges als sozialstaatlicher Eingriff praktiziert – als »Manövriermasse« in der Arbeitsmarktpolitik betrachtet, eine nicht nur nationalsozialistische Spezialität. Folgerichtig kam es mit Beginn des sich abzeichnenden Rüstungsbooms und Arbeitskräfteknappheit ab 1936 zur Lockerung, ab 1937 zur Aufhebung der Bedingung, daß die »künftige Ehefrau« ihre Erwerbsarbeit aufzugeben habe, nicht aber zum Stop der Darlehensvergabe.

»Waren die Ehestandsdarlehen bis zum Jahre 1937 eine scharfe Waffe im Kampf gegen die Arbeitslosigkeit (d.i. der Männer! GC.), so wurden sie mit dem 3.ÄndG vom 3.11.1937 ein Instrument zur *Sicherung des Bedarfs an Arbeitsplätzen. Kein junges Mädchen*, das nicht *wenigstens neun Monate* in den letzten beiden Jahren vor der Eheschließung in einem Arbeitsverhältnis gestanden hat und seine *Arbeitskraft in angemessenem Umfang* dem Deutschen Volk zur Verfügung gestellt hat, erhält das Ehestandsdarlehen. Die *arbeitsmarktpolitische Bedeutung* der E.D. hat sich somit wesentlich gewandelt. Die *bevölkerungspolitische* Zielsetzung ist dagegen seit 1933 dieselbe geblieben.«[11]

Primär also konzipiert als Instrumente zur geschlechtsspezifischen Umverteilung der Arbeit – gedacht als eine den Arbeitsmarkt von Frauen »entlastende« bzw. die weiblichen Arbeitslosenzahlen reduzierende Maßnahme –, wandelten sich die Ehestandsdarlehen von der Drehscheibe zwischen familialer und Erwerbstätigkeit zur alleinigen Kontrolle der Eheschließung als staatsmedizinisch zu überwachender und unter bestimmten Voraussetzungen auch zu fördernder Angelegenheit.

Die nun im Mittelpunkt der Darstellung stehenden Auseinandersetzungen um die vom RMdI gewünschten verschärften Kriterien bei der Vergabe von Ehestandsdarlehen zeigen sehr schön, wie hier eins ins andere greift: die Verqickung von Durchsetzung gesetzlicher Regelungen mit den dafür notwendigen personellen und technischen Voraussetzungen und schließlich ihrer Finanzierung. Da wir hier sozusagen das Pferd vom Schwanze her aufgezäumt finden, wird anhand der entstehenden Probleme deutlich, von welchen Schwierigkeiten die Implementierung des eugenischen und anthropologischen Rassismus in die Politik begleitet war; zugleich wird die zentrale Bedeutung des personellen und technischen Apparats zur Durchsetzung dieser Politik sichtbar.

Ursprünglich waren die Ehestandsdarlehen alleinige Angelegenheit des Reichsarbeits- und des Reichsfinanzministeriums. Darauf verweist auch ihre Unterbringung im *Gesetz zur Verminderung der Arbeitslosigkeit*; erst ab 1937 konstituierten sie ein eigenständiges Gesetz mit dem Titel *Gesetz zur Förderung der Eheschließung.* Der erste Hinweis über die Absicht des RMdI, nachträglich die Vergabebestimmungen für Ehestandsdarlehen zu verschärfen, findet sich in einer Aktennotiz vom 16. Juni 1933 – also zwei Wochen nach der Veröffentlichung des Gesetzes – von Staatssekretär Pfundtner an den späteren Leiter der neuen Abteilung Volksgesundheit im RMdI, Arthur Gütt, mit der »Bitte um Rücksprache«. Interessanterweise und die Kontinuität in der Sache bezeugend wurden diese Vorgänge unter dem RMdI-Geschäftszeichen 1072 »Ehegesundheitszeugnisse« (Band 1, Januar 1928 – Dezember 1933) abgeheftet. »Der Herr Minister«, heißt es dort umständlich, »hält eine Gesetzesergänzung dahin für erforderlich, daß auf die Eheschließenden in rassischer Hinsicht ein Einfluß ausgeübt wird derart, daß amtsärztliche Untersuchungen stattfinden und auch die Frage einer etwaigen jüdischen Abstammung geklärt wird«.[12] Eine telefonische Anfrage im Reichsfinanzministerium – zufällig am Tage der geplanten Veröffentlichung der zum Gesetz erlassenen Durchführungsverordnung – bei dem dort zuständigen Beamten, Ministerialdirektor Dr. Jancke[13], ergab folgendes: Die Verordnung enthielt zwar eine ganze Reihe von Ablehnungsgründen, unter anderem auch die Bestimmung, daß ein Darlehen nicht vergeben werden dürfe, »wenn einer der beiden Ehegatten an vererblichen geistigen oder körperlichen Gebrechen leidet, die seine Verheiratung nicht als im Interesse der Volksgemeinschaft liegend erscheinen lassen«[14]. Ein ärztliches Zeugnis jedoch sollte nicht generell, sondern nur »bei Bedenken« verlangt werden. »Die Gemeinde« war global als Prüfungsinstanz vorgesehen. Außerdem hatte Staatssekretär Reinhardt den im Entwurf zunächst geplanten Ausschluß jüdischer Darlehensbewerber und -bewerberinnen nicht mit in die Verordnung aufgenommen.[15] In einem noch am selben Tag im RMdI für den Minister aufgesetzten Schreiben an den Reichsfinanzminister hieß es:

»Es erscheint mir dringend geboten, daß diese Darlehen nur für die Begründung solcher Ehen gegeben werden, aus denen ein eugenisch und rassisch wertvoller Nachwuchs zu erwarten ist. Ich halte es deshalb für notwendig, die Gewährung des Darlehens davon abhängig zu machen, daß die Eheschließenden arischer Abstammung im Sinne des Gesetzes zur Wiederherstellung des Berufsbeamtentums vom 7.4.1933 – RGBl.I S.175 – sind und daß sie ein von einem beamteten Arzt ausgestelltes Ehegesundheitszeugnis vorlegen.«[16]

In seinem Antwortschreiben vom 11.Juli 1933 reagierte Reinhardt, Staatssekretär im RMF, als Vertreter des Finanzministers grundsätzlich positiv. Das »Erfordernis arischer Abstammung« habe er in den »Erläuterungen« aufgenommen, die er mitschickte. Durch den Passus aber, das RMdI solle »veranlassen, daß die beamteten Ärzte angewiesen werden, Personen ... kostenlos auf ihren Gesundheitszustand zu untersuchen und kostenlos ein

Zeugnis auszustellen«, brachte er zugleich unmißverständlich zum Ausdruck, daß weder die ED-Bewerber/innen noch der Reichshaushalt mit den Kosten für die ärztliche Untersuchung und die Zeugnisausstellung belastet werden sollten. Im Zusammenhang mit einer beigefügten kritischen Anfrage des Reichsbundes der Körperbehinderten vom 30.6.1933 über die Vergabekriterien (s.u.) sollte das RMdI, falls es dies für erforderlich halte, den untersuchenden Ärzten Richtlinien für die Untersuchung und den Wortlaut der Zeugnisse zukommen lassen.[17]

Die Antwort aus dem RMF setzte in den folgenden vierzehn Tagen hektische Aktivitäten im Reichsinnenministerium in Gang: Telephongespräche, Schnellbriefe, Verhandlungen mit Beamten der preußischen Gesundheitsverwaltung und eine kommissarische Besprechung. Unter anderem läßt sich hier die Geschicklichkeit des künftigen Chefs der neuen Abteilung Volksgesundheit im RMdI verfolgen, mit der er diese Verhandlungen auch in Hinblick auf die geplante Reform des Gesundheitswesens betrieb: Schon in den ersten Gesprächen mit dem RMdI hätten die preußischen Vertreter darauf hingewiesen, »daß derartige Massenuntersuchungen, wie sie nunmehr erforderlich geworden sind, durch die vorhandenen Kreisärzte nur bei Einstellung von Hilfskräften, und zwar vornehmlich für den Bürodienst, daneben ... in größeren Bezirken von ärztlichen Hilfskräften durchgeführt werden könnten« – mit dieser Begründung lud Gütt die zuständigen Beamten aus den preußischen und Reichsministerien des Inneren und der Finanzen sowie einen Vertreter des Reichsgesundheitsamts zur kommissarischen Besprechung am 21.Juli ein.[18]

In der Tat waren die beamteten Ärzte auf »derartige Massenuntersuchungen« nicht eingestellt. In großen und mittleren Städten, die über ein kommunales Gesundheitsamt verfügten, waren die personellen Voraussetzungen besser als auf dem Land, wo die Kreisärzte in der Regel ohne Gesundheitsamt, häufig gleichzeitig als Bezirksfürsorgeärzte oder auch neben ihrer privaten Praxis als staatliche Medizinalbeamte tätig waren (s.u.); aber Engpässe waren in den Städten ebenfalls zu erwarten, besonders dort, wo Ärztinnen und Ärzte der rassistischen und politischen Verfolgung zum Opfer gefallen und Eheberatungsstellen geschlossen worden waren.[19] »Eine amtsärztliche Untersuchung«, fürchtete der Oberbürgermeister von Düsseldorf bereits Ende Juni, »würde eine außergewöhnlich hohe Belastung der jetzt noch vorhandenen wenigen beamteten Ärzte bedeuten, da in Düsseldorf mit 1 000 bis 2 000 Anträgen, (also ... 2 000 bis 4 000 Untersuchungen) gerechnet wird«.[20]

Aber nicht nur die mit den zu erwartenden Massenuntersuchungen verbundenen personellen und finanziellen Probleme waren strittig: die Beamten des RMdI und Preußens erklärten weitere Ausschließungsgründe für ein Ehestandsdarlehen für unabdingbar: »ansteckende und lebensbedrohliche

Krankheiten«. Auch hier stand die Frage der Finanzierung der ärztlichen Untersuchungen im Vordergrund, die sich natürlich mit der Ausweitung der Ablehnungsgründe automatisch um technische und Personalkosten für die Durchleuchtung der Lungen auf Tbc oder die Blutuntersuchung auf Syphilis erhöhte. Die Vertreter der an den Beratungen beteiligten Preußischen Medizinalabteilung als größter der durchführenden Landesbehörden schlugen daher vor, die durch die ärztlichen Massenuntersuchungen entstehenden besonderen Aufwendungen aus Reichsmitteln mit drei Reichsmark pro Zeugnis abzudecken. Dieser Zuschuß sollte die serologischen und röntgenologischen Untersuchungen sowie die »Nachforschungen bei der Polizei und in den kommunalen Gesundheitsämtern« mitfinanzieren.[21] Im Reichsfinanzministerium hingegen sah man – außer der starren Haltung hinsichtlich der Kostenfrage – mit der nochmaligen Ausweitung der Ablehnungsgründe für ein Ehestandsdarlehen die arbeitsmarktentlastende Intention des Gesetzes gefährdet.[22]

Alle diese Punkte waren also in einer vertrackten Weise miteinander verknüpft: das Verlangen nach ärztlichen Untersuchungen und dem ärztlichen Ehezeugnis überhaupt wie die Ausweitung der Ablehnungsgründe, von seiten des RMdI und der preußischen Gesundheitsbehörde für absolut notwendig erachtet, machten zahlreiche und aufwendige, also personal- und kostenintensive Verfahren erforderlich; diese erheblichen Kosten wiederum sollten aus Reichshaushaltsmitteln aber nicht finanziert werden. Die Auseinandersetzungen um die Kosten berührten daher den Kern der ganzen Angelegenheit: es fehlte für das gesamte Reichsgebiet weitgehend an einheitlichen organisatorischen, technischen und personellen Voraussetzungen, vermittels derer die vom RMdI so dringend für notwendig gehaltenen ärztlichen Kontrollen der ED-Bewerber/innen überhaupt in die Tat umgesetzt werden konnten.

Schließlich stimmte man im Reichsfinanzministerium allen von seiten des RMdI geforderten Ausschlußbedingungen zu, hielt jedoch die ablehnende Haltung in der Finanzierungsfrage aufrecht. Wegen der geplanten Reform des öffentlichen Gesundheitswesens gab Gütt sich mit dieser vorläufigen Lösung zufrieden bzw. nahm sie bewußt in Kauf; ja, er argumentierte in der Begründung des Gesetzentwurfes zum GVG u.a. auch mit den amtsärztlichen Untersuchungen für ein Ehestandsdarlehen!

Die Ergebnisse der Besprechungen fanden ihren Niederschlag in der 2. Durchführungsverordnung vom 26. Juli 1933, rückwirkend gültig ab dem 3.6.1933. Die vom RMdI geforderten verschärften formalen und qualitativen Vergabebedingungen wurden in den §§ 4 und 5 vorgeschrieben.[23] Nach § 5 (2) konnten die Landesregierungen neben den beamteten Ärzten auch Kommunal- und Stadtärzte mit der Untersuchung und der Ausstellung der Zeugnisse beauftragen; in Preußen geschah dies durch den Runderlaß des Ministeriums des Innern vom 7.8.1933 an die Regierungspräsidenten bzw. in

Berlin an den Polizeipräsidenten, der sie ermächtigte, hierzu neben den beamteten Ärzten (Kreisärzten) für einen räumlich begrenzten Bezirk auch Stadt- und Kommunalärzte zu beauftragen.[24] Umfangreichere diagnostische Maßnahmen wie die Durchleuchtung der Lungen oder die Ausführung der Wassermann-Reaktion wurden nicht zwingend für jede Untersuchung vorgeschrieben, sie sollten vorerst auf »Verdachtsfälle« beschränkt bleiben. Im übrigen sollten die Länder Sorge dafür tragen, daß die Untersuchungen verbilligt würden. In Preußen z.B. hatten so neben den staatlichen Dienststellen auch kommunale Einrichtungen (Gesundheitsämter, Tbc-Fürsorgestellen, Eheberatungsstellen usw.) sich an der Untersuchung der Ehestandsdarlehensbewerber/innen zu beteiligen. Die Kosten wurden – je nachdem, ob staatliche Medizinalbeamte oder Stadt- bzw. Kommunalärzte die Untersuchung und Zeugnisaustellung vornahmen – auf die Länder oder Gemeinden bzw. Gemeindeverbände abgewälzt mit dem Hinweis, auch sie würden von dem Gesetz profitieren.[25] Zugleich aber erfolgte eine quantitative Ausweitung der Darlehensberechtigung auf arbeitslose weibliche Verlobte und erwerbstätige Ehefrauen.[26]

Die Bedeutung des Eingreifens von seiten des RMdI liegt erstens in der inhaltlichen Erweiterung der Ausschließungsgründe für den Erhalt eines Ehestandsdarlehens von »vererblichen geistigen oder körperlichen Gebrechen« um »nichtarische Abstammung« sowie »ansteckende und lebensbedrohende Krankheiten«. Damit kam zu der bereits vom RFM vorgesehenen eugenischen zusätzlich die rassistische und die (individual-)gesundheitliche Dimension; letztere beinhaltete die seit gut zwei Jahrzehnten in der gesundheitspolitischen Diskussion gängigen »klassischen Indikationen« für vorübergehende oder dauernde Eheverbote: Geschlechtskrankheiten und Lungentuberkulose, aber auch andere, z.B. Herzkrankheiten; zweitens in der Anbindung dieser Voraussetzungen an formale Nachweise: den Abstammungsnachweis vom Standesamt und das Ehegesundheitszeugnis des staatlichen Medizinalbeamten. Dies erforderte eine Überprüfung jeder einzelnen Person auf alle oben genannten Ausschließungsgründe durch Auszüge aus Standesamtsregistern und Kirchenbüchern, eventuell durch ein »Rassengutachten« sowie durch eine ärztliche Untersuchung bei einem beamteten Arzt. Ohne die formale Voraussetzung der (amts-)ärztlichen Überprüfung in jedem Einzelfall wäre die bereits vor dem Einspruch des RMdI von seiten des RFM vorgesehene Bedingung des Freiseins von »körperlichen und geistigen vererblichen Gebrechen« der ED-Bewerber/innen eine stumpfe Waffe hinsichtlich der Durchsetzung rassenhygienischer und rassistischer Ziele gewesen.[27] Gerade hier sollten sich die amtsärztlichen Untersuchungen für ein Ehestandsdarlehen als eine der bedeutendsten Schaltstellen zwischen »fördernder« und »ausmerzender« Geburtenpolitik erweisen.

Ab dem 1. April 1936 behielten die Finanzämter 5 RM pro Person pro Zeugnis – also 10 RM pro ED – im Falle einer positiven Bescheinigung ihrer »Eheeignung« ein, wenn die ärztliche Untersuchung nicht im Rahmen der »Eheberatung« erfolgt war, deren Kosten die Heiratswilligen ebenfalls selbst zu tragen hatten.[28]

Nur knapp einen Monat später, am 22. August 1933, kam bereits die nächste Verordnung des Reichsfinanzministers, die neben einer nochmaligen quantitativen Ausweitung der Berechtigten die Vergabebestimmungen zugunsten des primär erhofften finanz- und arbeitsmarktpolitischen Effektes wieder lockerte: die Ehestandsdarlehen konnten nun »ausnahmsweise« auch dann vergeben werden, »wenn nicht jegliche (bisher vorgeschriebene) Voraussetzungen gegeben sind, ... jedoch mit der Hingabe eines ED der Zweck des Gesetzes zur Verminderung der Arbeitslosigkeit erreicht wird«.[29] Gelockert wurden aber nicht die formalen Voraussetzungen: die amtsärztliche Untersuchung wie der Abstammungsnachweis blieben für jede/n Bewerber/in um ein Ehestandsdarlehen Pflicht. Die Ausnahmebewilligungen waren nicht ins Belieben oder Ermessen der Gemeinde oder des Finanzamts gestellt. Soweit sie die »gesundheitlichen Voraussetzungen« betrafen, wurden Anträge auf »ausnahmsweise Genehmigung« oder auch Beschwerden von Betroffenen gegen die Verweigerung eines Eheeignungszeugnisses unter Einhaltung des Dienstweges über das RFM und das RMdI im Reichsgesundheitsamt anhand der Akten nachgeprüft und dann endgültig entschieden. Die Begutachtung erfolgte hier in der Regel nach medizinisch-psychiatrisch-eugenischen, nicht nach arbeitsmarkt- oder finanzpolitischen Gesichtspunkten. Teilweise war sie eine sachliche Korrektur der amtsärztlichen Entscheidungen; häufig wurden diese jedoch bestätigt.[30] Ab 1939 erfolgte die Nachprüfung bei der jeweils dem Amtsarzt vorgesetzten Dienstbehörde (Landesregierungen, in Berlin der Polizeipräsident), die im Krieg auch Widersprüche gegen Eheverbote bearbeiteten.[31]

Durchführungsprobleme und ihre Lösungen in der frühen Phase: Massenuntersuchungen – Überlastung der Medizinalbeamten – Stadt-Land-Unterschiede – Fehlender Apparat – Warten auf die Reform

Zwar war nun die gesetzliche Anbindung der amtsärztlichen Selektion von Frauen und Männern für ein Ehestandsdarlehen nach rassistischen, eugenischen und gesundheitlichen Prinzipien auf Reichsebene erreicht, der Durchsetzung jedoch standen – wie zu erwarten war – vielfältige Schwierigkeiten entgegen. Die Art ihrer Bewältigung war eng mit dem Grad der Entwicklung und den unterschiedlichen Strukturen in der öffentlichen Gesundheitsverwaltung und Gesundheitsfürsorge von Ländern und Kommunen zu Beginn der Dreißiger Jahre verknüpft.

Am gravierendsten für die Untersuchten wie für die untersuchenden Ärzte wirkte sich aus, ob ein Gesundheitsamt vorhanden war oder nicht; hier lag auch – bis zur Reform des öffentlichen Gesundheitswesens im Jahr 1934/35 – der bedeutsamste Unterschied zwischen Stadt und Land im gesamten Reichsgebiet, denn Gesundheitsämter waren in der Regel städtische Einrichtungen. Ferner spielte eine Rolle, ob eine Eheberatungsstelle vorhanden und arbeitsbereit oder ob sie geschlossen worden war – nicht zuletzt im Zusammenhang mit politisch und rassistisch motivierten Entlassungen von dort und in anderen kommunalen Fürsorgebereichen tätig gewesenen Ärztinnen und Ärzten.

Zuallererst jedoch gab es zeitliche Probleme. Von seiten des RMF war vorgesehen, daß die Finanzämter ab dem 31. Juli die Ehestandsdarlehen ausgeben konnten.[32] Die ärztlichen Untersuchungen begannen Ende Juli, Anfang August – für manche Kreisärzte wie aus heiterem Himmel, denn die »Vordrucke« des RMdI, die dem »Schnellbrief« des Reichsfinanzministeriums an die Landesregierungen vom 13.Juli 1933 beigefügt waren, und weitere Angaben der Landesregierungen erreichten die untersuchenden Ärzte verspätet; so ging z.B. der preußische Erlaß an die Regierungspräsidenten erst am 7.8. heraus (s.o.), und diese mußten ihn noch (über die Landratsämter) an die Kreisärzte weiterleiten! Einen plastischen Eindruck über den Beginn der überstürzten Einführung der ärztlichen Untersuchungen für ein Ehestandsdarlehen auf der unteren Verwaltungsebene vermittelt das Schreiben des Kreisarztes des Stadt- und Landkreises Stolp, Dr. Rapmund, an den Regierungspräsidenten von Köslin vom 2.8.1933:

»Es hat jetzt eine außerordentliche Hochflut solcher Anträge eingesetzt und jeden Tag kommt eine ganze Reihe Leute zu mir, die das vorgeschriebene Zeugnis ausgestellt haben wollen. Dabei fehlen aber noch alle näheren Anweisungen für uns, ich habe als Unterlage nur das Gesetz und die Durchführungsverordnungen, vor allem die vom 26.7.1933. Anscheinend ist nicht rechtzeitig daran gedacht worden, die zuständigen ärztlichen Stellen

rechtzeitig einzuschalten ... außerordentlich viel Schreibereien durch ... notwendige Rückfragen. Wenn das so weitergeht, nimmt diese Arbeit den größten Teil meiner Zeit in
Anspruch. Ich habe aber doch schließlich auch etwas anderes zu tun.«[33]

Wie viele seiner Kollegen und einige wenige Kolleginnen griff Dr. Rapmund
zur Selbsthilfe und entwickelte ein eigenes »Ermittlungs«- und Untersuchungsverfahren für Ehestandsdarlehensbewerber/innen. Und ebenso wie viele
stellte er andere Tätigkeiten zurück, um die neuen Massenuntersuchungen
überhaupt durchführen zu können. Sie erfolgten um den Preis der Vernachlässigung anderer ärztlicher Aufgaben. Beschwerden der untersuchenden
Ärzte über die starke Arbeitsbelastung erreichten nicht nur das RMdI und das
Reichsgesundheitsamt; sie wurden auch laut in den Verbandszeitschriften der
beamteten wie der kommunalen Ärzte und im Deutschen Ärzteblatt.

»Die Nachfrage nach Ehestandsdarlehen übersteigt alle Erwartung«, mel-
dete der *Reichsanzeiger* im Frühjahr 1934 und gab für das erste halbe Jahr
folgende Zahlen an:

1933	August	8346
	September	24374
	Oktober	36835
	November	39903
	Dezember	40981
1934	Januar	34259
	Februar	9787

Insgesamt 194485 Ehestandsdarlehen waren bewilligt worden: das bedeutet,
daß an die 400000 Personen ärztlich untersucht worden waren![34] Zur Kon-
kretisierung seien zunächst einige Zahlen im Überblick angegeben.

Ort	Zeitraum		Personen
Kiel	1.8. – 1.11.1933	(3 Mon)	897
Plauen	5.8. – 5.11.1933	(3 Mon)	689
Mülheim/Ruhr (130000 Einw.)	Aug – Okt/Nov 33	(3 Mon)	1400
Sonneberg/Thüringen (80000 Einw.)	bis 31.12.1933	(4 Mon)	783
Bremen	bis Febr/März 34	(7/8 Mon)	1600
Frankfurt am Main	bis Ende April 34	(8/9 Mon)	2585

»Die dem Gesetz nachträglich gegebene rückwirkende Inkraftsetzung hat bei
Inkrafttreten des Anmeldetermins am 1.VIII.1933 wohl überall einen starken

Andrang von Bewerbern ... gebracht«, vermuteten der Kieler Stadtmedizinal-rat Dr. Klose und Stadtarzt Dr. Büsing in ihrem Artikel in der *Zeitschrift für Gesundheitsfürsorge und Gesundheitsverwaltung* im Februar 1934. In Kiel waren »sämtliche Stadtärzte und Stadtärztinnen ... bei der Fülle der einge-gangenen Anträge tätig«. In nur drei Monaten, vom 1.August bis zum 1. November 1933, untersuchten sie 897 Personen.[35] Aus Plauen berichtete die Stadtärztin von König im *Deutschen Ärzteblatt* im Januar 1934 über 689 Untersuchungen in der Zeit vom 5.August bis zum 5.November 1933, durch-geführt vom Leiter und den drei hauptamtlichen Stadtärzten des Gesundheits-amts. Sie selbst hatte in diesem Zeitraum 98 Paare und fünf Einzelpersonen begutachtet. Die Eheberatung sei früher selten in Anspruch genommen worden; jetzt sei sie überlaufen.[36] In Bremen waren bis Februar/März 1934 1 600 Frauen und Männer untersucht worden.[37] In seinem Artikel über »Ehe-standsdarlehen und erbbiologische Bestandsaufnahme« – plaziert auf der ersten Seite des *Deutschen Ärzteblatts* im Mai 1934 – schrieb auch der Kreis-arzt Dr. Köhler aus dem Gesundheitsamt Sonneberg in Thüringen, daß der »Andrang von Bewerbern von Anfang an groß gewesen« sei. Bis zum 31.Dezember 1933 wurden hier, in einem Medizinalbezirk mit 80000 Ein-wohnern, 783 Personen auf ihre *Eheeignung* kontrolliert; manchmal fanden bis zu 35 Untersuchungen pro Tag statt. Ab Januar 1934 ließ der Ansturm schlagartig nach, in den ersten drei Monaten gingen nur 141 Anträge ein. Der Grund war die verschärfte Überprüfung der Paare durch die Anfertigung von »Sippschaftstafeln« nach Astel, dem Leiter des ersten Rassenamtes auf Landesebene in Thüringen, unter Einbeziehung »vorgebildeter Helfer«, die an Lehrgängen in der »Thüringer Staatsschule für Führertum und Politik« teilge-nommen hatten.[38] Der erste Bericht in der *Zeitschrift für Medizinalbeamte* kam aus Mülheim/Ruhr, einem städtischen Gesundheitsamt unter Leitung des Kreisarztes. Hier – 130000 Einwohner – hatten in den ersten drei Monaten 700 Paare Anträge auf ein Ehestandsdarlehen gestellt, d.h. 1 400 Personen waren zu untersuchen. Die große Zahl von Anträgen dürfe keinesfalls dazu führen, die Untersuchungen auf Kosten der Gründlichkeit zu beschleunigen, riet der Kreis- und Stadtarzt Dr. Beyreis seinen Kollegen.[39] In Frankfurt am Main waren bis Ende April 1934 – also in einem fast dreimal so langen Zeit-raum wie in Mülheim und einer größeren Stadt – 1 242 Paare untersucht.[40] Im Stadtgesundheitsamt Nürnberg übernahmen die Ärzte der Eheberatungs-stelle die »gründliche körperliche Untersuchung« von Ehestandsdarlehensbe-werber/innen, »da der Bezirksarzt die große Zahl der Untersuchungen nicht bewältigen könnte«. Diesem blieb als dem beamteten Arzt die Zeugnisaus-stellung oder -verweigerung vorbehalten.[41] Von »ziemlich lebhafter Nach-frage nach Zeugnissen« spricht auch Dr. Glaser aus Erding,[42] wie Dr. Rap-mund Amtsarzt in einem ländlichen Bezirk.[43] Beide schrieben aus dieser

Position einen Antwort-Artikel auf den ihres Nürnberger Kollegen von Ebner in der *Zeitschrift für Medizinalbeamte*, allerdings ohne Zahlenangaben.

In den Berichten kommen die unterschiedlichen Bedingungen und Voraussetzungen in verschiedenen Regionen zum Ausdruck. Im Reichsgebiet sah die gesundheitspolitische Infrastruktur 1933/34 wie folgt aus: Nach einer Zusammenstellung in Labisch/Tennstedt existierten im Herbst 1933 in Preußen 359 kommunale (davon 84 »voll ausgebaute«) Gesundheitsämter bzw. Gesundheitsabteilungen. Eine einheitliche Verwaltung des staatlichen und kommunalen Gesundheitswesens in der unteren Instanz war in 286 Kreisen bzw. Städten (von insgesamt 464 unteren Verwaltungsbehörden) gegeben. In 120 Landkreisen arbeiteten Medizinalbeamte ohne Amt als »Einmannbetriebe«. In Sachsen existierten neben neun kommunalen Gesundheitsämtern 40 Kreise ohne Gesundheitsamt. In Bayern gab es neben elf städtischen Gesundheitsämtern 204 Bezirke ohne Amt; die bayerischen Bezirksärzte waren jedoch in der Regel auch als Fürsorgeärzte tätig.[44] In Württemberg existierten bei 62 unteren Verwaltungsbezirken drei kommunale Gesundheitsämter, in Baden mit 40 Bezirken, Hessen mit 23 sowie Anhalt und Braunschweig mit jeweils sieben Kreisen und Lübeck je ein kommunales Gesundheitsamt. In Thüringen war bereits ein System staatlicher Gesundheitsämter errichtet. In Mecklenburg mit fünfzehn Kreisen, Oldenburg (neun), Lippe-Detmold (fünf) und dem Kleinstaat Lippe-Schaumburg hingegen gab es überhaupt kein Gesundheitsamt. Die Stadtstaaten Hamburg und Bremen hatten Gesundheitsbehörden eingerichtet; in Berlin bestanden außer dem Hauptgesundheitsamt beim Polizeipräsidenten zwanzig kommunale Gesundheitsämter in den Stadtbezirken. Im Reichsgebiet existierten also vor der nationalsozialistischen Reform des öffentlichen Gesundheitswesens insgesamt 406 mehr oder weniger ausgebaute Gesundheitsämter bei 946 unteren Verwaltungsbezirken; das bedeutet, daß in gut der Hälfte der Kreise der beamtete Arzt ohne Amt tätig war, besonders stark im süddeutschen Raum und in ländlichen Gebieten.[45]

Bei der vielfältigen Ausprägung in Stellung und Funktion von staatlichen Medizinalbeamten (die überdies in jedem Land einen anderen Namen hatten), Stadtärzten, kommunalen Ärzten, Fürsorgeärzten und Krankenhausärzten verwundert es nicht, daß eine der frühesten Anfragen nach dem Erlaß der 2.ED-DVO an das RMdI vom Verband der Ärzte Deutschlands (Hartmannbund) kam. »Wir werden gefragt«, heißt es in dem Schreiben, wer als beamteter Arzt gelte.[46] Die Antwort sandte das RMdI vorsichtshalber außer an den Hartmannbund auch gleich an alle Landesregierungen: Beamtete Ärzte seien die staatlich angestellten Medizinalbeamten. »Lediglich für die Durchführung der Untersuchungen nach § 5 der 2.Durchführungsverordnung über die Gewährung von Ehestandsdarlehen ist es den Landesregierungen freigestellt, über den Kreis der vorbenannten hinaus mit der Untersuchung und Ausstellung der Zeugnisse auch Kommunal- und Stadtärzte zu beauftragen.«[47] Ferner stellte der Reichsarbeitsminister mit einem Erlaß vom 24.11.1933 Versorgungsärzte der Versorgungsämter für die ED-Bewerber/innen-untersuchung frei; in manchen Kreisen wurden zusätzlich Medizinalassessoren eingestellt.[48]

Die »Zersplitterung der Kräfte« im Bereich des öffentlichen Gesundheitswesens, vor allem entstanden durch die in der kurzen Phase der wirtschaftlichen Prosperität der Zwanziger Jahre stark ausgebaute kommunale Wohlfahrts- und Gesundheitsfürsorge, die innerhalb weniger Jahre das Gesicht der öffentlichen Gesundheitspflege so enorm verändert hatte, hatte seit Mitte/Ende der Zwanziger Jahre zur Diskussion und Ausarbeitung von Reformplänen geführt, in der die traditionell staatlichen Aufgaben des öffentlichen Gesundheitsschutzes mit den kommunalen Aufgabenschwerpunkten der gesundheitlichen Für- und Vorsorge verbunden werden sollten. Während an der Notwendigkeit einer solchen Reform keine der amts- bzw. kommunal/fürsorgeärztlichen Berufsgruppen zweifelte – vor allem die Forderung nach einem Gesundheitsamt in jedem Land- und Stadtkreis war einhellig – zentrierte sich die Hauptlinie der Auseinandersetzungen auf die Frage: staatliches Gesundheitswesen oder kommunales Gesundheitswesen, zumal die Preußische Medizinalordnung von 1912 als Kannbestimmung der kreisärztlichen Aufgabengebiete ebenfalls die Aufgabengebiete der Gesundheitsfürsorge enthielt.[49]

Die Auseinandersetzungen über die künftige Reform berührten auch die Untersuchungen von Frauen und Männern für ein Ehestandsdarlehen. Dr. Wendenburg, Stadtarzt von Gelsenkirchen und Geschäftsführer des Ständigen Ausschusses für Wohlfahrts- und Gesundheitswesen der Stadt- und Landkreise in der Provinz Nordrhein-Westfalen, schickte am 11.8.1933 ein Schreiben an den Deutschen Gemeindetag »betr. Ehestandsbeihilfen – an Dr. Bartels im RMdI zur Kenntnisnahme«. Darin kritisierte er die kurzen, einfachen Bescheinigungen, die die Medizinalbeamten den ED-Bewerber/innen ausstellten. Er wollte einen selbst entworfenen Fragebogen, der Recherchen auch über die Großeltern, Onkel und Tanten der ED-Antragsteller/innen enthielt, in Westfalen verteilen lassen, fürchtete jedoch »Widerstand bei den Amtsärzten, weil die kurze, einfache Form sich eingebürgert habe«. Außerdem – vor allem jedoch, muß man sagen – plädierte er dafür, daß die Kommunal- und Stadtärzte das Eheeignungszeugnis ausstellen sollten, weil diese eng mit der kommunalen Gesundheitsverwaltung zusammenarbeiteten, welche über Unterlagen aus der Tuberkulosefürsorge, der Geschlechtskrankenfürsorge usw. verfüge.[50] Hier wird etwas von der Virulenz der konkurrierenden Kompetenzen und Modelle um die Reform des öffentlichen Gesundheitswesens spürbar: Die primäre Beauftragung der beamteten Ärzte mit den Untersuchungen für ein Ehestandsdarlehen wies schon auf die künftige Gestalt des öffentlichen Gesundheitswesens hin. Von der strukturellen Weichenstellung her beinhaltete die getroffene Regelung einen ersten Schritt des »Sieges« der staatlichen Medizinalbeamten gegenüber den Stadt- und Fürsorgeärzten, die wie Wendenburg für ein dezentral organisiertes kommunales Gesundheitswesen eintraten.[51] Wendenburgs Schreiben als Leiter der Gesundheitsabteilung des DGT an den Dachverband der Kommunen, den Deutschen Gemeindetag, muß als Teil dieses Konflikts aufgefaßt werden, was die scharfe Reaktion von Arthur Gütt auch eindeutig belegt.[52] Gleichwohl können wir von den inhaltlichen Vorschlägen zur verbesserten Selektion der ED-Bewerber/innen nicht abstrahieren. In der »Sache« bestanden offensichtlich wenig Differenzen, zumindest keine, soweit es die eugenischen und individualgesundheitlichen Kriterien der *Eheeignungs*untersuchungen betraf; darauf deuten neben diesen Verbesserungsvorschlägen zu Lasten der Klientel auch Aussagen Wendenburgs aus dem Jahre 1929:

»Das denkbar höchste sozialhygienische Arbeitsziel würde die wirksame Beeinflussung der Wahl des Ehepartners nach rassebiologischen und gesundheitlichen Grundsätzen sein. Neben der Gesundheitssteuerung der Bevölkerung würde sie vielleicht zu einer positiven Auslese durch die Fruchtbarkeit der Besten, der Leistungsfähigsten, führen.«[53]

Ähnlich versuchte der Oberregierungsmedizinalrat Dr. Lambert aus Hannover, über Vorschläge zur besseren Kontrolle der Ehestandsdarlehensbewerber/innen die Wieder- bzw. Neueröffnung der städtischen Eheberatungsstellen zu erreichen. Sie hätten sich »als dringendes Bedürfnis herausgestellt, nachdem die früheren Stellen aufgehoben worden sind«, schrieb er am 19.7. 1933 direkt an Gütt. Da sie noch in »den meisten anderen gleichartigen Städten bestehen«, bat er »(dringend) um Einverständnis zur Errichtung solcher Stellen«.[54] Gütts Antwort ging hier diplomatisch in Richtung der geplanten Reform:

»Ich empfehle angelegentlichst, die weiteren Bestimmungen des Herrn Peußischen Ministers des Innern abzuwarten, desgleichen diejenigen über die Einrichtung von Eheberatungsstellen, sofern dieselben nicht dem Gesundheitsamt angegliedert sind.« In der Vorlage hatte er gestrichen: »... und würde es begrüßen, wenn in Hinblick auf die zu erwartende Neuregelung auf dem Gebiet des Gesundheitswesens von der Einrichtung von Eheberatungsstellen abgesehen würde.«[55]

In vielen Groß- und mittleren Städten war der Leiter des Stadtgesundheitsamts oder der Gesundheitsabteilung gleichzeitig in Personalunion staatlicher Medizinalbeamter. Nach Umfragen des Medizinalbeamtenvereins war umgekehrt aber auch die Zahl der auch in der kommunalen Gesundheitsfürsorge tätigen Medizinalbeamten relativ hoch.[56] Anderswo und nicht selten arbeiteten jedoch Stadt- bzw. Fürsorgearzt und Amtsarzt nebeneinander her, so z.B., wenn der kommunale Schularzt für die Überwachung der Hygiene der

Kinder, der Kreisarzt für die des Schulgebäudes zuständig war. Entsprechend den unterschiedlichen Organisationsstrukturen und Zuständigkeiten differierte in den ersten Monaten der Zugang der untersuchenden Ärzte zu Akten bzw. Informationen von Daten der Darlehensbewerber/ innen und ihrer Familienangehörigen aus den Bereichen der Gesundheitsfürsorge, der Wohlfahrtsämter, Krankenhäuser etc. War der kommunale Arzt zugleich Kreisarzt, also neben seinem staatsmedizinischen Auftrag eingebunden in die städtische Verwaltung, hatte er damit ungehinderten Zugang zu allen amtlichen Stellen im Bereich der Stadt- oder der Kreisverwaltung, in denen schriftliche Vorgänge über die Bürger und Bürgerinnen niedergelegt waren, die nun als Grundlage der ED-Selektion herangezogen wurden. Bei den von den Kommunen unabhängigen Medizinalbeamten war der Zugang zu deren Akten zunächst nicht überall möglich. Zum einen existierten (noch) rechtliche Schranken: auf der Tagung des Preußischen Medizinalbeamtenvereins im August 1933 gab Dr. Boehm zu bedenken, »daß der Kreisarzt bisher nicht berechtigt sei, Ermittlungen anzuordnen«.[57] Betraf dies die Frage der Zulässigkeit der Datenweitergabe an die untersuchenden Ärzte innerhalb verschiedener Behörden, was im Dezember 1933 für Preußen und im März 1934 in Bayern per Erlaß geregelt wurde, so traf auf alle Erhebungen in Stadt wie Land unabhängig von internen Zuständigkeiten zu, daß sie die (ärztliche) Schweigepflicht verletzten, wenn nicht die Erlaubnis der Betroffenen eingeholt war.

Zum anderen war in ländlichen Amtsarztbezirken ohne Amt die Gesundheitsfürsorge und ihre Verschriftlichung noch nicht so weit fortgeschritten, daß »brauchbare Unterlagen« vorhanden waren. Die Kartei der Pflegekinder und Geisteskranken, ferner »die Erfahrungen der Fürsorgestellen, namentlich, wenn diese vom Amtsarzt selbst betrieben werden«, sowie gelegentlich »gewisse Auskünfte des Jugendamtes« waren beispielsweise die mageren (schriftlichen) Unterlagen von Dr. Glaser, Bezirksarzt im bayerischen Erding. In ländlichen Bezirken war der beamtete Arzt deshalb vor allem auf nichtschriftliches Wissen angewiesen, was unterschiedlich bewertet wurde: So sah es Dr. Rapmund in Stolp, Ostpreußen, als Vorteil des Amtsarztes auf dem Lande an, »daß man dort über die Familien viel genauer Bescheid weiß und Ermittlungen viel leichter sind«,[58] was sein Erdinger Kollege nun gerade bestritt: Ermittlungen auf dem Land seien oft umständlich und wenig ergebnisreich, der Amtsarzt sei hier fast ausschließlich auf seine eigenen Feststellungen angewiesen. In den Dörfern des – allerdings großen – Amtsbezirks Erding waren die Einwohner offensichtlich nicht so freigiebig mit Informationen. Darauf läßt auch der Vorschlag Dr. Glasers schließen, einen Fragebogen über das »Vorleben«, u.a. über »auffälliges Benehmen« der Bewerber/ innen an die Gemeindevorsteher amtlich vorzuschreiben (was durch den Erlaß vom Frühjahr 1934 in ähnlicher Weise dann auch geschah). »Brauchbare

Ermittlungen« seien gewöhnlich nur durch die Mithilfe der Fürsorgerinnen zu erhalten, diese seien jedoch durch ihre zahlreichen sonstigen Aufgaben überlastet.[59] Deshalb konnte nicht jedes antragstellende Paar nebst Angehörigen von ihnen überprüft werden, wie es in den Städten anhand der Akten geschah, sondern nur bei »besonderem Anlaß«. Das »Gesetz über die Vereinheitlichung des Gesundheitswesens« vom 3.Juli 1934 sollte hier in der Tat eine entscheidende strukturelle Angleichung zwischen Stadt und Land bringen: es bestimmte die Schaffung eines Gesundheitsamts in jedem Land- bzw. Stadtkreis, das nach einem einheitlichen Aktenplan zu arbeiten hatte.

Diese Stadt-Land-Unterschiede bestanden nicht nur in unterschiedlichen Kapazitäten der »Ermittlung«, sondern auch hinsichtlich Umfang und Reichweite der Untersuchungen sowie der Untersuchungsmethoden, die ebenfalls entscheidend vom Vorhandensein oder Fehlen personeller und technischer Voraussetzungen abhängig waren. Ein Gesundheitsamt mit mehreren Ärzten, Fürsorgerinnen, Büropersonal u.a. Hilfskräften, ausgestattet mit Räumen, Labor und Röntgengeräten, mit einem ausgebauten alle einschlägigen Gruppen betreffenden Beratungs- bzw. Fürsorgesystem, einschließlich Eheberatungsstellen, bis hin zur umfassenden Zusammenarbeit mit Kliniken, niedergelassenen Ärzten etc. war in einer ganz anderen Lage als der Kreis- oder Bezirksarzt in ländlichen Gebieten. In der Regel ohne Amt, was hieß: ohne ärztliches und nichtärztliches Hilfspersonal,[60] ohne (ausreichenden) Raum, ohne Röntgenapparat und ohne Labor konnten hier längst nicht alle Untersuchungen, die in der Stadt für jede/n Bewerber/in Routine waren, vorgenommen werden. (Auch in den Städten gab es hier natürlich Unterschiede.) Zudem setzte die ländliche Infrastruktur dem Umfang der Untersuchungen enge Grenzen: angesichts weiter Wege und schlechter Verkehrsbedingungen sei den antragstellenden Paaren ein mehrmaliges Kommen nicht zuzumuten; schon gar nicht zeit- und kostenaufwendige Reisen in die nächste Stadt, in der die Blutuntersuchung auf Syphilis und die Durchleuchtung der Lungen technisch durchgeführt werden könnten. Und selbst wenn der Amtsarzt das Verfahren der Wassermann-Reaktion beherrsche (was also demnach nicht generell vorausgesetzt werden kann, GC), könne er sie aus Personal- und Zeitmangel aufgrund des regen Publikumsverkehrs nicht ausführen, gab Glaser in seinem Artikel zu bedenken und forderte – unter Hinweis auf die seit Jahren geführte Reformdiskussion – die baldige Errichtung eines Gesundheitsamts in jedem Kreis.[61]

Aufschlußreich ist in diesem Zusammenhang eine Eingabe der NSDAP-Gauleitung – Amt für Volkswohlfahrt Kurmark (Mark Brandenburg) an das Reichsfinanzministerium vom August 1934, in der »aus volksgesundheitlichen Erwägungen heraus« beantragt wurde, »dass für die amtsärztliche Untersuchung auch eine Lungen- und Wassermannuntersuchung vorgeschrieben«

werde.[62] Diese Eingabe beruhte auf einer Denunziation des Dorfschulzen eines kleinen märkischen Ortes im Kreis Zauche-Beelitz und setzte als Zwischenglieder der Kette bis zum Finanzministerium den *Kreiswalter* der NSV von Beelitz, den ärztlichen Leiter der Abteilung Gesundheit der NSV-Kreisleitung, den Kreisarzt sowie schließlich die Gauleitung der NSV in Berlin in Aktion. Das Reichsfinanzministerium reichte den Aktenvorgang an das Innenministerium weiter, das seinerseits das Reichsgesundheitsamt um Stellungnahme bat. Der Gemeindevorsteher hatte zu berichten, daß am 10. Februar 1934 der Kassierer N.N. die Verkäuferin N.N. geheiratet habe und daß letztere am 12.6.1934, an offener Lungentuberkulose erkrankt, in das Städtische Krankenhaus Potsdam eingeliefert worden sei. Der Ehemann habe ein Ehestandsdarlehen beantragt und auch erhalten, ihm – dem Bürgermeister – sei »unverständlich, dass der Arzt den Kankheitszustand nicht festgestellt« habe, denn eine offene TB sei »geraume Zeit vordem festzustellen«. Abschließend machte er den Vorschlag der Röntgenuntersuchung, »... um vorzubeugen, damit die Wohlfahrtsfürsorge nicht belastet wird.«[63] Die Begründung ist falsch, denn das Geld für ein Ehestandsdarlehen kam vom Finanzamt und wurde von einer eigens zu diesem Zweck erhobenen Ledigensteuer aufgebracht, hatte also mit der Fürsorge nichts zu tun. Wenn keine persönliche oder politische Intrige vorlag, benutzte der Gemeindevorsteher eine um diese Zeit übliche Sprachregelung und Denkweise. Sie wird beim NSV-Kreisamtsarzt deutlicher: Es seien »öffentliche Gelder an eine kranke Familie gezahlt worden«, moniert er und bittet den Kreisarzt um Mitteilung über den »Fall«.[64] Dieser kann speziell hierzu keine Angaben mehr machen, weil er die Unterlagen nicht mehr in Händen habe, befürwortet aber generell die röntgenologische Untersuchung, zumal dies, »nachdem die Massenuntersuchungen aufgehört haben, auch technisch möglich sein (dürfte).« Außerdem plädiert er für eine Wassermann-Untersuchung.[65] In der Eingabe der NSV-Gauleitung an das RFM schließlich ist von »gefährlich kranken Menschen« die Rede, an die durch die »Einsparung einer Lungen- und Wassermann-Untersuchung trotz aller guten Absicht« (der untersuchenden Ärzte, wäre sinngemäß zu ergänzen) Ehestandsdarlehen vergeben würden, weil der Amtsarzt nicht immer in der Lage sei, auf dem bisherigen Untersuchungswege diese Krankheiten festzustellen.

Die Stellungnahme aus dem Reichsgesundheitsamt gibt einen gewissen Überblick über die Situation: nach den geltenden Bestimmungen waren »weitere diagnostische Maßnahmen (Ausführung der Wassermann-Reaktion, Durchleuchtung usw.)« des untersuchenden Arztes nur für »Verdachtsfälle« vorgesehen, an diesen Beschränkungen sei trotz »Einwendungen verschiedener Dienststellen« festgehalten worden. Außerdem hätten »... einige Kreisärzte ... ebenfalls die Meinung geäußert, daß sie bei der Abgabe der

Eheeignungszeugnisse in mancher Hinsicht eine Erweiterung der Ermittlungen begrüßen würden, wobei allerdings die röntgenologischen und serologischen Untersuchungen nicht allein, sondern vor allem die erbbiologischen Ermittlungen gemeint waren«. Doch diese Bestrebungen scheiterten vielfach an der Überlastung der Dienststellen. Wenigstens solle eine »Erweiterung der röntgenologischen und vor allem der serologischen Untersuchungen angestrebt werden, um eine schärfere und damit bessere Auslese unter den Ehestandsdarlehensbewerbern treffen zu können, zumal die Zahl der monatlich zu untersuchenden Antragsteller merklich geringer geworden ist.«[66] Das Schreiben schloß mit der Empfehlung, den mit der Untersuchung betrauten Dienststellen nahezulegen, »überall, wo es irgend angängig erscheine, in größerem Umfange als bisher röntgenologische und serologische Untersuchungen an den Ehestandsdarlehensbewerbern vorzunehmen oder vornehmen zu lassen«.[67] Im RMdI wurde diese Anregung bedacht, jedoch zurückgestellt. Ein Vermerk Lindens vom 15.9.1934 lautet: »M.E. sollte man vor der Errichtung der Gesundheitsämter nicht mit erhöhten Anforderungen betr. Ehestandsdarlehen herauskommen.«[68] Sein Kollege Moebius schloß sich dieser Auffassung an: »Die Ausdehnung der Untersuchungen muß bis zur Durchführung des Gesetzes den untersuchenden Ärzten überlassen bleiben.«[69] Das gemeinte Gesetz war das zwei Monate zuvor verabschiedete *Gesetz über die Vereinheitlichung des Gesundheitswesens*, aufgrund dessen bis zum 1. April 1935 in jedem Stadt- und Landkreis Gesundheitsämter geschaffen werden sollten.

Das Resultat der »Ermittlungen« und Untersuchung der Ehestandsdarlehensbewerber/innen für das ärztliche »Eheeignungszeugnis« in jeder Stadt und jedem Landkreis war also in hohem Maße abhängig von der dort vorhandenen, unterschiedlich entwickelten medizinisch-gesundheitspolitischen Infrastruktur und dem jeweiligen Grad ihrer Vernetzung. Kurz: je größer und ausdifferenzierter der Apparat, desto umfassender die Zugriffsmöglichkeiten. Hier läßt sich eine Skala aufstellen. Am untersten Ende findet sich der »Einmannbetrieb«, der Medizinalbeamte ohne Amt, an der Spitze rangieren die Städte mit einer ausdifferenzierten und stark vernetzten professionellen gesundheitspolitischen Infrastruktur (wie z.B. Nürnberg und Kiel): Zusammenarbeit mit den niedergelassenen Ärzten, Krankenhäusern und Kliniken. In der Mitte stehen Gesundheitsämter mit mehr oder weniger zahlreichen Beratungsstellen der Gesundheitsfürsorge und, nicht minder wichtig für die Beurteilung, dem Zugang zu den Ämtern kommunaler Wohlfahrtspflege, der Familienfürsorge, Jugendpflege und der Gefährdetenfürsorge (Pflegeamt, Prostituiertenüberwachung). Unabhängig von alledem erfolgte die direkte oder indirekte Einbeziehung der Schulen.[70]

Nun war die Beurteilung der Männer und Frauen auf »Eheeignung« nicht allein von der Entwicklung des Apparats bestimmt, sondern auch von der

Einstellung und den Handlungsmotiven derer, die diese Kontrollen vorzunehmen hatten: der untersuchenden Ärzte selbst. Davon zeugt z.B. die Tatsache, daß in Nürnberg (Stadt und Land allerdings) die im Reichsdurchschnitt mit am wenigsten, in Baden und Hamburg die meisten Zwangssterilisationen stattfanden. Kiel lag etwa auf mittlerer Linie.[71] Einstellung und Motivation waren jedoch neben individuellen Zügen Ausdruck und Bestandteil (gesundheits-)politischer Position wie professionellen Wissens in seiner historischen Entwicklung.

Fehlende Richtlinien: unterschiedliche Reichweite der Untersuchungen – Das Problem der Grenzziehung und Bewertungsgrundsätze – Mißtrauen gegen die Klientel versus Aufhebung der ärztlichen Schweigepflicht

Neben den variierenden personellen, technischen und organisatorischen Voraussetzungen, die schon als solche zu sehr unterschiedlichen Verfahren und Resultaten in der Beurteilung der »Eheeignung« führten, fehlte es bis zum Erlaß von »Richtlinien über die ärztliche Untersuchung der Ehestandsdarlehensbewerber« im März 1934[72] an Bestimmungen, welche »vererblichen geistigen oder körperlichen Gebrechen, ansteckenden und lebensbedrohenden Krankheiten« im einzelnen eine Ablehnung des »Eheeignungszeugnisses« nach sich ziehen sollten. Ebenso gab es keine allgemein verbindlichen Vorschriften darüber, wie sie festzustellen seien. Wegen der noch existierenden strukturellen Ungleichheiten im öffentlichen Gesundheitswesen hatte man im RMdI bewußt keine Angaben über die Reichweite und die Methoden der ärztlichen Untersuchung gemacht, sondern es dem Ermessen der Ärzte überlassen, wie sie im einzelnen vorgingen und urteilten. Gerade diese »Enthaltsamkeit« jedoch erweckte deren Kritik wie Eigeninitiative.

Als einzige Unterlagen hatten die beamteten Ärzte maschinenschriftliche Vordrucke über einen »Prüfungsbogen für Eheeignung« und über eine »amts/ärztliche Bescheinigung über die Untersuchung auf Eignung zur Ehe« erhalten. Sie enthielten keinerlei Angaben über die Gründe für die Verneinung der »Eheeignung«. Dieser 1926 von Max Hirsch für den Preußischen Landesgesundheitsrat entworfene und hier von Gütt übernommene »Prüfungsbogen« listete unter »Anamnese« und »Befund« jeweils folgende Gruppen von Organen bzw. Organsystemen und Krankheiten auf: 1. Gehirn, Rückenmark und peripheres Nervensystem, Geistesstörungen, Schlaganfall, Epilepsie, Basedow usw., 2. Atmungsorgane, 3. Kreislauforgane, 4. Verdauungsorgane, 5. Harnorgane, 6. Geschlechtsorgane, 7. Stoffwechselstörungen, Diabetes, Gicht usw., 8. Krankheiten des Blutes, 9. der Haut, 10. der Knochen und Gelenke, 11. Ohrenleiden, 12. Augenleiden, 13. Gebrauch von Alkohol,

Morphium, Kokain und and. Rauschgiften, sowie von Schlafmitteln, 14. Berufskrankheiten.[73] Die Untersuchung war allein auf die zu untersuchende Person bezogen. Interessanterweise hatte Gütt den dazugehörigen »Sippenbogen« zu diesem Zeitpunkt nicht mit übernommen; aus Weitsicht – ähnlich dem Verbot regionaler Rassenämter und von den Gesundheitsämtern unabhängiger Eheberatungsstellen in der frühen Phase der nationalsozialistischen Machtübernahme.

»Aus dem Wortlaut der Vordrucke«, so das RMdI an den RMF, »(könnten) die Ärzte ohne weiteres ersehen, worauf sich die von ihnen vorzunehmenden Untersuchungen zu erstrecken« hätten.[74] Daß dies nicht »ohne weiteres« gelang, belegen Anfragen und Beschwerden an das RMdI und das Reichsgesundheitsamt. Auch der Deutsche Medizinalbeamtenverein befaßte sich im August 1933 auf seiner Tagung in Bad Pyrmont mit den Problemen, die die überstürzte Einführung der ärztlichen Untersuchungen für ED-Bewerber/innen mit sich gebracht hatte. Dr. Rapmund forderte hier den »sofortigen Zusammentritt einer Kommission, deren einheitliche Richtlinien dem Wirrwarr steuern (sollten)«.[75] Aber im Kreis der Kollegen herrschte in rechtlichen, organisatorischen und diagnostischen Fragen Uneinigkeit, insbesondere wegen der Unterschiede in den einzelnen Amtsarztbezirken. Eine Kommission kam nicht zustande. Schließlich wurde die Fachpresse zum Diskussionsforum über bestimmte Diagnosefragen, die jeweiligen Untersuchungspraktiken und die Selektionskriterien.

Der gesamte frühe ärztliche Diskurs über die Ehestandsdarlehensuntersuchungen in den Fachzeitschriften ist außerordentlich interessant. Er entfaltete sich primär aufgrund der methodischen wie inhaltlichen Zurückhaltung des RMdI, diente also der Selbstverständigung und wurde um der inhaltlichen Annäherung unter Kollegen willen geführt. Er beinhaltete – adressiert an das RMdI – Forderungen nach »behördlicher Auslegung« und baldiger Schaffung von Gesundheitsämtern auf der unteren Verwaltungsebene – was absolut in die Pläne des RMdI paßte. Neben einem Einblick in die unterschiedlichen Untersuchungspraktiken von einzelnen Kreisen bzw. Städten dokumentiert dieser Diskurs daher, wie und daß die beamteten staatlichen wie kommunalen Ärzte auch ohne Richtlinien in der Lage waren, die Untersuchungen durchzuführen. Er zeugt ferner von dem Bewußtsein der neuen Qualität in der (amts)ärztlichen Tätigkeit wie dem Eingebundensein der Ärzte in die damaligen eugenischen Anschauungen und den Zusammenhang zwischen beiden: War denn die »Durchseuchung unserer Bevölkerung« wirklich so weit fortgeschritten, die Befürchtungen der Eugeniker wirklich ernst zu nehmen? konnte z.B. Dr. Gerum, Frankfurt, ernsthaft fragen – und durch die Politik der neuen Regierung die Probe aufs Exempel machen: hatte er doch nicht mehr nur »ausgelesenes Material« vor sich, sondern konnte aus dem Vollen, dem »freien Leben«, schöpfen! Die Texte belegen ärztliche Selektionskenntnisse wie Selektionseifer: Zeichen für die Verbreitung eugenischen Denkens ist auch die professionelle Popularisierung wissenschaftlicher Statistiken über sog. »Minderwertige« (Grotjahn, Lenz, von Verschuer). Deren Zahlen tauchen ohne jede weitere Angaben in einigen Artikeln als Bezugspunkte auf, waren demnach gleichsam so in Fleisch und Blut übergegangen, daß sie nicht mehr belegt werden mußten.

In der *Zeitschrift für Medizinalbeamte* erschien im Dezember 1933 der erste ausführlichere Indikationenkatalog für »Eheeignung« im Nationalsozialismus, der Aufsatz des Nürnberger Bezirksarztes v. Ebner »Über die Tätigkeit des Amtsarztes in der neuen Bevölkerungspolitik, insbesondere über die Begutachtung der Ehestandsdarlehen« (sic). Dieser Indikationenkatalog war ein Notprogamm:

»Nähere Anweisungen für die Abgrenzung der (in Gesetz und DVO, GC.) genannten Leiden wurden nicht gegeben, und ich weiß aus Besprechungen mit vielen Kollegen und aus meiner eigenen Tätigkeit, wie drückend die Zweifel in so manchen Fällen sein können. Ich erinnere auch an die diesbezügliche Aussprache in der Versammlung des Deutschen Medizinalbeamtenvereins.«[76]

Die Intention des Verfassers war, »untereinander Fühlung zu nehmen«, damit eine »gewisse Einheitlichkeit der Auffassung und der Begutachtung (erzielt)« werde und seine »unmaßgeblichen Meinungsäußerungen« eine »Stellungnahme des einen oder anderen Herr(n) Kollegen veranlassen würden«. Im März 1934 wurden zwei Antwortartikel von Medizinalbeamten aus ländlichen Gebieten (von Glaser und Rapmund) in derselben Zeitschrift veröffentlicht.

Die Artikel in der *Zeitschrift für Gesundheitsfürsorge und Gesundheitsverwaltung*[77] behandelten jeweils bestimmte Aspekte der ärztlichen Eheförderungs-Selektion. Der erste erschien im November 1933, geschrieben von dem Medizinalassessor Ludwig Federhen, Kyritz. Sein Hauptmotiv war die Betonung der Einbeziehung der »genotypischen erblichen Belastung«.[78] Klose und Büsing stellten das Kieler Verfahren im Februar 1934 vor, um neben der Forderung nach einheitlichem Vorgehen im gesamten Reichsgebiet die Notwendigkeit der Einbeziehung von Sozialdaten zu demonstrieren.[79] In der Mai-Nummer schließlich schilderte Dr. Gerum, Psychiater und Stadtarzt in Frankfurt am Main, wie »erfolgreich« im Sinne des Ausschlusses von Bewerber/innen die Einbeziehung von 70 000 Akten psychiatrischer Krankengeschichten im Besitz der Stadt seien. An die zwanzig Prozent aller Anträge wurden abgelehnt, d.h. jedes fünfte Paar aus der Sicht der Ärzte für »eheungeeignet« befunden![80] Bereits am 20. Juni 1933 hatte der Reichsbund der Körperbehinderten »... als Vereinigung der von Geburt an oder in jugendlichem Alter Verkrüppelten um Mitteilung der Grundsätze, nach denen die Prüfung, wann *vererbliche* ... Gebrechen vorliegen, durchgeführt wird«, gebeten. Die Geschäftsführung des Bundes verwies darauf, daß die Forschungen auf dem Gebiet der Vererblichkeit außerordentlich ungeklärt und die Meinungen der Wissenschaftler in vielen Fällen durchaus geteilt seien, ferner darauf, daß nicht alle Gemeindebehörden bzw. die von ihnen beauftragten Sachverständigen die nötigen Kenntnisse auf dem Gebiet der Vererbungsforschung haben könnten.[81] Eine Antwort des RMdI hierzu ist aus den Akten nicht ersichtlich, im Gegensatz zu fast allen anderen Anfragen, obwohl oder vielleicht gerade weil hier zentrale Probleme thematisiert wurden.

Aus der Perspektive der sich schriftlich äußernden Ärzte war die Frage der Vererblichkeit vor allem ein Problem der »Ermittlung« – das zeigen in ganz anderer Hinsicht besorgte Anfragen und Vorschläge zur besseren Erfassung der Klientel inclusive ihrer Familienangehörigen – wie auch der Grenzziehung – besonders bei »Schwachsinn« –, jedoch keine Frage unzureichend geklärter wissenschaftlicher Annahmen. Im frühen amtsärztlichen Diskurs der von mir durchgesehenen Fachliteratur wird der Gesichtspunkt wissenschaftlich divergenter oder ungeklärter Fragen nur einmal von dem Bremer Stadtarzt Dr. Vollmer angesprochen, der damit der dringenden Forderung nach staatlichen Richtlinien für die ärztlichen Entscheidungen Nachdruck verleihen wollte.[82] Warum aber hätten die beamteten Ärzte päpstlicher sein sollen als der Papst, wenn etwa ein Eugen Fischer auf dem internationalen Kongreß für Bevölkerungswissenschaft in Berlin 1935 erklärte, ihm scheine die Frage der Sterilisation theoretisch gar kein großes Problem mehr zu sein, als Erbforscher sehe er sie grundsätzlich gelöst, und die Praxis werde ihren Segen erweisen, »nicht heute« und nicht morgen, aber in Generationen«.[83]

Diskussionen entstanden auch aufgrund unklarer Formulierungen der Gesetzestexte. So war strittig – und wurde infolgedessen auch unterschiedlich praktiziert –, ob jede Frau gynäkologisch untersucht werden sollte. Im Oktober 1933 erhielt Gütt ein Schreiben der Schriftleitung der *Medizinischen Welt*, unterzeichnet von dem ehemaligen (1924-1926) Chef der Gesundheitsabteilung im Preußischen Wohlfahrtsministerium, Eduard Dietrich (1860- 1947), und dem Arzt Dr. Benda. Es lautete:

»Zahlreiche Anfragen aus Leserkreisen – besonders aus den Reihen der Kreisärzte – beschäftigen sich mit folgenden Fragen:

1) Ist bereits für die Erteilung bzw. Versagung des E.D.Zeugnisses festgesetzt, welcher Grad von Schwachsinn als Grenze aufgestellt werden soll? oder bestehen ... (hier) noch keine festen Richtlinien, sodaß vorerst E.D.Zeugnisse ausgestellt werden können, falls nicht ganz grob ausfallende Grade von Schwachsinn vorliegen?

2) welche Prüfungsmethode empfiehlt sich am meisten für den Zweck?

3) Ist für die Ausstellung von E.D. Zeugnissen in jedem Fall oder nur in verdächtigen Fällen die gynäkologische Untersuchung erforderlich?«[84]

Die Unterzeichnenden betonten, daß ihnen sehr daran liege, von »autoritativer Seite eine Antwort zur Veröffentlichung« zu bekommen; falls dies nicht möglich sei, solle Gütt einen Herrn nennen, der diese Fragen beantworten könne. Aus dem RMdI kam eine lapidare Antwort, die die Anfragenden genauso im Unklaren ließ wie zuvor: Dem Amtsarzt werde ein weiter Spielraum in der Beurteilung gelassen, um die Durchführung des Gesetzes nicht allzusehr zu erschweren; zu berücksichtigen sei, daß es sich um eine Maßnahme zur Beseitigung der Arbeitslosigkeit handle und andererseits die Forderungen der Erb- und Rassenpflege nicht völlig unbeachtet bleiben dürften.[85]

Uneinigkeit herrschte in der Beurteilung der »erblichen Belastung« als Ausschließungsgrund für ein Eheeignungszeugnis – nicht jedoch wegen ungenügend erforschter Erbgänge, sondern aufgrund unterschiedlicher Auslegung der Gesetzesformulierung »... wenn einer der beiden Ehegatten an vererblichen geistigen oder körperlichen Gebrechen leidet, die seine Verheiratung nicht als im Interesse der Volksgemeinschaft liegend erscheinen lassen«. Mußte nur der bzw. die Antragstellende selbst an diesen Gebrechen zur Zeit der Untersuchung leiden oder gelitten haben (»Leiden« hier als objektiv von außen festgestellte Tatsache, unabhängig von subjektiven Äußerungen der Betroffenen!), oder konnte, ja mußte nicht unter Berücksichtigung der Ziele des Gesetzes bereits ein »vererbliches Gebrechen« bei einem oder mehreren Familienmitgliedern wie z.B. Hilfsschulbesuch, Epilepsie oder andere »Abwegigkeiten« zur Verneinung der »Eheeignung« führen, auch wenn bei den ED-Antragstellenden selbst keine »Auffälligkeiten« vorlagen? Hier war der Ruf nach »behördlicher Auslegung« am lautesten und die Entscheidungspraxis bis zu den »Richtlinien« in der Tat höchst unterschiedlich. Von Ebner und Federhen vertraten hier z.B. die Auffassung, daß die »erbliche Belastung« bei »phänotypischer Gesundheit« einer Person aufgrund des Gesetzeswortlauts nicht zur Ablehnung des Darlehens führen könne, was sie als widersprüchlich zum Ziel des Gesetzes und deshalb als aufklärungsbedürftig ansahen.[86]

Vehement und einhellig war – sowohl in den Schreiben an das RMdI als auch in der Fachpresse – die Kritik am »Prüfungsbogen«. »Wichtigste Fragen fehlen. Freilich bleibt es schon jetzt unbenommen, das Nötige zu ergänzen; aber wenn schon ein Formblatt, dann muß es den praktischen Bedürfnissen entsprechen«, monierte Dr. Glaser. Die »praktischen Bedürfnisse« lagen für ihn zum einen in der Erhellung des »Vorlebens« der zu untersuchenden Personen selbst bei dritten Instanzen, u.a. hinsichtlich der Inanspruchnahme von Krankenkassenleistungen, Dauer und Erfolg des Schulbesuchs, Kriminalität bzw. gerichtliche Bestrafungen, sowie in der Begutachtung des allgemeinen Kräfte- und Ernährungszustands.[87] Auch Klose und Büsing aus Kiel erklärten »Forderungen der Praxis« als Motiv der Veröffentlichung ihres Vorgehens und ihrer Erfahrungen; diesen werde das vom Reichsgesundheitsamt entworfene Merkblatt nicht in allen Punkten gerecht. Insbesondere kritisierten sie, daß die Untersuchungsmethoden nach wie vor den untersuchenden Ärzten überlassen blieben. Man werde »nicht darauf verzichten können, hinsichtlich des Ganges der Untersuchung gleichfalls genaue Vorschriften herauszugeben, um ein einheitliches Vorgehen zu ermöglichen, wobei unbedingt bindend die Verwertung der bei den sozialen Ämtern vorhandenen Aktenbefunde, soweit sie sich auf die Gesundheit beziehen, in allen Fällen nutzbar gemacht werden sollen«.[88] Vornehmlicher Zweck der Richtlinien vom März 1934 war es jedoch, »ganz abwegige Begutachtungen« auszuschließen; sie stellten also den zweiten Indikationenkatalog zur Eheeignung dar, ohne bestimmte Untersuchungsmethoden vorzuschreiben – eingedenk der unterschiedlichsten Bedingungen in Städten und Kreisen.[89]

In enger Beziehung mit dem zugrundegelegten Vererbungstheorem und der Beurteilung der »erblichen Belastung« stand die massivste Kritik am »Prüfungsbogen«: die fehlende Familienanamnese, weil von hier zusammen mit der aktenkundigen individuellen »Vorgeschichte« die entscheidenden Aufschlüsse über den sozialen und gesundheitlichen Wert der Antragstellenden erwartet wurden. »... wie wohl alle Untersucher (vermissen wir) jeden Hinweis auf die Familie«, schrieb Dr. v. König, und verwies zur Bekräftigung auf die Veröffentlichung eines jungen Kollegen in einer anderen Zeitschrift: »Daß aber eine Eheberatung *ohne* Familienanamnese ein Unding ist, betont eindringlich auch *Federhen* in seinem Aufsatz 'Die gesundheitliche Eignung zur Ehe', und jeder erfahrene Arzt wird ihm darin zustimmen«.[90] Die untersuchenden Ärzte entwarfen also an vielen Orten eigene Fragebögen über die »Vor- und Familiengeschichte«, die in manchen Gesundheitsämtern auch dann weiter benutzt wurden, als im Januar 1934 neue und »verbesserte« »Prüfungsbogen« herauskamen, nicht zuletzt deshalb, um selbst noch Unterlagen im Gesundheitsamt zu behalten. Denn die »Prüfungsbögen auf Eheeignung« wurden (bis 1935) im Reichsgesundheitsamt gesammelt.[91]

Die neuen, differenzierteren »Prüfungsbogen für Eheeignung« vom Januar 1934 waren möglicherweise auch Ergebnis der amtsärztlichen Kritik. In dem Fragebogen zur »Vorgeschichte« waren nun an erster Stelle anzugeben »sichere oder vermutete Fälle von Schwachsinn, Epilepsie, Geisteskrankheiten, Krämpfen, Mißbildungen, Gebrechen (z.B. vererbbare Blindheit, Taubstummheit usw.), Verkrüppelung, Stoffwechselkrankheiten, Tuberkulose, Alkoholismus, Rauschgiftsucht, Selbstmord, konstitutionelle Krankheiten, Aufenthalt in Anstalten für Geisteskranke, Schwachsinnige und Epileptiker« für Großeltern, Eltern, Tanten, Onkel und deren Kinder sowie für die Geschwister. An zweiter Stelle stand die Frage nach »chronischen Infektionsoder konstitutionellen Krankheiten (einschließlich Berufskrankheiten), Suchten oder Gebrechen, an denen der/die Untersuchte selbst gelitten hat«; drittens wurde »bei weiblichen Untersuchten« nach der »Zahl der Schwangerschaften, getrennt nach Lebend-, Tot- und Fehlgeburten« gefragt. Daß u.a. alle Indikationen für Zwangssterilisation auftauchten, war kein Zufall, sondern Absicht. Doch der neue Prüfungsbogen hatte gerade hier seinen Schwachpunkt: Er war eine Negativliste, von der Klientel schnell gesehen und in ihrem wohlverstandenen Interesse »ausgenutzt«. Der Fragebogen enthielt genau das, was die Staatsmediziner in Erfahrung bringen wollten und sollten, nicht nur, um das »Eheeignungszeugnis« abzulehnen, sondern auch, um einen Zugang zu möglichen Sterilisationskanditat/innen zu gewinnen. Das aber war in der Bevölkerung bald bekannt. – Daß die Ehestandsdarlehen keine isolierte Maßnahme zur Förderung der Eheschließung waren, sondern Teil der umfassenden Bevölkerungs- und Rassenpolitik des neuen Staates, war den ärztlichen Untersuchern von Beginn an klar. So schrieb Dr. Beyreis, Mülheim:

»Zum ersten Male in der deutschen Gesetzgebung wird der erbbiologische Gedanke bewußt zur Grundlage des Handelns gemacht. Dadurch erwachsen dem damit betrauten beamteten Arzt besondere, neue Aufgaben. Denn die vom Gesetzgeber gewollten Ziele – Verbesserung unseres Volkskörpers, Vermehrung des wertvollen Erbgutes, Ausmerzung der minderwertigen Erblinien – können nur erreicht werden, wenn die Lösung der ärztlichen Aufgaben zielsicher und gewissenhaft erfolgt.«[92]

Federhen kommentierte: »Die Ausstellung der Gesundheitszeugnisse für die Gewährung von Ehestandsdarlehen hat den beamteten Arzt mit einem Schlage in die Tatsache gestellt, praktische Eugenik zu treiben.«[93] Von Ebner reihte die ED-Vergabe in die »erbhygienische Gesetzgebung« ein.[94] Den Bezug zum Sterilisationsgesetz, das im Juli 1933 verabschiedet worden war und ab Januar 1934 mit den entscheidenden Machtbefugnissen der Medizinalbeamten in die Praxis umgesetzt wurde, stellten die Autoren ohne weiteres her. Zum einen theoretisch in der Betonung, bei der Selektion von ED-Bewerber/innen einen strengeren Maßstab anlegen zu müssen als bei der Entscheidung für ein Sterilisationsverfahren, da es sich bei ersteren um eine »auslesende Maßnahme« handele. Zum anderen praktisch-organisatorisch unter Hinweis auf die durch die ED-Untersuchungen ermöglichte Erfassung von Menschen für Zwangssterilisation. Dr. Beyreis schätzte die Ehestandsdarlehen als von ebenso großer Bedeutung wie das Sterilisationsgesetz »für die Zukunft des Volkes« ein; er beendete seinen Aufsatz mit einem Zitat von Eugen Fischer aus der *Deutschen Medizinischen Wochenschrift* als globale Richtschnur für die ausmusternden Ärzte:

»Sicherlich sollen nur eugenische Personen, d.h. 'erbgesunde, erbnormale, frei von Krankheiten und kranken Erbanlagen, ausgestattet mit gesunden, körperlich und geistig normalen Erbanlagen' in den Genuß der Darlehen kommen, damit auch die Wirkung dieses Gesetzes dazu beiträgt, kranke Erblinien auszumerzen und die gesunden zu erhalten.«[95]

Klose und Büsing hoben vor allem die »große Verantwortung des untersuchenden Arztes hinsichtlich der Sorgfalt der Untersuchung im rassenhygienischen Interesse« hervor. Für sie waren sie auch aus folgender Perspektive wichtig:

> »Schon jetzt lassen die Ergebnisse der bisher vorliegenden Untersuchungen erkennen, daß bei sorgfältiger Durchführung unter Heranziehung aller Hilfsmittel eine große Zahl erbkranker Linien in unserem Volk aufgedeckt und hoffentlich durch weiter einsetzende Maßnahmen unschädlich gemacht werden können.«[96]

»Weitere Maßnahmen« zielte auf Eheverbote, die vorerst nur indirekt bei den untersuchten und für »ungeeignet« befundenen Paaren und auch nur vielleicht wirksam waren: »Inwieweit die Ablehnung der ED auch dazu geführt hat, daß die beabsichtigte Heirat nicht zustandegekommen ist, darüber sind die Ermittlungen zur Zeit noch im Gange«. Die Plauener Kollegin Dr. v. König bedauerte, daß man »zur Zeit ... das Heiraten und das Kinderkriegen nicht verbieten« könne, aber die Untersuchten trügen, »wenn sie gewarnt sind, die Verantwortung allein«. In Zukunft werde den Ärzten »das Sterilisierungsgesetz hier in vielen Fällen helfend zur Seite stehen«.[97] Auch später wurden Aufsätze über den praktischen wie theoretischen Zusammenhang von Zwangssterilisation, Ehestandsdarlehen und Geburtenverhinderung veröffentlicht, nach wie vor orientiert an als bekannt vorausgesetzten »Minderwertigkeits«-Statistiken. So berichtete Dr. Neubelt aus Eisleben in der Zeitschrift *Der öffentliche Gesundheitsdienst* vom 5.9.1935, bei den 110 000 Einwohnern seines Kreises habe er, »wenn alle Anträge erledigt sind«, bisher 250 Sterilisationen zu verzeichnen.

> »Daß damit bei weitem nicht alle Erbkranken erfaßt sind, ist ersichtlich. Das ergibt sich auch daraus, daß immer wieder junge Paare zwecks Ehestandsdarlehen zur Untersuchung kommen, bei denen ich Schwachsinn feststelle und daraufhin die Sterilisation einleite. Dann ist aber schon Zeit verloren gegangen, da die Betreffenden meist schon schwanger sind oder uneheliche Kinder haben.«[98]

Insgesamt ergibt die Analyse der Aufsätze die positive und einfordernde Haltung der Medizinalbeamten zur Politik der neuen Regierung.[99] Standespolitisches Prestigedenken vermischte sich mit eigenständigen eugenischen Positionen, die ihrerseits in politisch-nationalistische oder technokratisch-wissenschaftliche Richtungen variierten. Das Bewußtsein einer neuen Qualität ärztlicher Tätigkeit ist in allen Beiträgen präsent, so wie es z.B. in dem diesem Kapitel vorangestellten Motto zum Ausdruck kommt. Mit der Aufwertung der amtsärztlichen Tätigkeit scheint auch in nicht geringem Maße die Arbeitsüberlastung kompensiert worden zu sein. »Jeder national denkende Arzt wird diese Arbeit mit Freuden begrüßen, wenn sie auch oft eine fast untragbare Belastung darstellt«, schrieb die Stadtärztin von König aus Plauen. Sie begrüßte in emphatischem Ton den Wandel in der Gesundheitspolitik, worin sich professioneller Anspruch und ein bestimmtes Arzt-»Patienten«-Verhältnis gleichermaßen ausdrückten:

»Groß sind die Anforderungen, die an jeden Arzt gestellt werden. Und doch – wie anders ist unsere Arbeit geworden! Früher hatte man gleich die Meute marxistischer Zeitungen im Nacken und wurde als 'unsozialer Stadtarzt' verschrieen, wenn man in aussichtslosen Fällen irgend etwas ablehnte.
Heute aber ist es eine Freude zu arbeiten! Endlich haben wir eine Regierung, die sich und uns erfolgversprechende Aufgaben stellt, die uns zur Mitarbeit an der Zukunft des Volkes aufruft, die uns aber auch den Rücken deckt, wenn wir durch Anfeindungen hindurch unbeirrt diesem hohen Ziele zustreben, zum Besten unseres deutschen Volkes.«[100]

Ihr Bremer Kollege Vollmer betonte die volkserzieherische Aufgabe des beamteten Arztes, die sich für ihn mit den neuen Selektionen verband:

»So schwierig, zeitraubend und verantwortungsvoll auch die Untersuchungen sind, sie sind wertvoll für die Bevölkerung, der endlich einmal die Augen geöffnet werden. Sie sind aber auch wertvoll für den Arzt, denn ihm wird, wie kaum sonst, Gelegenheit gegeben, Volksdienst im wahrsten Sinne des Wortes zu leisten«.[101]

Es bedurfte von seiten des RMdI keiner Erläuterungen, um den beamteten Ärzten die grundsätzliche Richtung anzugeben, wie sie zu entscheiden hätten. Die knappen Unterlagen trafen auf ein Potential von Ausführenden, die ohne jede Angabe von Entscheidungskriterien grundsätzlich wußten, daß und wie sie zu selektieren hatten. Ein Unterschied im Selektionseifer zwischen kommunalen Ärzten und Medizinalbeamten läßt sich in den veröffentlichten Beiträgen nicht feststellen.

In der Kritik an der Uneinheitlichkeit der ärztlichen Entscheidungen trafen sich alle Diskutanten: unterschiedliche Entscheidungen und der dadurch hervorgerufene »Unmut« schadeten der Profession und brächten »Unruhe in die Bevölkerung« (v. König). Der »gründliche« Amtsarzt habe einiges auszustehen im Gegensatz zum oberflächlich untersuchenden; besonders ungünstig seien unterschiedliche Bewertungen in Nachbarkreisen: das spreche sich schnell herum und bringe die Kollegen in Bedrängnis (Rapmund). Die Kritik an fehlenden verbindlichen Richtlinien und Verfahren und den darauf beruhenden unterschiedlichen amtsärztlichen Entscheidungen galt nicht etwa der Ungerechtigkeit für Betroffene in unterschiedlichen Regionen, sondern Unannehmlichkeiten bei der Untersuchung für den Arzt, unliebsamen Protesten. Groß aber war überall die Befürchtung, entscheidende schwarze Flecken unter der vorgezeigten weißen Weste von Darlehensbewerber/innen aufgrund von Überlastung, Personalmangel und »Ermittlungsschwierigkeiten« zu übersehen. Damit kommen wir zu einem Phänomen, das in allen Texten deutlich wird.

Sehr bald zeigte sich massives Mißtrauen der beamteten Ärzte gegenüber ihrer Klientel bei allen Fragen, die mit den Ehestandsdarlehen in Zusammenhang standen. Die untersuchenden Ärzte waren – besonders in der frühen Phase, faktisch jedoch immer – bis zu einem gewissen Grad auf die Auskunftsbereitschaft der ED-Bewerber und Bewerberinnen angewiesen. Das schaffte ihnen Probleme. Bis auf den Bericht des Bremer Arztes Vollmer ist in allen Zeitschriftenartikeln, Schriftwechseln und Erlassen ein grundsätzliches Mißtrauen gegenüber Falschaussagen oder Verschweigen bestimmter Vorkommnisse von seiten der Paare, die ein Ehestandsdarlehen beantragten, unübersehbar. Dieses von den untersuchenden Ärzten befürchtete und aus guten Gründen von den Antragstellenden auch praktizierte Verhalten – was neben der berechtigten Furcht vor einer möglichen Zwangssterilisation an der grundsätzlich nicht identischen Zielsetzung von Untersuchenden und Untersuchten lag – veranlaßte die untersuchenden Ärzte – zunächst in Selbsthilfe, nur wenig später unterstützt durch staatliche Erlasse – zum Einbauen verschiedener Kontrollmaßnahmen. Die wichtigste war die generelle Einführung der »Ermittlung« oder »Erhebung« bei dritten Stellen in die ärztliche Anamnese, ein bis zu diesem Zeitpunkt in der Begegnung zwischen Arzt und Patient in der Regel relativ unübliches Verfahren.[102] Lassen wir noch einmal Dr. Rapmund zu Wort kommen mit seinem Protestschreiben an das RMdI, in dem auch die Begrenztheit und Unsicherheit einer einmaligen ärztlichen Untersuchung thematisiert wird:

»... leider hat man verabsäumt, uns irgendwelche Richtlinien dafür (für die Untersuchung, GC.) zu geben, jeder werkelt auf eigene Faust los, so, wie er es für richtig hält. Die meisten Kollegen verlassen sich scheinbar völlig auf die Angaben, die die Betreffenden machen. ... Meines Erachtens können wir uns damit nicht begnügen, dabei können wir böse reinfallen, man muß bessere Unterlagen haben. Ich möchte nur darauf hinweisen, daß es bei einmaliger Untersuchung wohl kaum gelingt, einen ...(unlesbar, GC.) Geschlechtskranken, einen Syphilitiker herauszufinden, auch ein Schizophrener im Stadium der Latenz (? unlesbar, GC.) kaum zu erkennen ist. Man muß meines Erachtens schon Ermittlungen anstellen.«[103]

Wenige Monate nach Beginn der Untersuchungen wies man im November 1933 in Bayern, im März 1934 in Preußen aufgrund des mangelhaften Auskunftswillens der ED-Bewerber/innen die unteren Verwaltungsinstanzen an, für die ärztlichen »Ermittlungen« zur Verfügung zu stehen:

»Die mit der Ausstellung von Gesundheitszeugnissen für die Gewährung von Ehestandsdarlehen befaßten Amtsärzte sind für die Ausfüllung von Buchstabe A des Prüfungsbogens für Eheeignung bisher im wesentlichen auf die Angaben der zu untersuchenden Person angewiesen. Dabei gelingt es unter Umständen nicht, zutreffende und erschöpfende Auskunft über die in Frage kommenden Verhältnisse zu erhalten. Dadurch wird der Zweck des Gesetzes, Eheschließungen zu fördern, die im Interesse der Volksgesundheit liegen gefährdet. Die Gemeindebehörden werden daher angewiesen, den betreffenden Ärzten auf

Ersuchen vertraulich mitzuteilen, ob und welche für die Frage der Eheeignung belangreichen Tatsachen ihnen hinsichtlich der zu untersuchenden Personen bekannt sind. In Frage kommen insbesondere Angaben über das Auftreten von Trunksucht, Geisteskrankheiten, Epilepsie und anderen vererblichen geistigen und körperlichen Gebrechen bei dem zu Untersuchenden, seinen Eltern und nächsten Verwandten.«[104]

Alkoholismus, Geisteskrankheiten und Epilepsie waren im GzVeN festgelegte Indikationen für Zwangssterilisation, die Verfahren vor den Erbgesundheitsgerichten begannen ab Januar 1934; die Datensammlung begann bereits früher. Die Arbeitsgemeinschaft in Nürnberg beispielsweise schloß sich vor allem in Hinblick darauf zusammen, wie von Ebner in seinem Aufsatz mitteilt. Die preußische Bestimmung lautete:

»Um die erfahrungsgemäß immer wiederkehrenden, wissentlich falschen Angaben über eigene oder in der Familie bestehende, die Gewährung des Darlehens ausschließende Erkrankungen nach Möglichkeit einzuschränken, empfiehlt es sich, Erkundigungen bei der zuständigen Fürsorgestelle(-schwester) einzuziehen oder den Gemeindevorsteher zu diesbezüglichen Mitteilungen (im verschlossenen Umschlag) zu veranlassen. Zwecks Nachprüfung der über den Schulerfolg eingetragenen Angaben ist es ferner ratsam, die Vorlage des Schulentlassungszeugnisses zu verlangen.«[105]

Dr. Neubelt aus Eisleben teilte 1935 in der Zeitschrift *Das Öffentliche Gesundheitswesen* mit, daß er »von Standesbeamten verschiedentlich Nachricht« bekam »über Verdacht auf Erbkrankheit bei solchen, die wohlweislich keinen Antrag auf Darlehen gestellt hatten, um der kreisärztlichen Untersuchung zu entgehen.«[106]

An Erfindungsreichtum unübertroffen in Strategien zur »Durchleuchtung« der ED-Bewerber/innen und ihrer Vergangenheit zeigte sich Dr. Klose, Kiel. Er setzte in jeder Hinsicht auf den Apparat, sei es, um Daten zu erlangen, sei es, um weitere Sperren einzubauen, z.B. gegen »(Versuche) unsicherer Kandidaten dorthin vorübergehend auszuweichen, wo von ihrem Vorleben nichts bekannt ist«.[107] Beim Lesen entsteht das Bild eines hartnäckig geführten Kleinkriegs zwischen untersuchendem Arzt und gerissener Klientel. Kloses etwas umständlicher Vorschlag einer Zentralstelle pro Regierungsbezirk zur karteimäßigen Erfassung aller abgelehnten ED-Bewerber/innen, die regelmäßig Berichte bekanntzugeben hätte, wurde mit dem umfassenderen Projekt der Erbbestandsaufnahme (Geburtsortkartei) in den Gesundheitsämtern nach dem GVG überholt. Letztendlich blieb jedoch die Frage der »objektiven« Erfassung – die Daten- und Informationssammlung unabhängig von bzw. auch gegen die Aussagen der Betroffenen – der neuralgische Punkt während der gesamten Zeit des zwölf Jahre währenden tausendjährigen Reiches.

Ermittelt wurde aber im nationalsozialistischen Unrechtsstaat hier durchaus nach rechtlichen Prinzipien (wenn auch nicht hinreichend): Interessant ist unter diesem Gesichtspunkt die Funktionalisierung der Unterschrift als rechtsgültiger Willenserklärung der Person: Einerseits sollte sie die ärztliche Schweigepflicht aufheben; andererseits »nach dem Vorbild ... mancher Versicherungsanstalten ... (die Angaben) ausdrücklich als wahrheitsgetreu bescheinigen«.[108] Durch ein Verfahren, das formal auf den individuellen Rechten der Person aufbaut, gehen der- bzw. diejenige, die es anwenden, dieser Rechte verlustig: sie »gestatten« den Zugriff auf die eigene Person. In Nürnberg beispielsweise wurde schriftlich das Einverständnis der Bewerber/innen verlangt, »daß über ihre Gesundheitsverhältnisse und früheren Krankheiten, soweit es sich um vererbliche körperliche und geistige Gebrechen oder Tuberkulose handelt, bei den in Betracht kommenden amtlichen und halbamtlichen Stellen, sowie bei Privatärzten Erkundigungen eingeholt und von den erwähnten Stellen und Personen Auskunft erteilt werden darf.«[109] Manche Fragebögen enthielten eine Drohung vor »Erschleichung« eines Darlehens durch falsche oder fehlende Angaben, wie in dem Untersuchungsformular, das in Sonneberg (Thüringen) verwendet wurde: »Aussagegenehmigungen erteilen die Bewerber durch Unterschrift auf Blatt B.« Auf demselben Blatt befand sich auch ein »Hinweis darauf, daß die Angaben nachgeprüft werden und daß die Erschleichung eines Ehestandsdarlehens durch falsche Angaben als Betrug« angesehen werde.[110] In Hannover wurde sogar die Einführung eines Lichtbildausweises für die ED-Bewerber/innen erwogen, um »vorzubeugen«, daß niemand anders als auf dem Photo sich untersuchen ließ![111]

Das RMdI hatte von den Anregungen an der Basis gelernt: die im Januar 1934 herausgegebenen neuen Formulare enthielten auf dem »Personalbogen für Bewerber um Ehestandsdarlehen« den Passus: »Vorstehende Angaben habe ich nach bestem Wissen gemacht. Ich versichere weiterhin, daß ich dem untersuchenden Arzt wissentlich keine falschen Angaben machen werde. Gleichzeitig entbinde ich diesen sowie andere in Anspruch genommene Ärzte von der Schweigepflicht gegenüber den an der Entscheidung über das Darlehen beteiligten Stellen.« Die »eigenhändige Unterschrift« sollte erst »vor der zuständigen Gemeindebehörde« gegeben werden, die diese mit Abdruck des Dienststempels »amtlich beglaubigte« und die Kandidat/innen an eine bestimmte Stelle zur ärztlichen Untersuchung »überwies«. Eine zweite »eigenhändige Unterschrift des Untersuchten« war auf dem »Prüfungsbogen für Eheeignung« »in Gegenwart des untersuchenden Arztes abzugeben und von diesem mit der auf Seite 1 (der Unterschrift auf dem *Personalbogen*, GC) – zu vergleichen«.[112]

Die Schweigepflichtentbindung jedoch ist eine individuelle Erklärung. Rechtlich gesehen galt sie deshalb nur für die Person, die sie abgegeben hatte. Die »Ermittlungen« hingegen bezogen in hohem Maße Nachforschungen nach den jeweiligen Eltern, Großeltern, Tanten, Onkeln, Geschwistern und ggf. Kindern mit ein, die eine solche Einwilligung gar nicht abgegeben hatten (und auch nie danach gefragt wurden) und die oft genug über die »Ermittlungen« wegen eines Ehestandsdarlehens in der Verwandtschaft in das Netz der Selektion gerieten. In Kiel z.B. fanden bei »Verdacht« auf »Schwachsinn«, erregt durch ein Abgangszeugnis von der Hilfsschule, neben der Einweisung in die psychiatrische Universitätsklinik des oder der Betroffenen auch ausgedehnte Recherchen bei den Familienangehörigen statt. Und dies hieß außer der Erfassung eben oft genug: amtsärztlicher Antrag auf Zwangssterilisation.

Als Reaktion blieb ironischerweise neben Drohungen nichts anderes übrig als dasselbe zu tun wie die Klientel, nur unter umgekehrtem Vorzeichen: dem Publikum nämlich Informationen über die Selektionskriterien für ein Ehestandsdarlehen so weit wie möglich vorzuenthalten, um es so gleichsam in die Selektionsfalle zu locken. Bemerkenswert ist in dieser Hinsicht ein vom RMdI sofort in die Tat umgesetzter Vorschlag des Kieler Stadtmedizinalrats Dr. Klose, der hier sowohl wegen der Bedeutung der Person als auch der sprachlichen Nuancen wegen vollständig wiedergegeben werden soll.[113]

»Stadtmedizinalrat Dr. Klose   Kiel, den 24.Sept.1934

Sehr verehrter Herr Präsident!

Sie wissen, dass mir von vornherein die Untersuchung der Ehestandsdarlehensbewerber besonders am Herzen gelegen hat mit dem Bestreben, möglichst diese willkommene Gelegenheit auszunutzen, um erbkranke Sippen aufzuspüren und – wenn nötig – der Sterilisierung zuzuführen. Leider macht sich in zunehmender Weise eine von der Reichsregierung angeordnete Verfügung, wonach der Personalbogen für die Bewerber um das Ehestandsdarlehen bereits auf dem Standesamt ausgehändigt und von dem Ehestandsdarlehensbewerber persönlich ausgefüllt wird, sehr störend bemerkbar, da auf dem Prüfungsbogen für Eheeignung unter »Vorgeschichte« alle Krankheiten angegeben sind, bei deren Vorliegen der Ehestandsdarlehensbewerber mit einiger Sicherheit mit einer Ablehnung seines Antrages rechnen muss. Die Ehestandsdarlehensbewerber sind durch das Studium dieses ärztlichen Untersuchungsbogens mehr und mehr in die Lage versetzt, vor der Untersuchung durch den Arzt genau darüber orientiert zu sein, welche Krankheiten sie negieren müssen, um sich Weiterungen zu ersparen. – Trotz Einsatz von zwei fürsorgerischen Kräften und Heranziehung sämtlicher irgendwie bei unserer Verwaltung geführter Akten verschlechtern sich von Woche zu Woche die Ergebnisse der ärztlichen Untersuchung nach der eugenischen Seite, da naturgemäss auch beim Nachspüren bereits die nähere Verwandtschaft der Antragsteller genau orientiert ist, worauf es ankommt.

Ich möchte deshalb die sehr dringende Bitte an Sie richten, Ihren ganzen Einfluss aufzubieten, dass die Abgabe der Prüfungsbogen für Eheeignung nicht mehr gleichzeitig mit der Antragstellung an die Ehestandsdarlehensbewerber erfolgt, sondern dass dieser Teil nur dem Arzt zugänglich ist und bleibt. Dessen unbeschadet könnte der »Personalbogen für Bewerber um Ehestandsdarlehen« von dem Ehestandsdarlehensbewerber selbst ausgefüllt und der Antragstelle überreicht werden. Da mir eine ähnliche Klage auch von Herrn Prof. Dr. Walter, Stralsund, zugegangen ist, möchte ich annehmen, dass es sich um eine ganz allgemeine Erscheinung handelt.

Ich wäre recht dankbar, wenn vielleicht durch eine entsprechende Verfügung des Reichsministeriums des Innern sehr bald diese vorgeschlagene Trennung des Gesundheitsbogens von dem Personalbogen vorgenommen wird, da das hiesige Standesamt ohne eine solche Anordnung eine Trennung nicht vornehmen will, ich andererseits glaube, dass, falls eine solche Trennung nicht kommt, in absehbarer Zeit nur noch sehr wenig auf eugenischem Gebiet sich durch die Untersuchung wird erreichen lassen.

In steter Wertschätzung
verbleibe ich mit deutschem Gruß:
Heil Hitler!
Ihr ergebener

(Klose)«

Die gewünschte Verfügung veranlaßte das RMdI in einem Schreiben an den RMF vom 1.11.1934.[114] Damit dürften auf das Gewissen von Dr. Klose eine ganze Reihe zusätzlicher Zwangssterilisationen gekommen sein.

Franz Klose (1887-1978) war seit 1923 Stadtmedizinalrat in Kiel, Labisch und Tennstedt bescheinigen ihm den »Aufbau eines beispielgebenden Gesundheitamtes«.[115] In den Vierziger Jahren hatte er als Mitherausgeber des *Öffentlichen Gesundheitsdienstes* bereits die höheren Ränge in der Gesundheitsverwaltung erklommen. Klose wurde ein wichtiger Mann des öffentlichen Gesundheitswesens der Bundesrepublik: 1952-1953 baute er das Bundesgesundheitsamt auf und war dessen erster Präsident, anschließend (bis 1954) Ministerialdirektor im Bundesministerium des Innern.

Offensichtlich gelang das »Aufspüren erbkranker Sippen« aber trotzdem nur in der Anfangsphase, dann war die »Auslesewirkung« der Ehestandsdarlehen, also ihre Bedeutung als Erfassungsinstrument, auch trotz gleichgeschalteter Presse, technischer Tricks und anderer Raffinessen bekannt geworden, und die Zahl der Antragstellenden ging zurück. Das bestätigte ein Kollege Kloses, Dr. Folberth, in einem 1938 verfaßten Artikel über die Erfahrungen und Ergebnisse der Untersuchungen von Männern und Frauen in Kiel, der uns noch später beschäftigen wird.[116] Nach dem anfänglichen Boom pegelte sich ein gewisser Prozentsatz von Antragstellenden pro Eheschließenden im Jahr ein, der erst im Weltkrieg wieder in Bewegung geriet.

Allen Anfragen und Beschwerden in der frühen Phase, die sich auf kostenträchtige Ausweitungen der ärztlichen Kontrollen bezogen, begegnete das RMdI in ähnlicher Weise. Gütt verwies in der Regel auf die anstehende Reform des öffentlichen Gesundheitssystems: »Bevor wir nicht eine Neuregelung des gesamten Gesundheitswesens haben, ist es völlig unmöglich, schon die sämtlichen erbbiologischen Forderungen wirklich zu erfüllen. Es geht nicht so schnell, wie sich das die Kollegen im Lande draußen denken.«[117] Er gab aber auch offen zu, daß man mit der Einführung der ärztlichen Selektion für ein Ehestandsdarlehen hinter einem bereits erlassenen Gesetz herhinke:

»Unsere erbbiologischen Forderungen sind erst hinterher bedacht worden«. Die ärztlichen Untersuchungen der Darlehensbewerber/innen wurden dennnoch nicht bis zur Reform des Gesundheitswesens zurückgestellt, sondern als erstes Übungsfeld für die Selektion und »vorsorgliche« Datensammlung den Amtsärzten freigegeben. Erst nach der Reform, mit der Einrichtung eines staatlichen Gesundheitsamtes in jeder Stadt und in – von wenigen Ausnahmen abgesehen – jedem Kreis sowie der Unterstellung kommunaler Gesundheitsämter unter die Regie des Reichsministeriums des Innern, erfolgte als allgemein verbindliche Neuerung die Einführung der »Sippenerfassung« im Zusammenhang mit der in jedem Gesundheitsamt einzurichtenden »Beratungsstelle für Erb- und Rassenpflege« und dem hier aufzubauenden Erbkataster. Jedoch hier wie bei den serologischen und röntgenologischen Untersuchungen bestanden auch nach der Reform noch Differenzen in verschiedenen Stadt- und Landkreisen, entsprechend dem Ausbau des jeweiligen Gesundheitsamts.

5. Kapitel

Das Gesundheitsamt als »biologische Zentrale«: Ort der Erfassung, Kontrolle und Selektion[1]

>»Nichtsdestoweniger kann man trotzdem dem bisherigen
>öffentlichen Gesundheitswesen einen Erfolg auf dem Gebiete
>der Hygiene und der Seuchenbekämpfung nicht absprechen,
>denn die Maßnahmen der öffentlichen Hygiene haben unsere
>Bevölkerung bisher vor dem Ausbruch größerer Seuchen
>bewahrt und außerdem die *Ausdehnung der fürsorgerischen
>Tätigkeit auf den einzelnen Menschen und die Familie vor-
>bereitet und ermöglicht.*«[2]

Das vorige Kapitel zeigte anhand der regional unterschiedlichen ärztlichen Untersuchungen auf »Eheeignung« in Abhängigkeit von der jeweils vorhandenen gesundheitspolitischen Infrastruktur die große Bedeutung des Apparates für die rassenhygienische Selektion. Im Mittelpunkt dieses Kapitels steht die Darstellung der Konstruktion und Funktionsweise dieses Apparates in Hinblick auf Männer und Frauen für die Ehe- und Sexualkontrollen. Wir werden sehen, daß durch das *Gesetz über die Vereinheitlichung des Gesundheitswesens* auf erweiterter Stufenleiter fortgeführt wurde, was in vorhandenen Gesundheitsämtern bei der Untersuchung der Bewerber/innen um ein Ehestandsdarlehen begonnen hatte. Zugleich interessiert dabei die Frage: Wie kommt überhaupt ein solcher Selektionsapparat an Millionen Menschen heran? Wie an jeden einzelnen Menschen selbst, und wie an seine Daten: Anamnese und Familienanamnese, sein Alltagsleben, seine Vergangenheit, seine Familiengeschichte? Und wie wiederum muß dieses erhobene Wissen organisiert sein, damit der selektive Zugriff auf Millionen von Menschen vollzogen werden kann? Es ist notwendig, sich klarzumachen, welch gigantisches Unternehmen es ist, aus einer etwa 80-Millionen-Bevölkerung tendenziell 10 bis 20 Millionen Menschen oder gar noch mehr[3] aussondern zu wollen: jeder von ihnen mußte zuerst mit Namen und Anschrift bekannt sein, bevor eine »Maßnahme der Erb- und Rassenpflege« an ihm vollzogen werden konnte.

Die eminente Bedeutung der wissenschaftlich-technischen Bürokratie des NS-Staates für die Durchführung der mörderischen Rassenpolitik haben vor allem Götz Aly und Karl Heinz Roth in ihrer Untersuchung *Die restlose Erfassung. Volkszählen, Identifizieren, Aussondern im Nationalsozialismus* thematisiert. Die zentrale wissenschaftlich-technische Bürokratie für die Geburten- und Sexualpolitik des NS-Staates war das öffentliche Gesundheitswesen. Die Gesundheitsämter mit ihren Fürsorgebereichen suchten den staatlich-medizinischen Zugriff auf »den einzelnen Menschen und die Familie« umfassend durchzusetzen: auf Bevölkerungsgruppen – insbesondere die Landbevölkerung und Frauen –, die zum einen ohne den Ausbau des öffentlichen Gesundheitssystems kaum oder weniger ins Visier der Selekteure geraten wären, zum anderen von sich aus gar nicht auf die Idee gekommen wären, sich in Fragen von Ehe, Sexualität, Schwangerschaft und Schwangerschaftsverhütung, Gebären, Säuglingspflege und Kindererziehung überhaupt an Ärzte zu wenden.

Die im vorigen Kapitel dargestellte Phase bis zum Inkrafttreten des Reformgesetzes läßt sich als eine erste Stufe der Erfassung beschreiben; sie war unmittelbar an die ärztlichen Untersuchungen für Ehestandsdarlehen und Sterilisation gekoppelt. Die 1934 vor die Erbgesundheitsgerichte gebrachten und der Zwangssterilisation unterworfenen Männer und Frauen waren in der Mehrzahl über Anzeigen von Leitern psychiatrischer Anstalten erfaßt worden.[4] Vornehmlich waren es Kurzzeitpatient/innen, auch solche, die ohne Zwangseinweisung für einige Wochen in psychiatrischer Behandlung waren.[5] Von Anfang an zielten die Sterilisationspolitiker jedoch vornehmlich auf die Erfassung und Zwangssterilisation der sog. »leichten Fälle«. In diesem Zusammenhang eröffneten die ärztlichen Untersuchungen von Männern und Frauen auf *Eheeignung* einen neuen und breiten Zugang zur »freilebenden Bevölkerung«. Jedoch, obwohl die beamteten Ärzte bis Ende März 1935 bereits etwa 650 000 Personen für ein Ehestandsdarlehen untersucht[6] und bis Ende 1934 von über 200 000 eingegangenen Anzeigen 84 330 (bzw. 84 525) Sterilisationsverfahren eingeleitet hatten[7], zeigten sich, wie im letzten Kapitel vorgestellt, deutlich die Grenzen der »Ermittlungen«. Die zweite Stufe der Erfassung begann im April 1935 mit dem Ausbau und der Umstellung des öffentlichen Gesundheitswesens zum rassistischen Selektionsapparat.

Voraussetzung und Mittel zur Erfassung der »freien Bevölkerung«: Integration der »Erb- und Rassenpflege einschließlich Eheberatung« in das öffentliche Gesundheitswesen als Aufgabe staatlicher Gesundheitsfürsorge

Daß der Nationalsozialismus durch eine Reform des öffentlichen Gesundheitswesens seine geburten- und rassenpolitischen Ziele realisieren würde, war nicht von vornherein festgelegt oder geplant. Rassenhygiene und Antisemitismus waren zentrale Elemente der nationalsozialistischen Politik: programmatische Erklärungen hatten dies den Zeitgenossen deutlich gemacht. Besonders aufmerksam waren sie von Rassenhygienikern gehört worden.[8]

Wie jedoch die konkrete Durchsetzung dieser Politik aussehen würde, war in den ersten Monaten offen. Neben lokalen, in »Selbsthilfe« beginnenden eugenischen und rassistischen Aktivitäten – teilweise angesiedelt auch bei städtischen Gesundheitsämtern – existierten verschiedene Vorschläge darüber, wie die neue Politik reichsweit organisiert werden sollte. In den noch vorhandenenen Akten des Geschäftsbereichs *Vererbungslehre und Rassenhygiene* des RMdI sind sie überliefert. Nur einer stammte von Arthur Gütt (1891-1949), durch dessen Berufung in das RMdI die Entscheidung für den Ausbau und die Umstellung des öffentlichen Gesundheitswesens zum rassenhygienischen Selektionsapparat fallen sollte.[9] Frick kündigte die Reform in diese Richtung erstmalig öffentlich in einer Rede zur ersten Sitzung des neugegründeten Sachverständigenbeirats für Bevölkerungs- und Rassenpolitik am 23. Juni 1933 an.

Die Reform war in hohem Maße das Werk Arthur Gütts: abhängig von seiner Person, seinem Programm, seinen langjährigen politischen Aktivitäten in der deutschvölkischen Nationalen Freiheitsbewegung – erst im Jahr 1932 wurde Gütt Mitglied der NSDAP, was er in seinem Lebenslauf mit seinem Status als Beamter begründete, der ihm bis 1932 die Mitgliedschaft in der Partei verbot – und nicht zuletzt seiner Verankerung im Verein Preußischer Medizinalbeamter, der die Güttsche Konzeption einer staatlichen Bevölkerungspolitik 1932 zur Grundlage seiner gesundheitspolitischen Reformvorschläge machte.[10]

Um die Bedeutung der Integration von Rassen- und Gesundheitspolitik ermessen zu können, sollen nun zunächst die nicht zum Zuge gekommenen alternativen Pläne skizziert werden. Eine Reihe der Konzepte enthielt – anders das Güttsche – Vorstellungen über die Errichtung von separaten »Rassen«- oder »Erbpflegeämtern«, welche die Gesundheitsfürsorge organisatorisch nicht tangierten. Einige Eingaben waren allein auf die Verankerung der Rassenpolitik in der Zentralinstanz gerichtet. So schlug der Jurist Falk Ruttke, später Mitverfasser des medizinisch-juristischen Kommentars zum Sterilisationsgesetz und geschäftsführender Direktor des Reichsausschusses für Volksgesundheitsdienst, als Geschäftsführer des *Nordischen Rings* die Einrichtung einer selbständigen neuen *Abteilung für Bevölkerungspolitik und Erbgesundheitspflege* im Reichsministerium des Innern vor.[11] Der damalige Ministerialdirektor Max Taute vermerkte auf diesem Schreiben: »erledigt durch die Einberufung von M.R. Dr. Gütt«. Der ehemalige Göttinger Gauleiter Ludolf Haase reichte Pläne für ein *Reichs-Rassenamt* ein.[12] Drei NSDAP-Mitglieder aus Hannover, der Lehrer Emil Jörns, der ehemalige Zahlmeister a.D. Friedrich Wilhelm Meyer, »Mitarbeiter beim RFSS, Rasse- und Siedlungsamt«, und der Städtische Fürsorgearzt Dr. med. Julius Schwab – von Conti ins Preußische Ministerium berufen, wie einer Aktennotiz Gütts zu entnehmen ist – unterbreiteten ihren Vorschlag zur Organisation und Arbeit eines *Erbpflegeamtes.*[13] Etwas anders gelagert war die Zielsetzung einer *Denkschrift betreffend Forschungsinstitute zur Unterbauung deutschvölkischer rassenhygienischer Bevölkerungspolitik* von Eugen Fischer. Ihm ging es in erster Linie – ausgehend von seinem Institut, das er »in den Dienst unseres neuen Volksstaates« stellte – um die Verankerung und Ausdehnung wissenschaftlicher Forschung durch die Errichtung neuer Forschungsinstitute und die Ausbildung von Lehrern, Juristen und Ärzten. Fischer hatte die Vorstellung von der Tätigkeit »künftiger Rassenämter« und wollte auf Länderbzw. Provinzebene rassenhygienische und bevölkerungspolitische Ausschüsse installiert wissen, die durch die Wissenschaftler beraten werden sollten.[14] Auch der »im Auftrag des Reichsärzteführers« von dem Pathologen Martin Staemmler (1890-1974) entworfene »Organisationsplan über die Rassenpflege im Reich«, der am 16. Mai 1933 im RMdI ankam, sah eine von der »Rassenpflege« getrennte Verwaltung der »Volkspflege« vor. In einem zu gründenden Reichsministerium für Volksgesundheit sollten zwei Abteilungen etabliert werden: eine für »Rassenpflege« und eine für »Volkspflege«. Auf der unteren Verwaltungsebene sollten die Kreisärzte an Maßnahmen ausführen: »eugenische Überwachung der Eheschließung, Aus- und Einwanderung und Siedlung, Führung von Gesundheitspässen«. Der eingereichte Plan, ausgearbeitet für die untere, mittlere und obere Verwaltungsebene, bezog sich allein auf die »Rassenpflege«. Das Reichsamt für Rassenpflege sollte über eine wissenschaftliche und eine praktische Abteilung verfügen; das KWI für Anthropologie, menschliche Erblehre und Eugenik sollte in der wissenschaftlichen Abteilung mitarbeiten bzw. ihr unterstellt werden. Aufgabe der praktischen Abteilung sei u.a. Mitwirkung bei der Gesetzgebung; hier waren programmatisch vorgesehen: »Erhaltung und Schutz der Familie (Einsetzung für kinderreiche Familien, Steuerprogramm, Programm des Familienlastenausgleiches, Bestimmungen für Schulbesuch, für Universitätsbesuch, Einstellung von Beamten etc.), Zurückdrängung der Minderwertigen (Ehekonsens, Sterilisierungsfragen usw.), nicht am wenigsten: Frage der Kinder- und Frauenarbeit«.[15] Den Bereich der »Volkspflege« – wie die Gesundheitsfürsorge im nationalsozialistischen Sprachgebrauch hieß – strebte nur wenig später die »Organisation Wagner« (Hauptamt für Volksgesundheit) als ihren Zuständigkeitsbereich an. Der Begriff der »Pflege« in diesem Zusammenhang: welch ein Euphemismus! Die aufgezählten Maßnahmen galten der Selektion und begründeten massivste Angriffe auf die persönliche körperliche und seelische Integrität vieler Menschen.

Fassen wir zusammen: die Mehrzahl der beim RMdI eingereichten Organisationspläne sahen für die rassenhygienische und rassistische Politik Institutionen vor, die nicht mit der Gesundheitspflege gekoppelt waren. Wäre der

Selektionsapparat in Richtung dieser Vorschläge organisiert worden, so ist anzunehmen, daß die vorhandenen Einrichtungen der kommunalen oder bezirklichen Gesundheitsfürsorge neben neuen staatlichen »Rassenämtern« weiter existiert hätten, möglicherweise auf dem niedrigen Finanzniveau der Wirtschaftskrise. Einige Beratungsstellen hätten vielleicht – außer den politisch und rassistisch motivierten Entlassungen der ärztlichen Leitung – wegen weiterer Mittelkürzungen schließen müssen. Aus der Kostenperspektive wie unter dem Blickwinkel der im Zuge der Wirtschaftskrise zunehmend professionell vertretenen Anschauung, daß etwa Tuberkulose-, Alkoholiker-, oder Blindenfürsorge mit »Minderwertigen« zu tun habe, hätte die rassenhygienische Doktrin, daß für diese Menschen zu viel ausgegeben werde im Verhältnis zu den »Gesunden«, auch durch die Errichtung separater *Erbpflege-* oder *Rassenämter* umgesetzt werden können. Das aber geschah in dieser Form nicht.[16] Statt dessen bestimmte das *Gesetz über die Vereinheitlichung des Gesundheitswesens* vom 3. Juli 1934 (GVG) und die dazu erlassenen drei Durchführungsverordnungen mit Wirkung ab dem 1.5.1935 die Integration der »Bevölkerungs- und Rassenpolitik« in ein auszubauendes verstaatlichtes öffentliches Gesundheitswesen.[17] So wurde sukzessiv überall in Deutschland Realität, was im Rahmen der ärztlichen Untersuchungen für ein Ehestandsdarlehen vorerst nur langsam, unsystematisch und unzureichend begonnen hatte: das Sammeln und Auswerten aller Informationen aus jedem Zweig der Gesundheitsfürsorge für die eugenische und rassistische Selektion. Daß dies einer der Hauptgründe für die »Vereinheitlichung des Gesundheitswesens« war, belegen – neben der Arbeits- und Organisationsweise der Gesundheitsämter selbst – Gütts unwandelbare hartnäckig vertretene Positionen in den gut einjährigen zähen Verhandlungen mit dem Finanzministerium, dem DGT und Preußen bis zur Verabschiedung des Gesetzes, seine Äußerungen in berufsöffentlichen Versammlungen und Schriften bis hin zu seiner Argumentation in der Auseinandersetzung mit Wagner um die Übertragung der Gesundheitsfürsorge vom Staat auf die Partei, die sich in einem Schriftwechsel mit Himmler von 1938 befindet:

»Wenn im dritten Reich die Gesundheitspflege und die Gesundheitsfürsorge durch Reichsgesetz zur Pflichtaufgabe des öffentlichen Gesundheitsdienstes und damit zur Staatsaufgabe erklärt worden ist, so geschah dies vorwiegend aus dem Grunde, um die Ermittelungen und Erfassungen, die bei Abhaltung der ärztlichen Fürsorgesprechstunden gewonnen werden, auch bei der Durchführung der Aufgaben auf dem Gebiet des Gesundheitsschutzes wie der Erb- und Rassenpflege und Bevölkerungspolitik mit zu verwenden.«[18]

Genau hier lag ein Stück Kontinuität mit dem ansonsten schärfstens bekämpften »Weimarer System«, dem der Nationalsozialismus die Anerkennung in einem Punkt nicht verweigerte: es habe die »Ausdehnung der fürsorgerischen Tätigkeit auf den einzelnen Menschen und die Familie vorbereitet und ermöglicht«.[19]

Gütt hatte, wie schon erwähnt, das staatliche Gesundheitswesen immer wieder zu verteidigen, sowohl gegen (Re-)Kommunalisierungsbestrebungen der Gemeinden – hier fochten der Deutsche Gemeindetag (DGT) und die Kommunalabteilung im RMdI gegen die Abteilung Volksgesundheit – als auch gegen Forderungen der Partei. Beide beanspruchten aus unterschiedlichen Gründen die durch das GVG dem staatlichen Gesundheitsamt übertragenen Bereiche der Gesundheitsfürsorge in eigener Regie.[20] Das zähe Festhalten Gütts an dem nach seinen Vorstellungen geschaffenen öffentlichen Gesundheitswesen – welches sich letztlich bis 1945 gegen alle Angriffe halten konnte, auch nachdem er 1939 nach einem schweren Jagdunfall als Staatssekretär a.D. den Dienst quittierte – war nicht von einem »leeren« Machtwillen getragen. Es ergab sich aus der Konstruktion des Selektionsapparats selbst, aus dem kein Teil entfernt werden durfte, sollte nicht das Ganze zusammenbrechen, war im Kern nicht gegen Konkurrenten in Städten und Gemeinden oder in der Partei gerichtet, sondern gegen das Objekt der Gesundheitsfürsorge und Prävention: die Klientel des öffentlichen Gesundheitswesens.

Gütts stetes Beharren auf der Einheitlichkeit des Gesundheitswesens als Teil der Inneren Verwaltung läßt sich auch noch unter einem weiteren Gesichtspunkt erhellen. Der Leiter der Abteilung Volksgesundheit hatte Größeres im Sinn. Unter der Perspektive der »Förderung der erbgesunden Vollfamilie«[21] verfolgte er mit dem – allerdings nie verwirklichten – Projekt einer »Reichsfamilienausgleichskasse« gigantische Pläne. Die seit 1935 nach amtsärztlicher Untersuchung selektiv gezahlten Kinderbeihilfen stellten für Gütt und den seine Pläne unterstützenden Staatssekretär Reinhardt im Reichsfinanzministerium nur den Anfang zur Reichsfamilienkasse als Mammutprojekt selektiv »fördernder Bevölkerungspolitik« dar – auf der Basis amtsärztlicher Kontrollen der »erbbiologischen Beschaffenheit«. Langfristig sollte eine umfassende Reform des Sozialversicherungssystems das Individualprinzip (wie er es sah – realiter bestand kein Individual-, sondern ein Eheprinzip) durch ein an einem Geburtensoll orientiertes Familienprinzip ersetzen. Zu diesem Zweck strebte er die Überleitung der Sozialversicherung aus der Regie des Reichsarbeitsministeriums in das RMdI an.[22] Vor dem Hintergrund solch weitreichender Ziele ist es völlig klar, daß Gütt den Vorwurf Wagners, er vertrete hinsichtlich des staatlichen Gesundheitswesens einen Totalitätsanspruch,[23] zurückwies:[24] was er durch das GVG erreicht hatte, war, gemessen an seinen Vorstellungen, fast noch »gar nichts«! Und in den Himmlerschen Schlichtungsverhandlungen aufgefordert anzugeben, welche Bereiche des Gesundheitswesens er bereit sei, an die Partei »abzutreten«, also Vorschläge für eine Trennung der Aufgaben zwischen Partei und Staat zu liefern, war in der Antwort Gütts keiner dabei, der die ärztliche Gesundheitsfürsorge betraf – außer der Schulgesundheitspflege, wenn der Austausch der Ergebnisse und die Aufstellung eines einheitlichen Schulgesundheitsbogens sichergestellt sei.[25] Hier bestanden jedoch bereits im Zusammenhang mit der ärztlichen Jugendgesundheitspflege im Rahmen der HJ (Jungen und Mädchen) Regelungen mit den Gesundheitsämtern.

»Gesetz über die Vereinheitlichung des Gesundheitswesens«: Kommunale und staatliche Verflechtungen – Interne Strukturen – Personal – Räume – Einrichtung – Arbeitsmittel des Gesundheitsamtes[26]

Das GVG beinhaltete eine horizontale und vertikale *Vereinheitlichung der Gesundheitsverwaltung*. Auf der unteren Verwaltungsebene wurde der staatliche Gesundheitsschutz – zuvor allein in der Zuständigkeit der Medizinalbeamten – mit den jeweils vorhandenen kommunalen oder bezirklichen Zweigen der gesundheitlichen Vor- und Fürsorge sowie der neuen »Erb- und Rassenpflege« vernetzt. In Kreisen ohne Gesundheitsamt wurde eines eingerichtet. Das GVG übertrug dem Gesundheitsamt die »Durchführung der ärztlichen Aufgaben« folgender Bereiche:

»a) Gesundheitspolizei,

b) Erb- und Rassenpflege einschließlich Eheberatung,

c) gesundheitliche Volksbelehrung,

d) Schulgesundheitspflege,

e) Mütter- und Kinderberatung (sic! GC.),

f) Fürsorge für Tuberkulöse, für Geschlechtskranke, körperlich Behinderte, Sieche und Süchtige«.[27]

Bei neu einzurichtenden Ämtern war aus Kostengründen ein sukzessiver Ausbau der einzelnen Fürsorgezweige vorgesehen. Vordringlich sollten diejenigen Bereiche ausgebaut werden, die bisher noch nicht abgedeckt waren: *Erb- und Rassenpflege* also zunächst, außer in den Städten, deren Eheberatungsstellen nicht geschlossen worden waren. Großer Wert – besonders in ländlichen Regionen – wurde auch auf den Ausbau der ärztlichen Mütterberatung und Säuglingsfürsorge gelegt. Das Gesundheitsamt war nach dem Gesetz alleiniger Träger der ärztlichen Fürsorge- und Beratungsstellen in seinem Bezirk. Bisherige Einrichtungen sollten übernommen, also in der Regel entkommunalisiert werden. Wegen mangelnder Finanzkraft und Personalstärke konnte dies erst nach und nach geschehen, was mit der höheren Verwaltungsbehörde genau abzusprechen war. Diese konnte in bestimmten Fällen Ausnahmen zulassen. Spezialfürsorgeeinrichtungen Dritter konnten ebenfalls

bestehen bleiben, z.B. Beratungsstellen für Geschlechtskranke der Landes-
versicherungsanstalten oder Tuberkulosefürsorgestellen der Krankenkassen.
Sie waren allerdings zur direkten Zusammenarbeit mit dem Gesundheitsamt verpflichtet (Meldungen oder den Austausch von Akten). Spätestens ab
1938/39 wurden die Daten dieser Fürsorgestellen und bestimmte Fürsorgezweige selbst dem Gesundheitsamt bzw. seiner Zentralkartei »einverleibt«.
Ansonsten hatten sich die Kommunen » … jeder eigenen Tätigkeit … auf den
durch § 3 des Gesetzes den Gesundheitsämtern übertragenen Gebieten zu ent-
halten«,[28] es sei denn, ein kommunales Gesundheitsamt war als solches vom
RMdI anerkannt. Dann waren »die (ihm) obliegenden amtlichen Aufgaben als
Auftragsangelegenheiten (zu) erledigen«.[29] An Zusammenarbeit zwischen
dem Gesundheitsamt und den örtlichen Machtträgern von Staat und Partei in
Gemeinden, Kreis und Bezirk war vorgeschrieben die Kooperation mit dem
Bürgermeister bzw. Landrat, dem Wohlfahrtsamt, der Gemeindeschwester,
Jugendamt und Standesamt, der Polizei und den Gerichten sowie den
»gesundheitlichen Einrichtungen der NSDAP«, hier insbesondere mit dem
Hilfswerk Mutter und Kind der NSV und dem Amt für Volksgesundheit.[30]
Dringend empfohlen wurde die Zusammenarbeit der Gesundheitsämter mit
dem *Reichsmütterdienst*.[31]

Viele der Bestimmungen in den Durchführungsverordnungen sowie späteren Erlassen über Räumlichkeiten, Einrichtung, Arbeitsmittel und Personal
(Hilfsärzte, Gesundheitspflegerinnen, med.-techn. Assistentinnen und Rönt-
genassistentinnen, Desinfektoren) machen deutlich, daß das konkrete jeweilige Amt vor Ort ein Resultat vieler Variablen war, insbesondere abhängig
von den finanziellen Mitteln, von der Einwohnerzahl des Kreises bzw. der
Stadt, u.a.m. (Eine Untersuchung hierüber steht noch aus). Natürlich schuf
die Neustrukturierung dort, wo sie in gewachsene kommunale Aktivitäten
eingriff, Ansatzpunkte für Querelen, die auch nicht lange auf sich warten
ließen.[32] Grund für jahrelange – wenn auch nicht erfolgreiche – Kommuna-
lisierungsbestrebungen von seiten des DGT war vor allem die Trennung der
Familienfürsorge in gesundheitliche, mit staatlicher, und wirtschaftliche, mit
kommunaler Zuständigkeit, auch bei Finanzierung gesundheitsamtlich ver-
ordneter Heilmaßnahmen und -mittel. In einem Bericht Gütts an Frick heißt
es, daß Vertreter des DGT »angeblich von Gemeinde zu Gemeinde reisen, um
die Kommunalisierung der Gesundheitsämter zu propagieren«.[33] Offenbar
liefen die Konflikte vor allem über die Fürsorgerinnen, die zugleich »zwei
Herren dienen« sollten. So etwa »behielt« ein Landrat in Schleswig-Holstein
die »tüchtigste Gesundheitspflegerin« im Kreis und verlangte auch die Unterstellung der zwei beim staatlichen Gesundheitsamt tätigen Gesundheitspflegerinnen unter die Regie der ersteren, und somit der Kreisverwaltung, um
– so Gütt – »Einfluß zu gewinnen«. Und dies angesichts des Mangels an

Gesundheitsfürsorgerinnen, denn von den vier ausgeschriebenen Stellen konnten nur zwei besetzt werden![34] Für die neuen staatlichen Gesundheitsämter war ein Zurückhalten besonders der eingearbeiteten und alteingesessenen Fürsorgerinnen, die als Informantinnen des Amtsarztes über die Häuslichkeit, das »Vorleben« und die Familie der Gesundheitsamts-Klientel begehrt waren, mißlich. Für die Klientel hingegen konnte ein Vorteil darin liegen. Bei alledem darf nicht vergessen werden, daß über die Hälfte der neuen Gesundheitsämter in Regionen aufgebaut wurden, in denen es noch keine Gesundheitsfürsorge gab, wie in ländlichen Regionen.

Die »Vereinheitlichung« galt nicht nur den in bestimmten Regionen seit einem Jahrzehnt oder länger gewachsenen ärztlich geleiteten Fürsorgebereichen (wenn sie nicht der akuten Finanzkrise Anfang der Dreißiger Jahre zum Opfer gefallen waren), sie galt auch für jüngste Aktivitäten auf einem anderen Gebiet. Die große Bedeutung, die der Zentralisierung von seiten des RMdI zugemessen wurde, zeigt sich an seinem Umgang mit örtlich entstandenen »Erbpflege«- oder »Rassenämtern«. Diese Vorgänge dokumentieren zugleich – wenn hier auch nur als Indiz kurz beleuchtet – die relative Verbreitung solcher Initiativen und ihre Beziehungen zum Reichsgesundheitsamt und zum Ministerium. Parallel zu den im RMdI laufenden Entscheidungen und dem Tauziehen um die Reform war es auf lokaler Ebene früh zur Gründung von eigenständigen *Rassenämtern*, *Erbpflegeämtern* oder *erbbiologischen Abteilungen* unterschiedlicher Trägerschaft gekommen, so z.B. bei der Hessischen Ärztekammer unter dem Gießener Augenarzt, Hygieniker und späteren »Asozialenforscher« Heinrich Wilhelm Kranz, bei einigen Stadtgesundheitsämtern wie Halle, Erfurt, Stuttgart[35] oder etwa am Museum für Früh- und Vorgeschichte in Hannover.[36] Manche dieser Initiativen wünschten finanzielle oder amtliche Unterstützung vom Reich, so z.B. Kranz die behördliche Anerkennung seiner Arbeit zur Aufhebung der Schweigepflicht bei lokalen Behörden für die erbbiologische Forschung.[37] Andere schlugen die Berücksichtigung bestimmter bei ihnen »erprobter« Verfahren in der zu erwartenden Reichsgesetzgebung vor, wie Dr. Ofterdinger von der Hamburger Gesundheitsbehörde. Er sprach sich – was anfänglich in der Diskussion war – gegen den Ausbau der Standesämter zu erbbiologischen Zentralen aus zugunsten der über bedeutend mehr Unterlagen verfügenden Gesundheitsämter. Dabei verwies er auf die Organisation und Erfahrungen des bei der Hamburger Gesundheitsbehörde angesiedelten *Gesundheitspassarchivs*.[38] Wieder andere bearbeiteten unabhängig diverse Projekte und stellten zum Teil offensichtlich auch »Gutachten« über Personen für dritte Stellen aus. Eine »biologische Bestandsaufnahme« der zu Ostern zur Entlasssung kommenden Schülerinnen und Schüler der Kreise Königsberg, Gumbinnen und Neidenburg kündigte eine Mitteilung im *Öffentlichen Gesundheitsdienst* an: »Das

Amt für Auslese in Zusammenarbeit mit dem Amt für Volksgesundheit und dem Amt für Rassenpolitik unternimmt hier zum ersten Mal den Versuch, die erbbiologischen und charakterlichen Anlagen sowie Begabungen der Jugendlichen einer Prüfung zu unterziehen.«[39] Das Dortmunder Rassenamt, im Mai 1933 gegründet, hatte beispielsweise damit begonnen, Schulkinder in einem »Rassearchiv« zu erfassen, darüber hinaus Ärzte und Beamte sowie Schülerinnen und Schüler höherer Schulen rassisch zu klassifizieren.[40] Aber nicht nur diese. Die Kassenärztliche Vereinigung Groß-Dortmund wünschte vom Städtischen Rassenamt »Auskunft und Belehrung über die rassische Herkunft von Frau Dr. N.N.« – einer türkischen Kollegin![41] Diese tat offensichtlich das einzig Richtige, indem sie sich an ihre eigene Regierung wandte. Nicht zuletzt scheinen Beschwerden des Auswärtigen Amtes an das RMdI über diesen Vorgang – sie sei »aus hochstehender Familie«, hieß es – Anlaß für ein vom PrMdI »im Einvernehmen mit dem RMdI« verhängtes Verbot der Tätigkeit bzw. der Neugründung von Rassenämtern vom August 1933 gewesen zu sein. Soweit sie sich nicht ausdrücklich auf sog. Aufklärungsarbeit beschränkten und »in zuverlässiger Form rein werbend« tätig seien – was im Namen zum Ausdruck kommen müsse –, hätten diese Stellen vorläufig ihre Tätigkeit einzustellen, hieß es in dem Erlaß.[42] Diese Episode zeigt, wie vorsichtig und planvoll zugleich die Handlungsweise Gütts war: denn er ging hier nicht gegen Aktivitäten vor, die er ablehnte und bekämpfte – wie etwa die Verhütungsmittel ausgebenden Eheberatungsstellen der Weimarer Zeit –, sondern gegen solche, die er inhaltlich voll unterstützte und wenig später reichsweit einzuführen gedachte. Das Einschreiten gegen das Rassenamt Dortmund geschah zum einen aus außenpolitischen Rücksichten, zum anderen um der »Einheitlichkeit«, d.h. der zentralen Überwachung willen.

Rassengutachten entfielen auch künftig nicht, sondern nahmen zu. Sie wurden zentralisiert und mit Hilfe willfähriger Wissenschaftler auf der Basis ihrer Wissenschaft abgesichert: Ein Erlaß übertrug sie auf dem Dienstweg über den *Sachverständigen für Rasseforschung* (seit 1935 *Reichsstelle für Sippenforschung*, 1940 umbenannt in *Reichssippenamt*)[43] bestimmten Universitäts- und Forschungsinstituten.[44] Hatten die Forschungsinstitute die Frage der »Abstammung« bei »unsicheren Fällen« zu klären, gehörte die Klassifizierung nach »Rasse« grundsätzlich zu jeder Anamnese im Gesundheitsamt, unabhängig davon, weshalb jemand in eine der Beratungs- oder Fürsorgestellen kam bzw. kommen mußte oder ob er oder sie im Zusammenhang mit der Untersuchung eines Familienmitglieds erfaßt wurde. Die besondere Hervorhebung und die vorgegebenen differenzierenden Abkürzungen für die Notierung der »Rassenzugehörigkeit« auf der für jede Person anzulegenden Erbkarteikarte zeigen, daß diese Klassifizierung ebenso zentral war wie die als »erbkrank« oder »eheuntauglich«.[45] Die unkontrollierten Gründungen von

Rassenämtern wurden zwar untersagt; sie kamen Gütt dennoch nicht ungelegen: Er führte auch sie – ebenso wie die Notwendigkeit der einheitlichen Eheberatung – in den Verhandlungen mit dem RMF als Argument für die Notwendigkeit und Dringlichkeit der Reform des öffentlichen Gesundheitswesens an.[46]

Eheberatungsstellen – auch die weitergeführten aus den Zwanziger Jahren – und *Rassenämter* aus der frühen Phase nach der nationalsozialistischen »Machtergreifung« wurden in der *Beratungsstelle für Erb- und Rassenpflege* beim Gesundheitsamt zusammengefaßt. In den 1935 und 1938 erlassenen *Grundsätzen für die Tätigkeit der Beratungsstellen für Erb- und Rassenpflege* sowie den *Grundsätzen für die Beurteilung der Erbgesundheit* von 1940 wurde ihre Arbeit festgelegt, ausgerichtet nach einheitlichen Prinzipien, ausgestattet mit einheitlichen Arbeitsmitteln für das gesamte Reichsgebiet. Unabhängige ärztliche Beratungsstellen außerhalb der Gesundheitsämter waren verboten; nicht hingegen die Verbindung von »erbbiologischer« Praxis mit wissenschaftlicher Forschung, wie sie z.B. in der *erbbiologischen Poliklinik* im Kaiserin-Auguste-Viktoria-Haus in Berlin-Charlottenburg (KAVH) oder im Universitätsinstitut für Erbbiologie in Frankfurt am Main stattfand. Die im KAVH eingerichtete Poliklinik fungierte z.B. als »Beratungsstelle für Erb- und Rassenpflege« für zwei Gesundheitsamtsbezirke des Gesundheitsamtes Berlin-Charlottenburg.[47] Damit war der Zugang zu sehr vielen Menschen als »Forschungsobjekten«, derer die moderne genetische Anthropologie, die Erbpathologie wie die Eugenik dringend bedurften, gesichert – in weitaus höherem Maße als in der Weimarer Zeit. Die Integration der »Erb- und Rassenpflege« in das öffentliche Gesundheitswesen, die Entscheidung gegen separate Rassen- oder Erbpflegeämter, belegt also auch den strukturellen und organisatorischen Zusammenhang von ethnischem und eugenischem Rassismus.

Vertikal erfolgte die »Vereinheitlichung« durch die Zentralisierung der Gesundheitsverwaltung. In jedem Stadt- und Landkreis wurde bis zum 1.4.1935 ein (in der Regel) staatliches Gesundheitsamt eingerichtet. Es stand unter der Leitung eines (in der Regel) staatlichen Medizinalbeamten, der von nun an – übrigens bis heute – einheitlich *Amtsarzt* hieß. Auch die verbliebenen kommunalen Gesundheitsämter mit kommunalem ärztlichen Leiter sowie die kommunalen Gesundheitsämter, die von einem staatlichen Amtsarzt geleitet wurden, unterstanden den zentralen Weisungen des RMdI.[48] Die Länder verloren ihre bisherige Rechtshoheit in der Gesundheitsgesetzgebung. Sie hatten als Mittelinstanzen die Reichsgesetze und Verordnungen auszuführen. Die Zentralisierung war durchaus legal. Nach der Weimarer Reichsverfassung, die Grundlage der nationalsozialistischen Gesetzgebung blieb, war das Gesundheitswesen der konkurrierenden Gesetzgebung zugeordnet, d.h., daß hier die Länder so lange eigenständig waren, wie keine Reichsvorschriften erlassen wurden. Das Gesetz zur Bekämpfung der Geschlechtskrankheiten (GBGK) von 1927 zum Beispiel – oft als Kuriosum aufgeführt – war ein Reichsgesetz und schrieb untere Gesundheitsbehörden zur Ausführung seiner Bestimmungen vor, die in der Mehrzahl aber noch gar nicht vorhanden waren. Das Preußische Innenministerium war seit 1934 mit dem RMdI zusammengelegt, deshalb stammen eine Reihe wichtiger Erlasse aus dem RuPrMdI.

Die Geschäftsführung jedes einzelnen Gesundheitsamtes (§ 10 1.DVO, §§ 78-82 3.DVO) unterlag reichsweit allgemeinen Vorschriften für den amtlichen Schriftverkehr, die Geschäftsbücher (Reisetagebuch, Terminkalender, Inventarverzeichnis, Aktenverzeichnis, Gebührenverzeichnis und bestimmte Übersichten), für die Listenführung, die Registratur bis hin zu Postsendungen. Es gab einheitliche Formbogen und Listen für die einzelnen Aufgabenbereiche. Neben den bereits reichsweit vorgeschriebenen Formbögen für die ärztlichen Untersuchungen für Siedler, für *Eheeignung* und den vielen Formularen für das Zwangssterilisationsverfahren wurde speziell im Zusammenhang mit der Reform 1935 die *(Erb-)Karteikarte* und die *Sippentafel* entwickelt. Mit Erlaß des *Blutschutz-* und des *Ehegesundheitsgesetzes* kamen weitere Formulare für die ärztliche Untersuchung hinzu, desgleichen für die amtsärztliche Untersuchung und Begutachtung von Kindern und Eltern für die ab 1935/36 gezahlten Kinderbeihilfen. Nach und nach folgten reichsweit vorgeschriebene Untersuchungsbögen für einzelne Fürsorgezweige, so beispielsweise 1937 ein »Formular für Zeugnisse zur Einleitung eines Heilverfahrens oder zur Gewährung einer Notstandsbeihilfe bei Tuberkuloseerkrankten«.[49] Für die Schulgesundheitspflege wurde 1940 in Zusammenarbeit mit der HJ ein einheitlicher *Jugendgesundheitsbogen* vorgeschrieben[50], 1942 ein *Gesundheitsbogen für Säuglinge und Kleinkinder* »zur Vereinheitlichung der Vorsorge und Fürsorge für den Säugling und das Kleinkind in allen Beratungsstellen für Mutter und Kind, Säuglingsfürsorgestellen und entsprechenden Einrichtungen«.[51] Schließlich bestimmten Erlasse zwingend oder fakultativ vom Gesundheitsamt zu beziehende Bücher und Zeitschriften.[52]

Vorgeschriebene einheitliche Berichtspflichten mit bestimmten Fristen, die über die Mittelinstanz an das RMdI oder das Reichsgesundheitsamt weitergeleitet werden mußten, darunter auch Daten für die Medizinalstatistik und den Jahresgesundheitsbericht[53], waren ein weiteres Element der Vereinheitlichung. 1938/39 existierten hier an die 50 Formbogen, allerdings noch keine allgemeinverbindlichen für jeden Bereich der Gesundheitsfürsorge. Hier waren »noch verschiedenste aus der Entwicklung der Arbeit heraus entstandene Muster in Gebrauch«.[54] Ebenfalls auf einem einheitlichen Formbogen hatten die Amtsärzte *Monatsbericht(e) über die Durchführung des*

Gesetzes zur Verhütung erbkranken Nachwuchses, des Ehegesundheitsgesetzes und des § 6 der 1.*Verordnung zum Blutschutzgesetz* an den Regierungspräsidenten bzw. die Landesregierung einzureichen, die von diesen binnen zehn Tagen an das RMdI weiterzuleiten waren. Hier mußten sie Zahlenangaben machen über Sterilisationen und Sterilisationsverfahren, getrennt nach Männern und Frauen, über eugenische Schwangerschaftsabbrüche, über bei Sterilisationen und Abtreibungen aus eugenischen Gründen »eingetretene Todesfälle«, über Schwangerschaftsabbrüche aus gesundheitlichen Gründen sowie über angezeigte Fehl- und Frühgeburten, schließlich über Ehetauglichkeitsuntersuchungen, dabei ausgestellte und verweigerte Zeugnisse, unterteilt nach rassischen und eugenischen Ablehnungsgründen, bei letzteren, aufgrund welchen gesetzlichen Ehehindernisses. Diese Zahlen erschienen nie im Jahresgesundheitsbericht, weil sie der Geheimhaltung unterlagen.[55] Außerdem existierten reichsweit gleiche Aufsichtsbestimmungen für die Länder bzw. Provinzen über die Gesundheitsämter.[56] Schließlich war die Etablierung eines Gesundheitsamtes in jedem Kreis selbst ein Schritt zur Angleichung der unterschiedlich ausgeprägten Infrastrukturen des öffentlichen Gesundheitswesens einzelner Länder, Regionen und Kommunen, besonders der Differenzen zwischen Stadt und Land. Das GVG schuf die Voraussetzung für die Medikalisierung »rückständiger« bzw. bisher von ärztlicher Überwachung freier geographischer wie lebensweltlicher Bereiche.[57]

Nach diesem Überblick über die Verflechtungen der Gesundheitsämter im Verwaltungsgefüge sollen nun einige Aspekte ihrer internen Struktur im Mittelpunkt stehen, soweit sie Ehe, Sexualität und Familie betreffen. Zugleich soll damit ein Stück weit die in der bisherigen Forschung zu wenig beachtete Komplexität der Arbeit der Gesundheitsämter sichtbar werden. »Mit der Durchführung der Erb- und Rassenpflege sind dem Gesundheitsamt ganz neue Aufgaben übertragen worden, die wohl die bedeutendsten sind, die es zu erfüllen hat. Hier entscheidet der Amtsarzt nicht nur über das Wohl und Wehe einer Person, sondern über das Wohl und Wehe der deutschen Zukunft überhaupt«, schrieb Arthur Gütt 1939.[58] Die bedeutendsten, nicht die einzigen Aufgaben, denn wiewohl die »Erb- und Rassenpflege« programmatisch wie praktisch im Zentrum seiner Tätigkeit standen, war das Gesundheitsamt durch Umfang und Inhalt seiner Aufgabenfelder mehr als »Erbpolizei«, wenngleich die Tätigkeit der Beratungsstelle für Erb- und Rassenpflege als solche wahrgenommen wurde.[59] Wenn in der neueren Forschung betont wird, es sei vor allem Erfassungsinstrument für die Zwangssterilisation gewesen,[60] ist das zwar richtig, doch kommen die darin verwickelten, zugleich aber auch selbständige Ziele anstrebenden Zweige der Gesundheitsfür- und -vorsorge zu kurz. Die »Erfassung zur Vernichtung« (Roth) folgte einer immanenten Logik, und für hunderttausende Männer, Frauen und Kinder beinhaltete die

Erfassung in der Tat die physische oder psychische Vernichtung. Aber nicht jede »Erfassung« führte zur »Vernichtung« – und trotzdem geschah sie. Auf der anderen Seite schildern etwa Labisch und Tennstedt die Arbeit der Gesundheitsämter und die Probleme der Medizinalbeamten eher beschönigend, wiewohl sie nur einen Ausblick auf die Entwicklung geben, da ihr Untersuchungsgegenstand mit dem Erlaß des GVG abgeschlossen ist. Die Tatsache etwa, daß es großen Nachwuchsmangel bei den Amtsärzten gab, enthebt nicht von der Verantwortung für ihre Handlungen. Noch in den Sechziger Jahren sahen die Sozialmediziner Hans Schaefer und Maria Blohmke das Gesetz von 1934 völlig unabhängig von seinem nationalsozialistischen Entstehungszusammenhang.[61]

Das Gesundheitsamt – ein Amt mit weitreichenden Vollmachten, ausgestattet mit einem Dienstsiegel als Zeichen öffentlich-rechtlicher Hoheit – war zum einen einer großen ärztlichen Praxis vergleichbar, zum anderen einem Büro. Wie eine ärztliche Praxis verfügte es über alle Insignien, Einrichtungsgegenstände und diagnostischen Hilfsmittel, die sie zu einer solchen machten: angefangen von Arztmänteln über Schnepper zur Blutentnahme, Gefäße, Pipetten, sterile Wattebäusche, Stethoskop, Röntgenapparat, Babywaagen und viele andere Meßgeräte, bis hin zum »Untersuchungsdivan mit verstellbarem Kopfteil und Beinhaltern« oder einem ähnlich gebauten Untersuchungsstuhl, also auch für gynäkologische Untersuchungen geeignet, um hier nur einiges zu nennen; ebenso ein Photoapparat, ein aus der Anthropologie übernommenes »ärztliches Arbeitsmittel«, welches vor allem für die Untersuchungen auf *Ehetauglichkeit* und für die Überwachung von Prostituierten eingesetzt wurde: zur Herstellung »einwandfreier Gesichtsbilder von vorn und von der Seite«.[62]

Die im Gesundheitsamt Tätigen waren in der Mehrzahl medizinisch ausgebildet: es waren wenigstens zwei hauptberufliche Ärzte (Amtsarzt und stellvertretender Amtsarzt mit amtsärztlicher Prüfung – Ausnahmen waren möglich) sowie in der Regel für einzelne Zweige der Gesundheitsfürsorge angestellte vollbeschäftigte oder nebenberufliche sog. Hilfsärzte (Fürsorgeärzte): Fachärzte für Tuberkulose, Orthopädie etc.; für die Mütterberatung: Frauenärzte, Kinderärzte, auf dem Land oder wo keine Fachärzte vorhanden waren, auch niedergelassene Ärzte (Hausärzte) als Hilfsarzt, auch in ihrer Eigenschaft als zugelassene Ärzte des Amtes für Volksgesundheit der NSDAP, mehrere Gesundheitspflegerinnen (Fürsorgerinnen), eine medizinisch-technische und/oder eine Röntgenassistentin, Säuglingsschwestern bzw. Hebammen, ein Gesundheitsaufseher (Desinfektor), eventuell Medizinalpraktikanten und Gesundheitspflege-Praktikantinnen; außerdem Bürokräfte wie »Karteiführer« in großen Gesundheitsämtern und »Schreibhilfen« – je nach Einwohnerzahl und Finanzkraft des Bezirks.

Das ganze Amt sollte in einem Gebäude untergebracht sein: Arbeits- und Untersuchungszimmer für den Amtsarzt, den stellvertretenden Amtsarzt – jeweils auch als »Raum für die Eheberatung« (Beratungsstelle für Erb- und Rassenpflege) zu nutzen – und jeden vollbeschäftigten Hilfsarzt, ein Zimmer für eine bis höchstens drei Gesundheitspflegerinnen, technische und /oder Röntgen-Assistentinnen, Gesundheitsaufseher und Bürokräfte, Wartezimmer und Labor. Für die Tuberkulosefürsorge waren, nebst Röntgenraum und Dunkelkammer, Warte- und Untersuchungszimmer möglichst mit separatem Eingang einzurichten, für die Säuglings- und Kleinkinderfürsorge – sofern sie zentral im Gesundheitsamt erfolgte – ein zusätzlicher Raum zum Unterstellen der Kinderwagen. Offenbar wurden Säuglingsfürsorgesprechstunden auch dezentral in Schulen abgehalten; die Schwangerenberatung fand – regional unterschiedlich – auch in Krankenhäusern statt.[63] Die Schwangerenberatung galt als Aufgabe der Mütterberatung, schwangere Frauen als »werdende Mütter«. Zur Zwangsarbeit verpflichtete Frauen aus den besetzten osteuropäischen Ländern, die schwanger wurden, waren allerdings in dieser Diktion keine »werdenden Mütter«, sondern »fremdvölkische Schwangere«, für die nicht der geringste gesetzliche Mutterschutz galt. Ihnen wurde die Vornahme einer Abtreibung (»rassische Indikation«) nahegelegt, sofern der »Erzeuger« kein Deutscher war. Wo dies keinen Erfolg hatte, wurden die geborenen Kinder häufig weggenommen und gesondert untergebracht. In diesen »Kinderpflegestätten« ließ man sie verhungern, d.h. tötete sie. Zentrales Anliegen der Schwangerenberatung des Gesundheitsamtes war umgekehrt in erster Linie die »Abtreibungsvorbeugung« für Frauen, die als »wertvoll« klassifiziert wurden. Eignungsprüfer der SS entschieden im Gesundheitsamt über die »rassische Indikation« für Abtreibungen bei »fremdvölkischen« Zwangsarbeiterinnen.[64]

In jedem Gesundheitsamt sollten nach § 7 2.DVO »die für seine Ermittlungen und Feststellungen erforderlichen physikalischen, chemischen und mikroskopischen Untersuchungen zweckmäßig ausgeführt werden können.«[65] An »einfachere(n) Untersuchungen …, wie sie z.B. auch von einem Allgemeinpraktiker selbst vorgenommen werden können«, sollten möglich sein: Urinuntersuchungen, Untersuchungen von Abstrichen auf Tuberkelbazillen und Gonokokken, Dunkelfelduntersuchungen, Feststellung der Blutsenkungsgeschwindigkeit, Blutbilduntersuchungen und dergleichen.[66] Für kompliziertere Untersuchungen wie die Wassermannsche Reaktion und Blutgruppenbestimmung sollten zunächst mit Krankenhäusern Verträge abgeschlossen oder gemeinsam mit einem benachbarten Gesundheitsamt ein Labor eingerichtet werden, sowie die Landes-Medizinaluntersuchungsämter zuständig sein. Die Vorschrift der 2.DVO von 1935, daß ein Laboratorium nicht für jedes Gesundheitsamt zwingend sei, sei überholt, hieß es nur wenige Jahre später. Zwar sollten sich »kleine Gesundheitsämter nicht mit Einrichtungen belasten, die sie nur gelegentlich (benötigten)«; andererseits aber war es ehrgeiziges Ziel des Gesetzes, »*Musteruntersuchungsanstalten* zu schaffen, um sich das Vertrauen der Bevölkerung, der praktischen Ärzte und der Behörden zu sichern«.[67]

Im Gesundheitsamt wurde nur ärztlich untersucht, beraten, ermittelt oder begutachtet, nicht aber behandelt oder eine individuelle Heilbehandlung eingeleitet, z.B. keine Arzneimittel verordnet oder ausgegeben. Im Krankheitsfall überwies der Hilfs- (d.h. Fürsorge-) oder Amtsarzt den/die Patient/in zu einem niedergelassenen Arzt. Darin unterschieden sich Gesundheitsamt und Arztpraxis.[68] Vor allem unterschieden sie sich jedoch dadurch, daß im Bereich der gesundheitlichen Vorsorge die Mehrheit der Klientel der gesundheitsamtlichen Beratungsstellen gesund und nicht krank war. Alle Vorsorgebereiche der damaligen Präventivmedizin betrafen nicht zufällig Frauen und ihre Arbeit als Mütter in der Schwangeren-, Säuglings-, Kleinkinder-, Schulgesundheitsfürsorge und Mütterberatung. Die Geschlechtskrankenfürsorge stellt einen Grenzfall dar zwischen den Geschlechtern sowie zwischen Vor- und Fürsorge, also gesunden und kranken »Patient/innen«, denn hier trafen sich HwG-Kontrolle von Frauen als möglicher »Ansteckungsquelle« als Präventivmaßnahme – von Männern war als »Infektionsquelle« nie die Rede, und sie wurden als solche auch nicht verfolgt – mit der geschlechtsspezifisch differenten Überwachung bereits geschlechtskranker Männer und Frauen. Ein anderer Grenzfall war die Eheberatung. Die beiden letzteren Zweige gehören spiegelbildlich zusammen.[69] Die reichsweite Etablierung von Gesundheitsämtern sorgte auch mit dafür, daß die Assoziation von Arzt und Krankheit sich für bestimmte Bereiche aufzulösen begann durch individuelles Fragen nach der eigenen oder der Kinder »Gesundheit«, die vom Arzt bestätigt werden sollte, ohne daß Zeichen von Krankheit vorhanden waren.

Als Büro basierte das Gesundheitsamt auf der Verschriftlichung aller Vorgänge und ihrer Ablage in Akten – »von allen Berichten und sonstigen Schreiben ist ein Konzept für die Akten des Gesundheitsamtes zurückzubehalten«[70], heißt es in den Gesetzeserläuterungen –, vor allem aber auf der Registratur und ihrem Herzstück: der Erbkartei im Verbund mit den Sippenakten. Das »Geschäftszimmer des Gesundheitsamtes« – »nach Bedarf mehrere« – war neben Büromöbeln zu bestücken mit »1 verschließbaren Erbkarteischrank (oder -Trog oder -Kasten), ... 1 Aktenschrank (-schränken), 1 Registraturschrank (-schränken), 1 verschließbaren Schrank für Sippenakten«. Auch Schreibmaschinen gehörten zum unerläßlichen Inventar eines Gesundheitsamtes; für das Ausfüllen der Karteikarten waren sogar die Schrifttypen vorgeschrieben (»nach Möglichkeit« Perlschrift). Der »Raumbedarf ... für Bürokräfte und Registratur, ... die Zahl und Größe der Räume (war) nach Bedürfnis und Zweckmäßigkeit zu bemessen.« Überdies sollte »der Raum, der für die Aufbewahrung der Erbkartei, der Sippentafeln und der Sterilisationsakten vorgesehen wird, ... feuerhemmend hergerichtet werden.«[71] Ein Erlaß aus dem Zweiten Weltkrieg schließlich bestimmte, daß diese Unterlagen auch gegen Brand- und Löschwasserschäden geschützt aufbewahrt werden müßten. Diese Vorsichtsmaßnahmen zeugen von der absoluten Wichtigkeit der Erbkartei und der Sippenregistratur für die gesamte Arbeit in den Gesundheitsämtern.[72]

Die Bürokratie des Gesundheitsamtes war von den ärztlichen Untersuchungen nicht zu trennen, ja, die gesamte ärztliche Tätigkeit ohne die Übertragung ihres Resultats in ein übersichtliches System von Karteikarten und Akten galt fast nichts:

> »Die Einrichtung und Führung einer Registratur ... ist für die Tätigkeit des GesAmtes von grundlegender Bedeutung; denn auch die eingehendste ärztliche Arbeit verliert sonst zu einem nicht geringen Teil ihren Wert.«[73]

Diese Aussage ist erstaunlich. Um sie verstehen zu können, müssen wir uns zunächst kurz der Frage nach den »ärztlichen Aufgaben« zuwenden. In den Erläuterungen zum GVG definierte Gütt sie in Abgrenzung gegenüber wirtschaftlichen Aufgaben der kommunalen Wohlfahrts- und Jugendpflege sowie der ehemals oft darin integrierten kommunalen Gesundheitsfürsorge als solche, »bei denen der Schwerpunkt der Ausübung in der ärztlichen Tätigkeit liegt, wie z.B. ärztliche Untersuchung, Beratung, Ermittlung, ärztliche Für- und Vorsorge oder ärztliche Begutachtung und Aufsicht über die Durchführung gesetzlicher Bestimmungen auf dem Gebiete des Gesundheitswesens. Eingeschlossen(!, GC.) ist hierbei jede Tätigkeit von Hilfspersonen des GesAmts, die der Erfüllung obiger Verpflichtung dient«.[74] »Ärztliche Aufgaben« erfüllten damit nicht allein die Ärzte, sondern praktisch alle im Gesundheitsamt Tätigen; das »nichtärztliche Personal« jedoch ausdrücklich als »ärztliche Hilfskräfte«. »Die beim Gesundheitsamt beschäftigten Gesundheitspflegerinnen«, hieß es in den Vorschriften, »haben durch Hausbesuche und Hilfe in den Beratungsstunden die Ermittlungen und Feststellungen zu unterstützen und beratend einzugreifen. Sie können, ebenso wie das übrige ärztliche Hilfspersonal, nebenher zu Büroarbeiten des Gesundheitsamtes herangezogen werden.«[75] In der Rolle der Bürokratie schließlich ist ein weiterer Unterschied zwischen Arztpraxis und Gesundheitsamt zu sehen. In einer Arztpraxis dient sie vor allem als Grundlage für die Abrechnung, also der Betriebswirtschaft. Bei Verlust der Unterlagen etwa wären in erster Linie das »Geschäft kaputt« und einige Informationen dahin, aber niemals die bereits geleistete ärztliche Arbeit (auch aus der Perspektive der Patienten) »wertlos« oder »umsonst« gewesen. Die »Einrichtung und Führung einer Registratur«

im Gesundheitsamt hingegen hatte eine andere Funktion: sie war »ärztliches Arbeitsmittel« der einzelnen Fürsorgezweige, vornehmlich jedoch der »Beratungsstelle für Erb- und Rassenpflege«. Nur so ist die sonst unverständliche Erklärung Gütts zu begreifen, daß die ärztliche Arbeit an Wert verliere ohne Registratur.

»In der Kartei«

»Beratungsstelle für Erb- und Rassenpflege«: Erbkartei, Sippenregistratur und Ehepolitik

I

»Erb- und Rassenpflege einschließlich Eheberatung« wurde zum einen als Fürsorgezweig mit einer eigenen Beratungsstelle etabliert, in der ein- oder zweimal wöchentlich Sprechstunden abzuhalten waren. Neben dem leitenden Arzt sollte mindestens eine Gesundheitspflegerin daran teilnehmen. Die Tätigkeit dieser *Beratungsstelle* – die ihren Namen im Wortsinn nicht verdient, denn um sich freiwillig beraten zu lassen, kam kaum jemand dorthin –

zielte auf die Ermittlung und Beurteilung des »Erbwerts« einer Person, um entsprechende Maßnahmen zu verfügen oder zu empfehlen. Sie unterschied sich von der Arbeit aller anderen Für- und Vorsorgezweige dadurch, daß sie ihre Diagnosen durch den Zugriff auf die Familienmitglieder eines Menschen gewann: »Im Gegensatz zu den bisherigen Beratungsstellen z.B. für Tuberkulöse, Geschlechtskranke usw. hat die Beratungsstelle für Erb- und Rassenpflege neben dem augenblicklichen Gesundheitszustand des zu Beratenden vor allem seine Erbbeschaffenheit zu erforschen«, heißt es in den vom RMdI für die Errichtung und Tätigkeit der Beratungsstellen erlassenen *Grundsätzen*.[76] Dazu sei es »notwendig, sich zu unterrichten, ob in der Sippe des Betreffenden Erbkrankheiten … oder besonders vortreffliche Eigenschaften … vorgekommen« seien. »Das Zusammenstellen der hierfür notwendigen Personalangaben, der erbbiologischen sowie sonstigen medizinischen Tatsachen« erfolge durch Aufstellen einer *Sippentafel*. Zur Überprüfung der Angaben »des zu Beratenden« über seine Familie – ob nicht etwa ein krankes Familienmitglied verschwiegen wurde – sollten u.a. Auskünfte bei staatlichen und kommunalen Behörden sowie Organisationen der NSDAP eingeholt werden, außerdem bei Ärzten, Krankenhäusern, Anstalten oder sonstigen Stellen.[77] Nur auf diese Weise werde es möglich sein, bisher aufgetretene Mängel zu beseitigen, die sich bei der Begutachtung der Ehestandsdarlehensbewerber und der Siedler gezeigt hätten, heißt es in den *Grundsätzen* weiter, und: So werde »z.B. durch die Erforschung der Sippen von Personen, die aufgrund des GzVeN gemeldet sind, sowohl Material zur restlosen Klärung des einzelnen Falles beschafft als auch die Erfassung der sonstigen erbkranken Sippenangehörigen ermöglicht werden.«[78] § 53 der Dienstordnung, der die Sammlung der »bei den Gesundheitsämtern vorhandenen Untersuchungsergebnisse und Vorgänge … in einer erbbiologischen Kartei« vorschrieb, stellte auch den Zusammenhang mit der sich entwickelnden Humangenetik her: »Im übrigen sollen die Beratungsstellen für Erb- und Rassenpflege die wissenschaftliche Erbforschung nach Möglichkeit unterstützen«.[79]

Die *Beratungsstelle für Erb- und Rassenpflege* war Ort der genuinen Selektion: Auf Basis der hier stattfindenden rassischen, eugenischen und gesundheitlichen Überprüfung durch *Untersuchung* und *Ermittlung* erfolgte die »Förderung erbgesunder Personen« durch Ehestandsdarlehen, Siedlerstellen, einmalige Kinderbeihilfen, Ausbildungsbeihilfen, das *Ehrenkreuz der deutschen Mutter*, gelangten »erbgesunde und rassenreine« Kinder und Erwachsene zur »Wohltat der Adoption« oder Einbürgerung. Dem stand außer der amtsärztlichen Entscheidungsgewalt, dies alles zu versagen, die Macht zur »Aufstellung verschiedener Ehehindernisse« und »Fernhaltung fremdrassigen Blutes« gegenüber, hatte der Amtsarzt die zentrale Rechtsposition inne hinsichtlich der Einleitung des Verfahrens auf »Unfruchtbarmachung erbkranker

Personen«, stand die Tätigkeit als Sterilisationsrichter in beiden Instanzen der *Erbgesundheitsgerichtsbarkeit* sowie die Durchsetzung eines Zwangssterilisationsbeschlusses, auch mit Hilfe der Anordnungsbefugnis einer polizeilichen Einweisung ins Krankenhaus. Ferner hatte der Amtsarzt als Leiter der *Beratungsstelle für Erb- und Rassenpflege* zu »bescheinigen, ob die Entfernung der Keimdrüsen beim Manne notwendig ist, um ihn von einem entarteten Geschlechtstrieb zu befreien« – d.h. die Kastration bei vom »Normalen« abweichenden, insbesondere homosexuellen Männern zu befürworten. Schließlich hatte er die ab 1935 meldepflichtigen Anzeigen über Fehlgeburten, Frühgeburten und Schwangerschaftsabbrüche aus gesundheitlichen Gründen zu sammeln und neben der Monatsberichterstattung an das RMdI für die eigene Praxis auszuwerten.[80] Alles dies gehörte zu dem in der 1.DVO § 4 erläuterten *Aufgabengebiet des Gesundheitsamtes der Erb- und Rassenpflege einschließlich Eheberatung*:

»Das Gesundheitsamt hat die natürliche Geburtenbewegung in seinem Bezirk zu verfolgen, das wertvolle Erbgut in in unserem Volke zu pflegen und hierauf insbesondere bei der Eheberatung zu achten. Es hat die im Gesetz zur Verhütung erbkranken Nachwuchses dem beamteten Arzt übertragenen Aufgaben zu erfüllen und bei der Bekämpfung des Geburtenrückganges nachdrücklich mitzuwirken«.[81]

Der Besondere Teil der Dienstordnung schrieb hierzu u.a. vor:

»Das Gesundheitsamt hat den Willen zum Kinde in der erbgesunden Bevölkerung zu stärken; ungesetzliche Schwangerschaftsunterbrechungen hat es sofort zur Anzeige zu bringen.«[82]

Einen Einblick darüber, wie die »Bekämpfung des Geburtenrückgangs« durch die Auswertung der Fehlgeburtsanzeigen aussehen konnte, vermittelt die Rede des Dortmunder Amtsarztes Dr.Wollenweber *Das Gesundheitsamt im Kampfe gegen den Geburtenschwund*,[83] die er auf der fünften Reichstagung der Wissenschaftlichen Gesellschaft der deutschen Ärzte des öffentlichen Gesundheitsdienstes im Frühjahr 1939 in Bad Ischl hielt. Sie ist einen kleinen Exkurs wert.[84] Wollenweber bestellte die aufgrund der *Meldepflicht für Fehlgeburten* angezeigten und damit einer möglichen Abtreibung verdächtigen Frauen ins Gesundheitsamt, versuchte, aus ihnen nähere Angaben herauszubringen, »belehrte sie eingehend«, besprach mit jeder von ihnen »die Fehlgeburtenfrage« und überwies sie manchmal auch an den Frauenarzt. Einfach war der Nachweis eines möglichen Abortes nicht, mußte er zugeben; die bestellten Frauen schwiegen sich offenbar – verständlicherweise – aus. Die gynäkologische Untersuchung könne bei gut ausgeführten illegalen Abtreibungen zu keinem eindeutigen Ergebnis führen, wenn der Eingriff schon einige Zeit zurückliege, gab er zu bedenken. Deshalb plädierte er für einen Arzt bei jedem Gesundheitsamt, »der gynäkologisch untersuchen, diagnostizieren und werten kann und der mit den Frauen umzugehen versteht, sowohl für alle Fragen der Ehegesundheit und Ehestandsdarlehen, – wie erst recht zur Bekämpfung der Abtreibungsseuche und als wichtigsten Faktor in der Bevölkerungspolitik«.[85] In bestimmten Fällen schaltete er die Kriminalpolizei ein, die »dem Abtreiber« das Handwerk legen sollte. Als größeres Problem jedoch galt ihm die Zunahme der Selbstabtreibungen – eine plausible Folge der durch die Meldepflicht und z.T. polizeilich verschärfte Verfolgung von Abtreibungen – die Frauen aus eigenem Entschluß gegen den Willen von Staat und Medizin praktizierten, im Gegensatz zu staatlich erzwungenen Abtreibungen aus eugenischen und rassischen Gründen.[86] Die Meldepflicht für Fehlgeburten sowie die Erstellung eines Fruchtbarkeitskatasters im Gesundheitsamt, in dem jede »sterilisierende« Operation an jeder Frau im Einzugsgebiet zu verzeichnen war, gleichgültig, ob aufgrund einer angeordneten Zwangssterilisation oder als therapeutische Maßnahme im Zusammenhang etwa mit einem Uterusmyom,[87] müssen als Höhepunkte der Verstaatlichung und »Veröffentlichung« der Gebärmütter auf medizinischer Grundlage bezeichnet werden. Sie machen, zusammen mit den in dieser Arbeit im Mittelpunkt stehenden ärztlichen Untersuchungen vor der Eheschließung, den qualitativ neuen Zugriff auf den Körper besonders der Frauen deutlich.

»Verständnisvoll und sachlich wird Rat und Hilfe erteilt«

II

Erb- und Rassenpflege war nicht nur Angelegenheit einer einzelnen gesundheitsamtlichen Beratungsstelle. »In allen Zweigen der Gesundheitsfür- und -vorsorge sind die Grundsätze der Erb- und Rassenpflege zu beachten«, hieß es in § 6 der 2.DVO; dabei sei »auf die Beseitigung gesundheitlicher Gefahrenquellen in der Umwelt Gewicht zu legen«.[88] *Erb- und Rassenpflege* begründete also auch den Blickwinkel, unter dem die gesamte »Arbeit am einzelnen Menschen« im Gesundheitsamt stehen sollte.[89] Auf der Dienstversammlung der preußischen Medizinalräte und -dezernenten im Februar 1935, die ganz im Zeichen der kommenden rassistischen Reform des öffentlichen Gesundheitswesens stand, betonte Herbert Linden, daß es nicht möglich sei, die »rassenhygienische Betrachtungsweise« bei den »bisher als sozialhygienisch bezeichneten« Arbeiten des Gesundheitsamtes außer Acht zu lassen: »die Schulgesundheitsfürsorge, die Mütter- und Kinderberatung (sic! GC.), die Fürsorge für Tuberkulöse, Geschlechtskranke, körperlich Behinderte, Sieche und Süchtige (müssen) in rassenhygienischem Geiste betrieben werden«.[90] Er warnte vor der »Gefahr« – und sah hier häufige Verstöße –, daß »besonders in spezialistisch betriebenen Fürsorgezweigen« der »rassenhygienische Geist« häufig »hinter Gesichtspunkte des Fachgebiets zurücktrete«. Die von den Nationalsozialisten zur Staatsdoktrin erklärte »selbstverständliche Forderung« hingegen war:

»Die Fürsorge soll sich … nicht darin erschöpfen, alles Schwache hochzupäppeln und den Minderwertigen möglichst jede Verantwortung abzunehmen, sondern sich auch die Förderung der Gesunden und insbesondere der erbgesunden, kinderreichen Familie angedeihen lassen«.[91]

Damit kündigte sich eine andere Gangart in der Gesundheitsfürsorge an. Wie sehr diese jedoch auch von der menschlichen wie professionellen Einstellung derjenigen abhängig war, die hier arbeiteten, zeigt Lindens Beschwörung, mit der (bloßen) Einrichtung einer Abteilung für Erb- und Rassenpflege im Gesundheitsamt allein sei nichts gewonnen, wenn nicht *alle* am Gesundheitsamt tätigen Personen ihre Aufgabe auch »von der rassen- und erbpflegerischen Seite« betrachteten.[92] Neben dem »neuen Geist« in der Gesundheitsfürsorge legte Linden den versammelten Medizinalbeamten weitere »Beziehungen zwischen der Erb- und Rassenpflege und den sozialhygienischen Arbeitsgebieten« dar, »nämlich (die) Beibringung des für die Arbeit auf erbpflegerischem Gebiet unbedingt notwendigen Unterlagenmaterials. Jede Beratung in der Fürsorgesprechstunde und jeder Hausbesuch müssen dazu ausgenutzt werden, das für die Beurteilung des Erbwerts der einzelnen Familie notwendige Material zusammenzutragen.«[93] Auch Gütt wies einige Monate später auf der ersten Tagung der Wissenschaftlichen Gesellschaft der deutschen Ärzte des Öffentlichen Gesundheitsdienstes auf diesen zentralen Punkt hin:

»Jede Beratung in den Fürsorgestellen, alle Ermittlungen und Untersuchungsergebnisse werden dazu ausgenützt werden müssen, um eine allmähliche erbbiologische Bestandsaufnahme der Bevölkerung und eine Beurteilung des Erbwertes von Personen und Sippen zu ermöglichen.«[94]

Daß diese programmatischen Erklärungen – niedergelegt als Aufgaben des Gesundheitsamtes in den Durchführungsverordnungen – auch umgesetzt wurden, belegen Aussagen wie z.B. die folgende über Säuglingsfürsorge von 1938:

»Schließlich bietet die Säuglingsfürsorge, insbesondere der erste Hausbesuch der Gesundheitspflegerin, eine willkommene Gelegenheit, sich in zwangloser Weise von den erbbiologischen Verhältnissen der Familie ein Bild zu machen. Während der Besuch der Gesundheitspflegerin, wenn er lediglich zur Feststellung einer Erbkrankheit erfolgt, meist nicht gern gesehen ist und infolge ablehnenden Verhaltens der Befragten oft nicht zu dem gewünschten Resultat führt, werden die Ermittlungen eher von Erfolg sein, wenn sie sich unauffällig an eine vorherige wirkliche Beratung der Mutter anschließen, die dieser auch etwas Positives gibt.«[95]

Für »die in der Außenfürsorge beschäftigten Fürsorgekräfte« wurde 1942 reichseinheitlich ein Besuchsbogen zugleich mit dem vorgeschriebenen Gesundheitsbogen für Säuglinge und Kleinkinder empfohlen, »aus denen die notwendigen Vermerke auf den Gesundheitsbogen zu übertragen« waren.[96] Ein Überblick über die Arbeitsbereiche der Gesundheitsämter macht deutlich: Im Nationalsozialismus erfolgte keine Aufhebung der Gesundheitsfürsorge, sondern ihre differenzierte und im Sinne der Selektion funktionale Fortführung.

»Adoptionsberatung – gleichfalls eine der wichtigen Aufgaben des Amtes«

III

Die Integration der Rassenhygiene als *Erb- und Rassenpflege* in das öffentliche Gesundheitswesen geschah nicht nur durch die Einrichtung einer eigenen Beratungsstelle mit ihren spezifischen Aufgaben und den neuen selektiven Praktiken in allen Fürsorgebereichen. Sie bestimmte außerdem die Struktur der gesundheitsamtlichen Bürokratie. Wurde in der neueren Forschung über die *Erbbestandsaufnahme* berichtet, so galt das Interesse vornehmlich ihrem Erfassungscharakter[97] und der durch sie vermittelten Instrumentalisierung der Gesellschaft zum »Großlabor«.[98] Weniger Beachtung fanden *Erbkartei* und *Sippenregistratur* als organisatorisches und funktionelles Rückgrat der alltäglichen Arbeit eines jeden Amtes und ihr formaler Aufbau. Das Charakteristische war, daß es sich hier weder um bloße Individualkarteien, noch um Datensammlungen über bestimmte soziale Klassen handelte. Die *Erbbestandsaufnahme* beinhaltete beides und ging zugleich darüber hinaus: Sie bildete als *Sippenregistratur* die internen Verwandtschafts- und Familienstrukturen ab.[99] Nur auf dieser Basis konnte überhaupt die während des Nationalsozialismus geradezu inflationäre Verwendung des Wortes »erbbiologisch« Sinn machen: Die Bewertung des Individuums erfolgte nicht isoliert, sondern im Kontext der Erfassung und Bewertung der Familienmitglieder. Dieser Aspekt erscheint mir außerordentlich wichtig. *Erbbiologie* bestimmte nicht nur das Denken und die Arbeit im Gesundheitsamt, sondern war ebenso Muster seiner Organisationsstruktur. Diese war untrennbar mit der Abwicklung und Durchführbarkeit der Ehe- und Sexualkontrollen verknüpft. Es ist kein Zufall, daß im medizinisch-juristischen Gesetzeskommentar zum *Blutschutz- und Ehegesundheitsgesetz* die grundlegenden Erlasse und Vorschriften über die *Beratungsstellen für Erb- und Rassenpflege* sowie das *Rundschreiben des RMdI betr. Richtlinien für die ärztlichen Untersucher der Ehestandsdarlehensbewerber vom 16. März 1934* abgedruckt sind sowie ausführliche Erläuterungen für die Eheberatung gegeben wurden: Die nationalsozialistischen Gesundheitsämter setzten in der *Beratungsstelle für Erb- und Rassenpflege* das moderne vererbungstheoretische Paradigma praktisch um, bis hin zum Einsatz des wichtigsten Arbeitsmittels der naturwissenschaftlichen Familienforschung, der *Sippentafel*.[100] Die Grundelemente dieser *erbbiologischen* Organisationsstruktur und ihre Umsetzung sollen im folgenden in Hinblick auf ihre Verknüpfung mit der Ehepolitik vorgestellt werden.

Die auszubauende Büroregistratur bestand aus drei miteinander vernetzten Systemen: Wohnortkartei, Geburtsortkartei und *Sippenregistratur*. Ihre beiden Grundbausteine waren *Karteikarte* und *Sippentafel*, die durch Zahlenverweise miteinander verbunden waren. Alle über »den« Untersuchten und »seine Sippenangehörigen erhobenen Tatsachen« waren in einer Karteikarte niederzulegen, für Männer auf grauer, für Frauen auf blauer leichter Pappe, beide mit Rotdruck, damit ein Überschreiben der vorgegebenen Spalten möglich war. Die erste grundlegende Klassifizierung war also die nach Geschlecht und drückte sich in der Farbe der Karte aus. Dann folgten feinere Ordnungsprinzipien. Die Karteikarte[101] führte am oberen Rand folgende gleichgeordnete Segmente auf: die Buchstaben des Alphabets, »Fürsorge«, »NA«, »Positive – Auslese – Negative«. Das Segment »Fürsorge« enthielt Kürzel für »Mütterberatung – Säuglingsfürsorge – Schulfürsorge – Fürsorgeerziehung – Tuberkulosefürsorge – Geschlechtskrankenfürsorge – Krüppelfürsorge – Psychopathen- und Geisteskrankenfürsorge – Trinkerfürsorge«. NA war die Abkürzung für »Nichtarier«. Die letzte Spalte »positive und negative Auslese« gab Kürzel an für »Bauernsiedler – Ehestandsdarlehen – Ehrenpatenschaft – Erb- und Eheberatung (EE) – Belastung mit Erbleiden – Kriminalität (auch Vorkommen von Kriminalität in der Sippe) – Erbkrank – Aussetzung eines auf Unfruchtbarmachung lautenden Erbgesundheitsgerichtsbeschlusses (Auss).«[102] Die Kürzel NA, EE und Auss waren fett umrandet, was auf ihre Wichtigkeit hinweist. Die Karteikarte ist ein weiterer sinnfälliger Beweis für die Integration von Erb- und Rassenpflege und Gesundheitsfürsorge. Sie enthält das Güttsche Konzept auf einem Stück leichter farbiger Pappe. Neben ihrer Funktion als *Suchkarte* für »alle Personen, mit denen sich das Gesundheitsamt eingehender befaßt hat«, sollte die Kartei eine *Übersicht* über die dabei angelegte Akte geben sowie als *Übersichtsplan* »für alle Maßnahmen (dienen), deren wichtigste durch Bereiterung der entsprechenden Felder des oberen Randes der Karteikarte fortlaufend verfolgt werden können (z.B. die Aussetzungen der gerichtlich angeordneten Unfruchtbarmachungen).«[103] Die Karte war zunächst für alle jene Personen anzulegen, die in der *Beratungsstelle für Erb- und Rassenpflege* untersucht und über die *ermittelt* wurde. Außerdem sollte sie als Grundkarte in jedem Zweig der Gesundheitsfürsorge eingeführt werden. Wo bereits mit Karteien gearbeitet wurde, sollten diese zunächst weitergeführt werden, wo Karteien neu aufgestellt werden mußten – dies war überall dort der Fall, wo ein Gesundheitsamt erstmalig eingerichtet wurde –, war von Beginn an die neue Karteikarte in jedem Fürsorgezweig zu verwenden. Bei Bedarf sollten zusätzliche Untersuchungsblätter angelegt werden. Die Gesundheitsämter wurden aufgefordert, bis zum 1.Mai 1936 »ueber die gemachten Erfahrungen zu berichten … und sich auch dazu zu äußern, bis zu welchem Termin alle bisher im Gesundheitsamt benutzten Karteisysteme auf das hier angegebene System umgestellt werden können.«[104] Ziel war, die Erbkartei sukzessive zur Zentralkartei eines jeden Amtes auszubauen.

Eine Zweitschrift der Karteikarte jeder Person war an das Gesundheitsamt des Geburtsorts einzusenden oder bei gleichem Wohn- und Geburtsort als getrennte *Geburtsortkartei* einzurichten. Diese bildete *Beginn und Grundlage der erbbiologischen Bestandsaufnahme der Gesamtbevölkerung* und hatte den Zweck der »Auskunfterteilung bei Eheberatungen, Anträgen auf Unfruchtbarmachungen usw.«[105]. Für im Ausland Geborene war das Reichsgesundheitsamt die zentrale Sammelstelle der Zweitschrift der Karteikarte. Eine Drittschrift mit Zählleiste sollte an das Reichsgesundheitsamt eingesandt werden[106], dies wurde später jedoch eingestellt.

Für jede Person, die mit der *Beratungsstelle für Erb- und Rassenpflege* zu tun hatte, war nicht nur die Karte, sondern auch eine *Sippentafel* anzulegen. Frauen und Männer, Mütter bzw. Eltern und Kinder, die nach dem Inkrafttreten des »Gesetzes über die Vereinheitlichung des Gesundheitswesens« mit dem Gesundheitsamt freiwillig oder unfreiwillig in Kontakt traten, sollten neben der körperlichen Untersuchung und Angaben über ihre eigene Vergangenheit Auskünfte über alle ihre Familienmitglieder geben.[107] Hatten Amtsarzt oder Fürsorgerin zuvor nur nach Angehörigen mit bestimmten Krankheiten oder Abweichungen gefragt,[108] so waren nun die Großeltern, eventuell auch die Urgroßeltern und »ihre sämtlichen Nachfahren« anzugeben, »soweit sie mit dem zu Beratenden bis zu einem Achtel blutsverwandt sind«.[109] Die Assoziation zur Definition des »Achteljuden« im *Blutschutz*-Gesetz stellt sich nicht von ungefähr her: In der Tat verknüpfen sich auch an dieser Stelle eugenischer und antijüdischer Rassismus. In die *Sippentafel* von 1935 sollten aufgenommen werden »die vier Großeltern des Prüflings, seine Eltern und deren Geschwister sowie deren Kinder, die Geschwister des Prüflings selbst und deren Kinder, ferner seine eigenen Kinder und Enkel«; Lebende – auch Verschollene und Uneheliche – und Verstorbene, bis hin zu den Totgeborenen und »Kleingestorbenen«. Die Struktur des jeweiligen Familienverbandes, seine Genealogie, geriet auf diese Weise überhaupt erst einmal in den amtsärztlichen und damit staatlichen Gesichtskreis. Auf der Sippentafel wurde »der zu Beratende« zum »Prüfling«; auf der »Übersichtstafel« zwischen der Urgroßeltern-, Großeltern- und Elterngeneration einerseits und der Kinder- und Enkelgeneration andererseits stand die »Prüflingsgeneration«. Zugleich wird sprachlich deutlich, daß hier von außen in den Familienverband eingegriffen wird. Das in der Begründung zum GVG angegebene Ziel, die Standesämter zu »Sippenämtern« umzubauen – was 1937 mit dem Personenstandsgesetz eingelöst wurde –, hängt damit engstens zusammen, theoretisch wie pragmatisch: Wenn *Abstammung* und *Vererbung* so wichtig wurden, mußten auch Daten jedes einzelnen Menschen im Familienzusammenhang registriert werden, sonst hätte man weitaus geringere Zugriffsmöglichkeiten gehabt, zumal im Lauf der Zeit die Klientel zu Recht immer mehr verschwieg, was ihr oder Familienangehörigen gefährlich werden könnte. Aber das war noch nicht alles. Die Angehörigen sollten auf der *Sippentafel* nicht nur in ihrem

Familienzusammenhang abgebildet, sondern als solche zum Gegenstand amtsärztlicher Bewertung gemacht werden. Darauf zielte das ganze gigantische Unternehmen. »Nach bestem Wissen und Gewissen« sollte »der Prüfling« folgende Aussagen über alle diese Verwandten machen: Geburts- und Vornamen; Verwandtschaftsgrad; Geburtsort und Kreis; Geburtsdatum; Religion (bei der Geburt); Eheschließung wann, wo, mit wem; Wohnort, Beruf; Sterbeort, Sterbedatum; Körperbautyp (nach Kretschmer), vorwiegender Rasseanteil; frühere und jetzige körperliche und seelische Erkrankungen, Todesursache; Charaktereigenschaften, auffallende Begabungen. Mit diesen Kategorien waren die Rubriken der »Sippentafel« überschrieben, die vom Personal des Gesundheitsamts auszufüllen waren.[110] Hierzu erklärte eine *Anleitung zur Ausfüllung der Sippentafel* mit minutiösen Vorschriften, daß »in der Spalte Körperbautyp ... die schlankwüchsigen, muskulösen und runden Formen sowie ihre Mischtypen zu verzeichnen« seien. Unter »Rassezugehörigkeit« sollte z.B. »nordisch, fälisch, westisch, ostisch, ostbaltisch, dinarisch« eingetragen werden, »jüdische, mongolische, negerische und andere Rassenmerkmale sind besonders hervorzuheben.« Ähnliche Erläuterungen gab es für die Spalten »Erkrankungen«, »Charaktereigenschaften« und »Auffallende Begabungen«.[111] Die in der *Sippentafel* zusammengestellten »Befunde« sollten in einer *Übersichtstafel* schnell überblickbar sein. Nicht von ungefähr waren hier mit besonderer Farbstiftkennzeichnung besonders hervorzuheben: Vorkommen von »Leiden« nach dem Sterilisationsgesetz, ergänzt um »Kriminalität«, »Psychopathie« und Selbstmord.[112] Bei den Angaben über die Familienmitglieder wie bei der »Vorgeschichte« der jeweils zu untersuchenden Person verließen sich die Konstrukteure der Kartei nicht allein auf Wissen und Gewissen der Klientel. »Sachliche Unterlagen zu erhalten durch« war eine bedeutsame Rubrik in der *Sippentafel*, die ab 1938 durch Aufnahme von Akten oder Abschriften in die *Sippenakte* möglichst gleich zur Hand sein sollten.

Es fällt nicht schwer, sich vorzustellen, daß eine solche kombinierte Individual- und Familienerfassung einen immensen Zeit- und Arbeitsaufwand bedeutete, der von den einzelnen Gesundheitsämtern sehr unterschiedlich bewältigt wurde. Im Sommer 1938, auf der *4.Reichstagung der Ärzte des öffentlichen Gesundheitsdienstes*[113], gab Dr. Vellguth, Mitarbeiter im RMdI, eine Übersicht über die *Erbbestandsaufnahme* der Gesundheitsämter in den ersten zwei bis drei Jahren ihrer Tätigkeit.[114] Er unterteilte sie in drei Gruppen, leider ohne Zahlenangaben. Eine ganze Reihe von Gesundheitsämtern hätten »in der Erbkartei und in der Sippenregistratur bereits gute Hilfsmittel für die praktische Arbeit, so daß schon nach der kurzen Zeit für neu auftretende Einzelfälle sich wertvolle Hinweise auf die Sippenzusammenhänge und erbliche Belastung« ergäben. Andere Ämter hätten sich nicht an die

Reichsgrundsätze gehalten und arbeiteten nach eigenen Methoden. Verschiedene hätten auch damit gute Ergebnisse erzielt, gefährdeten jedoch durch ihr Abweichen vom reichseinheitlichen Weg das Gesamtwerk. Die dritte Art von Ämtern schließlich sei nur zögernd an die Arbeit gegangen und habe demzufolge »auch heute noch keine nennenswerten Ergebnisse aufzuweisen«.[115] Die mangelnde Einheitlichkeit der Unterlagen und des Erfassungsstandes bei den einzelnen Ämtern hatten zur Herausgabe neuer *Grundsätze für die Tätigkeit der Beratungsstellen für Erb- und Rassenpflege in den Gesundheitsämtern* sowie neuer *Richtlinien für die Durchführung der Erbbestandsaufnahme* geführt.[116] Vellguth hielt den versammelten Amtsärzten einen Spiegel ihrer bisherigen Tätigkeit vor und erläuterte die neuen Vorschriften in Hinblick auf die Ziele des Gesamtprojektes.

Vereinfachung und *bessere Objektivierung* waren die beiden kennzeichnenden Prinzipien der neuen Richtlinien. Die Karteikarte wurde von der früheren Kurzdiagnostik über den auf ihr verzeichneten Menschen zum funktionellen Nachweismittel für das schnelle Auffinden von Unterlagen über die Person umgestellt. Nur noch wenige, aber für die Selekteure grundlegende Klassifizierungen wurden auf der Karte verzeichnet. Ebenso dünnten sie die Rubriken der *Sippentafel* aus und paßten ihren Aufbau dem Personenstandsgesetz vom 3.11.1937 an.[117] Darüber hinaus wurde ein differenzierter Zeit- und Arbeitsplan für die Verkartung aufgestellt. Als Nahziel sollten die Aktensysteme der Gesundheitsämter durch einen schnellen Ausbau der *Geburtsortkarteien* zwingend vernetzt werden.

Von den sehr ausführlichen Einzelvorschriften für die neue Karteikarte[118] will ich hier nur einige Punkte hinsichtlich »Personalkopf, Erbkrankheiten, Hauptdiagnose usw.« erwähnen.[119] Bedeutsam erscheint mir, daß alle Frauen, also auch verheiratete, geschiedene, verwitwete Frauen nun mit ihrem Geburtsnamen geführt werden sollten: organisationspraktischer Ausdruck ihrer wissenschaftlich fundierten »Gleichberechtigung«, der ihrem »gleichen« Anteil an der »Fortpflanzung« durch die weibliche *Keimzelle* Rechnung trägt. Deshalb ist die »Sippe« der Frau genauso wichtig wie die des Mannes und darf nicht verwechselt werden. Ähnlichen Motiven folgt die Notierung der Unehelichkeit in einer eigenen Spalte: »Unehelich geborene Personen sind hier mit einem Kreuz zu bezeichnen. Sogen. voreheliche, zwischeneheliche und außereheliche Geburten zählen als unehelich.«[120] Neben der häufig negativen Beurteilung der Tatsache als solcher, die zudem als Ausdruck »schlechter Erbmasse« von der Mutter auf das Kind übertragbar galt, ist hier auch der geburtenkontrollierende Aspekt von Bedeutung: Wurde dieses Kind – nach der Einführung von Eheeignungs- und Ehetauglichkeitsprüfungen – etwa ohne vorherige Beurteilung der Eltern durch den Amtsarzt gezeugt?![121] Angaben über Körperbautyp und »Rasseanteil« wurden in der Neufassung der

Karteikarte 1938 weggelassen; sie waren jedoch z.B. in der Untersuchung auf *Ehetauglichkeit* zu machen. Entsprechend der Schwerpunktverlagerung auf »negative Auslese« und aufgrund der durch das *Reichsbürger-* und *Blutschutzgesetz* geschaffenen Rassendefinitionen sollten jetzt für »Rassenzugehörigkeit ... ausschließlich folgende Bezeichnungen« verwendet werden:

»'Jude' (im Sinne des §2 der Ersten Verordnung zum Reichsbürgergesetz vom 14. November 1935, RGBl I, S.1333, also auch Dreivierteljuden),

'jüd. M I'   (= jüdischer Mischling mit 2 volljüdischen Großeltern),

'jüd. M II'   (= jüdischer Mischling mit 1 jüdischen Großelternteil).«

Weiter lauteten die Anweisungen:

»Für nichtjüdische Fremdrassige gelten folgende Bezeichnungen:

Zi   (= Zigeuner),

Ne   (= Neger),

Mo   (= Mongole), bei Mischlingen mit dem entsprechenden Zusatz 'M I' bzw. 'M II'. Alle sonstigen Personen, die als nicht deutschen oder artverwandten Blutes anzusehen sind, sind in dieser Spalte als

'AF'   (= artfremd) oder

'AFM' (=artfremder Mischling) zu bezeichnen.«[122]

Die Frage nach der »Religion« sollte die nach der »Rasse« beantworten: Es sei »stets nur die erste Religionszugehörigkeit anzugeben, da die Angabe der Religion hier lediglich als Hilfsmittel bei der Feststellung etwaiger nicht-deutscher Abstammung« diene.[123] Der Himmler-Erlaß vom 8.Dezember 1938, mit dem die Vernichtung der Zigeuner ihren Anfang nahm[124], enthielt im Zusammenhang mit der Klassifizierung und Notierung der »Rassenzugehörigkeit« auf der Erbkarteikarte auch Anweisungen für die Gesundheitsämter. Sie hatten »jede ihnen vorkommende Person, die als Zigeuner oder Zigeunermischling angesehen werden muß oder die nach Zigeunerart umherzieht, alsbald der zuständigen Krim.-Pol.-Stelle mitzuteilen«. Außerdem sollte jede/r entsprechend der in den »Grundsätzen« des RMdI vorgegebenen Klassifizierung in die Wohnorts- und Geburtsortkartei aufgenommen werden. Bei wem sich ein Geburtsort nicht ermitteln ließ, galt als im Ausland geboren (!) und war an das Reichsgesundheitsamt zu melden.[125]

In der Spalte »sozial« sollten »bestimmte, für die Beurteilung der Gesamtpersönlichkeit entscheidende Bezeichnungen« eingetragen werden, »welche eine Zuordnung der betr. Person zu bestimmten, sozial auffälligen Gruppen erlauben«. Folgende Gruppierungen waren hier vorgeschrieben:

»K, RK, (!)	kriminell, rückfällig kriminell (ohne Bagatellstrafen),schwer kriminell (!) (Zuchthaus oder Todesstrafe)
FZ	Fürsorgeerziehung
HWG	häufig wechselnder Geschlechtsverkehr, Prostituierte (wenn als solche gemeldet)
EMS, EMK	wegen Geistesschwäche, Geisteskrankheit,
EMT, EMV	Trunksucht, Verschwendung entmündigt
Absch	arbeitsscheu
Asoz	sonst asozial.«[126]

Nach den 1938er Bestimmungen sollte eine *Karteikarte* nach dem vorge-schriebenen neuen Muster für *jede* Person, die im Gesundheitsamt untersucht oder beraten wurde, angelegt werden.[127] Vorrangig war jedoch die Anglei-chung der Registraturen aller Gesundheitsämter auf einen einheitlichen Stand und ihre Vernetzung. Dies wurde mit der »immer dringender werdende(n) Inkraftsetzung des § 2 Ehegesundheitsgesetz« begründet: Sie werde erst dann möglich sein, wenn ein gewisser Mindeststand im ganzen Reich erreicht sei. Die Übergangsbestimmungen schrieben deshalb verbindlich vor, daß bis Ende 1938 zunächst in allen Wohnortkarteien erfaßt sein sollten:

»1. alle *bisher* in Durchführung des GzVeN, des Ehegesundheitsgesetzes und des Blut-schutzgesetzes erfaßten Personen,

2. alle Personen, bei denen das Gesundheitsamt *bisher* zu Anträgen auf Ehestands-darlehen oder auf Kinderbeihilfen ablehnend Stellung genommen hat,

3. alle sonstigen Personen, die auf Grund eigener Kenntnis des Gesundheitsamtes zur negativen Auslese im Sinne der Erb- und Rassenpflege gerechnet werden müssen, gleichgültig, ob bei diesen Personen Maßnahmen der Erb- und Rassenpflege durchge-führt worden sind oder werden sollen.

Außer den zu 1 bis 3 genannten Personen sind *erstmalig* für das Jahr 1938 l a u f e n d a l l e in die Wohnkartei aufzunehmen, die in der

Beratungsstelle für Erb- und Rassenpflege
Geschlechtskrankenfürsorge
Tuberkulosefürsorge
Trinkerfürsorge
Geisteskrankheiten- und Psychopathenfürsorge
Krüppelfürsorge

erfaßt werden.«[128]

Für denselben Personenkreis sollten ebenfalls, »soweit noch nicht geschehen«, im vorgesehenen Durchschriftverfahren Geburtsortkarten angelegt und wenn Geburtsort und Wohnort nicht derselbe waren, versendet werden. Vellguth nannte die »Geburtsortkartei den wichtigsten Faktor für den Zusammenhang des ganzen Werkes«. Sie waren das »wichtigste Anschlußmittel« der gesund-heitsamtlichen Registraturen untereinander. Dies wurde nicht zuletzt wegen der wachsenden Binnenwanderung immer notwendiger. Die Ämter kamen mit ihrem Erfassungssystem der zunehmenden Mobilität kaum nach: Rund ein

Viertel der Bevölkerung zog mit beginnender Rüstungskonjunktur laut Vellguth im Durchschnitt alle vier Jahre um. Die Freizügigkeit – besonders die »des Großstädters« – störe die Erbbestandsaufnahme empfindlich, hieß es 1940.[129] Ein Datenabtausch mit den Einwohnermeldeämtern wäre viel zu aufwendig gewesen. Außerdem waren für ein Gesundheitsamt mit einem Einzugsgebiet von z.B. 100000 Einwohnern nicht alle 25000 umgezogenen, sondern primär jene Personen und ihre Familienmitglieder von »Interesse«, die für Zwangssterilisationen und Eheverbote »vorgemerkt« oder die sonst als »auffällig« erfaßt worden waren. Vellguth führte in seiner Rede in Zoppot hierzu folgendes aus: »Die Forderung, daß die Erbbestandsaufnahme sich grundsätzlich auf die Gesamtbevölkerung erstrecken soll, läßt sich nur durchführen, wenn sie entsprechend der gebietsmäßigen Aufteilung der Gesamtbevölkerung durchgeführt wird.« Die Erbbestandsaufnahme sei deswegen auch »von vornherein Aufgabe derjenigen fachlichen Stellen, die dieser gebietsmäßigen Einteilung der Bevölkerung (folgten)«, nämlich der staatlichen Gesundheitsämter. »Daß wir uns dabei zunächst und vordringlich mit der negativen Auslese befassen« so Vellguth weiter, »hat den rein äußeren Grund, daß sich ein größerer Teil unserer erb- und rassenpflegerischen Maßnahmen heute auf diesen Personenkreis bezieht und daß der größte Teil der fördernden Maßnahmen zur Voraussetzung hat, daß die Betroffenen nicht zur negativen Auslese gehören. Grundsätzlich erstreckt sich unsere Arbeit auf die Gesamtbevölkerung.«[130]

Ab 1938 wurden neben dem Reichsgesundheitsamt weitere zentrale Geburtsortkarteien eingerichtet.[131] Die Angestellten mußten darauf achten, daß sie die Karten nicht mehr an das Gesundheitsamt des Geburtsortes der betreffenden Person, sondern an die neuen zentralen Stellen schickten. Von der absoluten Wichtigkeit dieser Erfassung bis zum Kriegsende zeugt die Tatsache, daß weitere zentrale Geburtsortkarteien in fast jedem besetzten Land geschaffen wurden, und dies angesichts der Tatsache, daß der Postverkehr durch Bombenkrieg, Evakuierungen, Benzinrationierungen usw. zunehmend schwieriger wurde.[132] Da mit Kriegsbeginn die Sterilisationsverfahren bis auf »eindeutige Fälle« eingestellt wurden, lag der praktische Zweck vornehmlich in der Absicht, die Eheschließungen zu überwachen.

Neu an der Methodik der *Sippenerfassung* war seit Frühjahr 1938 ein *Sippenfragebogen*,[133] der von der Klientel ausgefüllt werden mußte, wiewohl seine Form im einzelnen freigestellt war. Nicht mehr die Einzelperson war Ausgangspunkt der *Sippentafel*, sondern – entsprechend der neuen standesamtlichen *Familienbuchführung* – »Vater und Mutter«:

»Die Sippentafel wird aufgestellt für eine Familie. Sie wird bezeichnet mit den Vornamen und Geburtsnamen der Eltern (z.B. Johannes Müller/Dora Lehmann). ... Es sind die durch RdErl. vom 23. Juli 1935 ... vorgeschriebenen Stehordner zu verwenden ... Die Sippentafel umfaßt außer der eigentlichen Familie (Eltern und Kinder) noch die Geschwister der Eltern und die Großeltern sowie uneheliche oder außereheliche Kinder der Sippenangehörigen. Hat dagegen ein … Sippenangehöriger eine eigene Familie gegründet, so ist für diese Familie eine eigene Sippenakte zu führen.«[134]

Nach dem neuen Verfahren war die *Rückverkartung* aller Familienangehörigen auf eine Einzelkarte notwendig. Diese »augenblickliche stärkere Belastung der Gesundheitsämter«, so Vellguth vor seinen Kollegen, werde »sich beim Fortschreiten der Erbbestandsaufnahme bezahlt machen«. Wenn nichts weiter über ein Familienmitglied bekannt war, sollte nur der Kopfteil der Karteikarte ausgefüllt werden. Der Hinweis auf die Sippenakten »(lasse) die Einzelperson automatisch im Rahmen der Sippe erscheinen«. Die *Sippenakte* wurde zum inhaltlichen Herzstück der *Erbbestandsaufnahme*: Sie sollte »alle wichtigen Unterlagen enthalten, aus denen eine Beurteilung der Sippe und ihrer einzelnen Mitglieder im Sinne der Erb- und Rassenpflege möglich« werde. Diese Unterlagen seien so zu sammeln, »daß alle weiteren Rückfragen über denselben Gegenstand (!, GC.) damit überflüssig« würden. Alle Unterlagen in Kartei und Sippenakte seien »so weit zu objektivieren, daß Zweifel an ihrer Stichhaltigkeit späterhin nicht mehr auftreten können.«[135] Dies ist im Zusammenhang mit den wachsenden Protesten gegen die Zwangssterilisationen zu sehen.[136]

Eine *Sippentafel* sollte nach den neuen *Grundsätzen* »zunächst nur dann angelegt werden, wenn eine erbbiologische Beurteilung erforderlich wird«. Ein Muß war sie »1. zum Zweck der Eheberatung (d.h. bei Ehestandsdarlehen und Untersuchungen aufgrund des Ehegesundheits- und Blutschutzgesetzes, GC.), 2. wenn ein Antrag auf Unfruchtbarmachung gestellt werden soll und 3. bei der Begutachtung der Bauernsiedler«.[137] Die »Verkartung der Sippenmitglieder« wurde 1938 dringend empfohlen, ab Frühjahr 1939 vorgeschrieben. Die Anlegung einer *Sippentafel* war fortan verbindlich,

»1. wenn bei einer erbbiologischen Begutachtung eine Erbkrankheit bei dem Untersuchten oder einem Angehörigen der Sippe (entsprechend ihrem 1938 festgelegten Umfang, GC.) … festgestellt wird,

2. wenn aus sonstigen erbpflegerischen Gründen das Ehetauglichkeitszeugnis versagt oder die Gewährung einer fördernden Maßnahme abgelehnt wird, und

3. bei Versagung des Ehetauglichkeitszeugnisses gemäß § 1 Abs.1 Buchstabe b–d des Ehegesundheitsgesetzes auch für die Personen, die unter vorstehender Ziffer 1 und 2 nicht erfaßt sind.«[138]

Außerdem ordnete derselbe Erlaß nun »fortlaufend die Verkartung aller vom Gesundheitsamt erfaßten Personen« an, also die Klientel jeder Fürsorgestelle. Der Grund für die neuen Vorschriften war offensichtlich die zunehmende Anwendung des *Ehegesundheitsgesetzes* (EGG) sowie wachsende Einsprüche gegen diesbezügliche Entscheidungen der Amtsärzte: Bei Gesuchen um

Befreiung von den Vorschriften des EhegesG oder sonstigen Beschwerden müßten die »erforderlichen Unterlagen stets griffbereit« zur Hand sein, schrieb der RMdI-Mitarbeiter Lehmkuhl in seinem Aufsatz *Zur Technik der Erbbestandsaufnahme* im Mai 1939.[139] Gerade dieses Gesetz verlange nicht nur ein sorgfältiges, sondern auch schnelles Arbeiten, denn ein Hinausschieben eines vorgesehenen Heiratstermins wegen verzögerter Bearbeitung würde z.B. eine vermeidbare (! GC.) Verärgerung der Betroffenen hervorrufen. Auch in Hinsicht auf eine Beschleunigung des Verfahrens bei Beschwerde gegen die Verweigerung eines ETZ oder bei einem Antrag auf Befreiung müsse das Vorliegen von *Sippentafeln* verlangt werden.

Als »besonders dankbare Maßnahme für die Vervollständigung der Erbbestandsaufnahme« propagierten die Richtlinien des RMdI die »Gruppenerfassung« und verwiesen als Beispiel auf die »Erbbestandsaufnahme in den Heil- und Pflegeanstalten«. Die ersten Verlegungen 1936/37 der Patienten und Patientinnen privater Heil- und Pflegeanstalten in staatliche Häuser als Vorbereitung für die »Euthanasie« stehen hiermit in unmittelbarem Zusammenhang.[140] Den Gesundheitsämtern wurde aufgegeben, die »gruppenweise Erfassung« auch anderer »für die Erb- und Rassenpflege besonders wichtige(r) Personenkreise« anzustreben, »z.B. der bei den Wohlfahrtsämtern bekannten Asozialen, der Fürsorgezöglinge, der Hilfsschüler usw. ... soweit dies nach den örtlichen Verhältnissen möglich« sei. Eine solche Erfassung könne dem Gesundheitsamt in Zukunft zahlreiche Ermittlungen und Rückfragen ersparen.[141] Ab März 1939 hatten »außer den Heil- und Pflege-, Taubstummen-, Blinden- und Krüppelanstalten auch die Trinkerheil- und Erziehungsanstalten, Arbeitshäuser und Fürsorgeerziehungsanstalten laufend ihre Insassen vermittels der vorgeschriebenen Karteikarte zu melden«.[142] Hierdurch würden »neben nichterbkranken Personen viele Asoziale und sonstige Auffällige erfaßt«. Die *Gruppenerfassung* der Gesundheitsämter sollte »den Ring schließen«.[143] Trotz weitgehender Einstellung der *Erbbestandsaufnahme* innerhalb der Heil- und Pflegeanstalten während des Krieges war die Meldung über aufgenommene Patient/innen weiter vorgeschrieben: Auf die Verkartung aller Neuaufnahmen und Meldung an die Gesundheitsämter könne nicht verzichtet werden, so ein Erlaß vom Juni 1941, »da dann die Erbbestandsaufnahme und damit die Durchführung gesetzlicher Maßnahmen, die in steigendem Maße während des Krieges nur auf die Erbkartei abgestellt ist, gefährdet würde.«[144]

Die *Erbbestandsaufnahme* läßt sich in der Tat als eine »Gemeinschaftsarbeit allergrößten Stils, ... an dem jedes der 800 Gesundheitsämter in gleicher Weise beteiligt« war, bezeichnen.[145] Das gesundheitsamtliche Registratursystem wurde zur Schnittstelle zwischen den gesetzlichen Maßnahmen und dem Apparat. Was für die Klientel mündliche oder schriftliche

Ausfragerei und die Erhebung von Befunden am eigenen Leib war, war gleichsam die »Eingabe« für den Apparat, seine Organisation und Funktionen, mit Auswirkungen auf den Betriebslauf in naher und ferner Zukunft, die dahin zielte, ein »Nachschlagewerk« zunächst der »negativen Auslese«, später der gesamten Wohnbevölkerung zu schaffen, auf dessen Basis Zwangssterilisation und Eheverbote, Ablehnung oder Gewährung von Ehestandsdarlehen, Siedlerstellen und Kinderbeihilfen sowie das »Ehrenkreuz der deutschen Mutter« (termingerecht) einzuleiten bzw. zu gewähren oder abzulehnen waren. »Für die Zukunft muß die Erbbestandsaufnahme das wichtigste Material für die Erb- und Rassenpflege werden«, sprach Vellguth 1938 zu seinen amtsärztlichen Kollegen. »Heute« sei die Anlage von Karteikarten und Sippentafeln noch vielfach die Folge der praktischen Maßnahmen, künftig jedoch sollten sich die praktischen Maßnahmen »aus dem bereits vorliegenden Material« ergeben. »Nicht weil wir einen Antrag auf Unfruchtbarmachung stellen, stellen wir eine Sippentafel auf, sondern wir stellen einen Antrag, weil sich die Notwendigkeit dazu aus unserem Material ergibt.«[146]

Wie weit dies letztlich funktionierte, war abhängig vom jeweiligen Personalstand eines Gesundheitsamtes, den Amtsärzten, den Hilfsärzten und den Fürsorgerinnen. Zudem trugen die Ansprüche der lokalen wie zentralen Wohlfahrts-, Gesundheits- und Ärzteorganisationen der NSDAP und der Kommunen dazu bei, daß sich der von seiner Anlage her makellos effektiv wirkende Erfassungs- und Selektionsapparat regional unterschiedlich ausprägte. Schließlich ist die Empfindlichkeit des Apparats selbst zu bedenken: ein gigantisches Werk und äußerst störanfällig, sei es nur ein Stocken im Ausfüllen der Karteikarten durch Personalmangel oder eine kleine Nachlässigkeit der Schreibkraft. Nicht zuletzt streuten die Betroffenen selbst aktiv und passiv, bewußt oder unbewußt Sand ins Getriebe: Die zunehmende Freizügigkeit – sei es im Zusammenhang mit dem wachsenden Arbeitskräftemangel im Zuge der Rüstungskonjunktur und dem Abwerben durch unternehmerische Lohnpolitik oder durch Untertauchen – und schließlich der Krieg brachten den Stand des Erfassungssystems immer wieder neu ins Hintertreffen. Der Runderlaß des RMdI vom 8. April 1943 betr. *Vereinfachung der Verwaltung; hier: Vorübergehende Einschränkungen bei den Arbeiten der Beratungsstelle für Erb- und Rassenpflege*[147] kann als indirekter, spiegelbildlicher Bericht gelesen werden über den Stand des vorschriftsmäßig erreichtes Solls in Ausbau und Praxis der Beratungsstellen mitten im Krieg und zu Beginn des von Goebbels ausgerufenen »totalen Krieges«.

1942 waren offenbar um die 10 Millionen Karteikarten erstellt.[148] Welche Personenkreise und Familien »verkartet« wurden, ist unbekannt. Immerhin entspricht diese Zahl der in den Zwanziger Jahren z.B. von Fritz Lenz geschätzten »negativen Auslese« der Reichsbevölkerung. Andererseits wurden etwa vier Millionen Männer und Frauen für ein Ehestandsdarlehen untersucht und hätten entsprechend den Vorschriften ebenfalls einschließlich ihrer Angehörigen »verkartet« sein müssen. Das Ziel einer flächendeckenden Erbbestandsaufnahme wurde also nicht erreicht. Dennoch funktionierten die Gesundheitsämter angesichts der Millionen Untersuchungen mit für viele Menschen katastrophalen Folgen auf schlimme Weise effektiv genug. In den letzten Kriegsjahren wurden Selektion und Mord dort praktiziert, wo Erfassung und Segregation längst stattgefunden hatten: in den russischen Kriegsgefangenenlagern, den Lagern für osteuropäische Zwangsarbeiter und Zwangsarbeiterinnen, in den Säuglingsbaracken, in den Konzentrationslagern, in den Vernichtungslagern, in den »Heil- und Pflegeanstalten«. Die ab 1941 von allen Brautleuten geforderte *Eheunbedenklichkeitsbescheinigung* jedoch zeigt, daß die Politik der »Ausmerze« und der »Auslese« weder von den Gesundheitsämtern in die Lager verschoben worden, noch daß sie für das öffentliche Gesundheitswesen zu Ende war: Herbert Linden – während derselben Zeit beschäftigt mit der Organisation der Anstaltsmorde[149] und eingeweiht in Fleckfieberversuche an KZ-Häftlingen[150] – lobte diese Bescheinigungen als »erheblichen Fortschritt in der Erbpflege« in Hinblick auf die nach dem *Ehegesundheitsgesetz* vor jeder Eheschließung beizubringenden *Ehetauglichkeitszeugnisse* – was nun für die Zeit nach dem Kriege anvisiert wurde.[151]

DRITTER TEIL

PRAXIS DER KÖRPERPOLITIK

DAS BEISPIEL
DER AMTSÄRZTLICHEN UNTERSUCHUNGEN VON
MÄNNERN UND FRAUEN FÜR EIN EHESTANDSDARLEHEN

6. Kapitel

Eheeignung oder:
Die Ehe als Ort leistungsorientierter »Arterhaltung«

In seiner Schrift *Die ärztliche Begutachtung der Ehestandsdarlehensbewerber* stellte Dr. Scheurlen, als Mitarbeiter im Reichsgesundheitsamt mit der Entscheidung über Ausnahmebewilligungen für Ehestandsdarlehen beschäftigt, eine Werte-Skala auf »von der stärksten negativen Auslese, der Unfruchtbarmachung, ansteigend bis zur Bescheinigung der Eheeignung«:

»1. Erbkrank im Sinne des GzVeN (Zwangssterilisation, Eheverbot)
2. Eheuntauglich (Eheverbot)
3. Von der Eingehung der Ehe abgeraten (aber kein Eheverbot)
4. Eheungeeignet im Sinne des Gesetzes zur Förderung der Eheschließung (kein Eheverbot, kein ED)
5. Förderungswürdige Ehe, von der ausreichender vollwertiger Nachwuchs zu erwarten ist (ED).«[1]

Diese Skala vermittelt den Eindruck klarer Zuordnungen. Hinter ihrer Logik stand jedoch ein komplexes Geflecht rechtlicher und wissenschaftlicher Vorgaben, diagnostischer Verfahren und Klassifizierungen. Der Prozeß des Zuordnens verlief in umgekehrter Richtung als hier schriftlich niedergelegt: Die Plazierung des jeweiligen Menschen bzw. Paares in die Werte-Hierarchie – und damit Voraussetzung für eine entsprechende gesetzliche Maßnahme – war Resultat der jeweiligen amtsärztlichen Selektion. Sie stand am Ende und nicht am Anfang des klassifizierenden Prozesses. Der Werte-Skala entsprach keine Abstufung der in den gesetzlichen Bestimmungen aufgeführten *Krankheiten* und *Störungen* nach dem Schweregrad. Es wäre also falsch etwa anzunehmen, daß in »schweren Fällen« zwangssterilisiert, bei »mittelschweren« Zuständen die Ehe verboten, bei »leichten« Ausprägungen von der Eheschließung abgeraten und bei völlig Gesunden, die keinerlei Anzeichen einer bestimmten Krankheit aufwiesen, ein Ehestandsdarlehen befürwortet worden wäre. So war »leichter Schwachsinn« eine der bevorzugten Sterilisationsindikationen für Frauen,[2] führte die »erbliche Belastung« eines »unauffälligen«, gesunden Menschen mit »Schwachsinn« zur Ablehnung eines Ehestandsdarlehens, begründete eine »geistige Störung« ein Eheverbot. Die vielfältigsten Formen von Körper-, Nerven- und Geisteskrankheiten oder dem ärztlichen Selekteur auffallenden bereits »leichtesten Anzeichen« psychischer, physischer oder sozialer »Störungen« erfuhren höchst unterschiedliche administrative Einordnungen und damit auch Folgen für die jeweils betroffenen Menschen, je nachdem, welche *Störung* oder *Krankheit* ermittelt, gefunden und qua Diagnose festgehalten wurde und wie sie im Familienverband auftauchte, auch zusammen mit anderen »Abweichungen«. Signifikante Unterschiede gab es in der Bewertung *leichter* und *schwerer Formen* von *Geisteskrankheiten* und *Körperkrankheiten*. Die einzelnen Wertungsstufen bezogen sich als Ehediagnostik nicht auf das Individuum, sondern galten jeweils für ein bestimmtes Paar. Im Kommentar von Gütt, Linden und Maßfeller ist entweder von »den Verlobten« die Rede oder, betont sachlich, von den *Partnern*. Die Klassifizierung »erbkrank« hingegen bezog sich abhängig und unabhängig von konkreten Heiratsabsichten auf die Einzelperson und machte sie »sterilisierungspflichtig« im Sinne des GzVeN, wenn die *Erbkrankheit* erbgesundheitsgerichtlich bescheinigt wurde. Dennoch war der gemeinsame Nenner aller Klassifizierungen »Fortpflanzung« und betraf im Kern immer das sexuelle und soziale Geschlechterverhältnis. Ob ein Paar vom Amtsarzt als *geeignet, tauglich* oder *untauglich* für die Ehe bestimmt wurde, war abhängig von

1. dem ärztlichen Untersuchungsbefund über Körper, Geist und Verhalten des Mannes und der Frau (ggf. durch einen Facharzt oder in einer Klinik),
2. den Ergebnissen der gesundheitsamtlichen Nachforschungen über die Ehewilligen und deren Familien,
3. der ärztlichen Beurteilung des Paares auf Basis aller erhobenen Daten bzw., wenn nicht beide Verlobte zum Bezirk desselben Gesundheitsamts gehörten, die Beurteilung der schriftlichen *Ermittlungs-* und Untersuchungsergebnisse über den Bräutigam in Verbindung mit denen der Braut durch den Amtsarzt des Gesundheitsamts der Braut,[3]
4. der administrativen Eingebundenheit der jeweils diagnostizierten Krankheit oder Abweichung in die verschiedenen Gesetze.

Der Aufbau des letzten Teils der Arbeit ist entsprechend diesen Gesichtspunkten gegliedert. Der Schwerpunkt liegt auf der Darstellung der ärztlichen Untersuchung, weil von den Methoden der *erbbiologischen Ermittlung* bereits im fünften Kapitel ausführlich die Rede war. Den Prozeduren der körperlichen Untersuchung ist der breiteste Raum gewidmet. Sie sind, gemessen an den Debatten um die Einführung der ärztlichen Ehezeugnisse im Weltkrieg und der Weimarer Zeit, ja das Novum, um welches es überhaupt geht. Hieran wird gezeigt werden, daß bei der Beurteilung der Eheeignung nicht nur amtsärztlich mißbilligte soziale Verhaltensweisen eine Rolle spielten, sondern die ärztliche Begutachtung von Körper, Geist und Charakter eine untrennbare Einheit bildeten, wo es um die Beurteilung von *Leistung und Gesundheit in Beruf und Familie* ging. Doch zuvor gibt der nächste Abschnitt den Rahmen an, der grundsätzlich jede ärztliche Entscheidung bestimmte.

Medizinische Diagnostik und formales Recht – Zum Zusammenhang von Ehestandsdarlehen, Eheverboten und Zwangssterilisation

> »Wenn die Bestimmung (§ 2 EhegesG, GC.) in Kraft gesetzt wird ... so wird jeder Deutsche vor der Eheschließung einer ärztlichen Untersuchung und damit auch einer Eheberatung zugeführt werden. Der Sinn des Gesetzes ist demnach nicht die Aufstellung einzelner Ehehindernisse, sondern die Ermöglichung einer sachkundigen Eheberatung für alle.
>
> Da durch die Eingehung der Ehe eine Keimzelle für die künftigen Geschlechter errichtet wird, wird durch die Durchführung der Eheberatung dem beratenden Arzt eine wesentliche Einwirkung auf die gesundheitliche Beschaffenheit der künftigen Generation eingeräumt.«[4]

Eheberatung und die ärztliche Begutachtung von Paaren vor der Eheschließung mit unterschiedlichen Rechtsfolgen waren aus der Sicht der nationalsozialistischen Gesundheitspolitiker dasselbe. Die ärztliche Begutachtung von Paaren vor der Eheschließung existierte in mehreren Varianten. Neben den ärztlichen *Eheeignungs*kontrollen von Antragstellenden für ein Ehestandsdarlehen und den *Ehetauglichkeitsprüfungen* nach dem *Ehegesundheitsgesetz* wurden in den Gesundheitsämtern auch *allgemeine amtsärztliche Gesundheitszeugnisse* für die Bräute von Berufssoldaten »zum Zwecke der militärischen Genehmigung der Eheschließung« ausgestellt.[5] Außerdem verlangten der Reichsarbeitsdienst (RAD), Polizei und SS eine ärztliche Untersuchung vor der Eheschließung. Sie waren gleichsam Etappen in der Verwirklichung des großen Zieles der obligatorischen Eheberatung und der Vorlage eines *Ehetauglichkeitszeugnisses* als Voraussetzung für die Heirat eines jeden Brautpaares, was in § 2 EhegesG festgelegt, aber noch nicht generell in Kraft gesetzt war:

»Vor der Eheschließung haben die Verlobten durch ein Zeugnis des Gesundheitsamtes (Ehetauglichkeitszeugnis) nachzuweisen, daß ein Ehehindernis nach § 1 nicht vorliegt.«[6]

Das ETZ war Ausdruck nicht nur eugenischer, sondern auch rassistischer Eheverbote. Es sollte auch »darüber Auskunft geben, daß ein Ehehindernis nach dem Blutschutzgesetz § 6 1. AVO nicht vorliegt«[7]. Dieser lautete:

»Eine Ehe soll ferner nicht geschlossen werden, wenn aus ihr eine die Reinheit des deutschen Blutes gefährdende Nachkommenschaft zu erwarten ist«.[8]

Verbot das *Blutschutzgesetz* innergesellschaftliche jüdisch-nichtjüdische *Mischehen*[9] unabhängig vom Geschlecht, was der Standesbeamte auf Basis der Abstammungsnachweise zu entscheiden hatte, so bezog sich der § 6 1.AVO BlSchG auf vom Amtsarzt zu prüfende Eheverbote zwischen nichtjüdischen deutschen Männern und nichtjüdischen »artfremden Personen weiblichen Geschlechts«, unabhängig davon, ob sie Deutsche oder Ausländerinnen waren. Entsprechend der männerorientierten patriarchalen Ehegesetzgebung fanden nämlich die Ehehindernisse des EhegesG und des § 6 1.AVO BlSchG keine Anwendung, wenn beide Verlobte oder der Mann Ausländer waren,[10] denn deutsche Frauen verloren nach geltendem Recht (bereits in der Weimarer Zeit und bis weit in die Sechziger Jahre hinein) durch die Heirat mit einem Ausländer ihre Staatsangehörigkeit. Sie schieden aus dem »Blutsverband« aus, während Ausländerinnen, die deutsche Männer heirateten, diesem »einverleibt« wurden und demnach die Bedingungen des *Ehegesundheitsgesetzes* und des *Blutschutzgesetzes* erfüllen mußten. Neben minutiösen Vorschriften für Entscheidungs- und Untersuchungsverfahren bei diesen nichtjüdischen »Mischlingen« benannte der Kommentar auch die Zielgruppen, auf die der § 6 vornehmlich zugeschnitten war: »Praktisch wird ... die Anwendbarkeit innerhalb Deutschlands auf die Negerbastarde am Rhein (die in der Regel uneheliche Kinder deutscher Mütter und afrikanischer Väter waren, also Deutsche, GC.) und die in Deutschland umherziehenden Zigeuner beschränkt. Andere artfremde Personen weiblichen Geschlechts halten sich nur in ganz geringer Zahl in Deutschland auf.«[11]

Die Einordnung der Bestimmungen in die Ehehindernisse bürgerlichen Rechts, so erfahren wir im amtlichen Gesetzeskommentar, dürfe die »eigentliche Aufgabe« der Gesetze nicht verschleiern: »Das Verbot, in bestimmten Fällen die Ehe nicht zu schließen, (sei) nur die Kehrseite des Gebotes, sich den Ehepartner zu suchen, mit dem dem Volk eine gesunde und tüchtige Nachkommenschaft gegeben werden« könne. Der Sinn des Gesetzes liege nicht in der Aufstellung neuer Eheverbote, sondern erstrebe auf dem Wege über diese die »Gesundung der Ehe und Familie« – eine Formulierung, die auch die Weimarer Reichsverfassung enthielt. Das Gesetz wolle »die deutschen Menschen dazu erziehen, in der Eheschließung wieder eine Verpflichtung gegenüber der Volksgemeinschaft zu sehen.«[12] Der Gesetzgeber habe sich darauf beschränkt, Ehehindernisse »nur in solchen Fällen zu schaffen, in denen ein verantwortungsbewußter Mensch schon von sich aus« eine Ehe nicht schließen würde.[13] Mit dem *Ehegesundheits-* und *Blutschutzgesetz* verband sich also auch ein gewaltiges wie gewaltsames Erziehungsprogramm. Die ärztlichen Kontrollen von Männern und Frauen für ein Ehestandsdarlehen wurden als Teil dieses Erziehungsprogramms angesehen. Gütt knüpfte außerdem bewußt an bestehende Regelungen an: Es sei unzweifelhaft – so schrieb er in der von ihm verfaßten Einführung –, daß durch die Vorschrift einer ärztlichen Untersuchung für ein Ehestandsdarlehen der »Gedanke, daß man sich vor der Eheschließung einer ärztlichen Untersuchung unterziehen soll, weit mehr ins Volk getragen wurde, als durch die Bestimmung des

Personenstandsgesetzes, nach der der Standesbeamte den Verlobten bei Erlaß des Aufgebots ein Merkblatt auzuhändigen hat, in dem der Rat zu einer entsprechenden Untersuchung erteilt (werde)«.[14] Die Bevölkerung sollte sich an die ärztliche Untersuchung vor der Eheschließung gewöhnen.

Wegen Mangels an qualifizierten Ärzten und Hilfspersonal in den Gesundheitsämtern, die bei Verabschiedung der neuen Ehegesetze im Herbst 1935 in vielen Regionen erst seit einem halben Jahr im Aufbau begriffen waren, war das Inkrafttreten des § 2 EhegesG für eine »angemessene Übergangszeit« hinausgeschoben worden. »In Zweifelsfällen« allerdings sollte der Standesbeamte die Vorlage eines *Ehetauglichkeitszeugnisses* fordern können.[15] Da per Erlaß ab August 1936 vorgeschrieben war, routinemäßig jedes Aufgebot von den Standesämtern an das für Braut und Bräutigam jeweils zuständige Gesundheitsamt zu melden, lag die Entscheidung über die Abhängigkeit der Eheschließung von einer ärztlichen Untersuchung und der Vorlage eines ETZ nicht mehr allein bei den Standesbeamten. Der Erlaß schrieb u. a. vor:

»Schon vor der Inkraftsetzung des § 2 des Ehegesundheitsges. vom 18.10.1935 ... muß sichergestellt werden, daß die bei den Gesundheitsämtern vorhandenen amtlichen Unterlagen, die auf das Bestehen eines Ehehindernisses nach § 1 des Ehegesundheitsges. schließen lassen, nach Möglichkeit praktisch ausgewertet werden.

Die Standesbeamten haben daher dem zuständigen Gesundheitsamt unverzüglich von jedem Aufgebot Kenntnis zu geben, das bei ihnen beantragt wird ... Geht dem Gesundheitsamt eine Nachricht des Standesbeamten ein, so prüft es sofort an Hand seiner Vorgänge, ob danach begründeter Anlaß zu der Annahme vorliegt, daß ein Ehehindernis nach § 1 des Ehegesundheitsges. besteht. Ist dies der Fall, so benachrichtigt es unverzüglich den Standesbeamten, daß es notwendig sei, von den Verlobten ein Ehetauglichkeitszeugnis zu verlangen.

Der Standesbeamte hat dann die Eheschließung von der Vorlage eines Ehetauglichkeitszeugnisses abhängig zu machen. Erhält der Standesbeamte bis zu dem für die Eheschließung festgesetzten Termin keine Mitteilung des Gesundheitsamtes, so steht der Eheschließung nichts entgegen.«[16]

Wieviele Brautpaare sich auf diese Weise unverhofft der gesundheitsamtlichen Untersuchung unterziehen mußten, war, wie im vorangegangenen Kapitel skizziert, in hohem Maße abhängig vom Ausbau und der Vernetzung der einzelnen Fürsorgezweige im jeweiligen Amt und der *Erbbestandsaufnahme*.[17] Drope und Vellguth sprechen 1940 im Zusammenhang mit ihrem Erfahrungsbericht über die *Gruppenerfassung* in der Großstadt (Berlin-Spandau) von einem regelrechten »Durchhetzen« durch die Unterlagen der verschiedenen Fürsorgezweige, wenn eine Aufgebotsmeldung einging, denn für die gesundheitsamtlichen Recherchen war nur vierzehn Tage Zeit.[18] Nicht zuletzt aus diesem Grunde plädierten sie für die *Gruppenverkartung*, deren Erfolg sich bald bemerkbar mache: Der Prozentsatz der Personen, die aus irgendeinem

Anlaß in das Gesundheitsamt kämen und dort bereits anhand der Kartei bekannt seien, steige beständig.[19]

Was aus staatsmedizinischer Perspektive in die gleiche Richtung ging, war für die jeweiligen Personengruppen von höchst disparater Bedeutung. Nicht nur, daß von einem Bewußtsein »gesundheitlicher Verantwortung« im Sinne der Staatsmediziner aller zur ärztlichen Kontrolle kommenden Paare kaum ausgegangen werden kann. Aus der Sicht der untersuchten Männer und Frauen waren es völlig unterschiedliche Beweggründe, sich der (amts-)ärztlichen Begutachtung zu stellen. Die ärztlichen Untersuchungen von Angehörigen militärischer bzw. paramilitärischer Formationen, von Wehrmacht, SS sowie dem »männlichen und weiblichen Stammpersonal« des Reichsarbeitsdienstes (RAD) hatten zu tun mit dem Status des Soldaten. Dieser ist – nicht nur während der nationalsozialistischen Diktatur – ein Stand mit eingeschränkten bürgerlichen Freiheitsrechten, wozu auch die Beschränkung der Ehefreiheit gehört. Die militärische Heiratserlaubnis war u.a. von einer ärztlichen Untersuchung abhängig; die des Bräutigams erfolgte beim Sanitätsoffizier, die der Braut beim Gesundheitsamt.[20] Die SS als Eliteorden der NSDAP hatte eine eigene Behörde eingerichtet, die seit 1931 Heiratsuntersuchungen vornahm. Es war dasselbe Amt, das auch die SS-Anwärter musterte und während des Zweiten Weltkriegs die sog. E-Prüfer (Eignungs-Prüfer) für rassistische Selektionen einsetzte: das *Rasse- und Siedlungshauptamt SS*.[21] Die Antragstellenden für ein Ehestandsdarlehen stellten wiederum eine andere Gruppe dar. Sie waren an der finanziellen Förderung interessiert und willigten in die Untersuchung deshalb ein, weil sie eine Voraussetzung für den Erhalt des Darlehens überhaupt war. Diejenigen schließlich, denen aufgegeben wurde, ein *Ehetauglichkeitszeugnis* beizubringen, ließen sich untersuchen, weil sie nach dem neuen deutschen Recht ohne dieses Zeugnis nicht hätten heiraten können – sofern sie es nicht gleich vorzogen, illegal im Ausland zu heiraten, in »wilder Ehe« zusammenzuleben oder zu emigrieren.[22] Die ab Dezember 1941 von jedem Brautpaar vorzulegende *Eheunbedenklichkeitsbescheinigung* galt als unmittelbare Vorstufe des ETZ.[23] Im Gegensatz zum vorherigen Verfahren, in dem ohne Wissen jeden Paares hinter seinem Rücken recherchiert wurde, mußten nun alle Heiratswilligen selbst beim Gesundheitsamt erscheinen, um sich diese Bescheinigung ausstellen zu lassen. Die ärztliche Untersuchung auf *Ehetauglichkeit* war nicht zwingend daran gebunden, sie mußte nur dann stattfinden, wenn entsprechende Unterlagen über Braut oder Bräutigam oder ihre Familienangehörigen im Amt vorhanden waren, oder bei »Zweifeln« des Standesbeamten. Ob die neue Regelung nun erzieherisch wirkte – wie Herbert Linden vorgab – oder nicht eher lästig war, mag dahingestellt bleiben; bei den innerhalb weniger Stunden möglichen Kriegstrauungen kamen die Gesundheitsämter mit ihren üblichen Recherchen nicht mehr nach: deshalb mußten nun die Verlobten – in der Regel nur die Braut, wenn der Bräutigam zum Kriegsdienst eingezogen war – selbst kommen. Da aus kriegsbedingten Gründen die Nachfrage bei der Geburtsortkartei entfiel, wenn die Verlobten länger als ein Jahr im Bereich des zuständigen Gesundheitsamtes wohnten, konnten so manches Mal die Bestimmungen des EhegesG von den Brautleuten gezielt oder unbewußt unterlaufen werden.[24] Zur selben Zeit erging eine Anweisung des Reichssicherheitshauptamts an die Kriminalpolizei, die polizeiliche Vorbeugehaft bei jenen zu verhängen, denen die Ehe aufgrund des Ehegesundheitsgesetzes verboten worden sei, die aber trotzdem »eheähnlich« zusammenlebten. Sie seien als »asozial« einzustufen. Als erstes seien sie zu verwarnen, wenn das nichts fruchte, sei der »schuldige Teil« – im Zweifelsfall der Mann – in polizeiliche Vorbeugehaft zu nehmen.[25]

Die schließlich für die Zeit nach Kriegsende geplante Einführung der obligatorischen ärztlichen *Ehetauglichkeits*kontrolle für jedes Brautpaar mit der möglichen Folge eines Eheverbots entsprach formal dem Vorschlag der Münchner *Kommission zur Erhaltung und Mehrung der Volkskraft* von 1917, die allerdings nicht den Amtsarzt, sondern niedergelassene Ärzte mit einer staatlichen Zusatzprüfung als Eheberater eingesetzt wissen wollte.

Die allgemeine Durchsetzung der ärztlichen Ehekontrollen befand sich also während der Zeit des Nationalsozialismus in sich wandelnden Stadien auf der Basis verschiedener gesetzlicher Grundlagen und abhängig vom Stand der Erfassung und der Aktualität der Daten in den einzelnen Gesundheitsämtern. Daß jedoch nicht nur Personalknappheit und interne gesundheitsamtliche Erfassungsprobleme, sondern auch Fragen der staatlichen Kontrollmöglichkeit der niedergelassenen Ärzteschaft und insbesondere der seit Mitte/Ende der Dreißiger Jahre wachsende innenpolitische Druck gegen die Zwangssterilisationen eine Rolle spielten, speziell auch das Eingreifen des *Reichsärzteführers* Wagner gegen die Art und Weise der Beschlußfassungen der Erbgesundheits- und Erbgesundheitsobergerichte,[26] belegen Gütts durchaus auch taktisch zu verstehende Ausführungen in seinem Schreiben an Himmler Anfang 1938 im Zusammenhang mit den Auseinandersetzungen Partei-Staat-Gesundheitswesen:

»Den § 2 des Gesetzes, der von jedem Verlobten ein Ehetauglichkeitszeugnis vor der Eheschließung verlangt, kann ich erst dann in vollem Umfang in Kraft treten lassen, wenn ich eine ausreichende Einwirkungsmöglichkeit auf die gesamte Ärzteschaft habe und Ruhe eingetreten ist. Bis dahin und vorläufig lasse ich die Ärzte in der Eheberatung Erfahrung sammeln und beschränke mich auf Teilmaßnahmen. So werden jetzt schon alle Aufgebote den Gesundheitsämtern mitgeteilt. Wenn diese und die Gesundheitspflegerinnen, die die Leute in ihrem Bezirk kennen, Bedenken im Einzelfall haben, werden umgehend von diesen Verlobten Ehetauglichkeitszeugnisse verlangt. Auf diese Weise wird das gröbste Unheil verhütet und schon jetzt tausende von unerwünschten Heiraten verhindert, ohne mich dem auszusetzen, daß die Verheiratungen allgemein erschwert werden. Abgesehen davon, daß die Reichsstelle für Sippenforschung neue Belastungen nicht ertragen konnte, durfte ich die Gesundheitsverwaltung neuen Angriffen nicht aussetzen, so dass ich also dies Gesetz langsam anrollen lasse.«[27]

Mit dem *Ehegesundheitsgesetz* existierte seit Oktober 1935 also ein Gesetz, das in seinen weitreichenden Bestimmungen offiziell niemals in Kraft gesetzt wurde, wiewohl es trotzdem zunehmend zur Anwendung kam – ein nach rechtsstaatlichen Prinzipien nicht mögliches Vorgehen. Bemerkenswert ist, daß Arthur Gütt, Herbert Linden und Franz Maßfeller den amtlichen medizinisch-juristischen Kommentar zum *Blutschutz- und Ehegesundheitsgesetz* von 1936 schon in Hinblick auf den in Kraft gesetzten § 2 EhegesG verfaßten. Dies zeigt, in wie naher Zukunft die ärztliche Überprüfung eines jeden Brautpaares auf *Ehetauglichkeit* vorgesehen war.

Unser Augenmerk soll nun den formalrechtlichen Beziehungen zwischen den Diagnosen für Zwangssterilisation, für Ehehindernisse nach dem *Ehegesundheitsgesetz* und der Eheberatung im engeren Sinn (als Beratung ohne Zwangsfolgen) gelten. Sie standen in engem Zusammenhang und waren in ihrer Gesamtheit für das Konzept wie die Praxis der nationalsozialistischen Ehepolitik und von daher für die Betroffenen von großer Bedeutung. Abbild und Darlegung dieser Beziehungen ist der Gesetzeskommentar von Gütt, Linden und Maßfeller. Die Ausführungen zur ärztlichen Beurteilung sind entsprechend dem Aufbau juristischer Kommentare eingebettet in die Struktur der Paragraphen-Erläuterungen: Symbol für die rechtliche Gewalt, die die Definitionsmacht der Medizin erlangt hatte, wiewohl sie ihre Diagnostik in ein Prokrustes-Bett zwängte. Bei den *Erbkrankheiten* ist von »Krankheitstatbeständen« wie von Straftatbeständen die Rede.[28] Rechtliche und medizinische Aussagen sind jedoch grundsätzlich von unterschiedlicher Qualität: Die ersteren regeln die gesellschaftlichen und familialen Beziehungen zwischen Männern, Frauen und Kindern sowie zwischen Individuum und Staat, die letzteren definieren ein Menschenbild, das in hohem Maße abhängig vom wissenschaftlichen Autorendiskurs ist und bei dem immer nur annäherungsweise und zwischen den Polen von Normalität und Pathologie Aussagen über den jeweils konkreten, lebendigen Menschen gemacht werden können. Diese grundsätzliche Problematik wird deutlich in den Auseinandersetzungen um die Schaffung eines *Reichserbgesundheitsgerichts*, das als dritte und letzte Instanz in Sterilisationsprozessen endgültig entscheiden und damit schwelende Diskussionen um unterschiedliche Entscheidungen der *Erbgesundheitsobergerichte* – als zweiter und nach dem Gesetz letzter Instanz in derselben Angelegenheit – rein administrativ beenden sollte.[29]

Das GzVeN benannte bestimmte Krankheiten und Abweichungen als *Erbkrankheiten* und legte sie als »sterilisationspflichtig« fest, wenn ein Erbgesundheitsgericht zu dem Beschluß kam, daß die jeweilige »Erbkrankheit« vorlag.[30] § 1 GzVeN lautete:

»(1) Wer erbkrank ist, kann durch chirurgischen Eingriff unfruchtbar gemacht (sterilisiert) werden, wenn nach den Erfahrungen der ärztlichen Wissenschaft mit großer Wahrscheinlichkeit zu erwarten ist, daß seine Nachkommen an schweren körperlichen oder geistigen Erbschäden leiden werden.

(2) Erbkrank im Sinne dieses Gesetzes ist, wer an einer der folgenden Krankheiten leidet:
1. angeborenem Schwachsinn
2. Schizophrenie
3. zirkulärem (manisch-depressivem) Irresein
4. erblicher Fallsucht
5. erblichem Veitstanz (Huntingtonsche Chorea)
6. erblicher Blindheit
7. erblicher Taubheit
8. schwerer erblicher körperlicher Mißbildung

(3) Ferner kann unfruchtbar gemacht werden, wer an schwerem Alkoholismus leidet.«[31]

Demgegenüber benannte das *Ehegesundheitsgesetz* keine bestimmten Krankheiten oder Abweichungen als Ehehindernisse, sondern war eine Mischung von bereits in anderen Gesetzen festgelegten sowie neuen, allgemein gehaltenen Bestimmungen, die erst im amtlichen Kommentar näher erläutert wurden.[32] Nach § 1 Abs. 1 war die Eheschließung verboten,

»a) wenn einer der Verlobten an einer mit Ansteckungsgefahr verbundenen Krankheit leidet, die eine erhebliche Schädigung der Gesundheit des anderen Teiles oder der Nachkommen befürchten läßt,
b) wenn einer der Verlobten entmündigt ist oder unter vorläufiger Vormundschaft steht,
c) wenn einer der Verlobten, ohne entmündigt zu sein, an einer geistigen Störung leidet, die die Ehe für die Volksgemeinschaft unerwünscht erscheinen läßt,
d) wenn einer der Verlobten an einer Erbkrankheit im Sinne des Gesetzes zur Verhütung erbkranken Nachwuchses leidet.«[33]

Die Indikationen für Zwangssterilisation waren also Bestandteil des *Ehegesundheitsgesetzes*. Jede Person, bei der der Amtsarzt eine der im GzVeN angegebenen *Erbkrankheiten* diagnostizierte, war neben der damit zugleich festgestellten »sterilisationspflichtigen« »Fortpflanzungsgefährlichkeit« *eheuntauglich* und mußte außer einem Eheverbot mit einem Verfahren vor dem *Erbgesundheitsgericht* rechnen. Das *Ehegesundheitsgesetz* machte in der Frage der »Ehetauglichkeit Erbkranker« jedoch eine Ausnahme: § 1 Abs. 2 EhegesG ließ die Eheschließung zu, »wenn der andere Verlobte unfruchtbar ist«[34]. Sie ist wegen ihres Zynismus beachtlich. Praktische Voraussetzung war hier jedoch, unabhängig von der Prüfung der Fruchtbarkeit, daß der Amtsarzt die oder den »Erbkrankheitsverdächtigen« nicht sofort unter das Ehehindernis »geistige Störung« gruppierte, wenn sein Antrag auf Sterilisation vom Erbgesundheitsgericht abgelehnt worden war. Dies muß als Regelfall angenommen werden. »Ist die Unfruchtbarmachung etwa abgelehnt«, heißt es dazu im Kommentar, »so tritt die Beurteilung der Ehetauglichkeit des Betroffenen als etwas ganz Neues hervor ... Die Tatsache, daß ein auf Erbkrankheit Verdächtiger nicht für erbkrank im Sinne des Gesetzes befunden wurde, ist also noch keine Bestätigung dafür, daß jede beliebige Ehe, die er vorhat, für die Volksgemeinschaft nicht als unerwünscht zu betrachten ist. So kann und muß in solchen Fällen eingehend geprüft werden, ob die Krankheitsbefunde – diese müssen ja stets vorhanden gewesen sein, wenn es überhaupt zu einem Unfruchtbarmachungsverfahren gekommen ist – zwar zur Feststellung einer Erbkrankheit nicht ausreichen, aber dennoch die Ehe dieses Menschen wegen der vorhandenen geistigen Störung als unerwünscht erscheinen lassen, und zwar sowohl in Hinblick auf seine Ehe als solche als auch auf den Nachwuchs.«[35] Außerdem war die besondere Eheschließungserlaubnis »Erbkranker« nach § 1 (2) nicht nur von der ärztlichen Überprüfung, daß jede Geburt völlig ausgeschlossen sei, abhängig, sondern auch davon, daß keine ansteckenden Krankheiten vorlagen.

Die Diagnostik der Ehehindernisse nach dem *Ehegesundheitsgesetz* schließlich war (bis auf die vormundschaftsgerichtlich festzustellende Entmündigung) nach der 1. AVO selbst wiederum in einen größeren Rahmen eingebunden, die *Eheberatung*. Hier, auf der Ebene des ärztlichen Ratens und Abratens zur Ehe und der Begutachtung auf *Eheeignung* ohne administrative Folgen für die Eheschließung, wohl aber mit möglicher Verweigerung eines Ehestandsdarlehens, befinden wir uns auf dem offenen Feld medizinischer Wissenschaft. In dem umfangreichen *Schrifttumsverzeichnis* des Gesetzeskommentars heißt es in *Einleitenden Bemerkungen*:

»Bei der ungeheuren Fülle des Stoffes, den das Ehegesundheitsgesetz und die in ihm verankerte Eheberatung umfaßt, war es vollkommen unmöglich, ein ausführliches Literaturverzeichnis zu geben, wenn man nicht eine Bibliographie einiger Hauptgebiete der gesamten Medizin hätte geben wollen.«[36]

Zur Beschränkung des Stoffes habe man auf Literaturangaben verzichtet, die rein klinischen Charakter trügen und nur solche Schriften angegeben, die »entweder selbst zur Frage der Eheberatung Stellung nehmen oder die einzelnen Krankheiten unter erbbiologischen Gesichtspunkten behandeln«. Selbst bei Gebieten, die Fragen des Kommentars selbst beträfen, wie die Beurteilung der Ansteckungsfähigkeit der Tuberkulose und der Geschlechtskrankheiten, sei die »Zahl der einschlägigen Veröffentlichungen so gewaltig, daß nur einige Stichproben hieraus gegeben werden« konnten: »Wir sind uns bewußt, daß viele wertvolle und grundlegende Arbeiten nicht aufgenommen werden konnten.«[37] Für die »Erbleiden« nach dem GzVeN verwiesen die Verfasser zudem auf die ebenfalls sehr umfangreiche wissenschaftliche Literatur im Gesetzeskommentar zum Sterilisationsgesetz von Gütt, Rüdin und Ruttke.

Die Besprechung der *Eheberatung* im Kommentar gliedert sich wie folgt:

I. Fortpflanzungsfähigkeit
II. Ansteckende Krankheiten
   1. Ansteckende Krankheiten außer Tuberkulose und Geschlechtskrankheiten
   2. Tuberkulose
   3. Geschlechtskrankheiten
III. Nerven- und Geisteskrankheiten
IV. Innere Krankheiten
   1. Stoffwechselkrankheiten und Störungen endokriner Drüsen
   2. Blutkrankheiten
   3. Krankheiten der Atmungsorgane
   4. Krankheiten des Herzens und des Gefäßsystems
   5. Nierenkrankheiten und Blasenleiden
   6. Magen- und Darmkrankheiten
   7. Frauenkrankheiten
V. Äußere Krankheiten
   1. Hautkrankheiten
   2. Krankheiten der Knochen und Gelenke
VI. Krankheiten des Auges und des Ohres [38]

Zur Bestimmung des Verhältnisses von medizinischer Diagnostik und Recht ist es besonders interessant zu prüfen, wie sich die im Kommentar jeweils nach ihrer gesetzlichen Einbindung geordneten Krankheiten und Krankheitsgruppen auf der medizinischen Diagnoseebene zueinander verhalten: wie die Ausführungen über das Ehehindernis »geistige Störung« zu den psychiatrischen Indikationen des Sterilisationsgesetzes – und beide zu den Ausführungen über Geistes- und Nervenkrankheiten im Abschnitt über Eheberatung? Oder die Aussagen über ansteckende Krankheiten oder Nervenkrankheiten als Ehehindernis im Verhältnis zu Aussagen über dieselben Krankheitsgruppen im Abschnitt Eheberatung? Oder: *schwere körperliche Mißbildung* als Sterilisationsgrund – folglich auch als Ehehindernis – im Verhältnis zu Aussagen darüber in den Abschnitten *Krankheiten der Knochen und Gelenke* und *Nervenkrankheiten*. Denn was hier auf die jeweiligen Paragraphenerläuterungen verteilt ist, muß in der konkreten Selektionspraxis des Amtsarztes zur selben Zeit berücksichtigt werden. Wie etwa unterscheidet er z.B. zwischen einem »sterilisationspflichtigen« »leichten Schwachsinn«, einer ein Eheverbot begründenden »geistigen Störung« und einer »erblichen Belastung« mit »Schwachsinn«, die zur Ablehnung eines Ehestandsdarlehens führt? Diese Fragen sind außerordentlich wichtig, weil für die dem ärztlichen Urteil unterworfenen Menschen je nach Diagnose sehr unterschiedliche administrative Folgen bevorstanden. Es würde hier zu weit führen, alle diese Beziehungen darzulegen; es sollen nur Aussagen zur psychiatrischen Diagnostik angerissen werden, nicht zuletzt deshalb, weil sie mit Abstand die höchste Anzahl aller negativen Selektionsentscheidungen bei jeder der gesetzlichen Körperpolitik-Maßnahmen ausmachten.

Als aufschlußreichstes Moment fällt auf, daß es sich für den Amtsarzt innerhalb des diagnostischen Prozesses in erster Linie darum handelt, eine von ihm festgestellte psychische oder Verhaltens-Auffälligkeit, Störung oder Krankheit »unterzubringen«, und dies zuallererst in eine der Sterilisationsindikationen. So lesen wir bei den Ausführungen zur »geistigen Störung« als Eheverbotsgrund:

»Eine ganze Reihe von mehr oder weniger atypischen Psychosen sind ohne weiteres dem Krankheitsbild der Schizophrenie oder dem zirkulären Irresein einzureihen, wenn man sie nicht als Zustandsbilder an sich, sondern nach ihrem Verlauf und ihrem sippenmäßigen Vorkommen beurteilt.[39] Immerhin bleibt eine ganze Reihe von psychotischen Zuständen zu besprechen, die weder im Krankheitsbild der Schizophrenie, noch beim manisch-depressiven Irresein, noch bei der Epilepsie, noch beim Schwachsinn diagnostisch unterzubringen sind.«[40]

Im Kommentar folgt dann – offensichtlich einem Handbuch der Psychiatrie entnommen – eine Aufzählung verschiedener Psychosen mit Kurzcharakteristiken von a) bis v), einschließlich einer Bemerkung über nicht mehr gebräuchliche Bezeichnungen.[41] Ausdrücklich wird darauf hingewiesen, daß es sich hierbei nicht um zwingende Ehehindernisse handele, sondern um Beispiele; andererseits auch noch viele andere Formen denkbar seien, die durchaus ebenfalls zu einem Eheverbot wegen »geistiger Störung« Anlaß geben könnten, wenn alle notwendigen sonstigen Faktoren (*Sippe*, *Partner* nebst *Sippe*, *Partner* + *Partner*) in Hinblick auf die *soziale und rassenhygienische Erwünschtheit* der Ehe berücksichtigt wären.[42] Auch die Frage der *Wissenschaftlichkeit* der Diagnose wird angesprochen und unbedingt gefordert. Sie entpuppt sich jedoch wiederum als nichts anderes als ein Zuordnungsverfahren: Wenn auch der Amtsarzt die diagnostischen Spitzfindigkeiten nicht zu weit treiben solle, müsse er »erörtern, welcher Krankheitsgruppe die Störung einzuordnen« sei. Nach Möglichkeit solle jedoch die Diagnose eine »Einreihung des Einzelfalles in eine anerkannte psychiatrische Diagnosengruppe gestatten«.[43] Dies nicht zuletzt deshalb, um sich abzusichern, falls es zu einem Anfechtungsverfahren von seiten der Ehewilligen komme. Bei der Besprechung der im GzVeN aufgeführten *Erbkrankheiten* wiederum wird ausdrücklich darauf verwiesen, daß Schizophrenie und Epilepsie diagnostische Oberbegriffe seien; wenn »manche Formen sich nicht dem einen oder anderen Krankheitsbegriff unterordnen wollen«, sei dies für einen Antrag auf Sterilisation belanglos, denn beide seien sterilisationspflichtig! Bei diagnostischen »Grenzfällen«, die sich weder bei Schizophrenie, noch bei Epilepsie »unterbringen« ließen, sei die Frage der Erblichkeit aus der Sippenbeurteilung zu beantworten.[44] – »Grenzfälle« als solche aber existieren nicht. Jeder Mensch ist eine Person – so, wie sie ist. Grenzfälle entstehen durch Einordnungsprobleme von Professionellen, die mit dem entwickelten Diagnosesystem angesichts des ihnen konkret gegenüberstehenden Menschen nicht auf Anhieb zurechtkommen, wenn er sich nicht direkt unter eine vorhandene Kategorie subsumieren läßt. War hingegen die Einordnung in eine der vorgegebenen Diagnosen dem Amtsarzt ohne weiteres klar, konnte ein »positiver Sippenbefund« das Vorliegen der diagnostizierten »Erbkrankheit« nicht in Frage stellen. Hier war das Vererbungsparadigma bereits so fest und unerschütterlich, daß die Familienuntersuchung als Mittel zur Klärung der Erblichkeit nicht mehr »nötig« war: Die Wissenschaft lieferte genügend »Beweise«. »Klare Fälle« für die Begutachter ergaben sich bei der Diagnose *Schwachsinn* durch schlechtes Abschneiden bei der Intelligenzprüfung und durch die administrativ festgestellte »mangelnde Lebensbewährung«.[45] Bei den im Gesetz aufgeführten *Geisteskrankheiten* reichte es aus, wenn »sie aus einer verborgenen Anlage einmal sichtbar geworden« waren, was Jahre zurückliegen konnte, bis in die Zeit, bevor es das GzVeN und das EhegesG überhaupt gab. Ein Fachpsychiater sollte hier anhand der schriftlichen Krankheitsbeschreibung klären, ob die vorzeiten gestellte Diagnose damit übereinstimmte, und zugleich die Einwände der Betroffenen und der Angehörigen prüfen. Etwa den nächsten *Schub* oder *Anfall* abzuwarten, galt aufgrund der den »Erbkranken« zugespochenen »Fortpflanzungsgefährlichkeit« geradezu als unverantwortlich.[46] Im Zusammenhang mit der von den Amtsärzten vorzunehmenden psychiatrischen Klassifizierung wurde häufiger auf die *Diagnosentabelle des Deutschen Vereins für Psychiatrie* verwiesen. Sie war auch im Gesetzeskommentar zum Sterilisationsgesetz abgedruckt.[47]

Besonders im Bereich der psychiatrischen Diagnostik wird deutlich, in wie hohem Maße die Verbindung von professioneller medizinischer Definitionsmacht mit der vom Staat verliehenen Rechtskraft heillose und willkürliche Folgen haben mußte. Über *Schwachsinn, Geisteskrankheit* und *geistige Störung* wurden bewußt und gewollt Tür und Tor geöffnet, um jede dem Amtsarzt negativ auffallende Merkwürdigkeit, gegebenenfalls unter Einbeziehung eines fachpsychiatrischen Gutachtens, in ein Eheverbot zu verwandeln, vorausgesetzt, der Amtsarzt beherrschte in etwa die Fachsprache und die Diagnosetabelle. Die Professionalität und der damit verbundene soziale und rechtliche Status der Selekteure waren es auch primär, die Einwendungen von Betroffenen, die über beides nicht verfügten, zu untergeordneten Einwürfen machten, die aufzunehmen oder fallenzulassen allein den entscheidenden Experten zustand. Die Betroffenen hatten keinerlei Recht, selbst auf die Diagnostik Einfluß zu nehmen. Über die Diagnostik konnte sich ein Disput auf gleicher Rangstufe nur unter Experten entwickeln, der unter

Umständen möglicherweise positive Folgen für Betroffene haben konnte. Anweisungen an die Sterilisationsrichter, überhaupt auf Einwände derjenigen, über deren leiblich-seelische Unversehrtheit sie bestimmten, einzugehen, oder an die Amtsärzte, sich bei den Untersuchungen der *Ehekandidaten* deren Vertrauen zu sichern, müssen als Akt politischer Opportunität aufgrund des wachsenden Widerstands verstanden werden. Die grundsätzliche, auf dem professionell-wissenschaftlichen Status gegründete Hierarchie wurde dadurch nicht angetastet.

Anamnese und Befund:
Die Prozeduren der Körper-, Geistes- und Charakterkontrollen

>»Wenn wir unsere bisherige Tätigkeit auf diesem Gebiet überblicken, dann müssen wir feststellen, daß uns bisher noch niemals ein so großes Menschenmaterial zu so genauer Prüfung in die Hand gegeben worden ist wie bei der Durchführung des Gesetzes zur Gewährung von Ehestandsdarlehen. Diese Gelegenheit sollte daher mit vollem Ernst ergriffen werden.«[48]

>»Die einzige Richtlinie, die allgemein brauchbar ist, ist eine klare Vorstellung vom geistig-seelisch gesunden Menschen, ohne überspitzte Forderungen an ihn, aber auch ohne allzu weitgehende Zugeständnisse an seine Leistung«[49]

Die ärztlichen Kontrollen von Frauen und Männern auf *Eheeignung* waren »Reihenuntersuchungen größten Ausmaßes«.[50] Sie waren es von der Anzahl der untersuchten Personen her, aber auch hinsichtlich der Bandbreite der angewandten anamnestischen und diagnostischen Verfahren, denen sie sich zu unterziehen hatten. Nach den *Richtlinien über die ärztlichen Untersuchungen der Ehestandsdarlehensbewerber* vom 17.3.1934 sollten die untersuchenden und begutachtenden Ärzte bei der »Beurteilung der Eheeignung« auf Folgendes achten:

»I. Vorliegen einer Erbkrankheit,
II. erbliche Belastung,
III. Vorhandensein einer Infektionskrankheit,
IV. Vorhandensein einer das Leben bedrohenden Krankheit,
V.   Vorliegen von anderen Umständen, die eine Verheiratung als im Interesse der Volksgemeinschaft nicht ratsam erscheinen lassen.«[51]

Unter die letzte Kategorie fiel in erster Linie die Frage nach der »Fortpflanzungsfähigkeit«. Der *Prüfungsbogen für Eheeignung* von 1934, der bis 1943 in Gebrauch war, um dann wegen des Krieges einem einfacheren Formular zu weichen, gibt einen ersten Eindruck davon, was alles erfragt, »ermittelt« und untersucht wurde. Er war unterteilt in *Vorgeschichte*, *Befund* und *Gutachten*. Die Vorgeschichte fragte als erstes nach Abweichungen und Krankheiten von Familienangehörigen und steckte damit das Terrain der *erbbiologischen Ermittlung* ab. Die zweite Frage galt der Anamnese der Person, männlich wie weiblich: »Chronische Infektions- oder konstitutionelle Krankheiten (einschließlich Berufskrankheiten), Suchten oder Gebrechen, an denen der/die Untersuchte selbst gelitten hat«. Die dritte Frage richtete sich allein an die ein Ehestandsdarlehen beantragenden Frauen: »Bei weiblichen Untersuchten: Zahl der Schwangerschaften, getrennt nach Lebend-, Tot- und Fehlgeburten«. Im zweiten Teil des *Prüfungsbogens auf Eheeignung*, dem *Befund*, waren die in der ärztlichen Untersuchung der Person erhobenen Ergebnisse niederzulegen über: »Allgemeinzustand, Haut und sichtbare Schleimhäute, Kreislauforgane, Bauchorgane, Lungenbefund (nötigenfalls Röntgenbefund), Urinbefund (Eiweiß, Zucker), Anzeichen von Geschlechtskrankheiten (nötigenfalls serologischer Blutbefund): WaR. (Wassermann Reaktion, GC.), Anzeichen von Schwachsinn, Epilepsie, Geisteskrankheiten, Alkoholismus und Rauschgiftsucht, Anzeichen von akuten Infektionskrankheiten, Anzeichen von sonstigen das Leben bedrohenden Krankheiten«. Am Ende stand die Frage: »Sind begründete Anzeichen für Zeugungs- oder Gebärunfähigkeit vorhanden?«. Der dritte Abschnitt schließlich enthielt das interne amtsärztliche Gutachten.[52]

Die Überprüfung der *Eheeignung* der Person setzte sich also verfahrensmäßig aus drei Komponenten zusammen: erstens der *Sippenforschung*, zweitens der *Aktendurchsicht*, drittens der *ärztlichen Untersuchung*.[53] Die ärztliche Untersuchung und die abschließende Beurteilung sollte im allgemeinen erst dann erfolgen, wenn die »medizinischen und genealogischen Ermittlungen« abgeschlossen waren.[54] Ergaben die familiale oder individuelle Anamnese oder »die genaue äußere Betrachtung und die Untersuchung der inneren Organe«[55], der Röntgen-, Urin- oder Blutbefund »Anzeichen« für eine bestehende oder mögliche Erkrankung oder *Belastung*, wurden die Bewerber/innen weiteren diagnostischen Prüfungsverfahren unterworfen, die Unterlagen der behandelnden Ärzte – soweit vorhanden – herangezogen und zusätzliche fachärztliche Untersuchungen verlangt, manchmal auch die stationäre Aufnahme in eine Klinik zur Voraussetzung der Entscheidung über ein Ehestandsdarlehen gemacht.

Der konkrete Gang der Untersuchungen war in jeder Stadt etwas anders, je nachdem, wo die auszufüllenden Anträge auslagen, ob im Standesamt, im

Jugendamt, beim Bürgermeister, im Finanzamt oder im Gesundheitsamt. Außerdem differierten die »Erhebungs«-Verfahren danach, ob die Angaben der Bewerber/innen zur Familie und zur Person mündlich aufgenommen und dann in ihrem Wahrheitsgehalt so weit wie möglich überprüft wurden, wie es wohl in der ersten Zeit eher der Fall war, oder ob diese Angaben vorab auf einem Fragebogen gemacht und eingereicht werden sollten, damit im Gesundheitsamt schon vor der konkreten ärztlichen Untersuchung überprüft werden konnte, ob z.B. ein »geisteskrankes« Familienmitglied oder etwa eine Tuberkuloseerkrankung, ein früherer Aufenthalt in einem psychiatrischen Krankenhaus oder eine orthopädische Operation in der Schulzeit verschwiegen worden war. Weitere Schritte für Nachforschungen konnten sich auch aus unklaren Angaben der Untersuchten ergeben, denen dann weiter auf den Grund gegangen wurde. Bei bestimmten Körper-Befunden wurde die ED-Vergabe aufgeschoben und von einer erneuten Untersuchung nach einer gewissen Frist abhängig gemacht. Unterschiedlich war ferner, ob die Untersuchungen auf Geschlechtskrankheiten und Tuberkulose vor oder im Anschluß an die allgemein-ärztliche Untersuchung stattfanden, ob sie generell bei allen ED-Bewerber/innen oder nur »auf Verdacht« wegen eines bestimmten Körperbefundes oder aufgrund der Anamnese durchgeführt wurden. Wie der Gang des Verfahrens im einzelnen organisiert war, wie weit die Untersuchungen im »Normalfall« reichten und welche Mittel eingesetzt wurden, hing – wie im zweiten Teil dieser Arbeit vorgestellt – zum großen Teil vom Ausbau des jeweiligen Gesundheitsamtes ab, von den vorhandenen Mitteln, dem Personal und der Stärke des Publikumsverkehrs und davon, wie gründlich die Ärzte im einzelnen untersuchten. Im Verlauf der Jahre glichen sie sich in ihren Grundelementen offenbar einander an. Der jeweils vorhandene Apparat und das verfügbare Arsenal der medizinischen und psychiatrischen Diagnostik wurde eingesetzt, um die Antragstellenden hinsichtlich ihres familialen und sozialen Umfelds, ihrer körperlichen und geistigen Zustände, sozialer Verhaltensweisen in Vergangenheit und Gegenwart möglichst lückenlos und präzise zu erfassen.

Die wohl umfangreichsten, aber durch eine Reihe von Veröffentlichungen auch am besten dokumentierten Untersuchungen fanden in Kiel statt.[56] Allein für das »Normalverfahren« wurden acht bis zehn Ermittlungs- und Untersuchungsetappen für notwendig erachtet, um eine Aussage über die *Eheeignung* treffen zu können. In Nürnberg z.B. mußten die Antragstellenden an mindestens drei bis fünf verschiedenen Untersuchungsorten erscheinen.[57] Aber auch in anderen Gesundheitsämtern war es mit einem Gang selten getan, wie in einem Erlaß des RMdI aus dem ersten Kriegsjahr zur »Abstellung von Mißständen« deutlich wird. Bei der »starken beruflichen Inanspruchnahme aller Volksgenossen« verfüge niemand über überflüssige Zeit, hieß es hier, mehrere Wege seien den ED-Antragstellenden nicht zuzumuten. Durch vorheriges Einreichen der an einer gut zugänglichen Stelle auszulegenden *Sippenfragebögen* und eine bessere Koordination der Termine für die allgemeine Untersuchung in der *Beratungsstelle für Erb- und Rassenpflege*, die Tuberkuloseuntersuchung und die Untersuchung auf Geschlechtskrankheiten sollten Zeit und Fahrtkosten eingespart werden. Dies setze allerdings eine vollständige *Verkartung* in den beiden zuletzt genannten Fürsorgebereichen und die Mitteilung der untersuchenden Ärzte an das jeweilige Gesundheitsamt voraus.[58]

Im folgenden werden nun die Schritte des Untersuchungsverfahrens auf *Eheeignung* am Beispiel Kiels vorgestellt und durch Berichte aus anderen Gesundheitsämtern ergänzt.[59] Da in den vorangegangenen Kapiteln von der Methodik der »erbbiologischen Ermittlung« in ihrer Bedeutung für die Feststellung der »erblichen Belastung« schon ausführlich die Rede war, liegt der Schwerpunkt der Ausführungen hier auf den anderen Untersuchungspraktiken. Dabei ist nur ein kleiner Ausschnitt überhaupt anreißbar. Wo auf einige Untersuchungsmethoden genauer eingegangen wird, geschieht dies, um daran jeweils damit verbundene Widersprüchlichkeiten, Zumutungen, Widerständigkeiten, die Verhältnismäßigkeit der Mittel, die Probleme zwischen administrativ vorgeschriebenem Diagnosezwang und methodischen Problemen hinsichtlich einer solchen wegen der Ungenauigkeit der Diagnostik etc. zu zeigen. Vieles kann hier nur angedeutet werden, was einer eingehenderen Bearbeitung wert wäre. Besonders die sich in der sog. Geschlechtskrankenfürsorge bündelnden Fragen nach den sozial- und geschlechterpolitischen Wandlungen und Zusammenhängen von Ehe und Prostitution, den immer weiblich gedachten »Ansteckungsquellen«, geschlechtsspezifischer Klinik und Therapie der Geschlechtskrankheiten, der Bedeutung von *Ansteckung* und *Unfruchtbarkeit*, um einige der wichtigsten Aspekte zu nennen, können hier nur ansatzweise beleuchtet werden.

Die ED-Bewerber/innen in Kiel stellten den Antrag mit allen Papieren im Gesundheitsamt. Dieses fragte per Formular im Fürsorgeamt, Jugendamt, Pflegeamt, in der Lungenfürsorgestelle und in der Geisteskrankenfürsorgestelle nach, ob über die Antragstellenden oder unmittelbare Familienangehörige Akten vorhanden seien und ließ sie sich zusenden. Ebenfalls herangezogen wurden frühere schulärztliche und berufsschulärztliche Untersuchungsbefunde. Der Antrag und die Akten (soweit vorhanden) wurden sodann dem jeweils untersuchenden Arzt zugestellt. Hatte man zunächst das Paar jeweils durch denselben Arzt begutachten lassen, ging man dann davon ab und ließ die Untersuchungen jeweils von der Schulärztin oder dem Schularzt vornehmen, denen die bzw. der zu Untersuchende von früheren Begegnungen in Schule und Berufsschule »bekannt« war. Diese luden die ED-Bewerber/innen zur Untersuchung ein; das Abschlußzeugnis der Schule sollten sie mitbringen. Die Vorlage des Schulzeugnisses habe »sich als notwendig erwiesen, da allmählich in zunehmender Weise bei Aufnahme der Anamnese die Ehestandsdarlehensbewerber bei sich und ihren Angehörigen jede krankhafte Veranlagung in Abrede stellen«, führten Klose und Büsing bereits 1934 aus, »so blieb uns nur allein das Schulzeugnis als einzige Quelle, aus der häufig allein nur ein Rückschluß auf das Vorliegen vererbbarer geistiger Gebrechen gezogen werden kann.«[60] Ähnlich ging man in Plauen vor. Das »Vergessen« oder »Verlieren« des Schulzeugnisses war schon ein Grund für die untersuchenden Ärzte, Verdacht zu schöpfen.[61]

Auf die Vorgeschichte müsse der allergrößte Wert gelegt, insbesondere jede Möglichkeit zu urkundlicher Feststellung der Angaben der Antragsteller ausgenützt werden, schrieb Dr. Vollmer aus Bremem im Frühjahr 1934, »eine zeitraubende Arbeit besonders für die Hilfskraft, aber unumgänglich notwendig und lohnend«. Rückfragen, hier beim Standesamt, Statistischen Amt, Jugendamt, Fürsorgeamt, bei Krankenhäusern, Heil- und Pflegeanstalten, Ärzten usw., seien auch schon deshalb nötig, weil »die meisten Leute … beim besten Willen keine genauen Angaben machen (können)«.[62] Er schildert »einen Fall von nicht ganz klarer Surdomutatis congen. [angeborene Taubstummheit, GC.] bei der Schwester einer Antragstellerin«, der »umfangreiche Nachforschungen notwendig (machte)«. »An Hand von früheren Akten der Taubstummenanstalt ließ sich jedoch nicht nur die bestrittene angeborene Taubstummheit nachweisen, sondern noch weitere Psychosen und psychopathische Konstitutionen in der Aszendenz der Antragstellerin«.[63] Am Ende ist also die ganze Familie der Gesundheitsbehörde so präsent, daß die Ablehnung des Darlehens der offensichtlich selbst nicht weiter »auffälligen« Antragstellerin völlig auf der Hand liegt und für die Schwester möglicherweise ein Sterilisationsantrag gestellt wurde.

Auch die Einbeziehung von über die Person vorhandenen Akten bei den Erhebungen zur »eigenen Vorgeschichte« galt als »zwingende Notwendigkeit«, wie eine veröffentlichte »Fallgeschichte« aus Kiel nach der Intention ihrer Verfasser »veranschaulichen« sollte. Für uns veranschaulicht sie hingegen in erster Linie den Fahndungseifer der Selekteure, gegen den der »günstige« Eindruck, das »unauffällige Leben« der letzten Zeit, die Schwangerschaft und die Heiratsabsicht der betroffenen jungen Frau nichts ausrichten können, sondern geradezu den Charakter des Betrügerischen erhalten. Zugleich wird deutlich, wie soziale Herkunft, individuelles Handeln und medizinische Diagnostik ineinandergreifen und wie schließlich auf Basis letzterer durch die nationalsozialistische Gesetzgebung der individuelle Lebensplan zunichte gemacht wird.

»Magd. K., geb. 5.VIII.1910, Hausangestellte, stellt Antrag auf Gewährung eines Ehestandsdarlehens. Die körperliche Untersuchung gibt außer einer bestehenden Schwangerschaft
im 5. Monat nichts Besonderes, auch die Prüfung der geistigen Fähigkeiten läßt keine
besonderen Abweichungen von der Norm erkennen. Ebenso verlief die Aufnahme der Vorgeschichte ergebnislos. Aus den vom Jugendamt und Pflegeamt eingehenden Akten wird
festgestellt: Vater hat Suicid begangen, wegen Trunksucht war ihm das Sorgerecht entzogen, ebenso der Mutter wegen unerhörter Vernachlässigung ihrer Kinder und gleichzeitig bestehender Trunksucht. Von 12 Geschwistern standen 4 unter Vormundschaft, eine
Schwester war als schwere Psychopathin in einem Psychopathenheim untergebracht. Magd.
hat selbst unter Amtsvormundschaft gestanden. Ihre Kindheit hat sie in Not und Elend
verlebt. Bis zum 5. Lebensjahr war sie mit den Geschwistern und dem Vater bei der Groß-
mutter mütterlicherseits, die eine moralisch heruntergekommene Person war. Vom
6. Lebensjahr an war sie dann in verschiedenen Heimen. 1924 kam sie auf das Land in
Stellung, die sie 1925 wechselte. Hier führte sie sich zunächst gut und wurde wie das eigene
Kind gehalten; sie knüpfte dann aber ein Verhältnis mit einem 21jährigen Burschen an,
damit änderte sich ihr Verhalten, sie wurde faul und blieb häufig nachts von Hause weg. Am
17.V.1927 brannte das Wohnhaus der Herrschaft ab. Magd. wurde als Brandstifterin ermittelt, gab die Tat zu, weil sie aus dem Dienstverhältnis herauskommen wollte. Das
Gericht ordnete Fürsorgeerziehung an, da nach fachärztlichem Gutachten Magd. psycho-
pathisch minderwertig infolge erblicher Belastung ist und unter Stimmungen im Sinne
manisch-depressiven Irreseins leidet und die Tat in einem solchen depressiven Zustand verübt worden ist. Magd. kam dann in Fürsorgeerziehung und wurde daraus 1932 entlassen.
Seit dieser Zeit hat sie sich nichts Besonderes zu schulden kommen lassen.

Da die Patientin (!GC.) nichts Auffälliges bei der Untersuchung bot, wäre ihr ohne Kenntnis der Vorakten das Ehestandsdarlehn sicher bewilligt worden, zumal sie sich bestrebte,
einen außerordentlich günstigen Eindruck zu machen, da ihre Heirat nach ihrer Aussage
bei Ablehnung zu scheitern drohte.« Für die Autoren ergab sich als einzige Frage anschließend: »Was geschieht, wenn die Patientin in einen der zu dem Landkreis gehörenden
Vororte verzieht und erneut ein Ehestandsdarlehen beantragt?«[64]

Es ist hingegen stark zu vermuten, daß, wenn sie es nicht tat, sie einem Sterilisationsverfahren wegen manisch-depressiven Irreseins unterworfen wurde.
Denn nach den Vorschriften reichte es aus, »daß das Leiden bereits einmal
erscheinungsbildlich in Erscheinung getreten ist« und ein Facharzt dieses
bescheinigt hatte, so wie es hier der Fall war.[65]

Die Familienanamnese umfaßte Fragen nach »Fällen nichtarischer Abkunft«,
dem Vorkommen von Krankheiten nach dem Sterilisationsgesetz sowie
Selbstmord in der Familie. Sodann sollte der oder die Bewerber/in um ein
Darlehen beantworten, welche Krankheiten sie selbst durchgemacht hatte und
wo sie stationär behandelt worden war, um möglicherweise bei Ärzten und
Kliniken »rück«-zufragen. Anders als etwa in Nürnberg wird das Problem der
ärztlichen Schweigepflicht hier nicht erwähnt. Nach der Eigenanamnese
folgte die in der Tat »eingehende ärztliche Untersuchung«: Als erstes wurde
der *Rassenbefund* durch Angaben »einiger Rassenmerkmale« erhoben: Haarfarbe (hell, blond, braun, schwarz), Augenfarbe (blaugrau, gemischt, braun),

Körperbau (kräftig, mittel, schwächlich), Körpertypus (leptosom, asthenisch, muskulär pyknisch, Mischtypus); es folgten die Körpermessung nach Länge und Gewicht, bei den Augen die »Feststellung der Sehschärfe mit und ohne Glas«, das Vorhandensein oder Fehlen des Farbensinns, bei den Ohren eine »genaue Hörprüfung«. Dann wurden Gebiß und Rachen geprüft, ferner notiert, ob ein Kropf vorhanden sei. Anschließend standen das Herz- und Gefäßsystem, die Atmungsorgane und die Bauchorgane zur Begutachtung an. Hierzu gehörten Pulsmessung vor und nach Kniebeugen, Auskultation (Abhören), etc. Es folgte die Kontrolle der Geschlechtsorgane in Hinblick auf das Vorhandensein von Geschlechtskrankheiten, für Frauen waren Angaben über Fluor (Ausfluß) und Menses zu machen. Sodann stand die Untersuchung der Wirbelsäule und der Gliedmaßen an, schließlich die Überprüfung von Nervensystem und Geisteszustand. Daneben wurde bei allen »eine genaue Untersuchung des Urins auf Eiweiß und Zucker« vorgenommen, ferner Blut für die Wassermann-Reaktion abgenommen. Die Untersuchung der Blutproben geschah im Hygiene-Institut der Universität oder in der Prosektur der Städtischen Krankenanstalten. In Nürnberg wurden die Urin- und Blutuntersuchungen kostenlos vom Ärztlichen Verein übernommen.[66]

Damit war die Untersuchung für Männer, die sich um ein ED bewarben, abgeschlossen, sofern sie als psychisch und geistig »normal« klassifiziert wurden und die Familien- wie die Eigenanamnese nichts Nachteiliges erbracht hatte, nicht hingegen für Frauen und diejenigen Männer und Frauen, bei denen der untersuchende Arzt »Verdacht auf einen geistigen Defekt« hegte. Bei letzteren wurde das Gutachten über *Eheeignung* von einer »eingehenden psychiatrischen Untersuchung« in der Psychiatrischen und Nerven-Poliklinik der Universität abhängig gemacht. Auch alle diejenigen, bei denen »ausweislich des vorgelegten Schulzeugnisses das Endziel der Normalschule nicht erreicht war«, wurden hier ebenfalls überprüft: »In fast 90 % der Fälle ... (konnten) ... durch ... fachärztliche Untersuchungen leichte bis schwere Grade von vererbbarem Schwachsinn aufgedeckt werden, von denen die leichteren Formen bei einer einmaligen Untersuchung von dem untersuchenden beamteten Arzt andernfalls leicht übersehen werden konnten.«[67] Die »wegen geistiger Schwäche« abgelehnten ED-Bewerber/innen wurden »selbstverständlich ... noch einer genaueren familienanamnestischen Untersuchung unterworfen«, u.a. mit der Aufstellung einer *Sippentafel* über mehrere Generationen, »um nach Inkrafttreten des Sterilisierungsgesetzes möglichst rasch diese Persönlichkeiten von der Fortpflanzung durch Einleitung entsprechender Maßnahmen auszuschließen.«[68]

Alle Kieler Bewerberinnen für ein Ehestandsdarlehen wurden »ohne Ausnahme zu einer eingehenden gynäkologischen Untersuchung der Universitäts-Frauen-Poli-Klinik überwiesen«, es sei denn, daß sie ein frauenärztliches

Attest vom Privatarzt brachten. Ziel der Untersuchung war festzustellen, »ob nach den vorliegenden anatomischen Verhältnissen mit an Gewißheit grenzender Wahrscheinlichkeit eine normale Schwangerschaft erwartet werden darf.«[69] Von dieser *Fertilitätskontrolle* waren Frauen, die bereits Kinder hatten oder schwanger waren, nicht ausgenommen. Außerdem wurden Abstriche vom Vaginal- und Zervixschleim gemacht, mit den Worten des Kieler Stadtarztes Folberth »bei allen Kandidatinnen in den gynäkologischen Sekreten nach Gonokokken gefahndet«[70]. *Welche Genitalstaten ergibt die Gesundheitsuntersuchung von Antragstellerinnen auf Ehestandsdarlehen?* lautet der Titel einer medizinischen Dissertation aus dem Jahr 1936, in der von Untersuchungen an 1350 Frauen, die sich in Kiel im ersten halben Jahr nach Inkrafttreten des Gesetzes um ein Darlehen bewarben, die Rede ist.[71]

Die Anamnese in der Klinik – die Krankengeschichte, die keine ist, denn die Frauen kommen nicht wegen Beschwerden, sondern wegen des Ehestandsdarlehens – fragt nach dem Beginn der Menarche, der Zyklusdauer (dabei gelten Unregelmäßigkeiten und Zyklen von weniger als drei und mehr als fünf Wochen als pathologisch), nach Geburten, Geburtskomplikationen, früheren »gynäkologischen Krankheiten« und Aborten. Die Zahlen für Geburten werden getrennt aufgeführt nach »verheiratet« und »nicht verheiratet« – wiewohl die Angabe des Familienstands der Frauen mit dem angegebenen Untersuchungsziel, »ob die Schwangerschaftsfähigkeit eingeschränkt ist«,[72] nichts zu tun hat. Nach der Anamnese folgt der Befund, erhoben aufgrund der Untersuchung der *inneren und äußeren Genitale* und der *Palpation der Adnexe* (»Betastung der Anhänge«), eine der gebräuchlichsten gynäkologischen Diagnosemethoden zur (nicht operativen) Feststellung der inneren *Topographie* des weiblichen Körpers, seit die körperliche Untersuchung einer Frau dem männlichen Arzt und Geburtshelfer überhaupt gestattet ist.[73] Die Untersuchung und ihre schriftliche Darstellung hat teilweise den Charakter einer Erkundungsfahrt in unbekannte Gegenden, über die der Reisende bereits viel gelesen hat, teilweise den einer virtuellen Penetration. Am Anfang der Darstellung steht bezeichnenderweise das *Hymen* (Jungfernhäutchen), was für den angegebenen Untersuchungs»zweck« vollkommen belanglos, dafür sexualpolitisch von umso größerem Interesse ist. Wir lesen: »Hymen unversehrt: 26 Frauen!«. Auch hier wird jeweils getrennt nach dem Familienstand und nach Geburten gezählt und mit folgender Bemerkung abgeschlossen: »Als interessanteste Tatsache will ich nicht versäumen, zu erwähnen, daß zwei der *virgines* (!) bereits seit mehreren Tagen verheiratet waren!«[74]

Auch die gynäkologischen Untersuchungen also wurden in Kiel wissenschaftlich bearbeitet und in der medizinischen Fachpresse erwähnt.[75] Von den Frauen, deren körperliche Verhältnisse – bis dahin ihrer Intimsphäre zugehörig – hier mitgeteilt wurden, sprach der Kieler Stadtarzt Folberth als

»gut untersuchtes Material, (über das) wir in Kiel verfügen«.[76] Der Aufsatz erschien in der *Klinischen Wochenschrift* unter der Rubrik *Öffentliches Gesundheitswesen*: Der *Genitalstatus* vieler einzelner Frauen, die im Begriff standen, zu heiraten, wurde zum Gegenstand berufspolitischen wie öffentlichen Interesses; diese Frauen erscheinen zugleich als Besitz des Gesundheitsamtes.

Als Objekte von Massenuntersuchungen boten die ED-beantragenden Männer und Frauen aus der Sicht mancher Volksgesundheitsexperten zugleich einen Fundus an Menschen, der, einmal vor den ärztlichen Gutachter zitiert, zu weiteren Untersuchungen herangezogen werden konnte, die mit der Überprüfung auf *Eheeignung* nichts mehr zu tun hatten. Sie betrachteten sie – wie bei Reihenuntersuchungen üblich – als eine neue Quelle für statistische Erhebungen zur Befriedigung professioneller Neugier oder zur Beantwortung von Fragen, die auf andere Weise nicht so leicht möglich war. Ein Beispiel für verdeckt oder offen zusätzlich erhobene Befunde war die zahn-, mund- und kieferärztliche Überprüfung des »Gebiß- und Mundzustandes von 1030 Antragstellern und Antragstellerinnen auf Ehestandsdarlehen im Alter von 18-45 Jahren durch die Städtische Schulzahnklinik Kiel« auf Anregung von Stadtmedizinalrat Dr. Klose.[77] Zum einen erwartete man sich einen Überblick in einer sonst nicht greifbaren Altersgruppe: »Über das Alter von 21 Jahren hinaus konnte für eine zahnärztliche Untersuchung eine ungesiebte größere Menge von Volksgenossen nicht erfaßt werden, so daß Angaben gerade in dem Alter, in dem ein Abbau (der Zähne) schon beginnt, fehlen«, führte der Direktor der Schulzahnklinik aus. Diese Wissenslücke sollten die um ein Ehestandsdarlehen nachfragenden Verlobten oder Jungverheirateten schließen helfen. Die Untersuchung von Mund und Zähnen in der Zahnklinik war jedoch nicht die einzige zusätzliche Untersuchung dieser Sonderprüfung. Sie sollte zugleich genutzt werden zur statistischen Erhellung der Auffassung über dentogene Fokalinfektionen (Herdinfektionen).[78] Daß »Infektionsherde an den Zähnen Auswirkungen auf den allgemeinen Gesundheitszustand des Körpers und seiner Organe haben«, entsprach der ärztlichen Erfahrung und Übereinkunft, auch wenn dies sich noch nicht experimentell und statistisch nachweisen lasse, sondern »es für ihre Existenz nur Beweise ex juvantibus« gebe.[79] Um diesen Zusammenhang statistisch zu überprüfen, waren alle 1 030 Männer und Frauen, die sich um ein Ehestandsdarlehen bewarben, vor der Untersuchung in der Zahnklinik »dem Allgemein- und Facharzt vorgestellt« worden, der anhand der eigens zu diesem Zweck übermittelten *Päßlerschen Liste* bei der Untersuchung der jeweiligen Person besonders auf das Vorkommen von dort angegebenen Zuständen oder Krankheiten achten sollte. Die ärztlichen Befunde über Allgemein- und Organerkrankungen wurden dann mit den zahnärztlichen Befunden über *Herdinfektionen* in einer *Aufstellung* verglichen. Wiewohl sich offensichtlich alle 1030 Frauen und Männer den Untersuchungen unterzogen (ob z. B. davon das ED abhängig gemacht wurde, ist im Text nicht ersichtlich), hatten die Untersucher mit dem letzten Untersuchungsziel nicht den Erfolg, den sie bei einer von *Eheeignungsprüfung* unabhängigen Untersuchung möglicherweise eher gehabt hätten: Denn – so der Autor – »bei dem Versuch, aus der Anamnese Zusammenhänge zwischen Allgemein- und Organerkrankungen und den Vorgängen am Zahn festzustellen, stießen wir auf größte Schwierigkeiten. Auf die Aussagen der Antragsteller hauptsächlich über frühere Erkrankungen war kein Verlaß. Sie befürchteten die Ablehnung ihres Gesuches auf Ehestandsdarlehen, wenn sie krank seien oder früher krank gewesen wären. Infolgedessen waren sie nach ihren Aussagen immer gesund und waren auch immer 'gesund gewesen'.«[80] Hier haben wir es mit einer aufschlußreichen Konterkarierung des Güttschen Aufklärungsethos durch die ärztlichen Kontrollen vor der Eheschließung zu tun, zugleich ein Beispiel für den öffentlichen Druck zur *Gesundheitspflicht* und den Umgang der Betroffenen damit. Daß deren Denken wiederum von dem der forschenden Mediziner auch unabhängig von der Koppelung an staatliche Maßnahmen verschieden war, belegt schließlich folgende Aussage: »Bekam man aber nach vieler Aufklärung und vielem Hinundher heraus, daß es doch nicht immer so stimmte, konnten sie keine brauchbaren Angaben machen über das zeitliche Zusammentreffen von Allgemeinerkrankungen und Zahnerkrankungen. Die Aussagen hatten für uns keinen Wert.«[81]

Über »einige Erfahrungen bei kurzer Verstandesprüfung von Ehestandsdarlehensbewerbern« berichtete der Rostocker Amtsarzt Dr. Buschmann 1936.[82] Er hatte einen Monat lang den ED-Antragstellenden (56 Männern und 39 Frauen) zusätzlich zur sonstigen Untersuchung neun ausgewählte Fragen des Intelligenzprüfungsbogens vorgelegt, wie er zur Feststellung »leichten Schwachsinns« für einen Antrag auf Zwangssterilisation in den Gesundheitsämtern benutzt wurde, »um einmal ein Urteil über geistige Fähigkeiten gesunder Erwachsener zu gewinnen«, denn »alle Untersuchten genügten den körperlichen und gesundheitlichen Anforderungen und hatten auch im Leben kein Versagen gezeigt, soweit ermittelt werden konnte«.[83] Diese Fragen lauteten:

»1. Wo geht die Sonne auf?
2. Wo unter?
3. Unterschied Treppe – Leiter
4. Ehrerbietung?
5. Wenn 6 Arbeiter 3 1/2 Stunden gebrauchen, wieviel 3?
6. Luther?
7. Weihnachten?
8. Bismarck?
9. X x 8 = 40, X?«[84]

Dieser Beitrag gehört zu den Reaktionen auf die um diese Zeit wachsenden Proteste gegen die Praxis der amtsärztlichen Intelligenzprüfungen.[85] Er thematisierte die »Gefahr der Fehlbeurteilung«, wenn »nur Lücken bei der Prüfung nach dem Prüfungsbogen« zugrundegelegt würden, »ohne daß sonst ein Versagen im Leben oder deutliche erbliche Belastung nachweisbar wäre«, denn die Verstandesprüfung greife zum guten Teil auf Schulwissen zurück, und das sei in den Gegenden des Reichs unterschiedlich.[86] Den Begriff *Ehrerbietung* z.B. konnten die wenigsten Probanden erklären – manche meinten, es hätte mit ehelicher Treue zu tun –, was einen Fehlerpunkt ergab. Aber er warnte davor, dieses zu hoch zu bewerten: »Wenn man ... bedenkt, daß ein Großteil der Bevölkerung den Begriff Gesittung oder Ehrerbietung nicht hätte erklären können, ihn aber jederzeit herrlich vorlebte, dann wird man vorsichtig!«[87] Auch mit Luther oder Bismarck wußten die wenigsten etwas anzufangen. Eine *Anmerkung der Redaktion* zeigt – außer, daß der Amtsarzt »aufgeklärt« wurde –, wie willkürlich diese Prüfung überhaupt war: Wenn die Luther-Frage so überraschend oft ausgelassen werde, liege das z. T. daran, daß gerade die evangelische Bevölkerung gewohnt sei, von »Martin Luther« zu sprechen, nicht zuletzt wegen dieses Sprachgebrauchs in Schule und Religionsunterricht; dementsprechend sei die Frage zu stellen.[88] Trotz der Zielsetzung des Beitrags, der beleuchten wollte, wie notwendig es sei, »bei Feststellung eines leichten Schwachsinnsgrades alle nur irgend erreichbaren sonstigen Unterlagen heranzuziehen«, fiel diese »kleine Prüfung« für einige von 22 Männern und 33 Frauen, deren Antworten »mit mehr als einem schweren und zwei leichteren Fehlern, zum Teil ganz groben Ausfällen« bewertet wurden, schlechter aus, als wenn sie in einem anderen Monat zur Untersuchung für ein ED gekommen wären: »Bei einigen Untersuchten (wurden) nähere Ermittlungen angeschlossen ... wegen Verdacht auf Erbkrankheit«.[89]

Ähnliche Prüfungen führte man »im Rahmen einer wissenschaftlichen Spezialuntersuchung« in der *Poliklinik für Erb- und Rassenpflege* in Berlin durch, die als *Beratungsstelle für Erb- und Rassenpflege* zweier Bezirke des Gesundheitsamts Charlottenburg fungierte, »um genügend praktisches Material« für ihre »Zwecke« zu gewinnen.[90] Hier sollten Frauen und Männer, die wegen eines Ehestandsdarlehens untersucht wurden, ein Jahr lang einige der im Intelligenzprüfbogen benutzten Sprichwörter erklären, »lediglich um zu ermitteln, ob und welche Sprichwörter, die mutmaßlich Schwachsinnigen angeblich völlig unbekannt waren, den 'Vollwertigen' bekannt waren«.[91] Sie fungierten somit als Kontrollgruppe für die ärztlichen Selektionspraktiken zur Zwangssterilisation – ein Hinweis auf die Beliebigkeit und Unhaltbarkeit der Schwachsinns-Diagnostik, besonders wenn bedacht wird, welche Konsequenzen sie nach sich zog.

Nicht alle Kieler ED-Antragstellenden wurden röntgenologisch auf Tbc untersucht, zumindest in den ersten Jahren nicht. Nur bei denjenigen, die früher oder aktuell »wegen Lungenleiden unter der Fürsorge der Lungenfürsorgestelle« standen, oder solchen mit »irgendwie verdächtigen Befunden der Brustorgane« fand eine »ergänzende Durchleuchtung in der städtischen Fürsorgestelle für Lungenkranke« statt.[92] Nach den Ausführungen Scheurlens von 1939 hingegen »(verstand sich) die Notwendigkeit einer Röntgendurchleuchtung der ED-Bewerber ... von selbst«.[93] Ergaben der Röntgenbefund oder Blutbild und Blutsenkung, daß eine Lungentuberkulose vorlag, war zu prüfen, ob sie ansteckend oder nicht mehr ansteckend war. Hierzu bedienten sich die Untersucher bakteriologischer Methoden, für die sie weitere Körperflüssigkeiten brauchten: Zum Nachweis einer nicht mehr ansteckungsfähigen Tbc reichte die Auswurf- bzw. Sputum (Speichel)-Untersuchung wie bei fortgeschrittener, offener Tbc nicht aus. *Kehlkopfabstrich* und *Magensaftausheberung* waren hier die Methoden der Wahl, die zusammen mit einem entsprechenden klinischen Befund eine möglichst weitgehende Eindeutigkeit des ärztlichen Urteils erlauben sollten. Die »Gewinnung des geeigneten Untersuchungsmaterials« erwies sich jedoch durchaus als problematisch, nicht nur wegen der unangenehmen und eingreifenden Art der »Gewinnung« – besonders bei der *Magensaftausheberung* –, sondern wegen der mit einem positiven Tuberkelbefund verbundenen administrativen Folgen: Die Klärung der Ansteckungsfähigkeit war zentral für ein vorübergehendes oder dauerndes Eheverbot und die Ablehnung eines Ehestandsdarlehens. Dieses Dilemma wurde von staatsmedizinischer Seite durchaus gesehen. Der Bazillennachweis sei abhängig »vom guten Willen des Kranken«, wie Gütt, Linden und Maßfeller im Ehegesundheitsgesetz-Kommentar einräumen mußten.[94] Und auf der Tagung der Ärzte des öffentlichen Gesundheitsdienstes 1938 führte der Referent Dr. Wagner hierzu aus, daß »die mit der Untersuchung der Ehekandidaten beauftragten Stellen sich auf die oben genannten Entnahmeverfahren einstellen müssen, wobei auch ins Gewicht fällt, daß Kehlkopfabstrich und Magenausheberung vom guten Willen und von der Ehrlichkeit des am negativen Ausgang der Untersuchung naturgemäß interessierten Untersuchten abhängig sind.«[95]

Trotz Eheverbots hielten viele Paare »zusammen« und lebten statt in legaler in »wilder« Ehe. Hier erwiesen sich besonders die Tbc-Kranken und diejenigen, denen wegen »geistiger Störung« die Ehe verboten worden war, als widerständig und erregten die Kritik der eugenisch argumentierenden Staatsmediziner. »Die Möglichkeiten des Gesetzes in dieser Richtung (eine Minderung des zu erwartenden Nachwuchses durch Herausschieben der Heirat) werden aber erst dann voll ausgeschöpft sein, wenn den aus Ablehnung des ETZ entstehenden wilden Ehen entgegengetreten werden« könne, klagte

Dr. Wagner. Die Wiesbadener Tuberkulosetagung 1937 habe »die allgemeine Ohnmacht in dieser Hinsicht« ergeben, stelle aber eine Regelung im neuen Reichsstrafrecht in Aussicht. Bis dahin sei in den einzelnen Ländern die Voraussetzung der Trennung »zumindest die Erregung öffentlichen Ärgernisses«. Thüringen helfe sich (!) »in krassen Fällen, indem es gegen 'asoziales Verhalten', also Gefährdung von Partnern und Kindern«, einschreite.[96]

Ein Beispiel für intensive Nachforschungen bei »Anzeichen« bestimmter Krankheiten, die sich aus dem Urinbefund ergaben, ist die Zuckerkrankheit. In den *ED-Richtlinien* von 1934 war sie als »schwere, vererbbare konstitutionelle Krankheit« unter »Erbkrankheiten« eingeordnet. Der Nachweis von Zucker im Urin reiche allein nicht aus, um die Diagnose Diabetes zu stellen, schrieb der Bremer Stadtarzt Dr. Vollmer. Aus diesem Grund war nicht etwa sogleich die Eheeignung zu verneinen, sondern der Urinbefund erforderte weitere Kontrollverfahren: Hier sei »ohne klinisches Urteil« nicht auszukommen. In Bremen wurde deshalb »bei nachgewiesener Diabetes der Mutter die Kohlenhydrat-Toleranzgrenze der antragstellenden zuckerfreien Tochter im Krankenhaus festgestellt und nach günstigem Ausfall und bei fehlendem Nachweis in der direkten Aszendenz des Ehepartners das Zeugnis ausgestellt«.[97] Um eine Entscheidung für oder gegen ein Darlehen herbeizuführen, wurde die Antragstellerin einen Tag lang in einem Krankenhaus stationär aufgenommen, mußte eine Zuckerlösung trinken und wurde mehreren Blutproben innerhalb bestimmter Zeitintervalle unterworfen, um das Freisein von der vermuteten Krankheit und *Eheeignung* belegen zu können, zumal der Blick auf den »Partner« und seine Familie nichts Belastendes ergab.

Zucker im Urin schwangerer Frauen, die ein ED beantragt hatten, wurde Thema in der wöchentlich erscheinenden Rubrik *Erbärztliche Beratung und Begutachtung* im *Erbarzt*, einer regelmäßigen Beilage zum Ärzteblatt, die in Frage- und Antwort-Form gestaltet war. Den Antwort-Part übernahm zumeist, wie auch hier, der Herausgeber Otmar von Verschuer.

»*Frage:* In den letzten Wochen wurde bei zwei Bewerberinnen von Ehestandsdarlehen – beide gravid im vierten bis fünften Monat – Zucker im Urin festgestellt. Bei einer der Bewerberinnen soll der Vater im Alter ebenfalls Zucker gehabt haben, bei der zweiten ist nichts bekannt. Soweit mir bekannt, soll das Auftreten von Zucker während der Schwangerschaft häufiger vorkommen und nicht als ungünstiges Anzeichen gedeutet werden müssen. Bestehen Bedenken – vorausgesetzt, daß nach Beendigung der Schwangerschaft Zuckerfreiheit auftritt – das Ehestandsdarlehen zu gewähren?

Antwort: Während der Schwangerschaft auftretende Glykosurie bei normalem Blutzuckerspiegel oder verstärkte alimentäre Glykosurie sind häufig; es darf dabei aber nicht auf das Vorliegen eines Diabetes mellitus geschlossen werden. Andererseits tritt der echte Diabetes nicht selten zum ersten Male während einer Schwangerschaft in Erscheinung.

Für die Bewertung der *Schwangerschaftsglykosurie* bei Ehestandsdarlehensbewerbern (! GC.) ergibt sich daraus folgender Schluß: Hört nach Beendigung der Schwangerschaft die Zuckerausscheidung auf und gibt auch eine evtl. vorgenommene Blutzuckerbestimmung keinen krankhaften Befund, bestehen gegen die Gewährung eines Ehestandsdarlehens keine Bedenken. Nur wenn auch nach Beendigung der Schwangerschaft die Glykosurie fortbesteht und das Vorliegen eines echten Diabetes durch eine Blutzuckerbestimmung bestätigt wird, ist die Ablehnung des Ehestandsdarlehens gerechtfertigt.«[98]

Auffällig ist, daß niemals von Geburt, sondern von der »Beendigung der Schwangerschaft« die Rede ist. Bei einem Schwangerschaftsabbruch gäbe es mit Sicherheit kein Darlehen. In den neuen ED-Richtlinien von 1939 ist Diabetes die einzige namentlich erwähnte Krankheit.

Neben den Fällen, in denen die Bescheinigung der *Eheeignung* an sofortige zusätzliche Untersuchungen gebunden war, gab es solche, in denen das Darlehen »vorläufig versagt« und den Antragstellenden aufgegeben wurde, sich nach Wochen, Monaten oder einem Jahr wieder vorzustellen. Dieses Abwarten wurde nur bei Körperkrankheiten praktiziert. Eine »Heilung« von mit psychiatrischen Diagnosen beschriebenem abweichenden sozialen Verhalten durch eine Verhaltensänderung konnte, wie wir an der Geschichte der Magd. K. sahen, überhaupt nichts ausrichten. Vorübergehende Aussetzungen kamen vor, um etwa die Entwicklung einer Lungentuberkulose zu verfolgen, in deren Prognose sich die Ärzte unschlüssig waren, oder um eine Heilbehandlung bei Syphilis oder Tripper zu überprüfen. Als weitere Gruppe seien hier Nierenkrankheiten und Herzleiden aufgeführt. Sie gehörten zu dem von den gutachtenden Ärzten zu berücksichtigenden Aspekt »Vorhandensein einer das Leben bedrohenden Krankheit«, zu dem es in den Richtlinien von 1934 heißt, darüber könne »nur von Fall zu Fall entschieden« werden, und bei der Beurteilung seien Art des Leidens, Schwere des Krankheitszustandes, therapeutische Beeinflußbarkeit, allgemeine und spezielle Prognose in gleicher Weise zu berücksichtigen. Richtschnur für die Entscheidung war: »Alle die Erwerbstätigkeit oder das Leben bei normaler Berufstätigkeit bzw. ehelicher Fruchtbarkeit bedrohenden Erkrankungen machen eheuntauglich.«[99] Sie fielen also weder unter die Selektionskriterien von Erblichkeit, Konstitution, erblicher Belastung oder Ansteckung, sondern waren direkte Beurteilungen von Lebensdauer und Leistungsfähigkeit derjenigen, die an diesen Krankheiten litten, mit Hilfe klassischer medizinischer Verfahren. Im folgenden gebe ich einige Beispiele aus der Arbeit Scheurlens wieder, an denen er demonstriert, »unter welchen Umständen das Eheeignungszeugnis versagt wird«.

»(Frau) Vor Fünfvierteljahren akute Nierenentzündung mit Schmerzen in der linken Nierengegend, Eiweiß und massenhaft rote Blutkörperchen, reichlich hyaline und granulierte Zylinder, Leukozyten und Nierenepithelien im Harn. Blutdruck 140/80 mm Hg. Vor einem Jahr noch immer Blut im Harn. Vor einem Vierteljahr Blutdruck noch 135/80 mm Hg und Eiweiß im Harn. Chronische hämorrhagische Nephritis. Nierenfunktionsprüfung war bei dem Zustand unerwünscht und, da die Diagnose gesichert war, auch nicht notwendig. Tuberkulose und Nierenstein durch Kontrastfüllung ausgeschlossen. Es droht vorzeitige Arbeitsunfähigkeit und Lebensgefahr.

(Mann) Juni 1934 schwere Durchnässung und Erkältung. August 1934 bei der ersten Untersuchung auf ED. Eiweiß im Harn. Bis Dezember 1934 zweimal im Krankenhaus wegen chronischer Nierenentzündung. Bis Januar 1937 arbeitsunfähig. Dezember 1936 erneute Beobachtung im Krankenhaus: Harn wies reichlich rote Blutkörperchen und granulierte Zylinder auf. Blutsenkung nach Westergren 1,75. Blutdruck 145/100 mm Hg. Bei Xanthoproteinbestimmung im Blut (ähnlich der Reststickstoffbestimmung) Werte deutlich erhöht. Nierenfunktionsprüfung nach Volhard ergab nach Zuführung von 1500 ccm Flüssigkeit: Ausscheidung in den ersten vier Stunden 1285 ccm, darunter die größte Halbstundenportion mit 330 ccm, in den folgenden Stunden 825 ccm, spezifisches Gewicht zwischen 1000 und 1020. Diagnose: Nephrose mit nephritischem Einschlag. Herzbefund: Dämpfung links bis zur Warzenlinie verbreitert. Puls regelmäßig, leicht gespannt, Gefahr vorzeitiger und erheblicher Arbeitsbeeinträchtigung bei normaler Leistungsbeanspruchung.«[100]

In den Krankengeschichten für die Beurteilung herzkranker ED-Antragsteller/innen spiegelt sich außer dem Einblick in die diagnostischen Verfahren die Geschlechtsspezifität der erwarteten Arbeitsfähigkeit, zu der für Frauen insbesondere Schwangerschaft und Gebärfähigkeit gerechnet wurden.

»(Mann) September 1936 Arrhythmia absoluta. Nach 10 Kniebeugen Zyanose, Puls 144; nach zwei Minuten noch erheblich erhöht. Atemnot und Herzbeschwerden bei Treppensteigen und nach Aufregung. August 1937 keine Aenderung. Puls nach mehrfachem Rumpfbeugen weich und klein, flatterig, unregelmäßig. Herz nach links verbreitert, Spitzenstoß zwei Querfinger breit zu tasten und nicht besonders hebend. Herztöne dumpf, kein eigentliches Geräusch. Nach dem Elektrokardiogramm totale Arrhythmie mit Vorhofflimmern und -flattern, sowie sehr wahrscheinlich Myokardschädigung. ...

(Frau) Die Entscheidung wurde von einer Nachuntersuchung sechs Monate nach der Entbindung abhängig gemacht in einem Fall, in dem der Befund Verdacht auf toxische Herzschädigung infolge Schwangerschaft nahelegte. ...

(Frau) In einem weiteren Fall, in welchem der Amtsarzt seiner ablehnenden Stellungnahme die Annahme zugrunde legte, daß bei dem bestehenden Herzklappenfehler jede Schwangerschaft eine Lebensgefahr darstelle, obwohl die Frau schon von ihrem zweiten Kinde ohne Komplikationen entbunden worden ist, wurde empfohlen, die Gewährung in Aussicht zu stellen, wenn in etwa einem halben Jahr keine Verschlimmerung festzustellen ist.«[101]

Die »Unmöglichkeit einer normalen Schwangerschaft und Geburt« als Grund für die Ablehnung eines Darlehens wurde auch bereits im frühen amtsärztlichen Diskurs thematisiert. Sie sei »nach menschlicher Voraussicht nicht zu (erwarten)« z.B. bei »schwerster rachitischer Kyphoskoliose mit Beckenverengerung oder bei abgelaufener Wirbelsäulentuberkulose mit Gibbusbildung, die im günstigsten Fall einen Kaiserschnitt nötig mache(n)«, und deshalb sei gegen ein Darlehen zu entscheiden. Dasselbe Urteil erging bei »mittelschwere(m) Basedow, dessen Prognose bei eventueller Gravidität unsicher war«. Schwierig sei die Entscheidung auch oft »bei Frauen, deren ein- oder mehrmals dekompensierter Herzfehler sie zwar im Augenblick nicht schwerkrank macht, aber eine Geburt unerwünscht erscheinen läßt«.[102] »Herzleiden«, so v. Ebner, versetzten auch die untersuchenden Ärzte in Nürnberg »öfters in Gewissenszweifel«.[103] Seine Vorstellungen gingen in dieselbe Richtung wie die nachprüfenden Entscheidungen des RGesA bei Anträgen auf ausnahmsweise Bewilligung eines ED:

»Der Beurteilung eines Herzkranken wird neben dem genauen Hör- und Klopfbefund vor allem die Feststellung etwaiger Dekompensationserscheinungen zugrunde gelegt. Das Ergebnis einer eingehenden Herzfunktionsprüfung wird in jedem Falle beigezogen. Bei Männern wird danach die Vorhersage hinsichtlich der Erwerbsfähigkeit unter Berücksichtigung des Berufes, bei Frauen hauptsächlich hinsichtlich der Gebärfähigkeit gestellt, soweit nicht eine unmittelbare Lebensbedrohung die Befürwortung eines Ehestandsdarlehens von vornherein verbietet. ...

Frauen, die trotz eines Herzklappenfehlers eine Geburt ohne Dekompensationserscheinungen überstanden hatten, wird die Eheeignung im allgemeinen bescheinigt, desgleichen berufstätigen Männern, deren Klappenfehler ausgeglichen sind.«[104]

Die Untersuchungen auf Geschlechtskrankheiten sollen am Beispiel Kölns näher vorgestellt werden, wie sie der Kölner Geschlechtskrankheiten-Fürsorgearzt Dr. Morschhäuser im Juli 1938 seinen Kollegen auf der Versammlung der Ärzte des öffentlichen Gesundheitswesens mitteilte.[105] Ort der Untersuchungen war seit August 1933, also mit Beginn der *Eheeignungsprüfungen*, die Beratungsstelle für Geschlechtskranke der Stadt Köln und der Landesversicherungsanstalt Rheinprovinz. Erst ab 1943 waren alle nicht in der Trägerschaft der Gesundheitsämter stehenden Beratungsstellen dem Gesundheitsamt zu unterstellen, womit insbesondere der einheitliche und schnelle Zugriff auf die Kartei der »hwG-Personen« ermöglicht werden sollte. Für die serologische Untersuchung auf Syphilis wurde von ED-Antragstellenden beiderlei Geschlechts die Abnahme von 1-2 Tropfen Blut entweder mit dem Schnepper aus dem Ohrläppchen oder der Fingerkuppe oder mit einer kleinen Nadel aus einer Vene verlangt. Anders als in den meisten Ämtern, die entweder die Wa.R. »auf Verdacht« oder bei allen zu Untersuchenden sofort durchführten, bediente man sich in Köln zu einem ersten Nachweis der *Chediak-Trockenblutprobe*, einer Methode, die sich – so Dr. Morschhäuser –, wegen der Einfachheit, der unauffälligen Art der Blutgewinnung, der geringen Kosten und der schnellen Durchführbarkeit vor allem für Massenuntersuchungen eigne. In jedem Gesundheitsamt, das eine technische Assistentin beschäftige, könne diese durchgeführt werden; auch der Versand der Objektträger – das Blut wurde auf ein Glasplättchen gestrichen, GC. – sei viel einfacher als etwa die Blutröhrchenverschickung, falls die Labor-Untersuchung an anderer Stelle durchgeführt werden müsse. Außerdem sei das Ergebnis in einer halben Stunde da.

Die *Trockenblutprobe*, erst 1932 von dem Serologen Alexander Chediak in Habana entwickelt, von dem Kölner Mediziner Dahr 1933 an 1 000 Fällen überprüft und für gut befunden, sei kein Ersatz für die anderen gebräuchlichen serologischen Methoden, sondern solle »dazu dienen, bei Reihenuntersuchungen die positiven Fälle sozusagen herauszufischen, die dann nach den heute gebräuchlichen Methoden für die Serumreaktion auf Syphilis nachgeprüft werden müssen«. Der Referent machte hier Werbung für eine noch nicht eingebürgerte Methode, die erst während des Zweiten Weltkriegs gebräuchlicher wurde und die Wassermann Reaktion und andere aufwendige Verfahren ersetzen sollte.[106] Die Untersuchungen auf *Eheeignung* konnten also zugleich dazu genutzt werden, weitere Erfahrungen mit der neuen Methode zu sammeln: immerhin wurde sie zwischen 1933 und 1938 in Köln an 42 398 Menschen angewendet. Jede Person, bei der die *Trockenblutreaktion* positiv ausfiel, wurde zur weiteren serologischen Untersuchung in die Beratungsstelle geladen, wo jetzt etwas mehr Blut für eine der üblichen Methoden, die *Wassermann-Reaktion, Kahn-Flockungsreaktion* oder *Meinecke Klärungs- und Trübungsreaktion* abgenommen wurde. Dies waren alles recht komplizierte biochemische Verfahren. Für die Wassermann-Reaktion z.B. waren u.a. folgende *Reagenzien* nötig: »Patientenserum … alkoholischer Organextrakt (1 Rinderherzextrakt und 1 Lueslebererextrakt, von denen einer staatlich geprüft sein muß) … frisches Meerschweinchenkomplement … Hammelblutkörperchen … Kaninchenhämolysin«.[107] Besonders interessant ist in diesem Zusammenhang, daß die Technik der Wassermann-Reaktion 1934 im Reichsgesetzblatt, S.1045, vorgeschrieben wurde, worauf sich Pschyrembel 1977 in seiner Darstellung beruft, einschließlich Fundort-Hinweis. Bei positivem Ausfall – dem Zeichen für Krankheitserreger im Blut – erfolgte nach 14 Tagen eine nochmalige Blutuntersuchung, die in der Regel wiederholt wurde, sowie eine »eingehende« klinische Untersuchung in der Beratungsstelle, auch, um die Frage der angeborenen Syphilis zu klären. Falls die Mutter noch lebte, wurde sie ebenfalls zu einer serologischen Untersuchung aufgefordert. Von den 42 000 Untersuchten waren 451 Personen krank; sie hatten vorher davon nichts gewußt. 405 Personen konnten zu einer Liquoruntersuchung[108] »bewegt werden« und 48 zu einer Malariakur in der Kölner Universitätsklinik. Wer sich hingegen zur Vornahme bestimmter diagnostischer Verfahren auf der Höhe der Wissenschaft nicht bewegen ließ, konnte auch nicht damit rechnen, das Darlehen zu erhalten. So wurde der Antrag auf ausnahmsweise Genehmigung des Ehestandsdarlehens bei einem Mann, der trotz amtsärztlichen »Verdachts auf Gehirn- und Rückenmarkserkrankung auf syphilitischer Grundlage« zweimal die Blutuntersuchung abgelehnt hatte, »nicht befürwortet, da ohne Kenntnis des serologischen Befundes eine endgültige Beurteilung nicht möglich war.«[109]

Auch einer weiteren Untersuchungsmethode im Zusammenhang mit der Syphiliserkennung kamen die Massenuntersuchungen entgegen, dem *Subokzipitalstich*, einer Spezialität der Universitätshautklinik Köln und ihres Leiters Prof. Dr. Bernig. Diese Methode hatte im Jahre 1906 der Anatom Westenhöfer erfunden, der 1920/21 Mitglied im preußischen Beirat für Rassenhygiene war. Auch diese Methode war, gemessen an dem vorhandenen Verfahren, eine Verbesserung, wenn man den Ausführungen Morschhäusers Glauben schenken will: »Die Entnahme des Liquors durch den Subokzipitalstich hat gegenüber der Entnahme durch die Lumbalpunktion den großen Vorteil, daß sie vollkommen ohne Berufsstörung erfolgen kann«, trug er seinen amtsärztlichen Kollegen vor. Sie sei selbstverständlich nur anzuwenden von Ärzten, welche die Technik dieser Methode beherrschten und die notwendige Übung hätten. Der Fortschritt bezog sich in erster Linie auf die Frage der ungestörten Arbeitsfähigkeit, was bei der üblicheren Methode der Entnahme von Rückenmarksflüssigkeit nicht am Hals, sondern bei bestimmten Lendenwirbeln, offenbar weniger gewährleistet war. Gefährlich erscheinen mir beide, zumal wenn die »einfachere« Methode zugleich, wenn es nach dem Referenten ginge, zum Normalrepertoire der Untersuchungen bei positivem serologischen Befund gemacht werden sollte im Sinne der Prophylaxe syphilitischer Erkrankungen des Zentralnervensystems. Die Gefährlichkeit lag vor allem in der Art, Rückenmarksflüssigkeit »zu gewinnen«, während die dann folgenden Verfahren der Blutuntersuchung ähnlich waren. Die Lumbalpunktion gehörte denn auch zu den Diagnosemethoden, die nach dem GBGK nur mit Einwilligung der Person angewandt werden durften; und dies auch noch in einer DVO zum GBGK von 1940, in der die bis dahin ebenfalls von der Zustimmung der Betroffenen abhängige eingreifende Salvarsantherapie in eine Zwangsbehandlung umgewandelt wurde.[110]

Die Überprüfung auf Gonorrhö (Tripper) konnte in Köln laut Morschhäuser »nur in beschränktem Ausmaß durchgeführt werden«, die Zahl der an Tripper erkrankt Gefundenen war hier relativ gering. Von den über 40000 Untersuchten waren 31 Männer und 13 Frauen ansteckend krank und hatten keine Ahnung von ihrer Erkrankung, während nach der Zählung der Geschlechtskranken die Gonorrhö bei weitem im Vordergrund stand.[111] Sie nahm auch in der Ablehnungsstatistik für ED einen höheren Rang als die Syphilis ein. Anders als in Kiel fand in Köln eine gynäkologische Untersuchung einschließlich der Vornahme von Abstrichen nicht generell, sondern »nur aufgrund anamnestischer Angaben« statt, d.h. wenn aufgrund der Aussagen der untersuchten Frau »... Verdachtsmomente vorlagen, z.B. frühere Erkrankungen an Tripper, Beschwerden an den Eierstöcken oder am Blinddarm (!), beim Wasserlassen usw.«.[112] Bei den männlichen Antragstellern für ein Ehestandsdarlehen erfolgte »in jedem Falle eine Untersuchung durch

Besichtigung der äußeren Harnröhre vor dem Wasserlassen« und eine mikroskopische Kontrolle des Urins auf Fäden.[113] Der Nürnberger Stadtarzt v. Ebner stellte in seinem Artikel von 1933 zur Diskussion, »ob bei jeder Frau die für viele recht peinliche Untersuchung der Geschlechtsorgane vorgenommen werden soll«. Nach dem vorgeschriebenen Prüfungsbogen – das war zu dieser Zeit noch der von Max Hirsch – sei »über die Geschlechtsorgane zu berichten«, er glaube aber doch, daß man die Vornahme ihrer Untersuchung bei der Frau von den äußeren Umständen abhängig machen könne. Vorhandene Syphilis werde man am Ergebnis der Blutuntersuchung erkennen, die Diagnose der Gonorrhö sei bei der Frau ohnedies schwierig. Da, falls eine solche Erkrankung vorliege, bei der Bewerbung um ein Ehestandsdarlehen fast immer schon Geschlechtsverkehr zwischen den Partnern stattgefunden habe – falls nicht die Ehe überhaupt schon geschlossen sei –, werde man die Gonorrhö dann meist beim Mann entdecken. Wo, besonders im Jahr vor der Antragstellung, Tripper nachgewiesenermaßen vorgekommen sei, verlangte man in Nürnberg, »daß die Heilung mit allen modernen Erkenntnismitteln (Untersuchungsserie nach Provokation!) festgestellt« werde; mit Einverständnis des bzw. der Betroffenen befragte man unmittelbar den behandelnden Arzt. Wo die Erkrankung jahrelang zurücklag, »begnügte« sich Dr. v. Ebner »zuweilen auch mit einer eigenen Untersuchung, ... natürlich mit Färbung etwaiger Sekrete auf Gonokokken«.[114]

Im Kommentar zum Ehegesundheitsgesetz wurde zum Nachweis der Heilung der Gonorrhö – und damit als Voraussetzung für die Aufhebung eines befristeten Eheverbots oder die Befürwortung eines Ehestandsdarlehens – in jedem Krankheitsfall »während der Beobachtungszeit wenigstens eine Provokation nach einem wissenschaftlich anerkannten Verfahren« vorgeschrieben. Als solche führten die Verfasser auf: »1. allgemeine Reizung durch intramuskuläre, intravenöse oder kutane Injektionen spezifischer oder unspezifischer Mittel; 2. örtliche Reizung durch chemische Reizung (z.B. Lugolsche Lösung, Silberpräparate), mechanische Reizung (z.B. Dehnung), Wärmereizung (z.B. Heizsonde, Diathermie, Kurzwellen).« Bei der Frau sei auch die Menstruation als eine Art von Provokation aufzufassen, ohne daß jedoch deshalb auf die Vornahme einer anderen Provokation verzichtet werden dürfe.[115]

Die Untersuchung auf Geschlechtskrankheiten spielte auch im Zusammenhang mit dem Nachweis der Fertilität eine Rolle, die für den Erhalt eines Ehestandsdarlehens in der Regel vorausgesetzt wurde. »Eine frühere Tripper-erkrankung, die mit Komplikationen verlaufen ist, kann den Verdacht rechtfertigen, daß die Fruchtbarkeit aufgehoben worden ist,« hieß es dazu im Gesetzeskommentar.[116] War bei einem Mann etwa durch »Befund oder Anamnese eine *gonorrhöische Epididymitis* ... festgestellt«, wurde eine

Spermienuntersuchung zur Überprüfung der Zeugungsfähigkeit vorgenommen. Morschhäuser riet hier seinen amtsärztlichen Kollegen:»Um Täuschungen zu verhüten, empfehle ich, das Sperma nicht von draußen mitbringen, sondern in der Untersuchungsstelle gewinnen zu lassen«.[117] Manche Männer verweigerten dieses Ansinnen – und verzichteten so auf das Darlehen. Die mikroskopische Spermienkontrolle für die Ausstellung eines Eheeignungszeugnisses war wohl relativ selten. In einem Vortrag über Geschlechtskrankheiten und Eheberatung auf einer Amtsärztetagung in Bonn 1936 traf der Referent»die rechnerische Feststellung, daß offenbar bei weitem nicht alle infolge von Gonorrhö unfruchtbaren Männer bei den ED-Untersuchungen als solche erkannt« würden, und plädierte deshalb dafür,»mehr als bisher nach Azoospermie zu fahnden«, was Scheurlen in seiner Schrift 1939 bekräftigte.[118]

Die Fruchtbarkeitsüberprüfung bei den sich um ein Ehestandsdarlehen bewerbenden Frauen allerdings kam häufiger vor und war gefährlicher. Häufiger schon allein deshalb, weil in den Richtlinien die Gebärfähigkeit als Eigenschaft einer»deutschen Mutter« viel ausdrücklicher betont wurde als die Zeugungsfähigkeit des»deutschen Vaters«. Bei letzterem stand als Pendant der körperlichen, geistigen und charakterlichen Eignung zur Mutterschaft die körperliche, geistige und charakterliche Eignung als Familienernährer im Vordergrund, wenn auch an anderer Stelle für beide Geschlechter auf das Erfordernis der»Fortpflanzungsfähigkeit« hingewiesen wurde. Die Ablehnungen aufgrund mangelnder Fertilität waren bei Frauen um ein Vielfaches höher als bei Männern, zum einen in absoluten Zahlen, aber auch in der Reihenfolge der Ablehnungsgründe: sie standen bei diesen an zweiter, bei jenen an sechster Stelle der Ablehnungsgründe insgesamt.[119]

Gefährlicher war die Fertilitätsprüfung bei Frauen aufgrund der zu diesem Zweck angewandten eingreifenden Techniken, die erst relativ kurze Zeit in Gebrauch waren. Ganz abgesehen von der generellen Fragwürdigkeit und Kritik an den ärztlichen Untersuchungen der ED-Bewerber/innen, kommt besonders hier die Unverhältnismäßigkeit der Mittel drastisch zum Ausdruck, denn wir müssen uns immer vor Augen halten, aus welchem Grund diese Untersuchungen überhaupt stattfanden. Sie hatten weder mit konkreten Beschwerden von Frauen zu tun, die deshalb einen Arzt aufsuchten, noch mit der während der Dreißiger Jahre parallel zur Zwangssterilisation wachsenden freiwilligen Sterilitätsbehandlung in den Universitäts-Frauenkliniken, sondern sie waren aufgrund administrativer Vorgaben für die finanzielle Eheförderung verlangt: als Kontrolle zur Prüfung der Funktionstüchtigkeit der »Fortpflanzungsorgane« – wie bei einer Maschine.

Auf der 1938er Versammlung der Amtsärzte bemerkte Morschhäuser lapidar:»Ergaben sich bei Frauen Anhaltspunkte für den Verdacht auf

Fortpflanzungsunfähigkeit, so wurde eine fachärztliche Begutachtung veranlaßt (Tubendurchblasung, Salpingographie).«[120] Die *Salpingographie* sowie die *Tubendurchblasung* oder *Pertubation* sind durch bestimmte Apparaturen zur »Darstellung« gebrachte bzw. gemessene Eindrücke aus dem Leibesinneren der jeweils untersuchten Frau, aus denen der untersuchende Arzt Rückschlüsse auf die noch vorhandene oder fehlende Fruchtbarkeit zog.

Die Methode der *Pertubation* ist lt. Pschyrembel die »Tubendurchblasung mit bes[onderer] Apparatur zur Feststellung, ob die Tuben durchgängig sind und ob sie leicht oder schwer durchgängig sind«[121] (Tube, von lat. Trompete = Eileiter), also die Einwirkung auf Gebärmutter und Eileiter durch Gasstöße verschiedener Stärke durch den Muttermund mit einem Apparat, der u.a. mit einem Meßgerät zum Prüfen des jeweiligen Gasdruckes gekoppelt war. Diese Untersuchung war und ist nicht ungefährlich. Wenn, eingerahmt mit einer dicken schwarzen Linie und fettgedruckt, 1977 gewarnt wird: »Wegen der Gefahr der tödl[ichen] Luftembolie darf niemals mit Luft, sondern nur mit Kohlendioxyd insuffliert werden!«, so kann davon ausgegangen werden, daß Todesfälle dieser Art zumindest in der Erprobungsphase dieser Methode nicht ausgeschlossen werden können. In der Abbildung eines neueren Apparates im Pschyrembel, *Pertubationsgerät nach Fikentscher und Semm*, erweist, sich als »Gerät« Nr.10 der Gesamtanlage ein isolierter Uterus mit einem Eileiter.[122] Im Reichsgesundheitsamt gutachtete und entschied man z.B. bei dem nachgeprüften Fall einer ED-Bewerberin:»Beiderseitige gonorrhische Erkrankung der Gebärmutteranhänge. Die Empfängnisfähigkeit schien in Frage gestellt. Eine Befürwortung wurde in Aussicht gestellt, wenn eine Luftdurchblasung der Tuben Durchlässigkeit ergäbe.«[123]

Die gynäkologische Methode der Salpingographie ist die »röntgenologische Darstellung des Gebärmutterhalskanals, der Uterushöhle und der Eileiter mit Hilfe eines eingespritzten Kontrastmittels«. Sie war 1912 von einem amerikanischen Gynäkologen entwickelt worden und war in den Dreißiger Jahren – noch im Versuchsstadium – dabei, die deutschen Frauenkliniken zu erobern.[124] Davon zeugen eine ganze Reihe medizinischer Dissertationen zur Salpingographie, z.B. bei dem Leiter der Königsberger Universitätsfrauenklinik Felix von Mikulicz-Radecki, der viel mit dieser Methode arbeitete und forschte, einschließlich an zwangszusterilisierenden Frauen.[125] Wegen einer geeigneten Kontrastflüssigkeit – das zumeist verwendete Jodipin war im Krieg besonders knapp – führte der Gynäkologe Carl Clauberg an Häftlingsfrauen im KZ Auschwitz Versuche durch, die er später aufgrund seiner Ergebnisse Himmler als schnelle Methode zur Massensterilisation von Frauen empfahl und als solche in Ravensbrück fortsetzte.[126] Im Pschyrembel von 1977 wird auch auf die Gefährlichkeit dieser Methode besonders hingewiesen.[127] In Kiel unterzog man allein im ersten Halbjahr der ED-Vergabe fünfzig Frauen der Salpingographie und machte von dem Ergebnis die Vergabe eines Ehestandsdarlehens abhängig. Im Vergleich dazu wurden z.b. an der Königsberger Universitätsfrauenklinik in einem Zeitraum von fünf Jahren (1933 bis 1938) 862 Salpingographien durchgeführt, davon die Mehrzahl (632) unter der »Indikation Kinderwunsch steriler Frauen«. Der zweithäufigste Grund war die »Beurteilung und Begutachtung der Gebärfähigkeit«. 115 Frauen wurden deshalb der Salpingographie unterzogen, davon ging es wahrscheinlich »nur« bei fünf um den Nachweis der »Tubendurchlässigkeit« wegen *Eheeignung*. 108 Frauen waren »Patientinnen, die aus eugenischen Gründen sterilisiert werden sollten«;[128] bei den noch verbleibenden sieben Frauen ging es um Ehekontrollen oder, wie es in der Dissertation heißt: um die »Begutachtung der Gebärfähigkeit ... zum Zwecke der Heirat eines gesunden Mannes« (5) und »zum Zwecke der Heirat eines sterilen Mannes« (2).[129] Bis in die Aktenführung der Klinik spiegelt sich hier die Verbindung von Technik, Indikationen, gesetzlichen Maßnahmen und gynäkologischem Wissen. »Die Beurteilung und Begutachtung der Gebärfähigkeit zum Zweck der Heirat eines gesunden Mannes« erfordete die »Durchlässigkeit der Tuben«; wahrscheinlich ging es hierbei um die Überprüfung der *Eheeignung*. »Die Beurteilung und Begutachtung der Gebärfähigkeit zum Zweck der Heirat eines sterilen Mannes« mußte das Gegenteil ergeben, sollte die Eheschließung stattfinden. Abschließend seien zu diesem Komplex die knappen, aber eindeutigen Ausführungen des wissenschaftlichen Angestellten im Reichsgesundheitsamt Scheurlen über »korrektes« Handeln und Urteilen von 1939 zitiert. In ihnen wird die glatte Funktionalität der Körperkontrollen deutlich:

»Unter Zugrundelegung der Richtlinien über Abgabe der Entlassungsmerkblätter an Geschlechtskranke[130] kann bei Gonorrhöe einem Mann die Eheeignung erst bescheinigt werden, wenn nach Aussetzung der Behandlung bei mehrmaligen Untersuchungen auch mittels Provokation keine Gonokokken mehr gefunden werden. Darüber hinaus muß durch eine Spermauntersuchung nachgewiesen werden, daß die Fruchtbarkeit erhalten ist. Bei Frauen, die eine Gonorrhöe durchgemacht haben, kann das Eheeignungszeugnis erst ausgestellt werden, wenn außerdem die Untersuchung auf Gonokokken, welche jeweils im Anschluß an die zwei nach dem Abschluß der Behandlung folgenden Menstruationen vorzunehmen sind, ein negatives Ergebnis hatten. Der Nachweis erhaltener Fruchtbarkeit ist allerdings bei der Frau nicht so leicht zu führen wie beim Manne und kann meist nicht mit hinreichender Sicherheit erbracht werden. Zweckmäßig wird daher in solchen Fällen vor Hingabe eines ED. die Geburt eines gesunden Kindes und fieberfreier Wochenbettverlauf abgewartet. In geeigneten Fällen kann sogar wegen der Gefahr der 'Einkindsterilität' die Konzeption eines zweiten Kindes abgewartet werden. Liegt in solchen Verdachtsfällen das Ergebnis einer Eileiterdurchblasung vor, so kann die Frage der Eheeignung entschieden werden.«[131]

Der verlangte ungleiche Beitrag der Geschlechter ist augenfällig: lebendes Sperma gegen ein lebendiges, gesundes Kind oder eingreifende gynäkologische

Techniken. Jedoch kommt hier nicht etwa die ältere Theorie über den männlichen und weiblichen Beitrag an der Zeugung zum Vorschein, sondern die »Produktorientiertheit« auf »das gesunde Kind« oder interne apparative Funktionskontrollen an Organen, die ebenfalls als Apparate gesehen werden, während das Sperma als Mikrobe behandelt wird.

Aus dem Reichsgesundheitsamt, das in den ersten Jahren alle Untersuchungsunterlagen sammelte, berichtete Scheurlen 1939, daß Unfruchtbarkeit anfangs noch kein Ablehnungsgrund für ein Darlehen gewesen sei, bzw. daß im RGA bei Nachprüfungen so entschieden worden sei.[132] Wie wir sahen, existierten de facto jedoch regional höchst unterschiedliche Untersuchungspraktiken und -entscheidungen, von der Genital-Untersuchung auf »Verdacht« bis zur gynäkologischen Massenuntersuchung in der Universitätsklinik. Die RL für Eheeignung von 1939 machten die vorhandene Fortpflanzungsfähigkeit ausdrücklich zur Voraussetzung für den Erhalt eines Darlehens:

»Besondere Beachtung ist bei der Untersuchung der Antragsteller der Frage der Fortpflanzungsfähigkeit zu widmen. Bei sicher bestehender Fortpflanzungsunfähigkeit ist der Antrag nicht zu befürworten, ... ebenso ... wenn aus gesundheitlichen Gründen oder wegen vorgeschrittenen Lebensalters des einen der beiden Antragsteller auf eine Erfüllung der biologischen Verpflichtung dem deutschen Volke gegenüber nicht zu rechnen ist.

Eine besondere Untersuchung auf Fortpflanzungsfähigkeit ist nur dann erforderlich, wenn begründete Zweifel hierzu bestehen, wie z.B. dann, wenn bei Frauen schwere entzündliche Unterleibserkrankungen oder frauenärztliche Operationen vorausgegangen sind. Hinreichende Unterlagen zur Beurteilung derartiger Fälle werden häufig auch aus früheren Krankengeschichten usw. entnommen werden können.«[133]

Es ist nicht zu vermuten, daß in Kiel die gynäkologischen Untersuchungen wegen dieser Richtlinien gestoppt wurden; wahrscheinlicher ist, daß sie im ganzen Land zur »Klärung« »zweifelhafter Fälle« insgesamt zunahmen. Die Zahl der aus diesem Grund abgelehnten ED-Antragstellenden ging daraufhin in die Höhe, bei Frauen weitaus mehr als bei Männern.

Nicht nur »Fortpflanzungsunfähigkeit« war ein Grund für mangelnde *Eheeignung*, sondern auch das Gegenteil, die »bei der Antragstellung ... meist schon zweifelsfrei erwiesene Fruchtbarkeit«[134], wenn sie nicht zum richtigen Zeitpunkt in Verbindung mit einem erwünschten mütterlichen Arbeitsverhalten auftrat. Der Erdinger Bezirksarzt schrieb 1934:

»Wie schon angedeutet, (haben) eine große Anzahl unserer verheirateten und noch unverheirateten Darlehensbewerberinnen bereits Kinder, (sind) häufig auch gravid. Bei den nun einmal in weiten Kreisen herrschenden Sitten und Anschauungen mag eine Schwangerschaft bei einer Ledigen nicht allzu hoch zu bewerten sein – von einer rein moralischen Wertung ist hier abzusehen. Wenn aber junge Personen ohne jede Existenzsicherung bereits ein Kind oder gar mehrere besitzen und vielleicht dazu schon wieder eine Schwangerschaft vorliegt, so dürfte doch eine hochgradige Sorglosigkeit, um nicht zu sagen, Leichtsinn, anzunehmen sein, daß man solche Leute nicht für fähig halten kann, eine ordentliche körperliche und geistige Kindererziehung zu gewährleisten.«[135]

Hier haben wir es mit einer speziellen Diagnostik nur für Frauen zu tun, die durch die dritte Frage im *Personalbogen für Eheeignung* festgelegt war. Einen offiziellen Ablehnungsgrund »Fertilität« oder »falsche Fertilität« gab es nicht. Der Ort der negativen Beurteilung vorzeitiger, unzeitiger oder überhaupt unerwünschter Geburten und Schwangerschaften war die psychiatrische Diagnostik, vornehmlich die Diagnose »angeborener Schwachsinn«. Es ist kein Zufall, daß gerade hier die Mehrzahl der abgelehnten ED-Bewerberinnen von den Amtsärzten »untergebracht« wurde.[136] Weshalb dies so sei und weshalb die Zahl der Frauen insgesamt so viel höher sei, beschäftigte sogar die Selekteure selbst. Sie rätselten, weshalb »normale« Männer (in Kiel viermal) häufiger »schwachsinnige« oder »debile« Frauen heiraten wollten als umgekehrt. Treu nach Darwin interpretierten sie dies als eine »größere sexuelle Auslese beim männlichen Geschlecht«: Demnach zeigten die Frauen »bei der Gattenwahl einen feineren Instinkt«, während »die Männer sich eher durch eine gefällige Außenseite täuschen« ließen; es folgt ein Hinweis auf »Mädchen aus relativ gut situierten Kreisen, die in der Lage (seien), sich gefällig zu kleiden, aber auf allen öffentlichen Schulen (versagten)«.[137] Daß es an der von ihnen zugrundegelegten Diagnostik selbst lag, die mehr Frauen als Männer als »schwachsinnig« erklärte, war völlig außerhalb des Gedankenkreises; im Gegenteil, damit begründeten sie ja gerade die anvisierten eingreifenden Maßnahmen. Und es kam einem »Sieg« für die »Rassengesundheit« gleich, wenn auch nur acht Paare aufgrund des ärztlichen Urteils ihre Verlobung lösten. Für den Kieler Stadtarzt Folberth nahm die Tatsache der staatsmedizinisch unerwünschten weiblichen Fruchtbarkeit geradezu alptraumartige Dimensionen an:

»Daß fast die Hälfte aller weiblichen Ablehnungen – bei denen der Anteil an Debilen und Schwachsinnigen sehr hoch war – bereits verheiratet und zum großen Teil gravide war, ist erschütternd und beweist, wie sehr die Forderungen nach einer zwangsläufig durchgeführten ärztlichen Beurteilung vor der Eheschließung berechtigt sind, um den Kampf gegen die Erbkrankheiten erfolgreich gestalten zu wollen.«[138]

»Leider gehören diejenigen Frauen, die (bei der Eheschließung) ein bis zwei uneheliche Geburten schon hinter sich hatten, in der weit überwiegenden Mehrheit der Fälle zu den Unterdurchschnittlichen hinsichtlich ihres Erbwertes, nicht selten sogar zu den 'Debilen'«, war 1936 auch im DÄBl zu lesen.[139] Ein Aufsatz aus der *Abteilung für Erb- und Rassenpflege* des Reichsgesundheitsamts in derselben Zeitschrift mit dem Titel »Der angeborene Schwachsinn als Ablehnungsgrund bei Ehestandsdarlehensbewerbern« stellte in der Auswertung der *Prüfungsbogen für Eheeignung* neben Statistiken über Berufe und Alter der abgelehnten Männer und Frauen am Ende eine Sonderstatistik für Frauen auf. »Bei Auswertung der Untersuchungsergebnisse dieser wegen Schwachsinns abgelehnten Personen wurde noch folgende Feststellung gemacht«, heißt es dort lapidar und geschlechtsneutral, um dann fortzufahren: »Von den 1958 abgelehnten Frauen hatten nicht weniger als 884 = 46,0 v.H. bereits un- oder vorehelich geboren oder waren zum ersten Mal schwanger.«[140] Da aber diese Angaben auf den Untersuchungsbögen mitunter fehlten, hieß es weiter, »dürften die Zahlen im ganzen noch größer sein«.[141] In der Statistik der Ablehnungen für ein Darlehen wegen »Schwachsinn« oder »erblicher Belastung mit Schwachsinn«, der höchsten Anzahl aller Ablehnungen insgesamt, ist also das amtsärztliche Urteil über sehr viele Frauen verborgen, die wegen ihrer »unerwünschten« Mutterschaft als *eheungeeignet* klassifiziert wurden, auch wenn sie bereits verheiratet waren.

Die ED-Untersuchungen verschafften den Amtsärzten und damit Staat und Öffentlichkeit erstmalig genauere Einblicke in und Zahlen über die Körperlichkeit eheschließender Frauen, über Virginität, uneheliche und voreheliche Schwangerschaften, Geburten und Fehlgeburten (wenn die Frauen sie nicht verschwiegen), die vorher in einem so großen Umfang noch nie erhoben worden waren und gar nicht erhoben werden konnten.

Nationalsozialistische Eheberatung: »TÜV« vor der Eheschließung oder die Technisierung des Leibes

Die gesundheitsamtliche Eheberatung im Nationalsozialismus war nicht nur funktional angelegt als Erfassungsinstrument für Zwangssterilisation und Eheverbote. Die Eheeignungsprüfungen können als Spiegel eines Idealkonzepts Ehe, als positive Utopie nationalsozialistischer Ehevorstellung aufgefaßt werden. In konzentrierter Form tritt sie uns in den Ausführungen des Gesetzeskommentars von Gütt, Linden und Maßfeller zur Eheberatung entgegen. Es ist nicht möglich, von »der« als nur einer einzigen oder einheitlichen nationalsozialistischen Ehevorstellung zu sprechen. Diese gab es nicht. Eine Textanalyse von Hitlers *Mein Kampf* würde andere Akzente setzen, als die des »Reichsbauernführers« Walter Darré *Neuadel aus Blut und Boden*, wieder andere die Äußerungen und die Arbeit der NS-Frauenschaft. Ich beschränke mich hier auf die praktisch wirkungsmächtigste und von daher bedeutungsvollste Ehevorstellung in einem Buch, das aufgrund seines amtlichen Charakters weit verbreitet und für die amtsärztlichen Entscheidungen grundlegend war.

Sprachduktus wie die konkreten Empfehlungen lassen die ärztliche Eheberatung als »TÜV« vor der Eheschließung erscheinen: als Sicherheits- und Funktionskontrolle des Gesundheitsingenieurs für ein reibungsloses Funktionieren der sozialen und sexuellen ehelichen Geschlechtergemeinschaft in so gut wie jeder Hinsicht. Die Kontrollen galten erstens der Überprüfung der »Fortpflanzungsfähigkeit« und der sexuellen Leistungsfähigkeit als Grundlagen der »ehelichen Pflichterfüllung«: Gebärfähigkeit, Zeugungsfähigkeit, Schwangerschaftsgefahren durch bestimmte Krankheiten, Impotenz, »Perversionen«; zweitens der Beurteilung des künftigen ehelichen Sozialverhaltens, was für die Ehe als »Gemeinschaft zweier Menschen« erforderlich sei, durch einen dritten, nämlich den begutachtenden Arzt, der keinen von beiden heiraten wollte; drittens Prognosen über die Fähigkeit der Beurteilten, »einer sachgemäßen (! GC.) Erziehung der Nachkommenschaft angemessen nachzukommen«[142], verbunden mit der Frage nach dem »*Erbwert* der Kinder«, wobei beides kaum zu trennen und es überdies gleichgültig war, ob die Erfüllung der Elternpflichten etwa durch »vorzeitige Arbeitsunfähigkeit oder Pflegebedürftigkeit« oder »Psychopathie auf wahrscheinlich erblicher Grundlage« nach Auffassung des Eheberaters nicht zu erwarten war. Insgesamt ging es um familiale Leistungsfähigkeit im weitesten Sinn, für den künftigen Ehemann vornehmlich um die Arbeits- und Leistungsfähigkeit im Beruf, für die künftige Ehefrau zusätzlich um die als Hausfrau und Mutter. Daß dies aber keine ideologischen Zuschreibungen von Geschlechtsrollen waren, sondern eine durch medizinische Diagnostik und Funktionsprüfungen in die Körper einzuschreibende Politik, machen die Ausführungen des Kommentars – einmal mehr – deutlich.

Vielleicht wird an keiner anderen Stelle der Blick auf den Menschen als Maschine, die nur als funktiontüchtige von Wert ist, so klar wie bei den kalten und zynischen Aussagen über *Eheeignung* und Lebensdauer. Wir lesen Sätze wie »Dort, wo der tödliche Ausgang nicht zweifelhaft sein kann (Krebse, Sarkome, sonstige Geschwülste), ist von der Ehe abzuraten«, hingegen auch: »Die Lebensdauer und Arbeitsfähigkeit sind nicht immer ungünstig«.[143] Oder: Bei Tbc der Knochen und Gelenke habe der Eheberater »sich in jedem Einzelfall ein Urteil über die Prognose hinsichtlich der Lebensdauer und Leistungsfähigkeit zu bilden und hiernach seinen Ratschlag zu erteilen«[144], denn sie sei in der Regel nicht ansteckend und begründe somit kein Eheverbot. Bei Knochenerkrankungen der Frauen sei stets an die im Verlauf der Krankheit auftretende Möglichkeit einer Verengung des Beckens zu denken.[145] Und: Jede chronische Nierenerkrankung bedürfe einer sorgfältigen Begutachtung hinsichtlich der *Eheeignung*. Im allgemeinen könne »wohl angenommen werden, daß jede chronische Nierenentzündung die Lebensdauer verkürze und schließlich auch die Leistungsfähigkeit« herabsetze. Frauen mit chronischen Nierenleiden sei von der Ehe abzuraten, da Beschwerden in der Schwangerschaft *möglich* seien.

Das Auffälligste sind die Empfehlungen über noch vor der Eheschließung durchzuführende Operationen oder andere funktionelle körperliche Verbesserungen. So empfehlen die Kommentarverfasser betroffenen Frauen eine Kropfoperation wegen *möglicher* Schwangerschaftsbeschwerden[146] oder die Beseitigung einzelner Krampfadern durch operativen Eingriff vor der Eheschließung.[147] Die Nierentuberkulose erfordere »ein Abraten von der Eheschließung mindestens so lange, als nicht durch Entfernung der kranken Niere der Krankheitsherd beseitigt und die Gewähr dafür gegeben ist, daß die andere Niere vollkommen gesund, leistungsfähig und auch weiteren Belastungen – z.B. bei Frauen durch eine Schwangerschaft – gewachsen ist«.[148] Darauf müsse überhaupt geachtet werden, wenn bei einem Ehekandidaten eine Niere entfernt worden sei. »Blasensteine sollen auf alle Fälle vor der Eheschließung entfernt werden.«[149] Bei Blasentumoren wiederum sei die Gut- oder Bösartigkeit zu prüfen, bevor der Eheberater der Eheschließung zu- oder abrate. Magen- und Darmleiden, z.B. Magengeschwüre oder Gallensteinleiden, erforderten die »ganz besondere Berücksichtigung aller Umstände des Einzelfalles«. Auch hier stand die Überlegung einer Operation an erster Stelle: der Arzt habe sich zu vergewissern, »ob es nicht ratsam (erscheine), durch einen operativen Eingriff das Leiden vor der Eheschließung zu beheben«. Ähnlich wie bei nicht (mehr) ansteckender Lungentuberkulose wird dann in zweiter Linie die Ehe als Versorgungsinstitut bedacht – eindeutig auf die Ehemänner zugeschnitten –, in dem die Ehefrau durch die Befolgung spezieller Diätregeln zur Minderung des Leidens beitragen könne: Sei eine Operation nicht möglich, so werde zu prüfen sein, »ob nicht gerade nach der Eheschließung zweckmäßige Ernährung und Lebensführung gewährleistet sein werden; denn bei Magen- und Darmkrankheiten wird oft durch das geregelte Leben, das die Ehe im Gefolge hat, und dadurch, daß die Ernährung nach ärztlichen Vorschriften gestaltet werden kann, oftmals eine Verbesserung des Leidens herbeigeführt.« Gerade deshalb bedürfe in solchen Fällen die Beratung »einer eingehenden Vertiefung in die Verhältnisse des Einzelfalles«[150] – sprich: auch einer Beurteilung des hauswirtschaftlichen Könnens und Verständnisses der künftigen Ehefrau.

Ein eigener Abschnitt galt den *Frauenkrankheiten*.[151] Ist es bloßer Zufall, daß hier am meisten vor der Eheschließung operiert und funktionell gerichtet werden soll? »Lageveränderungen der Gebärmutter schließen die Ehetauglichkeit nicht aus«, heißt es geradezu großzügig; »sind sie jedoch durch entzündliche Prozesse bedingt, so wird zu ihrer ursächlichen Behandlung vor der Eheschließung zu raten sein, ebenso wie auch bei sonstigen Lageanomalien auf die Möglichkeit und Notwendigkeit ihrer Korrektur eindringlich hinzuweisen« sei. »Entzündungen der Gebärmutteranhänge und des Beckenbindegewebes sind vor Eingehen der Ehe zu beseitigen«. Bei bösartigen Geschwülsten sei »selbstverständlich von der Eheschließung abzuraten, da die notwendigen radikalen Behandlungsmaßnahmen eine Erhaltung der Fortpflanzungsorgane ja wohl immer ausschließen«. »Einseitige gutartige Neubildungen der Eierstöcke machen nicht eheuntauglich ... Bei doppelseitigen Eierstocksgeschwülsten ist die Entscheidung im allgemeinen erst möglich, wenn eine Operation Klarheit über die bestehenden Verhältnisse geschaffen hat, so daß man diese erst abzuwarten haben wird.« »Von einer ehelichen Verbindung mit einem gesunden Ehepartner sind ohne weiteres auszuschließen alle Frauen, bei denen Anlagefehler den Geschlechtsverkehr und damit eine Empfängnis unmöglich machen.«[152] Zwischen diesen Aussagen und den Ausführungen Julius Hellers darüber, daß ein beklagter Ehegatte oder eine beklagte Ehegattin in eine körperliche Untersuchung nicht einzuwilligen brauche, liegen keine zehn Jahre. Die Differenz liegt nicht in der medizinischen Diagnostik, sondern in der staatlich vermittelten Usurpation des Körpers durch die Verallgemeinerung der ärztlichen Untersuchung. Daß die Medizin jedoch so »einfach« und ohne größeren Widerstand in dieser Weise politisch wirksam werden konnte, hat auch mit ihrem Konzept vom Menschen zu tun.

Bei vielen der inneren Krankheiten soll den Frauen wegen *möglicher* Schwangerschafts- oder Geburtskomplikationen von vornherein von der Ehe abgeraten werden. Umgekehrt sind die Ratschläge zur Eheenthaltung bei Lungentuberkulose und Herzfehlern, zwei der häufigsten Gründe für medizinisch indizierte Abtreibungen während der Weimarer Zeit, hier erstaunlicherweise nicht so grundsätzlich negativ. Bei erworbenen Herzfehlern solle man »die Gefahr für die Frau bei Schwangerschaft und Geburt nicht übertreiben«, heißt es im Kommentar; nur bei Mitralstenose und Aorteninsuffizienz aufgrund von Syphilis sei die Prognose »ungünstig«.[153] Ansonsten komme es – bei Männern wie bei Frauen – auf die Frage der Leistungsfähigkeit des Herzens an. Auch soziale Gesichtspunkte seien zu berücksichtigen, z.B. die Anforderungen körperlicher Art durch den Beruf.[154] Mit dieser Einschätzung lagen die Kommentarverfasser auf einer Linie mit den Aussagen fachwissenschaftlicher Koryphäen Mitte der Dreißiger Jahre zu Fragen der *Schwangerschaftsunterbrechung aus gesundheitlichen Gründen*, wie sie in den gleichnamigen *Richtlinien* um dieselbe Zeit im Auftrag der Reichsärztekammer herausgegeben wurden.[155] Ähnlich veränderte sich die Einschätzung des Einflusses von Schwangerschaft, Geburt und Wochenbett auf die Lungentuberkulose.[156] Im Kommentar verwies man auf die wissenschaftlich noch divergenten Auffassungen und die Annäherung der Spezialisten auf dem jüngsten Fachkongreß in dieser Frage. Deshalb gab er hier keine bestimmten Empfehlungen für die Eheberatung, außer daß erfahrungsgemäß eine größere Gefährdung der Frau in einer Ehe mit einem (nicht-ansteckend) tbc-kranken Mann zu erwarten sei als umgekehrt, weil er in bessere Verhältnisse käme, sie hingegen bei einem möglichen Wiederausbrechen der Krankheit im Falle einer Schwangerschaft mehr gefährdet sei. Bei der Lungentuberkulose spielten aber auch eindeutig bevölkerungspolitische Erwägungen eine Rolle: allen nicht mehr ansteckend Kranken die Ehe zu verbieten wie den an ansteckender Tbc Leidenden, hätte bei der weiten Verbreitung der damaligen Volkskrankheit Nummer Eins aus Sicht der Politiker einen unverzichtbaren »Geburtenausfall« zur Folge gehabt. Interessant ist, daß Redeker auf der Amtsärzte-Tagung 1938 in Zoppot einen offensichtlich häufiger angesprochenen Zusammenhang zwischen Eheverbot und Abtreibungsindikation wegen Lungentuberkulose herstellt, um ihn als »völlig abwegig« zu verneinen.[157] Der Zusammenhang liegt hingegen auf der Hand, wenn auch nicht, da ist Redeker zuzustimmen, als kausaler oder als ein Parallelitätsverhältnis, wohl aber in der grundsätzlichen Ignoranz gegenüber dem individuellen Wollen der konkret Betroffenen. Auch ein negatives Urteil über *Eheeignung* wegen einer bestimmten Nierenerkrankung etwa implizierte noch lange nicht im Gegenzug die Zulassung eines Schwangerschaftsabbruch aus gesundheitlichen Gründen, wenn die erkrankte Frau dieses wünschte. Hier behielten sich die Kliniker die Anwendung des gesamten Repertoires ärztlicher Kunst zur möglichen Verhinderung des Abbruchs vor, bis sie dann doch eine Abtreibung vornahmen und es manchmal schon zu spät war, um das Leben der Frau noch zu retten. Diesen Zusammenhängen kann im Rahmen dieser Arbeit nicht weiter nachgegangen werden. Nur so viel: Sie verweisen darauf, in wie hohem Maße alle Entscheidungen auf diesem Gebiet Funktionen der medizinischen Wissenschaft und der ärztlichen Kunst waren, völlig unabhängig von den jeweils betroffenen Frauen.[158]

In den Aussagen des Kommentars spiegeln sich schließlich offen auch eigene Abneigungen der Verfasser, wenn sie etwa bei Fettsucht außer auf mögliche Impotenz und Geburtsschwierigkeiten wegen »nicht oder mangelhaft funktionierendender Bauchpresse« (!) darauf verweisen, daß »infolge von Hautfaltenbildungen ... die fettleibigen Frauen vielfach unter Ekzem ... leiden«[159] – und damit den ärztlichen Rat gegen eine konkrete geplante Hochzeit begründen. Sie geben hier Lehrbuchmeinungen wieder, die ihrerseits Erfahrungen der Kliniker darstellen, wie z.B. in von Noorden/Kaminer. Ähnlich wird über Bronchitis mit eitrigem Auswurf gesprochen. Diese Ausführungen machen den Eindruck der prophylaktischen Vorwegnahme einer Eheanfechtungsklage wegen *ekelerregender Krankheit*, die ja in der Tat, wie in Kap. 3 gezeigt, aus diesen Gründen vor Gericht unter bestimmten Umständen anerkannt wurde – jedoch, und das ist der große Unterschied: nur auf individuellen Antrag eines Ehegatten.

Ähnlich wie in *Ehe und Kankheiten* von 1916 erscheint auch hier die *Eignung* der Frauen zur Ehe weitaus eingeschränkter als die der Männer. Auch hier liegt die Begründung in den *möglichen* Gefahren von Schwangerschaft und Geburt. Handelte es sich aber dort um den Rat des Hausarztes im privaten

Arzt-Patienten-Verhältnis, so wird hier der Amtsarzt im Staatsauftrag präventiv tätig. Liest sich *Krankheiten und Ehe* in weiten Strecken wie ein gynäkologisches Lehrbuch wegen möglicher medizinisch indizierter Schwangerschaftsabbrüche oder der Empfehlung zur Empfängnisverhütung bei bestimmten Krankheiten, so ist hier davon nichts mehr zu spüren. Von Geburtenverhütung wegen Krankheit ist keine Rede: hier zielen rigide Vorgaben und Anweisungen auf ein Entweder-Oder. Das heißt nicht, daß globale Urteile gefällt werden, im Gegenteil: erst die genaueste Prüfung im Einzelfall wird zum richtigen ärztlichen Rat führen. Da sich diese Ratschläge in einem völlig anderen gesetzlichen Umfeld bewegen als noch die Empfehlungen in *Krankheiten und Ehe* – nämlich der Realität der gleichzeitig verhängten Ehe- und Zeugungs- und Gebärverbote –, können die Ausführungen des Kommentars nicht unter dem Aspekt eines etwa vorausgesetzten natürlichen Rechtes auf Ehe und Kinder, das unter Umständen eingeschränkt werden sollte, gelesen werden, wie es bei den Ausführungen in *Krankheiten und Ehe* noch zum größten Teil zutrifft. Wohl ist vom »Recht auf Fortpflanzung« die Rede, allerdings nur im Zusammenhang des ärztlichen Einspruchs gegen die Ehe zwischen einem »fruchtbaren und einem unfruchtbaren Partner«. Eine solche Ehe, so der Kommentar, sei *unerwünscht*, aber nicht gesetzlich verboten, außer, es könne ein Eheverbot wegen »geistiger Störung« konstruiert werden, so etwa bei einem großen Altersunterschied der Verlobten, vor allem, wenn die Frau erheblich älter als der Mann sei.[160]

Hier geht es um die Ehe als soziale und sexuelle Leistungsgemeinschaft höchsten staatlichen Interesses, deren Funktionstüchtigkeit zunächst, bevor der »Betrieb beginnt«, einer umfassenden Kontrolle unterzogen werden soll, um möglichst jedwede »Störung« von vornherein »auszuschalten« und »vollwertige Leistung« zu garantieren. In den *Richtlinien für die ärztlichen Untersucher der Ehestandsdarlehensbewerber* vom 14.1.1939 heißt es:

»Die Gründung einer Familie erfordert gesundheitlich vollwertige Menschen, die ihre künftige Familie wirtschaftlich zu erhalten und ihre Kinder zu vollwertigen Volksgenossen zu erziehen in der Lage sein müssen. Männer, die infolge eines vorhandenen oder drohenden körperlichen oder geistigen Leidens in ihrer Arbeitsfähigkeit so beeinträchtigt sind, daß zu erwarten steht, daß ihre Familie früher oder später in mehr oder weniger großem Umfang fremde Mittel in Anspruch wird nehmen müssen, sind keine geeigneten Bewerber um Ehestandsdarlehen. Bei Frauen, die aus gesundheitlichen Gründen den Aufgaben einer deutschen Mutter nicht gerecht werden, kann der Antrag auf Ehestandsdarlehen vom ärztlichen Standpunkt nicht befürwortet werden. Bei beiden Antragstellern ist zu beachten, daß neben den Ansprüchen, die Beruf und Haushalt an ihre gesundheitliche Leistungsfähigkeit stellen, für die Erziehung der Kinder körperliche und geistige Gesundheit und charakterliche Eignung unentbehrlich sind.«[161]

Die Taxierung des Paares

>»Bei der Frage der Ehetauglichkeit ... handelt es sich darum, ob der eheliche Zusammenschluß dieser ganz bestimmten Person mit einer ganz bestimmten anderen Person erwünscht oder unerwünscht ist.«[162]

Eheberatung im Nationalsozialismus sollte mehrere Funktionen zugleich erfüllen: Eheprognose, Eheerlaubnis und Selektion über »Fortpflanzung«. »Der Sinn des Gesetzes«, heißt es im Kommentar von Gütt, Linden und Maßfeller, sei »die Vorausbeurteilung einer beabsichtigten Ehe, insbesondere auf ihre Eignung zum Hervorbringen gesunder Kinder und zur Erziehung wertvoller Nachkommen, d.h. grundsätzlich die Eheberatung, die allerdings durch das notfalls anzuwendende Eheverbot gestützt wird.«[163] Die Selektion für zwangsweise *Unfruchtbarmachung* oder das Verbot einer Ehe stellten damit aus dieser Sicht »nur« zwei der möglichen Register dar, die der mit allen staatlichen Machtmitteln ausgestattete Amtsarzt ziehen konnte; ein anderes etwa war die Aufforderung an ein Paar, doch möglichst viele Kinder in die Welt zu setzen, vorausgesetzt, Urteil und Prognose bei der Untersuchung waren positiv ausgefallen.[164]

Nach den Vorstellungen der nationalsozialistischen Geburtenpolitiker zielte die *Eheberatung* grundsätzlich auf die amtsärztliche *Begutachtung* eines jeden *Eheplans*.[165] Nicht »jede beliebige Ehe«[166], die jemand eingehen wollte, war zugelassen oder »förderungswürdig«, sondern jede sollte dem Amtsarzt vorgestellt und von seinem Urteil abhängig gemacht werden.[167] Dieser fungierte damit in gewisser Weise als moderner Übervater, der sein Plazet zur Hochzeit zu geben habe: Der Bräutigam bittet nicht mehr den Vater der Braut um die Hand der Tochter – was umgekehrt nicht vorkam: die Braut hält bei der Mutter des Bräutigams etwa um die Hand des Sohnes an, Zeichen für den unabhängigeren Status des (Ehe-)Mannes –, sondern die Verlobten als Paar legen dem ärztlichen Eheberater ihren *Eheplan* vor. Das Vorhaben konnte positiv oder abschlägig beschieden werden, durchaus auch mit dem »Rat« an eine/n von beiden enden, sich doch »einen anderen Partner« für die Ehe zu suchen: eine offizielle Aufforderung zum »Partnertausch«. Die Gesetzesverfasser gingen allerdings davon aus, daß in den allermeisten Fällen die Zustimmung und nicht ein Eheverbot das Ergebnis sei – was auch die Resultate der Untersuchungen für ein Ehestandsdarlehen belegen. Dennoch war die Freiheit der Eheschließung damit generell aufgehoben. Wie anders argumentierte hingegen noch Hoche, der gerade im Fall einer konkreten Eheabsicht Zurückhaltung mit dem ärztlichen Ratschlag empfahl! Hier war nun im Gegenteil der konkrete Eheplan ausdrücklich vorausgesetzt. Nach dem die Arbeit des Gesundheitsamtes bestimmenden Vererbungsparadigma war es gar nicht anders möglich: *Eheeignung* wie die *Ehetauglichkeit* konnten weder abstrakt noch »individualistisch« bestimmt werden, sondern verlangten neben der körperlichen Kontrolle der »Ehebewerber« jeweils die Ausleuchtung ihrer familialen Herkunft. Je mehr bekannt war, desto besser. Wie sonst hätte der Amtsarzt Aussagen über den *Erbwert* machen können? Entsprechend der genetischen Theorie blickte er unter der Perspektive der *Kreuzung* auf das Paar als auf zwei Individuen der F_2-*Generation* unterschiedlicher *Erblinien*: Sollten doch die *Sippentafeln* jeweils bis auf die Großeltern zurückgehen. Aus diesem Grund kam es bei der Beurteilung entscheidend auf die *Partner-Kombination* an: Für die Entscheidung war »auch immer das Erbbild des anderen Partners sowie das Sippenbild beider Partner ausschlaggebend.«[168]

Ähnlich wie die Klassifizierung und Kombinatorik für die Zulassung oder das Verbot der Eheschließung von »Mischlingen« verschiedenen »Grades« miteinander oder mit Nicht-»Mischlingen« nach dem *Blutschutzgesetz* zentral war,[169] finden wir auch für die gesundheitlichen und rassenhygienischen Ehehindernisse Gruppierungen für Verbote und Erlaubnisse im Kommentar. Sie werden zum Teil an ausgedachten exemplarischen Fällen vorgeführt. So heißt es z.B. bei »erblicher Belastung« mit bestimmten »Nerven- und Geistes-krankheiten«: »Durch die Verbindung dieser Partner untereinander oder mit anderen Erbgesunden ergeben sich eine Reihe von Kombinationen, die alle unterschiedlich beurteilt werden müssen. Es kommen folgende Möglichkei-ten in Betracht:

1. ein Partner ist krank, der andere gesund;
2. ein Partner ist erblich belastet, der andere gesund;
3. beide Partner sind krank;
4. ein Partner ist krank, der andere erblich belastet;
5. beide Partner sind erblich belastet.«[170]

Die »erbliche Belastung« war eine aus dem »Gesamterbwert der Sippe« gewonnene Größe. Diesen Begriff führten die ED-Richtlinien von 1939 ein. Nicht nur auf die im Sterilisationsgesetz genannten Krankheiten habe der Amtsarzt zu achten, hieß es darin, sondern »auf jede erbliche Abwegigkeit, die die Gesundheit des Nachwuchses zu vermindern geeignet« sei. Der Antrag könne deshalb auch nicht befürwortet werden, wenn »in der nächsten Blutsverwandtschaft (Eltern, Geschwister, Kinder)« auch nur in einem Fall Krankheiten im Sinne des GzVeN vorgekommen seien, wiewohl berücksich-tigt werden sollte, daß in kinderreichen Familien »die Manifestationsmöglich-keit von Erbkrankheiten« gegenüber kinderarmen erhöht sei.[171] Im übrigen, heißt es weiter, habe »eine ablehnende Beurteilung in allen Fällen zu erfolgen, in denen die Sippe zwar frei von Erbkrankheiten ist, dafür aber die Lebens-bewährung der einzelnen Sippenmitglieder ergibt, daß der Gesamterbwert der Antragsteller erheblich unter dem Durchschnitt liegt«. Die Bewährung oder das Versagen im Leben oder bei der Eingliederung in die Volksgemeinschaft seien häufig bessere Maßstäbe als die Ergebnisse kurzer ärztlicher Untersuchungen.[172] »Ermittlungen« über Familienangehörige waren nicht nur – obwohl vorwiegend – für die psychiatrischen Diagnosen von Bedeutung, sondern auch bei körperlichen Krankheiten und Abweichungen. Sie waren allerdings in spezifischer Weise mit der psychiatrischen Diagnostik als Sozialdiagnostik gekoppelt. Die *Sippenerhebung* sollte zum einen Aufschluß über die Erblichkeit eines vorhandenen festgestellten Leidens geben: Der untersuchende Arzt sollte bei den Familienmitgliedern auf jede Narbe achten, die möglicherweise von einer Operation »zur Besserung von Funktion und Aussehen«[173] herrühre, um von da auf die Erblichkeit des beim Kandidaten vorkommenden Leidens zu schließen – oder auf eine während der Schwangerschaft entstandene Mißbildung ohne Erbeinfluß. »Bei Klumpfuß und Hüftverrenkung, den häufigsten erblichen körperlichen Mißbildungen«, sei die Erforschung der *Sippe des Ehepartners* besonders wichtig. Unter Rückgriff auf die ältere Theorie der körperlichen *Entartungszeichen* führte der Kommentar aus, daß sich »körperliche Mißbildungen schwerer oder leichter Gradausbildung ... oft in Gesellschaft intellektueller oder moralischer Minderwertigkeiten« finden ließen. Grundsätzlich sei hier von der Eheschließung abzuraten, »wenn der Träger einer schweren oder leichten körperlichen, mit großer Wahrscheinlichkeit erblichen Mißbildung (z.B. Syndaktylie, Polydaktylie, Klumpfuß, Hasenscharte usw.) einer Sippe« angehöre, in der »Geistesschwäche schweren oder leichten Grades oder Psychopathien, Psychosen, Alkoholismus, asoziales Verhalten wiederholt vorgekommen« seien. Handele es sich hingegen »bei Trägern solcher körperlicher Mißbildungen um geistig und charakterlich einwandfreie Persönlichkeiten *aus nicht nachweisbar erblich belasteten Familien*«, so werde der Eheberater eine Eheschließung mit einem gesunden Partner befürworten können.[174] In seiner Beratungsspalte im *Erbarzt* verwies von Verschuer in diesem Zusammenhang auf die Untersuchung Mengeles zur »Lippen-Kiefer-Gaumenspalte« bei der Anfrage eines Kollegen zur Beurteilung der Eheeignung eines Försters, der die Hasenscharte seiner Schwester verschwiegen habe, aber ansonsten gesund sei.[175] Die Richtlinien von 1939 verlangten für die »Prüfung der Frage, ob bei einer vorhandenen erblichen Belastung der Antrag auf Gewährung eines Ehestandsdarlehens befürwortet werden« könne, ausdrücklich, daß vom »Gesamterbwert der Sippe« auszugehen sei.

Die Kombinatorik zur *Ehefähigkeit des Erbkranken* aufgrund der Ausnahmeregelung § 1 Abs.2 EhegesG, in der in zynischer Weise die Eheschließung für *Erbkranke im Sinne des GzVeN* zugelassen war, »wenn der andere Verlobte unfruchtbar ist«, sah so aus:

»a) Ein fortpflanzungsfähiger Erbkranker (dessen Unfruchtbarmachung noch nicht erfolgt ist oder aus besonderen Gründen – z.B. Lebensgefahr – unterbleiben muß) darf heiraten
   – einen Erbkranken, der fortpflanzungsunfähig ist;
   – eine andere Person, die fortpflanzungsunfähig ist.
 b) Ein fortpflanzungsunfähiger Erbkranker darf heiraten
   – einen Erbkranken ohne Rücksicht darauf, ob dieser fortpflanzungsfähig ist oder nicht;
   – eine andere Person, die fortpflanzungsunfähig ist.«[176]

Unter dieser Kombinatorik war z.B. auch jenen Frauen die Ehe mit einem »erbkranken« oder »unfruchtbaren« Mann gestattet, die eine »normale Schwangerschaft und Geburt« nicht lebendig überstehen würden, bei denen also ein medizinisch indizierter Schwangerschaftsabbruch angesagt war. Eine von Betroffenen »behauptete« Unfruchtbarkeit mußte – wenn die Frau z.B. nicht über 45 Jahre alt war – durch eine ärztliche Untersuchung »bewiesen« werden. Auf derselben Linie liegen Vorschläge, die deutsch-jüdischen *Mischlinge* zu sterilisieren als Alternative zur Vernichtung. Damit hatten die nationalsozialistischen Machthaber doch einige Probleme, weil es zur Hälfte »deutsches Blut« – ihr eigenes also, betraf. Die Sterilisation war in ihren Augen eine geradezu ideale Lösung; die »saubere Trennung« wäre hergestellt. Sterilisiert, könnten die *Mischlinge* »von allen Beschränkungen befreit werden und ihr Leben in Frieden beschließen«.[177] Ein unglaublicher Zynismus. Während des Zweiten Weltkriegs sollten weitere rassische Ehe- und Sexualverbote und »gemischtvölkische« Eheerlaubnisse mit minutiös festgelegten Bestimmungen gigantische Ausmaße annehmen, niedergelegt in Bergen von schnell wechselnden Erlassen des *Reichsführers SS* als Chef der deutschen Polizei, Innenminister und *Reichskommissar für die Festigung deutschen Volkstums.*

Ist es nicht – ganz abgesehen von den Untersuchungsverfahren als solchen – eine Form »sach«-verständigen Voyeurismus und virtueller Kuppelei, wenn der beurteilende Arzt die ausgefüllten Untersuchungsbögen der »Partner« studiert, auf deren erster Seite (beim ETZ) zwei Photographien, eine Abbildung von vorn, eine von der Seite, prangen? Wenn er die soziale, familiale, physische und psychische Biographie von Braut und Bräutigam bewertet, das Paar in seiner Vorstellung »kreuzt« und prognostiziert, was dabei herauskommen könnte? Diese Praktiken werden während des Krieges bis in die höchsten Ebenen des RMdI und des RSHA reichen, streng auf dem Dienstweg. Im RMdI ging es um Ausnahmegenehmigungen für verbotene oder abgelehnte Heiraten und um Heiratsgenehmigungen zwischen Ausländer/innen aus einigen besetzten Ländern und Deutschen; im Reichssicherheitshauptamt entschieden Beamte über Erhängen polnischer Männer wegen verbotenen

Geschlechtsverkehrs mit deutschen Frauen oder statt dessen Heirat einschließlich Zwangsgermanisierung im KZ.[178]

Betrachten wir die amtsärztliche Beurteilung der *Eheeignung*, so werden ihre Komponenten am besten sichtbar in den verschiedenen Gründen für die Verweigerung eines *Eheeignungszeugnisses*, also im Falle der Ablehnung eines Ehestandsdarlehens. Sie fächerten sich für die konkreten Personen auf in:

– »selbst ungeeignet« wegen »eigener Krankheit« auf Grund der individuellen Vorgeschichte und der ärztlichen Untersuchung
– »selbst ungeeignet« wegen »erblicher Belastung« als Folge der Familienermittlung
– »selbst geeignet«, aber abgelehnt wegen »ungeeignetem Partner« bzw. »ungeeigneter Partnerin« als Ergebnis der virtuellen *Kreuzung*.

Diese Differenzierung spiegelte sich auch in der Statistik. Um diese geht es nun abschließend. Anders als bei Zwangssterilisationen und Eheverboten wurden Zahlen über ausgegebene Ehestandsdarlehen sowie abgelehnte Bewerber und Bewerberinnen – nach den Gründen der Ablehnung – veröffentlicht. In der Zeitschrift des Statistischen Reichsamts *Wirtschaft und Statistik* erschienen bis 1944 Vierteljahresberichte über ausgegebene Ehestandsdarlehen mit Angaben über die Rückzahlungen im Verhältnis zu den Geburten.[179] Der Bericht des 4.Vierteljahres war zugleich jeweils der Jahresbericht des entsprechenden Kalenderjahres; Quelle war die Statistik der die Darlehen ausgebenden Finanzämter. Der letzte veröffentlichte Bericht ist für das Jahr 1943.[180] Im *Reichsgesundheitsblatt*, herausgegeben vom Reichsgesundheitsamt, begann man zunächst mit *Monatsberichten über das Ergebnis der ärztlichen Untersuchungen bei den Ehestandsdarlehensbewerbern* für Januar 1935, stellte für den Zeitraum ab Juli 1935 auf Vierteljahresberichte, ab Januar 1937 auf Halbjahresberichte um, die – in mehrfach geänderter Form – bis für das zweite Halbjahr 1941 im Jahr 1943 veröffentlicht wurden. Die Grundlagen der im Reichsgesundheitsamt erarbeiteten Berichte und Statistiken waren zunächst die von den Medizinalbeamten und kommunalen Ärzten einzureichenden Untersuchungsbogen selbst, ab 1935 im Zusammenhang mit der Reform des öffentlichen Gesundheitswesens die besonderen Zählkarten der Erbkartei, die 1938 aufgegeben wurden. An ihre Stelle trat eine Sammelberichterstattung über die vorgesetzte Behörde. Dieses Verfahren wurde bis 1944 fortgesetzt. Zur Ausarbeitung von Berichten für das *Reichsgesundheitsblatt* kam es hingegen nicht mehr. Vereinzelte Zahlenangaben mit diversen Interpretationen finden sich auch im ARGB, im *Erbarzt*, im ÖffGesD und anderen Zeitschriften.

Die Statistik der *abgelehnten untersuchten Ehestandsdarlehensbewerber nach den Gründen der Ablehnung* enthielt folgende Angaben: »Krankheit bzw. sonstiger Grund der Ablehnung; abgelehnte Personen insgesamt; in v.H. der Gesamtzahl der abgelehnten Personen; davon wegen eigener Krankheit, m., w., davon wegen erblicher Belastung, m., w.« Die Ablehnungsgründe in der Statistik waren entsprechend den *Richtlinien* von 1934 im einzelnen wie folgt aufgeschlüsselt:

»I. Im (GzVeN) angegebene Krankheiten (einzeln aufgeführt)

II. Sonstige Geisteskrankheiten und psychische Krankheitszeichen auf wahrscheinlich erblicher Grundlage: Alkoholismus und sonstige Suchten, sonstige und nicht näher bezeichnete Geisteskrankheiten, Psychopathie, Selbstmord (bei Angehörigen), Kriminalität, in Fürsorgeerziehung gewesen, Krämpfe ohne nähere Bezeichnung

III. Sonstige Nervenkrankheiten auf wahrscheinlich erblicher Grundlage

IV. Sonstige Krankheiten auf wahrscheinlich erblicher Grundlage wie Zuckerkrankheit, schwere Formen von Kropf, Infantilismus, Myxödem, sonstige Stoffwechselkrankheiten, erbliche Blutkrankheiten usw.

V. Krankheiten mit unsicherem Erbeinfluß: Herz- und Gefäßkrankheiten, Nierenkrankheiten, Tuberkulose, Tuberkuloseverdacht

VI. Übrige Gefährdungen von Leben, Beruf oder Fortpflanzung: Syphilis, Gonorrhö, Zeugungs- oder Gebärunfähigkeit, sonstige Gefährdungen der ehelichen Fruchtbarkeit, sonstige Gefährdungen des Lebens, der Erwerbsfähigkeit, sonstige Infektionskrankheiten, erworbenes Krüppeltum oder Siechtum, Tot- oder Fehlgeburten

VII. Unsichere Krankheitsangaben und sonstige Ablehnungsgründe wie ungünstiges Zusammentreffen leichterer Befunde, unklar bezeichnete gesundheitliche Störungen, Unsicherheit über den Gesundheitszustand, politische Unzuverlässigkeit, Abstammung usw.«[181]

Die Ergebnisse sind in mehrfacher Hinsicht bemerkenswert.

(1) Den untersuchten Frauen wurde in viel höherem Maße die *Eheeignung* abgesprochen als den untersuchten Männern: Von 1934 bis 1943 standen 43 293 Ablehnungen bei Frauen 34 116 bei Männern gegenüber. Diese Zahl ergibt sich aus der Berechnung der Ablehnungsgründe aufgrund der unter bestimmten Diagnosen angegebenen Zahlen.

Tabelle 1[182] Ablehnungen 1934 2.Hj. bis 1941 2.Hj. in der Reihenfolge der Häufigkeit
der Ablehnungsgründe (Auswahl)

	Frauen	Männer	gesamt
angeborener Schwachsinn	11218	6846	
erbliche Belastung	7435	5242	30743
sonstige Geisteskrankheiten	2696	3960	
auf erblicher Grundlage erbliche Belastung	1769	1284	9709
Schizophrenie	141	167	
erbliche Belastung	3939	3540	7780
Zeugungs- und Gebärunfähigkeit und andere Gefährdungen der ehelichen Fruchtbarkeit	3815	761	4576
Epilepsie	228	298	
erbliche Belastung	1860	1505	3891
körperliche Mißbildung (incl. enges Becken)	1463	1175	
erbliche Belastung	494	352	3484
Syphilis und Gonorrhö	1759	1423	3182
Tbc	1576	1558	
Tbc-Verdacht	6	5	3155
Herz-, Gefäß- und Nierenkrankheiten	769	662	1468

Auch die Ablehnungsgründe im einzelnen differierten in charakteristischer
Weise: Aufschlußreich erscheinen die geschlechtsspezifischen Unterschiede
in der Reihenfolge der Ablehnungsgründe. Während sich in der Rubrik »erbliche Belastung« bei insgesamt höheren Zahlen für Frauen keine Differenz der
Reihenfolge ergibt, ist dies bei »Ablehnung wegen eigener Krankheit« so:

Tabelle 2[183]

Frauen		Männer	
Schwachsinn	11218	Schwachsinn	6846
Gebärunfähigkeit	3815	sonstige Geisteskrankheiten	3960
sonstige Geisteskrankheiten	2696	Tbc/Verdacht	1558
Geschlechtskrankheiten	1759	Geschlechtskrankheiten	1423
Tbc/Verdacht	1576	körperliche Mißbildungen	1175
körperliche Mißbildungen	1463	Zeugungsunfähigkeit	761
Herz/Nierenkrankheiten	769	Herz/Nierenkrankheiten	662
Epilepsie	228	Epilepsie	298
Schizophrenie	141	Schizophrenie	167

Frauen wurde demnach hauptsächlich aufgrund der Diagnose »angeborener Schwachsinn« und an zweiter Stelle wegen »Gebärunfähigkeit« ein ED verweigert. Auch bei den abgelehnten Männern stand »Schwachsinn« an erster Stelle, wurde jedoch nur halb so häufig diagnostiziert; die Zeugungsunfähigkeit als Ablehnungsgrund hingegen rangierte erst an sechster Stelle. Nach allem bisher in dieser Untersuchung Aufgeführten wird klar sein, daß es sich bei diesen Diagnosen um einen Spiegel der selektierenden amtsärztlichen Tätigkeit handelt, ohne daß hiermit über die Realität, die Wünsche, die Leiden, das Verhalten etc. der so etikettierten Personen etwas ausgesagt werden kann. Mir scheinen dennoch in der Verteilung häufig die immer noch virulenten Zuordnungen zu »männlich« und »weiblich« zum Vorschein zu kommen: Hatte doch noch um die Jahrhundertwende der angesehene Psychiater Paul Möbius – dem übrigens Fritz Lenz seine Dissertation gewidmet hatte – mit seinem Werk »Über den physiologischen Schwachsinn des Weibes« die Frauen von Natur aus für »schwachsinnig« erklärt – wogegen Hedwig Dohm bereits ihre Feder spitzte! Daß Frauen im Ergebnis der Untersuchungen für ein Ehestandsdarlehen weniger geeignet für die Ehe erscheinen als Männer, entspricht auch den Ausführungen in *Krankheiten und Ehe* und den Aussagen über Eheberatung im Kommentar zum *Ehegesundheits-* und *Blutschutzgesetz*. Dieses findet jedoch in erster Linie seine Erklärung im »männlichen Blick« des Wissenschaftlers auf Verhalten und Körper der (Ehe-)Frau, insbesondere ihre Gebärpotenz. Zum anderen wurden gerade in der Frage der Zeugungs- und Gebärfähigkeit die ED-Antragstellerinnen weitaus gründlicher untersucht als die Antragsteller, worauf bereits zeitgenössische Veröffentlichungen z.T. kritisch hinweisen. Ähnlich kritisieren sie eine mangelhafte Untersuchung der Männer auf Geschlechtskrankheiten, die aus der höheren Ablehnungszahl von Frauen als von Männern bei den Eheeignungsuntersuchungen geschlußfolgert wird, da in der Geschlechtskrankenstatistik die Männer die Frauen um das doppelte überträfen. Die Ablehnungen aufgrund »erblicher Belastung« verweisen in der Regel auf den Anteil der auf Familienrecherchen basierenden Ablehnungen. Es mischen sich in den Ergebnissen folglich Untersuchungen verschiedener Reichweite bei Männern und Frauen, geschlechtsspezifische und klassenspezifische psychiatrische und soziale Diagnostik. Es kann davon ausgegangen werden, daß alle ED-Antragstellenden, die von den Amtsärzten als »selbst krank« unter die Rubrik »im Reichsgesetz angegebene Erbkrankheiten« und Alkoholismus gruppiert wurden, einem Verfahren vor dem Sterilisationsgericht unterworfen wurden.

(2) Frauen wurden aber nicht nur aufgrund »eigener Krankheit« oder »erblicher Belastung«, sondern auch in einem höheren Maß als aus amtsärztlicher Sicht »falscher« »Partner« abgelehnt: Unter der Rubrik »abgelehnt wegen

mangelnder Eignung des Partners« erschienen mehr Männer als Frauen; das beinhaltet also de facto eine noch größere Zahl der für die Ehe für ungeeignet befundenen jungen Frauen, die heiraten wollten. Diese Rubrik wurde allerdings in dieser Form nur bis einschließlich 1937 geführt und läßt sich nicht mit der Diagnose-Tabelle verrechnen. Ab 1938 wurden die »geeigneten« und »ungeeigneten Ehepartner« von konkreten Ehen statistisch auseinandergerissen und jeweils individuell den Prozentangaben für »geeignet« oder »ungeeignet« zugeschlagen, was hinsichtlich der verweigerten Ehestandsdarlehen als Förderung der Eheschließung, wozu immer zwei Personen gehören, von geringer Aussagekraft ist. Dahinter stand jedoch das Faktum, daß – nun in einer Regional-Statistik aufgeschlüsselt – im Lauf der Jahre ein ED zunehmend verweigert wurde gerade wegen »mangelnder Eignung des Partners«, und hier wiederum in einem größeren Umfang wegen der amtsärztlich dazu erklärten »falschen« künftigen Ehefrauen. Das nimmt sich natürlich mißlich aus angesichts der in wissenschaftlichen und fachlichen Publikationen verkündeten »erbbiologischen Partnerregel«, nach der entsprechend dem Sprichwort »Gleich und gleich gesellt sich gern« die Ehewahl in derselben sozialen Schicht – »soziale Homogamie« – als vorherrschendes ehestiftendes Prinzip betont wurde.[184] Gegen Ende des zweiten Kapitels dieser Arbeit ist auf die im wesentlichen hierauf beruhende Erklärung von Fritz Lenz etwa für die »Häufung« von »Minderwertigkeiten« in bestimmten sozialen Schichten hingewiesen worden. Die neue Zählweise vermittelt zugleich eine wachsende Fungibilisierung der »Partner« – natürlich nur aus der Sicht der Statistik-Macher, denn über die tatsächliche Trennung von Paaren aufgrund verweigerter *Eheeignung* ist damit nichts gesagt.

Tabelle 3[185] Ablehnung aufgrund »mangelnder Eignung« als »Ehepartner«:

Jahr	gesamt	als Ehemann	als Ehefrau
1935	564	264	300
	758	351	407
1936	832	339	493
	611	265	326
1937	2453	1029	1424
	2632	1181	1451
1938	3050	1345	1705
	3920	1718	2202
1939	6604	2853	3751
	5623	2307	3316
1940	5438	1940	3498
	4189	1499	2690
1941	4405	1516	2889
	2907	962	1945
zusammen	43986	17596	26397

Ab 1938 wurde mit einer neuen Tabelle über »Die abgelehnten Ehestandsdarlehnsbewerberpaare in den höheren Verwaltungsbezirken des Deutschen
Reichs« eine weitere komplizierte Ausdifferenzierung in die Statistik eingeführt. Wer sich die Mühe macht, deren Ordnung zu verstehen und nicht nur
auf die individuell ausgerichtete Diagnosetabelle der »Krankheiten« und
»Abweichungen« schaut, stellt überrascht fest, daß es sich hier um nichts
anderes handelt als eine bestimmte Form graphischer Darstellung abgelehnter
»unerwünschter Partner-Kombinationen«.

| Reichs-Gesundheitsblatt | | | | | | | | | | | 643 |

lehnsbewerberpaare in den höheren Verwaltungsbezirken des Deutschen Reichs.

	Im 1. Halbjahr 1940 abgelehnte Paare										
	davon waren in ... Fällen										
insgesamt	der Mann		die Frau		beide Partner		von beiden Teilen		aus anderen Gründen[1]		
	krank	erblich belastet	krank	erblich belastet			der Mann	derMann	derMann	die Frau	beide Partner abgelehnt
	die Frau		der Mann		krank	erblich belastet	krank	erblich belastet	abgelehnt		
	geeignet						die Frau	dieFrau	dieFrau	derMann	
							erblich belastet	krank	geeignet		
2	3	4	5	6	7	8	9	10	11	12	13
140	19	26	27	55	7	3	1	—	1	1	—
38	5	6	7	14	3	2	1	—	—	—	—
39	9	4	11	10	1	2	1	1	—	—	—
6	—	—	2	3	—	—	1	—	—	—	—
215	31	41	66	62	11	1	—	—	1	1	1
114	13	19	30	36	8	3	—	1	²) 1	—	—
56	9	5	15	24	1	1	—	—	—	—	—
74	8	18	10	35	1	—	1	1	—	—	—
20	3	3	2	10	1	—	—	1	—	—	—
27	2	1	7	6	1	—	—	7	—	4	5

»Die abgelehnten Ehestandsdarlehnsbewerberpaare in den höheren Verwaltungsbezirken
des Deutschen Reichs«

(3) Unter dem Aspekt der durchgeführten ärztlichen Kontrolle vor der Eheschließung ist die – verhältnismäßig geringe – Zahl von Ablehnungen weniger
bedeutungsvoll als die Zahl der Gesamtuntersuchungen im Verhältnis zur
Zahl aller Eheschließenden in diesem Zeitraum. Denn sie sind ein Maßstab
dafür, wieweit das Ziel nationalsozialistischer Gesundheits- und Geburtenpolitik, »Einwirkung auf die nächste Generation« zu nehmen und den Ehe-
schluß unter »sachkundige Beratung« zu stellen, auf freiwilliger Basis erreicht
wurde. »Freiwillige Basis« meint hier die Abwesenheit gesetzlichen Zwangs
zur ärztlichen Kontrolle vor der Eheschließung; indirekt wurde er durch die

Anbindung finanzieller Vorteile daran, die auf andere Weise nicht zu erlangen waren, doch präsent, außer, ein Ehestandsdarlehen wurde eben bewußt nicht in Anspruch genommen, weil es mit dieser Selektion verbunden war.

Tabelle 4

	Paare		Personen	
Jahr	Eheschließung*	ED**	untersuchte***	abgelehnte****
1933	638573	141559	(833 – 234): ca.400000; ①	
1934	740165	224619	(2.Hj.) 175272	4760
1935	651436	156788	330666	9281
1936	609770	171391	348063	7508
1937	620265	183556	375204	11600
1938	645062	257262	519417	15646
1939	774163	310599	647379	27202
1940	613103	249762	453885 [407182]	21228
1941	504200	176565	323364	16318
1942	525459	102849	–	–
1943	514095	51578	–	–
1944	261509 (1.Hj.)	–	–	–
	12039226	2026468		

① Für den Zeitraum August 1933 bis Juni 1934 liegt keine Statistik untersuchter und abgelehnter Personen aus dem Reichsgesundheitsamt vor.

*   Die Zahlen über Eheschließungen 1933-1943 sind entnommen Winkler, Frauenarbeit, S.193. Sie gibt als Quelle das Statistische Handbuch an. Die Zahl der Eheschließungen für das 1.Halbjahr 1944 – die letzte veröffentlichte Zählung – sind WuS, 241944, Nr.5 entnommen. Die Zahlen über Eheschließungen der Jahre 1941-1943 sind hier um einiges höher: 1941: 589614; 1942: 606982; 1943: 591453. Für 1939 werden in WuS (241944, S.51) 944362 Eheschließungen, für 1940: 731400 angegeben. Die Unterschiede können verschiedene Ursachen haben, denen hier im einzelnen nicht weiter nachgegangen werden kann, so z.B. verspätete standesamtliche Meldungen wegen der Kriegssituation oder aber eine unterschiedliche Gebietszählung, die ebenfalls kriegsbedingt war: Die Zahlen aus WuS betreffen das sog. »Großdeutsche Reich«, enthalten also Zahlen auch über Eheschließungen von deutschen Staatsangehörigen in den besetzten Ländern: »Alpen- und Donaureichsgaue« – Österreich – »Reichsgau« »Sudetenland« – Tschechoslowakei – und den »eingegliederten Ostgebieten« Danzig-Westpreußen und »Wartheland« – den dem Deutschen Reich zugeschlagenen Teilen Polens.

**   Ausgezahlte Ehestandsdarlehen; 1933: August bis Dezember. Die Zahlen sind entnommen WuS 151935, S.230; 161936, S.217; 171937, S.119; 181938, S.166; 191939, S.110; 201940, S.88; 211941, S.107; 221942, S.93; 231943, S.59; 241944, S.51. Da sie die Zahl der vergebenen Darlehen angeben, ist zu beachten, daß – eingerechnet die Ablehnungen – mehr als doppelt so viele Personen ärztlich zur *Eignung auf Ehe* untersucht und begutachtet wurden. In der Statistik ab 1938 spiegelt sich, Jahr für Jahr zunehmend, die Besatzungspolitik und der Krieg. Für die deutschen Staatsangehörigen in den dem »Großdeutschen Reich« zugeschlagenen besetzten Ländern werden jedesmal relativ schnell Ehestandsdarlehen eingeführt, in der Statistik getrennt aufgeschlüsselt. Ich habe hier die Summe aller ausgegebenen Darlehen angeführt und nicht nur die aus dem sog. »Altreich«, da es hier um die ärztlichen Untersuchungen geht. Um jedoch einen Abgleich mit der Statistik der Eheschließungen nicht ganz unmöglich zu machen, seien zum Schluß die getrennt aufgeführten Zahlen für die besetzten Gebiete der Tschechoslowakei, die nicht dem »Großdeutschen Reich« zugeschlagen, aber als »Protektorat Böhmen und Mähren« besetzt wurden, hier ebenfalls getrennt genannt: vom Februar 1941 bis Ende 1943 wurden 1819 Darlehen ausgegeben, also rund 4000 Personen auf ihre *Eheeignung* geprüft.

***   Die Zahlen sind zusammengestellt aus den Monats- bzw. Vierteljahres- und Halbjahresberichten über die Ergebnisse der ärztlichen Untersuchungen von ED-Bewerber/innen, RGesBl 10.1935, S.135, 611; 11.1936, S.694, 864; 12.1937, S.306, 475; 13.1938, S.538, 1017; 14.1939, S.612; 15.1940, S.185, 952; 16.1941, S.462; 17.1942, S.514, 516; 18.1943, S.220. Sie stammen bis zum 1.1.1937 aus der Zählung der von den Gesundheitsämtern im Reichsgesundheitsamt eingegangenen Prüfungsbogen, danach aus Meldungen der Gesundheitsämter mit allen Personalien der Abgelehnten über die Regierungspräsidenten; vgl. *Das Ergebnis der ärztlichen Untersuchungen der Ehestandsdarlehensbewerber im I.Halbjahr 1937*, in: RGesBl 12.1937, S.849. Die Zahlen für Untersuchungen auf *Eheeignung* in Österreich vom 1.4.1938 bis zum 31.12.1938 wurden getrennt veröffentlicht; ab Januar 1939 enthält auch die Statistik des RGA die Ergebnisse »für das gesamte Großdeutsche Reich«, also die Berichte der Gesundheitsämter des »Altreichs«, der »Ostmark«, des »Sudetengaues« und des »Memellandes«. Aufgrund der schärferen Richtlinien ab Januar 1939 steigt die Zahl der Ablehnungen. Die Zahl der tatsächlich ärztlich untersuchten Personen von 1940 ist die in eckigen Klammern; rund 44000 zum Kriegsdienst eingezogene Männer und 2000 Frauen erhielten das Darlehen ohne ärztliche Untersuchung, nur auf Basis des ausgefüllten *Sippenfragebogens*. Im Bericht wird auf die unvollständigen Meldungen der Gesundheitsämter aufgrund der Kriegssituation verwiesen; vgl. RGesBl 17.1942, S.514. Die Zählung von 1941 – zugleich die letzte der im RGesBl veröffentlichten – machte hier keine solche Trennung mehr. So erklärt sich, daß mehr Darlehen ausgegeben wurden als – unter Berücksichtigung der doppelten Zahl – Personen untersucht wurden. Demgegenüber erklärt sich der »Überhang« zwischen ausgegebenen ED und der Zahl untersuchter Personen für die Zeit davor aus den Ablehnungen, auch wenn die Statistiken des Reichsgesundheitsamts mit denen der Finanzämter niemals übereinstimmen. Die Zahl der abgelehnten Bewerberinnen und Bewerber war nach Zählungen des RGesA immer höher als die Differenz hier angibt.

****   Die Zahlen der Ablehnungen stammen gleichfalls aus dem RGesBl. Da ab dem 2.Halbjahr 1938 eine andere Zählweise praktiziert wurde, die die Zahl der »selbst geeigneten«, jedoch wegen des »falschen« »Partners« abgelehnten Männer und Frauen rechnerisch zu den »nicht abgelehnten« schlägt, was bis dahin nicht geschah, habe ich die hier angegebenen Zahlen aus der veränderten Statistik selbst berechnet, um die Vergleichbarkeit zu wahren.

Wie weit gelang nun die Einflußnahme auf das *kommende Geschlecht*? Gemessen an dem Ziel einer obligatorischen Eheberatung für jedes Brautpaar war der Erfolg, global gesehen, recht gering: von rund 24 Millionen Frauen und Männern, die in den zehn Jahren von 1933 bis 1943 heirateten, wurden »nur« rund vier Millionen auf ihre *Eheeignung* untersucht, insgesamt also etwa ein Sechstel.

Schaut man sich jedoch die Ergebnisse der einzelnen Jahre näher an, so ändert sich das Bild. Vor allem der Krieg veränderte die Bedingungen. Die ärztlichen Kontrollen der ED-Bewerber und -Bewerberinnen wurden z.T. verlagert, später eingeschränkt. Ab Februar 1942 wurde für die Dauer des Krieges die ärztliche Untersuchung auf *Eheeignung* unter bestimmten Bedingungen aufgehoben und das *Eheeignungszeugnis* durch eine *Amtsärztliche Bescheinigung* ersetzt: Wer die *Eheunbedenklichkeitsbescheinigung* erhalten hatte, konnte eine amtsärztliche Bescheinigung für ein Ehestandsdarlehen auch ohne Untersuchung bekommen, wenn sich aus der »Vorgeschichte, dem Sippenfragebogen sowie den über ihn bei dem Gesundheitsamt gegebenenfalls vorhandenen Unterlagen keine Bedenken« ergaben. Die Richtigkeit des Sippenfragebogens sollte anhand der Erbkartei sowie der sonstigen »etwa in Frage kommenden Unterlagen« so weit als möglich nachgeprüft werden. Bei »Bedenken oder Zweifeln, ob der Ehebewerber die gesundheitlichen Voraussetzungen für die Erlangung des Ehestandsdarlehens« besitze, bleibe es beim alten Verfahren.[186] Um diese Zeit wurden in den Gesundheitsämtern überwiegend »Bewerber« weiblichen Geschlechts kontrolliert;[187] für Soldaten reichte nun allein ihre Militärtauglichkeit.[188] Die Vorrangstellung des Mannes als Soldat gegenüber Frauen und »fremden Rassen« zeigte sich in einem Erlaß vom Oktober 1942, der empfahl, bei der Beurteilung von Anträgen Wehrmachtsangehöriger auf fördernde Maßnahmen während des Krieges großzügig zu verfahren, »wenn Mitglieder der Familie (Vater oder Kinder) gefallen, schwer verwundet oder wegen besonderer Bewährung vor dem Feind ausgezeichnet worden« seien. Bei Anträgen auf Gewährung von Ehestandsdarlehen könnten allerdings »Bedenken gegen die Person der künftigen Ehefrau nicht dadurch ausgeräumt« werden, daß der Ehemann der Wehrmacht angehöre. Dasselbe gelte für »Widersprüche aus Gründen der Rassenzugehörigkeit«.[189] Mit dem Runderlaß vom 8. April 1943, *betr. Vereinfachung der Verwaltung; hier: Vorübergehende Einschränkungen bei den Arbeiten der Beratungsstelle für Erb- und Rassenpflege*[190], wurde der vierseitige *Personalbogen für Bewerber um Ehestandsdarlehen* durch einen Katalog von acht Fragen auf der Rückseite des *Formbogens zur Anforderung der E.U.* ersetzt – eine Vereinfachung der Schreib- und Lesearbeit. In der Frage der ärztlichen Untersuchung blieb es bei der Regelung von 1942. Um diese Zeit ging die Zahl der ausgegebenen Darlehensgutscheine jedoch immer mehr zurück, weil kein Hausrat mehr erhältlich war. Gegen Kriegsende wurde die ED-Vergabe praktisch eingestellt.[191]

In den letzten Vorkriegsjahren hingegen war der Anteil der ein ED beantragenden Paare recht hoch. Nach dem 1943 fertiggestellten Jahresgesundheitsbericht 1939 wurden »im Altreich« 647 379 Männer und Frauen in den Gesundheitsämtern ärztlich untersucht. »Bei 772 106 Eheschließungen im Altreich, d.h. 1 544 212 Eheschließenden, sind das 42 % gegen 47 % im Vorjahr, was sich mit den Kriegstrauungen hinreichend erklärt. Im Berichtsjahr sind 271 183 Ehestandsdarlehen ausgegeben worden ... Es wurden also 35 % (1938: 38 %) aller geschlossenen Ehen mit Darlehen ausgestattet.«[192] Die Zahl der ärztlichen Untersuchungen auf *Eheeignung* hatte sich demnach auf etwa ein Drittel aller Eheschließenden eingependelt, nachdem die Erwerbstätigkeit der Ehefrau nach der Heirat zugelassen und die Ehestandsdarlehen für die Landbevölkerung eingerichtet waren. Der Boom der Anfangszeit hingegen, der eine hohe Zahl von Ablehnungen nach sich zog, wurde nicht wieder erreicht:

»Der Hauptgrund dafür, daß die Ablehnungen in den Jahren 1933 und 1934 so zahlreich waren und in den nächsten Jahren zurückgingen, liegt darin, daß sich die Bewerber anfangs über die Auslese, die bei der ärztlichen Untersuchung getroffen wurde, noch nicht im klaren waren, daher versuchten sie wahllos, sich um das Darlehen zu bewerben. In den folgenden Jahren haben sich dann aber die Ablehnungen herumgesprochen mit dem Erfolge, daß manche Brautleute den Antrag gar nicht erst stellen, um nicht auch Gefahr zu laufen, zur Sterilisation weitergemeldet zu werden.«[193]

Wenn wir die Zahlen der Vorkriegszeit zugrundelegen, war offenbar mit einem guten Drittel aller Eheschließenden die Grenze »freiwilliger« Untersuchungen vor der Eheschließung erreicht. Die Frage, weshalb sich dennoch so viele Frauen und Männer den Untersuchungsprozeduren unterwarfen, muß hier offen bleiben. Mit Sicherheit spielten wirtschaftliche Gründe eine wesentliche Rolle.

Schluß

Die nationalsozialistische Ehe- und Sexualpolitik bedurfte der Allianz von Wissenschaft und Staat. Die amtsärztlichen Prüfungen auf *Eheeignung* und *Ehetauglichkeit* waren nur auf Basis des seit der Neuzeit entwickelten und zunehmend verfeinerten naturwissenschaftlichen Konzepts über den Menschen in Medizin und Psychiatrie und der im zwanzigsten Jahrhundert sich entfaltenden (Human-)Genetik möglich. Letztere wurde in zweifacher Weise wirksam. Als Ätiologie schuf sie den männlichen und den weiblichen Menschen verschiedener Rassen als *Summe* medizinisch und anthropologisch definierter *Erbmerkmale* und festigte das Vererbungsparadigma älterer »pathologischer« Zustände und Verhaltensweisen; als Methode gab sie das Verfahren der nationalsozialistischen Eheberatung selbst vor. Die An- oder Aberkennung von *Eheeignung* und *Ehetauglichkeit* war gebunden an eine ärztliche Untersuchung. Sie überprüfte nach geschlechtsspezifischen Kriterien für die moderne Ehe für erforderlich gehaltene soziale und sexuelle Verhaltensweisen, körperliche Fähigkeiten und Geisteskräfte des künftigen Ehemannes und der künftigen Ehefrau. Am Ende der Untersuchung stand die virtuelle *Kreuzung* des Paares als analoge Anwendung des die Genetik konstituierenden Experiments. Durch diese Praktiken, eingebunden in ein dichtes auf Ehe, Sexualität und Familie bezogenes Fürsorge- und Kontrollnetz von Experten, und durch die Androhung von Zwangseingriffen in Körper und Leben hatte die nationalsozialistische Politik einen bedeutenden Anteil am ggesellschaftlichen Modernisierungsprozeß. Dieser setzte sich in Deutschland »beschleunigt durch die Katastrophe« (Horkheimer) durch.

Die eugenischen und rassistischen Ehe- und Sexualverbote gehörten zu jenen Maßnahmen nationalsozialistischer Rassen- und Geburtenpolitik, die ihre Verfechter in Wissenschaft und Politik unter dem Begriff »Ausmerze« faßten und in die Tat umsetzten. Ehe- und Sexualverbote, Zwangssterilisation und Zwangsabtreibung, die Tötung von Patientinnen und Patienten psychiatrischer Anstalten, von KZ-Häftlingen, der systematisch organisierte Völkermord – all das waren Elemente des Systems zur Vernichtung von Menschen aufgrund der ihnen millionenfach wissenschaftlich-administrativ zugeschriebenen »Minderwertigkeit« und/oder »Andersartigkeit«. Ehe- und Sexualverbote waren jedoch zugleich auch Elemente staatlich-medizinischer Geburtenkontrolle. Sie gehörten zusammen mit Zwangssterilisation, dem Verbot der freiwilligen Sterilisation, der Legalisierung der Abtreibung aus medizinischen, eugenischen und rassischen Gründen, der Verfolgung freiwilliger Abtreibungen, sowie einer restriktiven Verhütungsmittelpolitik in den Kontext einer durch den nationalsozialistischen Staat beabsichtigten und zum Teil auch durchgesetzten umfassenden »Fortpflanzungs«-Kontrolle. Ziel war die grundlegende »ärztliche Einwirkung auf die nächste Generation durch Eheberatung«. Dabei handelte es sich um Vorformen dessen, was heute ohne Rechtszwang als humangenetische Beratung angeboten und in der pränatalen Diagnostik praktiziert wird.

Eine der wichtigsten aus dieser Untersuchung resultierenden Fragen scheint mir die nach dem Verhältnis von Medizin, Recht und Körper zu sein. Oder: Wie verhält sich die Freiheit der (Natur-)Wissenschaft zur Freiheit der Person, dem wesentlichen Grundrecht in einer bürgerlich-demokratisch verfaßten Gesellschaft? Für Frauen besaß dieses Grundrecht allerdings immer nur eine beschränkte Gültigkeit und ist in sich gebrochen. Denn jenseits aller ihrer politischen, sozialen und familialen Gleichstellung reklamiert der Staat bis heute die Verfügungsgewalt über die »Frucht im Mutterleib«. Er legte zudem die Entscheidungsbefugnisse über sie in die Hand einer Profession, die eine seit Entstehung der bürgerlichen Gesellschaft wachsende Hegemonie über den (Frauen-)Körper in allen Angelegenheiten der – wie es heute inzwischen bezeichnenderweise heißt – »menschlichen Reproduktion« beansprucht.[1] Die jüngste Entwicklung auf diesem Gebiet ist die durch die sog. Fortpflanzungsmedizin möglich gewordene Forschung an lebenden Embryonen und die Debatte um das geplante *Embryonenschutzgesetz*.[2]

Auf dem internationalen Kongreß für Bevölkerungswissenschaft 1935 in Berlin sang Eugen Fischer das Lob der Diktatur zur Durchsetzung der praktischen Eugenik, insbesondere der Zwangssterilisation, wohl wissend, daß sie unter einer demokratischen Verfassung schwierig gewesen wäre:

»Die nationalsozialistische Führeridee hat es fertig gebracht, eine Frage, die sonst noch jahrelang Kommissionen oder Parlamentsausschüsse und Sitzungen beschäftigt hätte, im vollen Gefühl persönlicher eigener Verantwortung durch die Tat eines einzelnen Mannes zu lösen. Nichts hat die Frage selbst, sei die Lösung wie sie wolle, so gefördert, wie diese Tat. Nie hat bisher eine rein wissenschaftliche Lehre, in diesem Fall die Erblehre, bewußt eine so große Verantwortung für die Zukunft der Menschheit auf sich genommen. Es ist ein Wendepunkt in der Geistesgeschichte der Menschheit, daß sie heute naturwissenschaftlich medizinische Erkenntnis nicht mehr nur individuell und je nach Wollen und Wunsch zur Erhaltung des Lebens des Einzelmenschen anwendet, sondern als Waffe und Richtschnur dem Staatsmann zum Wohle seines Volkes mit wohltätigem Zwang an die Hand gibt.«[3]

Rund dreißig Jahre später erklärten der ehemalige Mitarbeiter seines Instituts, der Genetiker Hans Nachtsheim, und andere von der Bundesregierung berufene Experten zur Entscheidung der Frage, ob nach dem GzVeN zwangssterilisierten Männern und Frauen ein Anspruch auf Wiedergutmachung zugebilligt werden solle, die nationalsozialistischen Zwangssterilisationen für rechtens, da sie aufgrund eines Gesetzes – also legal – und auf Basis wissenschaftlicher

Kriterien erfolgt seien.[4] Weitere zwei Jahrzehnte vergingen, bis sie als nationalsozialistisches Unrecht vor dem Bundestag verhandelt wurden; die Frage der finanziellen Wiedergutmachung schleppt sich hin. Hinsichtlich der zweiten eugenischen Zwangsmaßnahme, die in die Freiheit der Person eingriff, den Eheverboten nach dem Ehegesundheitsgesetz, ist bisher nichts geschehen. Wie dargestellt, wurden im Gegensatz zu den »freien Ehen« rassisch und politisch Verfolgter die »wilden Ehen« der sozusagen »medizinisch (eugenisch und gesundheitlich) Verfolgten« nachträglich nicht rehabilitiert. Wurden also in der bundesdeutschen Nachkriegsgesetzgebung Sondergesetze des Nationalsozialismus gegen ethnische und religiöse Minderheiten als unvereinbar mit den Grundrechten anerkannt – wenn auch in vielen Fällen nur aufgrund politischen Drucks und nicht bei Sinti und Roma –, so erfuhren die eugenischen und gesundheitlichen Sondergesetze, die ebenfalls mit den Grundrechten der Freiheit und Unverletzbarkeit der Person unvereinbar sind, nicht dieselbe Einschätzung und gesetzliche Entsprechung. Dies lag vornehmlich an ihren wissenschaftlichen Begründungszusammenhängen und wohl auch an dem Fehlen einer Lobby, die von den Politikern für wichtig oder gefährlich genug angesehen wurde, wenn sie schon durch das Unrecht als solches ungerührt blieben. So konnte der *Verband Sterilisierter und Gegner der Sterilisation*, der auch einen Gesetzentwurf über Entschädigung erarbeitet hatte, in der Anhörung über Wiedergutmachung nichts gegen die Ausführungen einzelner Wissenschaftler ausrichten.[5] Daß es Vertreter der Eugenik wie zur Zeit der nationalsozialistischen Herrschaft waren, war den Politikern offenbar kein Problem: Wissenschaft erscheint als politisch neutral.

Das heute flächendeckende Netz von Gesundheitsämtern in Städten und Kreisen ist eine während des Nationalsozialismus in Deutschland durchgesetzte Errungenschaft. Das GVG von 1934 und die dazu erlassenen Durchführungsverordnungen sind bis heute die gesetzliche Grundlage des öffentlichen Gesundheitswesens geblieben.[6] Als sog. Altrecht sind sie weiterhin in Kraft. Da das GVG »nach Ansicht der Länderkommission zur Rechtsbereinigung gem. Art.123 GG kein Bundesrecht« ist, sind jedoch »abweichende landesrechtliche Regelungen möglich«.[7] Diese berühren allerdings nur die Frage der Zuständigkeit, nicht die der Aufgabenbereiche. Nach Artikel 123 GG gilt Recht aus der Zeit vor dem Zusammentritt des Bundestags fort, soweit es dem Grundgesetz nicht widerspricht. Vor diesem Hintergrund ist die Art der »Bereinigung« des GVG besonders beachtlich. Sie erfolgte im wesentlichen aufgrund gesetzlicher Bestimmungen des Alliierten Kontrollrats. Es wurden im Gesetzes- und den Verordnungstexten lediglich überall das Wort »Rasse« und diejenigen Passagen gestrichen, in denen von Zusammenarbeit des Gesundheitsamtes mit NSDAP-Organisationen die Rede ist. Auf diese Weise gehört bis heute zu den ärztlichen Aufgaben der Gesundheitsämter nach § 3 GVG unter Aufhebung von »... und Rassen« die »Erb- ...pflege«, auch wenn »Erbpflege kein Bundesrecht«[8] ist. Diese Bestimmung ging z.B. in bayerisches Landesrecht über, wiewohl neben der damaligen sowjetischen Besatzungszone Bayern und Hessen die beiden einzigen Bundesländer waren, die das *Gesetz zur Verhütung erbkranken Nachwuchses* außer Kraft setzten.[9] Auch der Paragraph über die Sammlung aller Ergebnisse der Untersuchungen und Vorgänge im Gesundheitsamt in der erbbiologischen Kartei und die Unterstützung der wissenschaftlichen Erbforschung durch die »Beratungsstellen für Erb- ...pflege« wurde nur von »Rasse« und »NSDAP« »gereinigt«, aber nicht generell als gegen das Grundgesetz verstoßend aufgehoben.[10] Der gesamte Bereich der nationalsozialistischen »negativen« Eugenik blieb damit de lege im Verwaltungsrecht unangefochten. Ebenso weiterhin geltendes Altrecht ist im Abschnitt XVI der Dienstordnung die »Bekämpfung des Geburtenrückganges; Mütterberatung, Säuglings- und Kleinkinderfürsorge«. Bis auf die Aufhebung des Passus über die gesundheitsamtliche Zusammenarbeit mit dem »Hilfswerk Mutter und Kind der NSV« heißt es hier: »Das Gesundheitsamt hat den Willen zum Kinde in der erbgesunden Bevölkerung zu stärken; ungesetzliche Schwangerschaftsunterbrechungen hat es sofort zur Anzeige zu bringen.«[11] Beachtlich erscheint diese weiterhin gültige Bestimmung vor allem deshalb, weil »der Wille zum Kind« eben nicht generell, wie es etwa noch in regierungsoffiziellen Verlautbarungen der Weimarer Republik hieß, sondern nur in der »erbgesunden Bevölkerung« gestärkt werden soll.[12]

Schließlich wurde im Zusammenhang mit dem Contergan-Skandal »auch die genetische Beratung wieder aktuell«, schrieb die Süddeutsche Zeitung 1983. »Auf der Suche nach Zuständigkeiten entdeckten die Wissenschaftler die Gesundheitsämter, und da war die Erb- ...pflege wieder da«.[13] Ob »freilich in einem ganz anderen Sinn«, wie es dort heißt, ist zweifelhaft. Eher weckte der Contergan-Skandal die Angst und war von daher ein guter »Aufhänger« für eine breitere Propagierung humangenetischer Beratung, die nicht ohne Grund in der Nachkriegszeit praktisch ein Schattendasein mit Vaterschaftsgutachten gefristet hatte. Heutzutage nimmt die Propagierung der humangenetischen Beratung wieder einen erstaunlich breiten Raum ein. In einem populär gehaltenen *Ärztlichen Ratgeber für werdende und junge Mütter* von 1989 beispielsweise, ausliegend in frauenärztlichen Praxen, ist neben Schnittmustern für Umstandskleider, Informationen zum Mutterschutzgesetz, Schwangerschaftsgymnastik, Anleitung zum Stillen und zur Säuglingsernährung und vielem, vielem anderen nach einem Artikel »So werden Sie von Ihrem Arzt betreut«, in dem es um die inzwischen »im Normalfall« zehn Vorsorgeuntersuchungen in der Schwangerschaft und den *Mutterpaß* geht, auch der Frage »Wer braucht eine genetische Beratung?« im Verhältnis recht viel Platz eingeräumt. Hier ist zu lesen: »Im Erbgut ist alles festgelegt«. Ultraschall, Fruchtwasseruntersuchung und die noch weitgehend im Experimentierstadium befindliche Chorionzottenbiopsie werden als übliche Methoden vorgestellt. Zum Schluß ist eine Adressenliste der genetischen Beratungsstellen angegeben.[14] In einer Broschüre der bayerischen Staatsregierung von 1986 »Wir heiraten« wird die humangenetische Beratung gleichberechtigt neben Ehevertragsfragen, Familiengründungsdarlehen und anderen Punkten abgehandelt, erscheint also als völlig »normaler« Schritt im Zusammenhang mit der Eheschließung.[15]

Das vom nationalsozialistischen Staat als rassenhygienische Selektionsinstanz geschaffene öffentliche Gesundheitswesen ist also niemals entnazifiziert worden. Es ist daher kein Wunder, aber beschämend, daß im Zusammenhang mit der sog. »Wiedergutmachung« Verfolgte von eben denselben Ärzten hinsichtlich ihrer erlittenen Gesundheitssschäden begutachtet wurden, die wenige Jahre zuvor ihre »Minderwertigkeit« konstatiert und Zwangsmaßnahmen gegen sie eingeleitet hatten.[16]

Alfons Labisch und Florian Tennstedt stellen die interessante These auf, daß staatliche Bevölkerungspolitik als neuer Aufgabenbereich das Vehikel war, mit dem die Medizinalbeamten als Staatsbeamte sich eine Position in der Reformdiskussion gegen die kommunalen Fürsorgeärzte »eroberten«. Die beiden weisen darauf hin, daß es hierüber gelang, den Grundstein für die Verankerung der Medizinalpolitik auf höchster Staatsebene zu legen. Arthur Gütt war der erste Mediziner auf Reichsebene in einem so hohen Staatsamt. Ein früh geplantes, aber bis Kriegsende nicht erreichtes Ziel war ein Gesundheitsministerium. Das wurde Anfang der Sechziger Jahre verwirklicht. Wegen der Reföderalisierung des öffentlichen Gesundheitswesens blieb es immer ein kleines und mehrfach hin- und hergeschobenes Ressort mit einem geringen Etat, interessanterweise fast immer mit einer Ministerin an der Spitze, jahrzehntelang der einzigen Frau im Kabinett. 1969 wurde es mit dem 1963 gegründeten Bundesministerium für Familie und Jugendfragen zusammengelegt. Seit den Achtziger Jahren ist das Bundesministerium für Jugend, Familie und Gesundheit auch Ministerium für Frauen. Es benennt also erstmals diejenigen, um derentwillen die professionelle Etatisierung der öffentlichen Gesundheitsverwaltung auf oberster Ebene ursprünglich vollzogen wurde. Das erscheint mir als höchst bemerkenswert in einem kritischen Sinn. Mögen Labisch und Tennstedt unter institutionen- und professionalisierungsgeschichtlicher Perspektive diese Entwicklung positiv beurteilen, so erscheint sie in körpergeschichtlicher und frauenpolitischer Perspektive in einem ganz neuen Licht. Die im Nationalsozialismus durchgesetzte Reform des öffentlichen Gesundheitswesens hatte ursächlich wie intentional mit Frauen zu tun. Sie war eine Reaktion auf den Geburtenrückgang als »differenzierte

Fortpflanzung« und beinhaltete als »Bevölkerungs- und Rassenpolitik« den doppelten Zugriff auf das Gebärvermögen. Mit Zwangssterilisation, Abtreibungsüberwachung und Ehekontrollen war dieser Zugriff maßgeblich im Gesundheitsamt lokalisiert, der »biologischen Zentrale«. Vor diesem Hintergrund erscheint »Bevölkerungspolitik« als weitaus mehr als eine Taktik der Medizinalbeamten um eine bessere Position in der Reformdiskussion der Gesundheitsverwaltung. Sie beinhaltete zugleich die Eroberung einer Machtposition eines ganzen medizinischen Berufsstandes über den Körper. Sie war ein gewaltiger Schritt in Richtung auf die politische Festschreibung ärztlicher Zuständigkeit für Sexualität, Schwangerschaft und Schwangerschaftsverhütung.

In diesem Zusammenhang scheint mir die nationalsozialistische Politik für einen längerfristigen Wandel im Denken und Verhalten mit weitreichenden Folgen für das Geschlechterverhältnis auch noch in anderer Hinsicht von Bedeutung. Die damaligen Volksgesundheitsexperten erklärten die »Fortpflanzungsfähigkeit« zu einer »rein ärztlichen Frage«.[17] Nur unter Berücksichtigung der Lebensumstände sei eine Entscheidung gegen die Sterilisation nicht möglich, heißt es im amtlichen Gesetzeskommentar zur Einschätzung der »Fortpflanzungswahrscheinlichkeit« eines Sterilisanden. Dies sei einzig und allein Angelegenheit eines fachärztlichen Urteils. Neben der hierin zum Ausdruck kommenden Ignoranz gegenüber der Lebenswelt und den Gefühlen der Betroffenen ist auch die Erklärung als solche bedenkenswert. Nicht zuletzt vor dem Hintergrund der im letzten Kapitel dargestellten Kontrollen auf *Eheeignung* wird deutlich, daß »Fortpflanzungsfähigkeit« zum isolierten, wissenschaftlich definierten, in den Körper eingeschriebenen funktionellen Merkmal der Person wird, jeglicher individueller und sozialer Zusammenhänge entkleidet. Der instrumentelle Charakter läßt die lebendigen Menschen zum Ensemble medizinischer Befunde gerinnen. Der Schritt zur Reagenzglaszeugung mittels »Reproduktionsmedizin« des Menschen ist minimal – ein technisches Problem.

Durch den Versuch, alles »Störende«, »Fremde« und »Kranke« von der Ehe fernzuhalten, sie absolut sicher zu machen und alle, die als störend, fremd oder krank definiert wurden, davon auszuschließen, wurde sie als private Sphäre schließlich selbst zerstört. Das Verbot der Eheschließung aufgrund derselben Rechtsnormen, die zu ihrer Trennung führen (konnten), löste die Ehe in ihrer alten privatrechtlich organisierten und an die konkreten Individuen gebundene Form auf. Man könnte von ihrer »Verflüssigung« sprechen, basierend auf Leistung, Vereinzelung und einer größeren Fungibilität des Individuums.

Anmerkungen

Anmerkungen zur Einleitung

1 Vgl. z.B. Dorothee Klinksiek, Die Frau im NS-Staat, Stuttgart 1982; Tim Mason, Zur Lage der Frauen in Deutschland 1930 bis 1940: Wohlfahrt, Arbeit und Familie, in: Gesellschaft. Beiträge zur Marxschen Theorie 6, S.118-193, Frankfurt a.M. 1976; David Schoenbaum, Die braune Revolution. Eine Sozialgeschichte des Dritten Reiches, Köln/Berlin 1961; Walter Wuttke-Groneberg, Medizin im Nationalsozialismus. Ein Arbeitsbuch, Tübingen 1980.

2 Vgl. Annemarie Tröger, Die Frau im wesensgemäßen Einsatz, in: Frauengruppe Faschismusforschung, Mutterkreuz und Arbeitsbuch. Zur Geschichte der Frauen in der Weimarer Republik und im Nationalsozialismus, Frankfurt a.M. 1981, S.246-272.

3 So z.B. Dörte Winkler, Frauenarbeit im »Dritten Reich«, Hamburg 1977, S.80.

4 Bei den Teilnehmerinnen der Mütterschulkurse waren »Frauen von Beamten, Angestellten und Selbständigen sehr stark, Arbeiterfrauen dagegen schwach vertreten.« Berufsgliederung der Ehemänner der Teilnehmerinnen in Mütterschulkursen, Carola Sachse, Hausarbeit im Betrieb. Betriebliche Sozialarbeit unter dem Nationalsozialismus, in: dies./Tilla Siegel/Hasso Spode/Wolfgang Spohn, Angst, Belohnung, Zucht und Ordnung. Herrschaftsmechanismen im Nationalsozialismus, Opladen 1982, S.244; vgl. auch Carola Sachse, Betriebliche Sozialpolitik als Familienpolitik in der Weimarer Republik und im Nationalsozialismus. Mit einer Fallstudie über die Firma Siemens, Berlin, Hamburg 1987.

5 Vgl. Susanna Dammer, Kinder, Küche, Kriegsarbeit – Die Schulung der Frauen durch die NS-Frauenschaft, in: Frauengruppe Faschismusforschung, S.215-245.

6 Im folgenden seien die wichtigsten Arbeiten genannt, die diese Untersuchung in unterschiedlicher Hinsicht tangieren. Von medizinhistorischer Seite waren die Veröffentlichungen Esther Fischer-Hombergers, insbesondere die zur Medizingeschichte der Frau und zur Geschichte der ärztlichen Ethik, in ihrer unorthodoxen Herangehensweise aufmunternd und lehrreich. Entwicklungslinien in der Geschichte des öffentlichen Gesundheitswesens als umfassende und instruktive »Vor«- Geschichte bis zur nationalsozialistischen Reform von 1934/35 zeigen Alfred Labisch und Florian Tennstedt auf. Einen breiten Überblick zur Wissenschaftsgeschichte der Eugenik und Rassenhygiene in Deutschland und ihrer politischen Implementierung bis zur Humangenetik heute gibt die auf einem kritischen, jedoch technokratischen Ansatz beruhende Studie von Peter Weingart, Jürgen Kroll und Kurt Bayertz. Die Entstehung der Rassenhygiene im Kaiserreich als wissenschaftliche und politische Reaktion auf den Geburtenrückgang und ihre Denk-Wurzeln in den Geschlechterkonzepten Darwins und der Psychiatrie des 19.Jahrhunderts hat Anna Bergmann in Verknüpfung von medizinhistorischer, frauengeschichtlicher und politikgeschichtlicher Perspektive untersucht. Die grundlegende sozialhistorische Arbeit über Rassenhygiene, Rassen- und Frauenpolitik im Nationalsozialismus ist die von Gisela Bock über Zwangssterilisation. Im Mittelpunkt stehen der Darstellung der konkreten Gewaltverhältnisse und die Entschlüsselung der Selektionsdiagnostik nach ihren sozialen Inhalten; wissenschaftshistorische Zusammenhänge bleiben unter Zugrundelegung des Biologismus als Sozialtheorie bewußt weitgehend ausgespart. Die hier vorliegende Untersuchung hingegen legt auf das Ausleuchten gerade jener Zusammenhänge mit das Hauptgewicht. Nicht zuletzt regte mich Atina Grossmanns sozialhistorische Analyse über die von den Nationalsozialisten zerschlagenen linke Sexualreformbewegung der Weimarer Zeit immer wieder dazu an, die Bruchstellen und die Kontinuitätslinien in der Ehe- und Sexualpolitik zwischen Weimar und der NS-Zeit genauer zu bestimmen.

Anmerkungen zum 1. Kapitel

1 Arthur Gütt/Ernst Rüdin/Falk Ruttke, Gesetz zur Verhütung erbkranken Nachwuchses. Kommentar und Erläuterungen, München 1934, S.52.

2 Vgl. u.a. Gerhard Baader, Die Medizin im Nationalsozialismus. Ihre Wurzeln und die erste Periode ihrer Realisierung 1933-1938, in: Christian Pross/Rolf Winau (Hg.), Nicht miß- handeln. Das Krankenhaus Moabit, Berlin 1984, S.61-107; Anna Bergmann, Die rationali- sierten Triebe. Rassenhygiene, Eugenik und Geburtenkontrolle im deutschen Kaiserreich, Phil. Diss. Freie Universität Berlin 1988; Linda Gordon, Women's Body, Women's Right. A Social History of Birth Control in America, New York 1977; Loren Graham, Science and Values: The Eugenics Movement in Germany and Russia in the 1920s, in: The American Historical Review, 82.1977, S.1133-1164; Eugenics in Britain, Annals of Science, Special Issue, 36.1979, S.110-170; Daniel J. Kevles, In the Name of Eugenics. Genetics and the Uses of Human Heredity, New York 1985; Jürgen Kroll, Die Entstehung und Institutionalisie- rung einer naturwissenschaftlichen Bewegung: Die Entwicklung der Eugenik/Rassen- hygiene bis zum Jahr 1933, Phil. Diss. Tübingen 1983; Alfons Labisch/Florian Tennstedt, Der Weg zum »Gesetz über die Vereinheitlichung des Gesundheitswesens« vom 3. Juli 1934. Entwicklungslinien und -momente des staatlichen und kommunalen Gesundheitswe- sens in Deutschland, Düsseldorf 1985; John Macnicol, Eugenics and the Campaign for Voluntary Sterilization in Britain between the Wars, in: Social History of Medicine 2.1989, S.147-169; Peter Weingart/Jürgen Kroll/ Kurt Bayertz, Rasse, Blut und Gene. Geschichte der Eugenik und Rassenhygiene in Deutschland, Frankfurt 1988; Sheila Faith Weiss, The Race Hygiene Movement in Germany, in: Osiris, 2.1987, S.193-236; Ludger Weß, Die Träume der Genetik. Gentechnische Utopien von sozialem Fortschritt, Hamburg 1989.

3 Grotjahn, eine der umstrittensten Gestalten im neueren medizin- und sozialgeschichtlichen Diskurs, gehörte dem rechten Flügel der Sozialdemokratie an und gilt neben Alfons Fischer und Adolf Gottstein als einer der Begründer der Sozialhygiene. Er war der erste Lehrstuhlinhaber dieses Fachs an der medizinischen Fakultät der damaligen Friedrich Wil- helm-Universität Berlin ab 1916. Zur Grotjahn-Kontroverse vgl. u.a. Karl Heinz Roth, Schein-Alternativen im Gesundheitswesen: Alfred Grotjahn (1869-1931) – Integrationsfigur etablierter Sozialmedizin und nationalsozialistischer »Rassenhygiene«, in: Redaktions- kollektiv Autonomie, K.H. Roth (Hg.), Erfassung zur Vernichtung: Von der Sozialhygiene zum »Gesetz über Sterbehilfe«, Berlin 1984, S.31-56; Paul Weindling, Soziale Hygiene: Eugenik und medizinische Praxis. Der Fall Alfred Grotjahn, in: Jahrbuch für kritische Medizin 10, 1984, S.6-20; Michael Hubenstorf, Alfred Grotjahn, in: Wilhelm Treue/Rolf Winau (Hg.), Berlinische Lebensbilder – Mediziner, Berlin 1987, S.337-358.

4 Alfred Grotjahn, Die Hygiene der menschlichen Fortpflanzung. Versuch einer praktischen Eugenik, Berlin und Wien 1926, S.VII, 21f. Der Begriff »Konglomerat« kommt aus der Geologie.

5 Anna Bergmann/Gabriele Czarnowski/Annegret Ehmann, Menschen als Objekte human- genetischer Forschung und Politik im 20.Jahrhundert, in: Der Wert des Menschen, hg. von der Ärztekammer Berlin, Berlin 1989, S.121-142.

6 Auch die Umbenennung der *Deutschen Gesellschaft für Rassenhygiene* in *Deutsche Gesellschaft für Rassenhygiene (Eugenik)* im Jahre 1931 beruhte auf Abgrenzungsabsichten gegenüber den »Norden«-Anhängern und dem wachsenden Rassismus. Die hinter den Aus- einandersetzungen um den Namen stehenden Richtungsdifferenzen werden u.a. themati- siert von Baader, Medizin; Weiss, The Race Hygiene Movement; Weingart/Kroll/Bayertz; zum Verhältnis von Rassenanthropologie und Rassenhygiene vgl. Gisela Bock, Zwangs- sterilisation im Nationalsozialismus. Studien zur Rassenpolitik und Frauenpolitik, Opla- den 1986, S.59-76.

238

7   Grotjahn, Fortpflanzungshygiene, S.III.

8   Kurt Nowak, »Euthanasie« und Sterilisierung im »Dritten Reich«. Die Konfrontation der evangelischen und katholischen Kirche mit dem »Gesetz zur Verhütung erbkranken Nachwuchses« und der »Euthanasie-Aktion«, Halle 1977.

9   Heidrun Kaupen-Haas, Eine deutsche Biographie – der Bevölkerungspolitiker Hans Harmsen, in: Angelika Ebbinghaus /dies./Karl Heinz Roth (Hg.), Heilen und Vernichten im Mustergau Hamburg. Bevölkerungs- und Gesundheitspolitik im Dritten Reich, Hamburg 1984, S.41-45; Sabine Schleiermacher, Die Innere Mission und ihr bevölkerungspolitisches Programm, in: Heidrun Kaupen-Haas (Hg.), Der Griff nach der Bevölkerung. Aktualität und Kontinuität nazistischer Bevölkerungspolitik, Nördlingen 1986, S.73-89.

10 Ab 1927 war er Abteilungsleiter für Eugenik im Kaiser Wilhelm-Institut für Anthropologie, menschliche Erblehre und Eugenik – an dessen Errichtung und Finanzierung er nach Weindling maßgeblichen persönlichen Einfluß hatte – und wurde 1933 wegen politischer Unzuverlässigkeit entlassen. Paul Weindling, Weimar Eugenics: The Kaiser Wilhelm Institute for Anthropology, Human Heredity and Eugenics in Social Context, in: Annals of Science, 42.1985, S.303-318; vgl. ebf. Sheila Faith Weiss, Die Rassenhygienische Bewegung in Deutschland, 1904-1933, in: Der Wert des Menschen, S.153-173.

11 Bergmann, S.35ff.

12 Atina Grossmann, Berliner Ärztinnen und Volksgesundheit in der Weimarer Republik: Zwischen Sexualreform und Eugenik, in: Christiane Eifert/Susanne Rouette (Hg.), Unter allen Umständen. Frauengeschichte(n) in Berlin, Berlin 1986, S.183-217.

13 Atina Grossmann, The New Woman, the New Familiy and the Rationalization of Sexuality: The Sex Reform Movement in Germany 1928 to 1933, Ph.D. Rutgers University, New Jersey 1984; Diane Paul, Eugenics and the Left, in: Journal of the History of Ideas, 45.1984, S.567-590; Paul Weindling, Die Verbreitung rassenhygienischen/eugenischen Gedankengutes in bürgerlichen und sozialistischen Kreisen in der Weimarer Republik, in: Medizinhistorisches Journal 22.1987, S.352-368.

14 Auch die organisierten Ärztinnen z.B. begriffen ihre Arbeit als »unpolitisch«, nur für Frauen und Kinder tätig – was sie nicht daran hinderte, sich 1933 selbst »gleichzuschalten« und die jüdischen Kolleginnen aus dem Verband auszuschließen. Grossmann, Berliner Ärztinnen, S.209ff.

15 Bergmann, S.10ff.

16 Grossmann, The New Woman, S.355, 365.

17 Weindling, Die preußische Medizinalverwaltung und die »Rassenhygiene«. Anmerkungen zur Gesundheitspolitik der Jahre 1905-1933, in: Zeitschrift für Sozialreform 30.1984, S.675-687.

18 Zur staatlichen Bevölkerungspolitik der Weimarer Zeit vgl. Grossmann, The New Woman, S.334-393; Cornelia Usborne, Fertility Control and Population Policy in Germany 1910-1927, Ph.D. Open University Milton Keynes, 1989, erscheint als The Politics of the Body in Weimar Germany. Reproductive rights and duties, London 1991.

19 Die Eugenik im Dienste der Volkswohlfahrt. Bericht über die Verhandlungen eines zusammengesetzten Ausschusses des Preußischen Landesgesundheitsrats vom 2.Juli 1932, Berlin 1932, S.3-112.

20 ZStAP, 15.01, 26248, Bl.73-74 Rs.

21 Der Präsident des Reichsgesundheitsamtes an den RMdI vom 2.3.1932, ebda., Bl.78 u.Rs.

22 DÄBl 61.1932, S.407-423.

23 Vermerk Taute, RMdI, v. 28.12.1932, ebda., Bl.22; vgl. auch Bock, S.80f.

24 Schr. Deutscher Ärztevereinsbund – Generalsekretariat – Dr.Stauder an das RMdI vom 7.11.1932, ZStAP, 15.01, 26248, Bl.101-102 Rs. Die Legalisierung der Sterilisation sollte nicht zuletzt die Rechtssicherheit für die operierenden Ärzte erhöhen.

25 Z.B. Ein ernstes Problem. Die Verhinderung minderwertigen Lebens – eine Eingabe der Württ. Ärztekammer an die Staatsregierung, Deutsches Volksblatt, Stuttgart, Nr.274 v. 28.11.1932, ZStAP, 15.01, 26248, Bl.23.

26 Vgl. Weindling, Weimar Eugenics, S.304.

27 Zur Gesetzesgenese vgl. Bock, S.80ff.

28 Bergmann; Maria Günther, Die Institutionalisierung der Rassenhygiene an den deutschen Hochschulen vor 1933, Med. Diss. Mainz 1982; Kroll; Weingart/Kroll/Bayertz, S.188ff.

29 Erwin Baur, Dr. med. et Dr. phil., Botaniker, ordentlicher Professor für Vererbungslehre und ab 1927 Direktor des Kaiser Wilhelm-Instituts für Züchtungsforschung in Müncheberg/Mark Brandenburg, war Mitverfasser des während der 20er und 30er Jahre mehrfach erweiterten und neu aufgelegten ersten systematischen Lehrbuchs der frühen deutschen Humangenetik, dem Baur/Fischer/Lenz, Menschliche Erb(lichkeits)lehre und Rassenhygiene, München [1]1921; [2]1923; [3]1927, [4]1936. Vgl. Hinweise zur Bedeutung Baurs in der deutschen Genetikgeschichte bei Jonathan Harwood, The Reception of Morgan's Chromosome Theory in Germany: Inter-War Debate over Cytoplasmic Inheritance, in: Medizinhistorisches Journal, 19.1984, S.3-32; ders., Geneticists and the Evolutionary Synthesis in Interwar Germany, in: Annals of Science, 42.2985, S.279-301. Zu seinen politischen Aktivitäten vgl. Reimar Gilsenbach, Erwin Baur – Eine deutsche Chronik, in: Beiträge zur nationalsozialistischen Gesundheits- und Sozialpolitik, 8.1990, S.184-197. Vgl. auch Christa Wolfs Essay »Ein Besuch« in Gatersleben bei Baurs Schüler und Nachfolger Hans Stubbe in: Christa Wolf, Die Dimension des Autors, Darmstadt und Neuwied 1987.

30 Erwin Baur, Einführung in die Vererbungslehre, 7.-11. völlig neubearb. Aufl. Berlin 1930.

31 Vgl. hierzu die Zusammenstellung des Humangenetikers und Verschuer-Schülers Gerhard Koch, Die Institute für Anthropologie, Rassenbiologie, Humangenetik an den deutschen Hochschulen, in: Gerhard Koch, Die Gesellschaft für Konstitutionsforschung. Anfang und Ende 1942-1965, Erlangen 1985, S.241-258a, 268-296.

32 Lenz hatte Medizin in Freiburg studiert, seine Doktorarbeit 1912 bei Ludwig Aschoff hatte das Thema *Über die krankhaften Erbanlagen des Mannes und die Bestimmung des Geschlechts beim Menschen*. Er habilitierte sich 1922 als Hygieniker bei Max von Gruber in München mit einer experimentellen Arbeit *Erfahrungen über Erblichkeit und Entartung an Schmetterlingen*. Enge Kontakte verbanden ihn mit Alfred Ploetz, dem Begründer der deutschen Rassenhygiene, auf dessen Gut in Herrsching am Ammersee bei München er einige Zeit lebte. Einen Eindruck über die Verknüpfung von persönlicher, weltanschaulicher und wissenschaftlicher Beziehung vermittelt der Beginn eines Aufsatzes von Lenz, *Gedanken zur Rassenhygiene (Eugenik)*, den er 1943 im ARGB (37.1943, S.84-109) veröffentlichte. Lenz gilt als wichtigster Vertreter seines Fachs der zweiten Generation. Mit Erwin Baur und Eugen Fischer verfaßte er »den« Baur/Fischer/Lenz, Rassenhygiene und Menschliche Vererbungslehre. Band II *Menschliche Auslese und Rassenhygiene (Eugenik)* war sein alleiniges Werk; der Zusatz (Eugenik) kam in der 3. und 4.Auflage hinzu. BFL II, [1]1921, [2]1923, [3]1931, [4]1932. 1933 übernahm er Muckermanns Abteilung am Kaiser Wilhelm-Institut für Anthropologie, menschliche Erblehre und Eugenik und wurde zugleich auf den ehemaligen Grotjahnschen Lehrstuhl für Sozialhygiene berufen. 1946 erhielt er einen Lehrstuhl für *Menschliche Erblehre* in Göttingen. Vgl. Renate Rissom, Fritz Lenz und die Rassenhygiene, Med. Diss. Mainz, Husum 1982; Sheila Weiss, Race Hygiene Movement, S.214ff.

33 Erwin Baur, Die Frage der Vererbung erworbener Eigenschaften im Licht der neuen experimentellen Forschung mit Pflanzen, in: Archiv für Soziale Hygiene, 8.1913, S.117-130.

34 Monroe W. Strickberger, Genetik, München-Wien 1988, S.104.

35 Zur Entstehung der gemeinsamen wissenschaftlichen Sicht auf Pflanze, Tier und Mensch vgl. François Delaporte, Das zweite Naturreich. Über Fragen des Vegetabilischen im

XVIII. Jahrhundert, Frankfurt(M)/Berlin/Wien 1983. Erklärungsbedürftig war besonders die Vereinheitlichung der verwurzelten Pflanze und der sich fortbewegenden Tiere, während Ähnlichkeiten zwischen Mensch und Tier eher gesehen wurden, was bereits in frühen medizinischen Tierexperimenten zum Ausdruck kommt. Vgl. Gerhard Baader, Versuch – Tierversuch – Menschenversuch, in: Menschenversuche: Wahnsinn und Wirklichkeit, Köln 1988, S.14-45. Für die genetische Gleichstellung von Drosophila und Mensch war allerdings erst die Entdeckung der Chromosomen nötig.

36 Erwin Baur schrieb 1930: »Eine einigermaßen genaue Faktorenanalyse ist für den Menschen *sehr* schwierig und sie ist auch noch längst nicht durchgeführt. Man hat nur begonnen *einzelne* Unterschiede zu studieren und ihre Vererbungsweise zu verfolgen.« Baur, Einführung, S.416, Hervorhebungen im Original gesperrt. Mutatis mutandis ist dies das Projekt der Entschlüsselung der DNS-Struktur der menschlichen Chromosomen per EDV. Vgl. 7th International Congress of Human Genetics Berlin (West) September 22-26, 1986, Abstracts, Part I and II.

37 Vgl. Karl Heinz Roth, Schöner neuer Mensch. Der Paradigmenwechsel der klassischen Genetik und seine Auswirkungen auf die Bevölkerungsbiologie des »Dritten Reichs«, in: Kaupen-Haas (Hg.), Der Griff nach der Bevölkerung, S.11-63 und Weß. Zu den Wegen, Umwegen und unterschiedlichen Entwicklungsgängen der allgemeinen Genetik im internationalen Rahmen vgl. auch Harwood, Reception und ders., Geneticists.

38 Bergmann/Czarnowski/Ehmann, S.134ff.

39 Wenn Erwin Baur schreibt »Die heute lebenden Menschenrassen sind alle untereinander *kreuzbar* und geben völlig fertile Bastarde«, verrät sich das Denken des Experimentators, vollends dann, wenn er bedauert, daß »Kreuzungsversuche zwischen Menschen und dem nächst verwandten Menschenaffen (Schimpanse etwa), die mithilfe von künstlicher Befruchtung technisch ohne Schwierigkeiten durchgeführt werden könnten, ... bisher – leider – noch nicht ausgeführt« wurden. Denn so könne geklärt werden, ob »diese Kreuzungen zu lebensfähigen F_1-Individuen führen würden« – was er zwar für »wenig wahrscheinlich«, aber durchaus nicht von vornherein für unmöglich« hielt. Baur, Einführung, S.426f. Hervorgeh. von mir, GC.

40 BFL II, 1936,S.593.

41 Das Kaiser Wilhelm-Institut für Anthropologie, menschliche Erblehre und Eugenik, in: Adolf von Harnack (Hg.), Handbuch der Kaiser Wilhelm-Gesellschaft zur Förderung der Wissenschaften, Berlin 1928, S.120.

42 Baur, Einführung, S.424f.

43 Vgl. Gerhard Baader, Sozialhygiene im Nationalsozialismus – ihre Tradition und ihre Ausformung, unveröff. Manuskript 1989.

44 Vgl. Weiss, Race Hygiene Movement, S.222-225.

45 Vgl. Grossmann, The New Woman, S.430-441.

46 Vgl. Dietrich Tutzke, Alfred Grotjahn, Leipzig 1979, S.71f.

47 Vgl. auch Kap. 3 dieser Arbeit.

48 Vgl. Grotjahn, Fortpflanzungshygiene, Inhaltsverzeichnis.

49 Lenz verwies für nähere Ausführungen auf Theodor H. Van de Velde, Die Fruchtbarkeit in der Ehe und ihre wunschgemäße Beeinflussung, Horb-Leipzig-Stuttgart 1929 und Alfred Grotjahn, Geburtenrückgang und Geburtenregelung, Berlin [2]1921, um sein Buch als *Familienbuch* auch in die Hand von Jugendlichen legen zu können. BFL II, S.512f. Es ist wichtig, darauf hinzuweisen, daß der Rassenhygieniker Lenz den Gebrauch von Verhütungsmitteln in der Ehe nicht ablehnte, wie es oft angesichts der rassenhygienischen Forderung nach Sterilisation der »Minderwertigen« vermutet wird. *Beides* gehörte zur »Rationalisierung des Geschlechtslebens«. Zeichen des Wandels der (bürgerlichen) Eheauffassung ist, wenn er betont, daß Antikonzeptiva in der Ehe die Frau nicht entwürdigten.

50 Siehe hierzu Kap. 2.

51 Zur Bedeutung von Geschlecht und »Fortpflanzung« als wesentliche Prinzipien der Darwinschen Theorie vgl. Bergmann, S.44ff.

52 Vgl. zur Weismannschen Lehre Weingart/Kroll/Bayertz, S.79ff.

53 Esther Fischer-Homberger, Geschichte der Medizin, 2.überarb. Aufl. Berlin-Heidelberg-New York 1977, S.116. Der erste klare Hinweis darauf, daß sich die Chromosomen gleich verhalten wie die Mendelschen Gesetze, kam 1902 von dem amerikanischen Zytologen Walter S. Sutton (1876-1916). Ebda.

54 BFL I, Fritz Lenz, Die krankhaften Erbanlagen, ³1927, S.169-383, 177. Zu Lenz' Kritik am Begriff der Heredodegeneration siehe das folgende Kapitel.

55 Grotjahn, Fortpflanzungshygiene, S.15.

56 Grotjahn, Fortpflanzungshygiene, S.15f.

57 BFL II, ⁴1932, S.9f.

58 Ebda., S.11.

59 Baur, Vererbungslehre, S.429.

60 Friedrich Burgdörfer (1890-1967) war Direktor im Statistischen Reichsamt der Abteilung für Bevölkerungs-, Betriebs- Landwirtschafts- und Kulturstatistik. Er hatte 1929 die vielbeachtete Schrift *Geburtenrückgang und Volkstod* veröffentlicht, die z.B. auch von Mitgliedern des bevölkerungspolitischen Ausschusses im Reichstag studiert wurde (vgl. ZStAP, 15.01, 26233). Er war einer der Referenten bei den Beratungen des Preußischen Landesgesundheitsrats über eugenische Sterilisation und hatte gute Kontakte zu Arthur Gütt, ab 1933 oberster Chef im öffentlichen Gesundheitswesen. 1942 veröffentlichte er ein bevölkerungspolitisches Opus, das alle Maßnahmen des NS-Regimes befürwortete und mit groben Ausfällen gegen »Asoziale« gespickt war; vgl. Friedrich Burgdörfer, Geburtenschwund: Die Kulturkrankheit Europas und ihre Überwindung in Deutschland, Heidelberg-Berlin-Magdeburg 1942. 1939 wurde Burgdörfer Präsident des Bayerischen Statistischen Landesamtes und Honorarprofessor in München; die 1945 entzogene Lehrbefugnis wurde 1949 erneuert. Vgl. Kaupen-Haas, Der Griff, S.168.

61 Baur, Vererbungslehre, S.431, hervorgeh. im Orig.

62 BFL II, S.154.

63 Ebda, S.206.

64 Ebda, S.142.

65 Ebda, S.129.

66 Grotjahn, Fortpflanzungshygiene, S.98.

67 Ebda S.99f.

68 BFL, S.250.

Anmerkungen zum 2. Kapitel

1 Hermann Senator (1834-1911) »habilitirte sich als Privatdocent für innere Medizin und Staatsarzneik. bei der Berliner Universität 1868 ... ist seit dem Jahre 1875 Chefarzt der inneren Abtheilung des Augusta-Hosp. und seit April 1881 dirig. Arzt an der Charité ... leitete ... ein halbes Jahr vertretungsweise die erste med. Klinik in Berlin. Diese seine Abtheilung in der Charité wurde 1888 zur 3. medizinischen Klinik umgewandelt und gleichzeitig mit der medizin. Universitätspoliklinik seiner Leitung unterstellt.« Biographisches Lexikon der hervorragenden Ärzte aller Zeiten und Völker, hg. von August Hirsch, Bd.5, 3.unveränd. Auflage München und Berlin 1962, S.226.

2 Siegfried Kaminer (1872-1930) war niedergelassener Facharzt für Herzkrankheiten.

3 H. Senator/C. von Noorden/S. Kaminer (Hg.), Krankheiten und Ehe. Darstellung der Beziehungen zwischen Gesundheitsstörungen und Ehegemeinschaft, 1.Aufl. München 1904, 2.neu bearb. und vermehrte Auflage Leipzig 1916; in englischer Übersetzung erschienen 1904, 1907 und 1924.

4 Carl von Noorden (1858-1944) war von 1894 bis 1906 Direktor des Städtischen Krankenhauses (medizinische Abteilung) in Frankfurt am Main und Leiter seiner zusammen mit dem Sanitätsrat Dr. Lampé 1895 gegründeten Privatklinik für Zuckerkranke und diätetische Kuren. Über diese Klinik heißt es 1930, daß sie »aus kleinen Anfängen zu einem Institut internationaler Bedeutung heranwuchs und sowohl für die Entwicklung vieler anderer Kuranstalten vorbildlich wurde wie auch zum Ausbau der diätetischen Therapie der Zuckerkrankheit und vieler anderer Leiden wesentliches beitrug.« 1906 als o.ö. Professor und Vorstand der I. Medizinischen Klinik nach Wien berufen, kehrte er nach seiner Emeritierung 1913 an seine Frankfurter Klinik zurück und wurde zum Honorarprofessor ernannt. 1930 »folgte er einer neuen Berufung nach Wien, um dort eine von der Gemeinde Wien neu errichtete Sonderabteilung für Stoffwechsel- und Ernährungsstörungen zu übernehmen und gleichzeitig als konsultierender Arzt für derartige Krankheiten in den Städtischen Krankenhäusern tätig zu sein.« Reichshandbuch der deutschen Gesellschaft, 2.Bd., Berlin 1931, S.1336.

5 Max Marcuse, Die Ehe, ihre Physiologie, Psychologie, Hygiene und Eugenik. Ein biologisches Ehebuch, Berlin und Köln 1927, S.VII.

6 Blutschutz- und Ehegesundheitsgesetz. Gesetz zum Schutze deutschen Blutes und der deutschen Ehre und Gesetz zum Schutze der Erbgesundheit des deutschen Volkes nebst Durchführungsverordnungen sowie einschlägigen Bestimmungen dargestellt, medizinisch und juristisch erläutert von Dr. med. Arthur Gütt, Dr. med. Herbert Linden, Amtsgerichtsrat Franz Maßfeller, München 1936, S.344.

7 H.Senator, Vorwort, in: v. Noorden/Kaminer, S.XIII.

8 Alfred Grotjahn, Fortpflanzungshygiene, S.71f., 263.

9 Senator, S.IX.

10 Ebda., S.XI, hervorgeh. im Orig.

11 Ebda., S.XII.

12 Dies und die beiden folgenden Zitate ebda., S.XIV.

13 Carl von Noorden, Stoffwechselkrankheiten und Ehe, ebda., S.194-247.

14 O.Porges, Erkrankungen der endokrinen Drüsen und Ehe, ebda., S.247-263.

15 H.Rosin, Blutkrankheiten und Ehe, ebda., S.263-282.

16 W.His und F.Külbs, Krankheiten des Gefäßapparates und Ehe, ebda., S.282-332.

17 S.Kaminer, Krankheiten der Atmungsorgane und Ehe, ebda., S.332-370.

18 C.A.Ewald, Krankheiten des Verdauungsapparates und Ehe, ebda., S.370-396.

19 Paul Friedrich Richter, Nierenkrankheiten und Ehe, ebda., S.396-421.

20 C.Helbing, Krankheiten der Knochen und Gelenke und Ehe, ebda., S.421-450.

21 G.Abelsdorff, Beziehung der Ehe zu Augenkrankheiten mit besonderer Rücksicht auf die Vererbung, ebda., S.450-470.

22 H.Gutzmann, Die Vererbung von Sprachstörungen, ebda., S.470-492.

23 R.Ledermann, Hautkrankheiten und Ehe, ebda., S.492-532.

24 Ders., Syphilis und Ehe, ebda., S.532-568.

25 A.Neißer, Trippererkrankung und Ehe, ebda., S.568-630.

26 C.Posner, Erkrankungen der tieferen Harnwege, physische Impotenz und Ehe, ebda., S.630-678.

27 L.Blumreich, Frauenkrankheiten, Empfängnisunfähigkeit und Ehe, ebda., S.679-748.

28 A.Eulenburg, Nervenkrankheiten und Ehe, ebda., S.748-798.

29 A.Hoche, Geisteskrankheiten und Ehe, ebda., S.798-823. Alfred Hoche (1865-1943), Psychiater in Freiburg/Brsg., ist vor allem wegen seiner zusammen mit dem Juristen Karl Binding verfaßten Schrift *Die Freigabe der Vernichtung lebensunwerten Lebens. Ihr Maß und ihre Form*, Leipzig 1920, bekannt geworden. Vgl. Ernst Klee, »Euthanasie« im NS-Staat. Die »Vernichtung lebensunwerten Lebens«, Frankfurt 1985, S.19ff.

30 A.Moll, Perverse Sexualempfindung, psychische Impotenz und Ehe, ebda., S.823-871.

31 A. und F.Leppmann, Alkoholismus, Morphinismus und Ehe, ebda., S.871-927.

32 F.Leppmann, Gewerbliche Schädlichkeiten und Ehe, ebda., S.927-953.

33 Senator, ebda., S.X.

34 v. Noorden/Kaminer, S.Vf.

35 M.Moszkowski, Klima, Rasse und Nationalität in ihrer Bedeutung für die Ehe, ebda., S.100-157.

36 Th.Schrader, Menstruation, Schwangerschaft, Wochenbett und Laktation in ihren Beziehungen zur Ehe, ebda., S.187-193.

37 Friedrich Martius, Der Familienbegriff und die genealogische Vererbungslehre, ebda., S.84-100.

38 Eduard Dietrich, Statistik der Geburtsziffern in den Kulturstaaten, ebda., S.1052-1068. Eduard Dietrich (1860-1947) war zu dieser Zeit Wirklicher Geheimer Obermedizinalrat und vortragender Rat im Preußischen Ministerium des Innern, von 1924 bis 1926 Leiter der Preußischen Medizinalabteilung im Preußischen Wohlfahrtsministerium.

39 Max von Gruber, Die hygienische Bedeutung der Ehe, ebda., S.1-14.

40 Johannes Orth, Angeborene und ererbte Krankheiten und Krankheitsanlagen, ebda., S.14-48.

41 Fr.Kraus und H.Döhrer, Blutsverwandtschaft in der Ehe und deren Folgen für die Nachkommenschaft, ebda., S.48-84.

42 P.Fürbringer, Sexuelle Hygiene in der Ehe, ebda., S.157-187.

43 Julius Heller, Krankheit und Ehetrennung, ebda., S.953-1012.

44 S. Placzek, Ärztliches Berufsgeheimnis und Ehe, ebda., S.1012-1029.

45 Rudolf Eberstadt, Die sozialpolitische Bedeutung der sanitären Verhältnisse in der Ehe, ebda., S.1029-1052.

46 Max Mosse/Gustav Tugendreich (Hg.), Krankheit und soziale Lage, München 1913.

47 Alfred Grotjahn, Soziale Pathologie, 3., völlig neu bearb. Aufl., Berlin 1923.

48 Georg Winter, Der künstliche Abort. Indikationen, Methoden, Rechtspflege für den medizinischen Praktiker, Stuttgart [1]1926; [2]1932.

49 Richtlinien für Schwangerschaftsunterbrechung und Unfruchtbarmachung aus gesundheitlichen Gründen, Reichsärztekammer (Hg.), bearb. von Hans Stadler, München 1936.

50 Wilhelm Klein (Hg.), Wer ist erbgesund und wer ist erbkrank? Praktische Vorschläge für die Durchführung des Gesetzes zur Verhütung erbkranken Nachwuchses und zur Verleihung der Ehrenpatenschaft, Jena 1935.

51 Rezension von Friese, in: Öff GesD A, 1.1935/36, S.920.

52 Max Hirsch, Mutterschaftsfürsorge. Kritische Darstellung der wissenschaftlichen Grundlagen, praktischen Einrichtungen und gesetzgeberischen Maßnahmen. Grundlegung der Sozialgynäkologie, Leipzig 1931.

53 Josef Halban/Ludwig Seitz (Hg.), Biologie und Pathologie des Weibes, 2 Bände, Wien und Berlin 1924.

54 Max Marcuse, Die Ehe, S.VII, Hervorhebungen im Original gesperrt.

55 Theodor Brugsch/Fritz Heinrich Lewy (Hg., unter Mitarbeit zahlreicher Fachmänner), Die Biologie der Person. Ein Handbuch der allgemeinen und speziellen Konstitutionslehre, Bd. 1-4, Berlin und Wien 1926-1931.

56 Helmut Semadeni, Die Erbkrankheiten um 1850, Med. Diss, Zürich 1960.

57 Curt Adam, Augenerkrankungen unter dem Gesichtspunkt der Vererblichkeit, in: Klein, S.122-33; Heinrich Gottron, Hautkrankheiten unter dem Gesichtspunkt der Vererblichkeit, in: ebda., S.184-207; BFL I, [4]1936, S.373.

58 Vgl. von Gruber, Die Hygiene der Ehe, in: von Noorden/Kaminer 1916, S.10; BFL I, [3]1927, S.352 sowie Bergmann, S.58-72.

59 Gottron, S.185.

60 Gottron, S.185 Den Preis gewann Kurt Dresel. Daß erst in der zweiten Auflage des Sammelbandes *Krankheiten und Ehe* ein Beitrag von Friedrich Martius über den *Familienbegriff und die genealogische Vererbungslehre* aufgenommen wurde, der in der ersten noch fehlte, kann ebenfalls als Zeichen für den den erst kurzen Einfluß der Biologie auf die Medizin gelten. Martius setzte sich allerdings kritisch mit dem »Mendelismus« auseinander. Der Hoffnung Correns', »mit Hilfe der mendelschen Vererbungsgesetze einem werdenden Menschen das *biologische Horoskop* zu stellen«, stand er skeptisch gegenüber, da »es der Mendelismus seiner Natur nach nur mit allerdings ganz gesetzmäßig auftretenden Durchschnittszahlen zu tun« habe. Anders als viele seiner Kollegen hielt Martius »die Hoffnung bindender Schlüsse auf die Konstitution des Einzelmenschen bei Anwendung der Mendelschen Gesetze« für »ebenso eine Utopie wie das Perpetuum mobile oder die Quadratur des Zirkels«. Für die ärztliche Eheberatung empfahl er jedoch die Aufstellung von Ahnentafeln, die als »biologisch-genealogisches Material« zugleich der Vererbungswissenschaft der Zukunft nutzbringend sein könnten. Martius, in: Von Noorden/Kaminer, S.98. Friedrich Martius (1850-1923) war Konstitutionspathologe und Mitglied der Gesellschaft für Rassenhygiene. In der Entwicklung der modernen Konstitutionslehre spielte er eine zentrale Rolle. Vgl. Rainer Krügel, Friedrich Martius und der konstitutionelle Gedanke, Frankfurt a.M., 1984.

61 Vgl. Baader, Die Medizin im Nationalsozialismus, S.77.

62 Vgl. z.B. noch 1904 F.Kraus, Blutsverwandtschaft in der Ehe und deren Folgen für die Nachkommenschaft, in: Senator/Kaminer, S.56-88.

63 Lothar Entres, Ursachen der Geisteskrankheiten. Vererbung, Keimschädigung, in: Oswald Bumke (Hg.), Handbuch der Geisteskrankheiten, Bd.1, Berlin 1928, S.52.

64 Ernst Rüdin, Der gegenwärtige Stand der Epilepsieforschung. IV.Genealogisches, in: Zs Neurol 89.1924, S.382.

65 BFL I, [3]1927, S.357.

66 Erst 1940 erschien als 5.Auflage des BFL die *Erbpathologie* als separates Buch – Ausdruck der wachsenden erbbiologischen Forschungen im Nationalsozialismus.

67 Otmar von Verschuer, Erbpathologie. Ein Lehrbuch für Ärzte und Medizinstudierende, Dresden und Leipzig 1934, 2.neubearb. Aufl.1937.

68 Ich greife nur wenige Arbeiten und diese relativ willkürlich heraus. Die Auswahl ist fern jeglicher Vollständigkeit. Sie soll hier nur exemplarisch die wichtigsten Kennzeichen der neuen Forschungsmethoden vorstellen.

69 Entres, S.123ff.

70 Ernst Rüdin, Zur Vererbung und Neuentstehung der Dementia praecox, Berlin 1916.

71 Das Problem liegt nicht im Zählen als solchem, sondern speziell in der Psychiatrie auch darin, *was* gezählt wird, zumal sogar die Abgrenzung der einzelnen Krankheitsgruppen umstritten war. Vgl. Entres, S.110ff. Spätere Erhebungen brachten andere Zahlenergebnisse. Die Annahmen über den Erbgang veränderten sich dadurch. Dies hatte keinen Einfluß darauf, die Vererblichkeit als solche in Frage zu stellen.

72 Vgl. Ernst Rüdin, Deutsche Forschungsanstalt für Psychiatrie (Kaiser Wilhelm-Institut), München, Institut für Genealogie und Demographie, in: Max Planck, (Hg.), 25 Jahre Kaiser Wilhelm-Gesellschaft, Bd.II, S.413-419. Ähnlich bedeutend für die psychiatrische Forschung war das Kaiser Wilhelm-Institut für Hirnforschung in Berlin-Buch. Vgl. Cécile und Oskar Vogt, Kaiser Wilhelm-Institut für Hirnforschung in Berlin-Buch, ebda., Bd.I, S.128-131; Weindling, Weimar Eugenics, S.310.

73 Vgl. Rüdin, Forschungsanstalt; Hans Luxenburger, Die Ergebnisse der Erbprognose in den vier wichtigsten Erbkreisen, in: Zs psych Hyg 6.1933, S.331-335; ders., Vorläufiger Bericht über psychiatrische Serienuntersuchungen an Zwillingen, in: Z Neurol 116.1928, S.297-326; ders., Zur Frage der Manifestationswahrscheinlichkeit des erblichen Schwachsinns und der Letalfaktoren, in: Z Neurol 135.1931, S.767-778.

74 Entres, S.50-307. Es muß jedoch betont werden, mit welcher Vorsicht und Umsicht der Verfasser Lothar Entres das Thema behandelte, indem er viele offene und strittige Fragen darstellte.

75 Vgl. BFL I, ³1927, S.211.

76 Vgl. BFL I, ³1927, S.178. Sie wurde 1936 im Schrifttumsverzeichnis des Kommentars zum GzVeN aufgeführt; GRR, 1936, S.391.

77 Vgl. BFL I, ³1927, S.185, 190.

78 Arthur Czellitzer (1871-1945) war 1924-1938 Gründer und Präsident der Gesellschaft für jüdische Familienforschung, Mitglied der Zentralstelle für deutsche Personen- und Familiengeschichte sowie der Berliner Gesellschaft für Rassenhygiene (2. stellvertr. Vorsitzender). 1938 emigrierte er in die Niederlande, dort richtete er u.a. eine Auskunftstelle für Flüchtlinge ein. 1943 interniert in Breda, dann deportiert, wurde er 1945 im KZ Sobibor ermordet. Vgl. Labisch/Tennstedt, S.395.

79 Czellitzer, Die Vererbung hochgradiger Kurzsichtigkeit, in: Verhandlungen 5. Internat. Kongr. Vererbwiss. Berlin 1927, ZS indukt Abst 1928, Suppl. 1, S.578-94.

80 Die »Wiedergabe aller bisher veröffentlichten Stammbäume über erbliche Augenleiden« übernahm das Galton-Institut in London 1922, vgl. BFL I, ³1927, S.179. Ein Standardwerk auf dem Gebiet der Augenkrankheiten war für lange Zeit das Buch des holländischen Augenarztes J.P. Waardenburg *Das menschliche Auge und seine Erbanlagen*, Haag 1932, mit 631 Seiten Umfang.

81 Zusammen mit Felix von Mickulicz-Radecki schrieb Bauer in dem »Ratgeber« für Zwangssterilisationsoperateure *Die Praxis der Sterilisierungsoperationen*, Leipzig 1936, den Teil für den Eingriff an Männern. Bauer gehörte zusammen mit Ernst Hanhart und Johannes Lange zu den Mitherausgebern des von Günther Just herausgegebenen mehrbändigen *Handbuchs der Erbbiologie des Menschen*, das 1939/40 erschien und den Bauer/Fischer/Lenz ablösen sollte. 1945 wurde er zum Rektor der Universität Heidelberg gewählt.

82 Karl Heinrich Bauer, Untersuchungen über die Frage einer erbkonstitutionellen Veranlagung zur Struma nodosa colloides, in: Bruns' Beiträge zur klinischen Chirurgie 135.1926, vgl. BFL I, ³1927, S.277. Diese Arbeit ist auch im Gesetzeskommentar zum *Blutschutz- und Ehegesundheitsgesetz* angegeben, vgl. GLM, S.345.

83 BFL I, ³1927, S.277.

84 Ebda., S.398.

85 Zu Fetscher vgl. Labisch/Tennstedt, S.401f.; Kudlien, S.239f.

86 BFL I, ³1927, S.239.

87 Vgl. z.B. Ernst Hanhart, Über die Bedeutung der Erforschung von Inzuchtgebieten an Hand von Ergebnissen bei Sippen mit hereditärer Ataxie, heredodegenerativem Zwergwuchs und sporadischer Taubstummheit, in: Schw. med. Wschr. 54.1924, S.1143-1151, vgl. Verschuer, Erbpathologie, ²1937, S.208. Hanhart veröffentlichte auch im *Erbarzt* und war Mitherausgeber des *Handbuches der Erbbiologie des Menschen*.

88 Wilhelm Weitz, Die Bedeutung der Erblichkeit für die Ätiologie, in: Ergebnisse der gesamten Medizin, 5.1925, vgl. BFL I, ³1927, S.298.

89 Wilhelm Weitz, Über die Bedeutung der Erbmasse für die Ätiologie der Herz- und Gefäßkrankheiten, Leipzig 1926; vgl. GLM, S.347.

90 Ders., Studien an eineiigen Zwillingen, in: Zeitschrift für klinische Medizin, 101.1925, S.115-154; Hermann Werner Siemens, Die Zwillingspathologie, ihre Bedeutung, ihre Methodik, ihre bisherigen Ergebnisse, Berlin 1924.

91 Zu Weitz in Hamburg vgl. Karl Heinz Roth, Großhungern und Gehorchen. Das Universitätskrankenhaus Eppendorf, in: Ebbinghaus/Kaupen-Haas/Roth, Heilen und Vernichten im Mustergau Hamburg, Hamburg 1984, S.122f., 135.

92 Otmar von Verschuer, Die vererbungsbiologische Zwillingsforschung, in: Ergebnisse der inneren Medizin und Kinderheilkunde 31.1927, S.35-120. Verschuer arbeitete in den folgenden Jahren als Abteilungsleiter am KWI für Anthropologie, menschliche Erblehre und Eugenik in Berlin die Zwillingsmethode zu einer für Jahrzehnte führenden humangenetischen Arbeitsmethode aus.

93 BFL, Menschliche Erblehre und Rassenhygiene, neu herausgegeben von Eugen Fischer und Fritz Lenz gemeinsam mit Kurt Gottschaldt, Johannes Lange, Otmar von Verschuer und Wilhelm Weitz, Band I, 2.Hälfte, Erbpathologie, 5., völlig neubearb. und erweiterte Aufl. München/Berlin 1940.

94 Friedrich Curtius, Multiple Sklerose und Erbanlagen, Leipzig 1933.

95 Ders., Stoffwechsel, Magen-, Darm-, Lebererkrankungen sowie Krebsleiden unter dem Gesichtspunkt der Vererblichkeit, in: Klein, S.47f. Nur in diesem Zusammenhang wird sein Aufruf zur Mitarbeit an die auf der Fortbildungstagung versammelten niedergelassenen Ärzte verständlich: Sie sollten für die Weitergabe von Daten über ihre Patient/innen an die wissenschaftliche Forschung interessiert werden. Andere methodische Beiträge waren z.B. Ders., Die Familienforschung als Grundlage therapeutischer Überlegungen, in: Fortschritte der Therapie, 8.1932, S.198-201; ders., Familienforschung und Begutachtung, in: Der Erbarzt, 1.1934, S.51-53. Als Geburtstagsgeschenk für Eugen Fischer, an dessen Institut er eine Zeit arbeitete, verfaßte er 1934 den Artikel Erbbiologische Strukturanalyse im Dienst der Krankheitsforschung, in: Zeitschrift für Morphologie und Anthropologie (Eugen-Fischer-Festband), 34.1934, S.63-75.

96 Wilhelm Klein, Bevölkerungspolitische Maßnahmen im Dritten Reich, in: Klein. Vgl. Ursula Grell, »Gesundheit ist Pflicht« – Das öffentliche Gesundheitswesen Berlins 1933-1939, in: Totgeschwiegen 1933-1945, 2.erw. Aufl. Berlin 1989, S.49-76.

97 Die Referenten und ihre Themen waren: Otmar von Verschuer, Grundzüge der Vererbungswissenschaft; Wilhelm Weitz, Ueber die Erblichkeit der Erkrankungen des Herzens und der Gefäße, der Nieren und der blutbildenden Organe; Friedrich Curtius, Stoffwechsel (s. Anm.95); Karl Diehl, Erkrankungen der Atmungsorgane und die Tuberkulose unter dem Gesichtspunkt der Vererblichkeit; Friedrich Wilhelm Bremer, Nervöse Erkrankungen unter dem Gesichtspunkt der Vererblichkeit; Johannes Lange, Psychische Erkrankungen unter dem Gesichtspunkt der Vererblichkeit; Curt Adam, Augenerkrankungen unter dem Gesichtspunkt der Vererblichkeit; Hans Claus, Berlin, Ohrenerkrankungen unter dem Gesichtspunkt der Vererblichkeit; Georg Bessau, Kinderkrankheiten unter dem Gesichtspunkt der

Vererblichkeit; G.A.Wagner, Frauenkrankheiten und Störungen der physiologischen Funktionen der Frau unter dem Gesichtspunkt der Vererblichkeit; Heinrich Gottron, Hautkrankheiten unter dem Gesichtspunkt der Vererblichkeit; Lothar Kreuz, Die erbbiologische Bewertung angeborener Körperfehler.

98   *Idiotypus* war ein damals ebenfalls gebräuchlicher Begriff mit ähnlicher Bedeutung wie *Genotyp*.

99   Gottron, S.184.

100   Karl Diehl/Otmar von Verschuer, Zwillingstuberkulose, Jena 1933; an älteren Forschungen vgl. z.B. A.Riffel, Die Erblichkeit der Schwindsucht, Karlsruhe 1902 (Stammbäume); B.Stiller, Die asthenische Konstitutionskrankheit, Stuttgart 1907.

101   Mit der Entdeckung, daß Streptomycin wirkungsvoll gegen Tuberkulose eingesetzt werden kann, wurde die erbpathologische Forschung hier uninteressant; vgl. Erwin H.Ackerknecht, Geschichte und Geographie der wichtigsten Krankheiten, Stuttgart 1963, S.98; Richard Bochalli, Die Entwicklung der Tuberkuloseforschung in der Zeit von 1878 bis 1958. Rückblick eines deutschen Tuberkulosearztes, Stuttgart 1958, S.41-53, 97-99. Die von Diehl und Verschuer 1933 propagierte eugenische Prophylaxe der »dispositionell Gefährdeten«, die neben die Fürsorge der Infektiösgefährdeten zu treten habe, trat damit wieder in den Hintergrund. Vgl. Diehl/Verschuer, S.479.

102   K.Lydtin, Die Frage der Auslese bei der Tuberkulose, in: Der Erbarzt 1.1934, S.73-78 (Abdruck eines Vortrags vom 6.6.1934 im Nationalsozialistischen Ärztebund).

103   Franz Ickert/Hans Benze, Stammbäume mit Tuberkulösen, Leipzig 1933. Zu dem Sozialdemokraten Franz Ickert (1883-1954), der die erste ländliche Tuberkulosefürsorgestelle gründete und dessen Lebenswerk die Tuberkulosebekämpfung war, vgl. Labisch/Tennstedt, S.433f.; Kerstin Kelting, Das Tuberkuloseproblem im Nationalsozialismus, Med.Diss. Kiel 1974.

104   Lydtin, S.76. Die speziellen Auseinandersetzungen können hier nicht weiter verfolgt werden, ebenso nicht, wie Lydtin Epidemiologie und Immunologie mit der Darwinschen Selektionstheorie koppelt und die Tuberkulose zu einer »Auslesekrankheit« macht – wie auch Lenz in BFL II, [4]1932, S.41-48.

105   Lydtin, S.74.

106   BFL I, [4]1936, S.419.

107   Max v. Gruber, Hygiene der Ehe, in: von Noorden/Kaminer, 1916, S.10.

108   Senator, ebda., S.X, Vorwort von 1904. »Es sind nicht bloß, wie namentlich in Laienkreisen vielfach geglaubt wird, selbstverschuldete, d.h. durch Unmäßigkeit oder Ausschweifungen erworbene Krankheiten der Ehegatten, für welche die Kinder büßen müssen, nein, mindestens ebenso oft werden ganz schuldlosen, sittenreinen Eltern mit einer nichts weniger als lasterhaften Vergangenheit tote oder lebensschwache, mit allerhand Krankheitskeimen behaftete Kinder geboren, nicht als Frucht der Sünde oder des Lasters, sondern durch die Schuld ganz anderer, in der Ehe gelegener Umstände, welche bewußt oder unbewußt vernachlässigt oder mißachtet werden.«.

109   Vgl. Bergmann, passim.

110   Eulenburg, Nervenkrankheiten, in: von Noorden/Kaminer, S.780f.

111   Dies und das folg. Zitat Max v. Gruber, in: von Noorden/Kaminer, S.10.

112   BFL I, [3]1927, S.352.

113   Ernö Jendrassik, Die hereditären Krankheiten, in: Lewandowsky (Hg.), Handbuch der Neurologie, Bd.2, Berlin 1911, vgl. BFL I, [4]1936, S.524f.; das folgende ebda.

114   BFL I, [4]1936, S.525.

115   Julius Bauer, Der Status degenerativus, in: Wiener klinische Wochenschrift 1924, Nr. 42, vgl. BFL I, [4]1936, S.419.

116   Ebda.

117 Bei Theodor Brugsch, Allgemeine Prognostik, Berlin und Wien 1922; vgl. BFL I, ⁴1936, S.421.

118 Vgl. Bergmann, S.58f.

119 Ernst Rüdin, Korreferat über »Degenerationspsychosen«, in: Archiv für Psychiatrie, 83.1928, S.376-381; vgl. BFL I, ⁴1936, S.559.

120 Ebda.

121 BFL I, ⁴1936, S.536.

122 BFL I, ³1927, S.364.

123 Ebda. Lenz referierte hier Ernst Rüdin, Epilepsieforschung.

124 BFL I, ³1927, S.354.

125 BFL I, ³1927, S.295.

126 Meinhard v. Pfaundler, Kindliche Krankheitsanlagen (Diathesen) und Wahrscheinlichkeitsrechnung, in: Zeitschrift für Kinderheilkunde 1912, vgl. BFL I, ³1927, S.271.

127 Ebda.

128 Dies und das folgende Zitat ebda., S.346f.

129 Vgl. z.B. Ernst Rüdin, Die Beziehungen zwischen Erbvorhersage und Bevölkerungspolitik, in: Hans Harmsen/Franz Lohse, (Hg.), Bevölkerungsfragen. Bericht des Internationalen Kongresses für Bevölkerungswissenschaft Berlin 26.August – 1.September 1935, München 1936 (Reprint Neudeln-Liechtenstein 1969), S.655-659.

130 Ein Beispiel: Trunksucht wurde nicht mehr als moralisches Versagen oder Sünde des Menschen angesehen, sondern als eine auf einer *psychopathischen Konstitution* beruhende Krankheit.

131 Hier liegt auch die Brücke zu den in Kapitel 1 dieser Arbeit dargelegten Begründungszusammenhängen rassenhygienischer Sozialpolitik.

132 BFL I, ⁴1936, S.525.

133 *Natur und Behandlung der Gicht* heißen zwei Untersuchungen von 1891 und 1906, die von Noorden in *Krankheiten und Ehe*, S.246, aufführt.

134 BFL I, ³1927, S.177.

135 BFL I, ⁴1936, S.420.

136 Ebda., S.420f.

137 BFL I, ³1927, S.271.

138 Vgl. Willibald Pschyrembel, Klinisches Wörterbuch mit klinischen Syndromen und einem Anhang Nomina Anatomica (gegründet von Otto Dornblüth), Berlin-New York ²⁵³1977, Schlagwort: rezessiv.

139 Dieses Kapitel behandelt *Die Wirkung der Auslese auf die Tüchtigkeit der verschiedenen Organsysteme in der modernen Umwelt, Die Auslese durch akute Infektionskrankheiten*, durch *Tuberkulose*, durch *Syphilis und Tripper, Die Auslesewirkung der Säuglings- und Kindersterblichkeit, Die Auslese durch Alkohol und andere Genußgifte, die Auslesewirkung des Krieges*. BFL II *Menschliche Auslese und Rassenhygiene (Eugenik)*, München ⁴1932 (unveränderter Nachdruck der dritten, vermehrten und verbesserten Auflage 1931).

140 Ebda., S.12.

141 Ebda., S.25f. Dies habe zuerst der Medizinalstatistiker Wilhelm Weinberg gesehen in seinem Aufsatz *Die rassenhygienische Bedeutung der Fruchtbarkeit*, in: ARGB 7.1910, S.684-696.

142 BFL II, ⁴1932, S.27.

143 Hier stützte Lenz sich auf die Untersuchung von Lothar Entres, Zur Klinik und Vererbung der Huntingtonschen Chorea, Berlin 1921. BFL II, ⁴1932, S.25.

144 Ebda., S.32f.

145 Ebda., S.34.

146 Hermann Osthoff/Hans Reiter, Die Bedeutung endogener und exogener Faktoren bei Kindern der Hilfsschule, in: Zeitschrift für Hygiene 94.1921, S.224-252. Zu ähnlichen Ergebnissen sei Frau Rüdin-Senger bei schwachsinnigen Münchner Hilfsschulkindern gekommen lt. Ernst Rüdin, Über Vererbung geistiger Störungen, in: Zeitschrift für die gesamte Neurologie und Psychiatrie 81.1923. Vgl. BFL I, ³1927, S.355.

147 BFL I, ⁴1936, S.529.

148 K.W. Jötten/H. Reploh, Erbhygienische Untersuchungen an Hilfsschulkindern in: Harmsen/Lohse, S.730-735.

149 Vgl. Bock, Zwangssterilisation, S.231f., 303f.

150 Vgl. A. Grotjahn, Fortpflanzungshygiene, S.317. Grotjahn bemerkt hierzu, daß generell »Präventivmittel« vorzuziehen seien. »Allerdings werden bei den meisten hierher gehörenden Erbübeln, da es sich um geistig Minderwertige handelt, weniger die einfachen Präventivmittel als jene in Frage kommen, die dauernd unfruchtbar zu machen imstande sind« – d.h. die Sterilisation.

151 Die Eugenik im Dienst der Volksgesundheit; Gesetz zur Verhütung erbkranken Nachwuchses vom 14. Juli 1933, RGBl I, S.529. Die Indikationen im einzelnen siehe Kapitel 6.

152 Siehe Kapitel 6.

153 Vgl. hierzu Bergmann/Czarnowski/Ehmann, S.126ff.

154 Vgl. Hermann Muckermann, Ursprung und Entwicklung der Eheberatung (Tatsächliches und Kritisches); Leitsätze für den Gang in die Zukunft, in: Das kommende Geschlecht, Zeitschrift für Eugenik, 6.1932, H. 1/2 (Eugenische Eheberatung), S.1-36, 65-71.

155 Vgl. Otmar von Verschuer, Erbbiologische Grundlagen der Eheberatung, ebda., S.37-64.

Anmerkungen zum 3. Kapitel

1 Alfred Grotjahn, Fortpflanzungshygiene, S.16, 19.

2 Arthur Gütt/Herbert Linden/Franz Maßfeller, Blutschutz- und Ehegesundheitsgesetz. Gesetze und Erläuterungen, München 1936, S.25 (GLM).

3 Joachim Müller, Sterilisation und Gesetzgebung bis 1933, Husum 1985, S.14.

4 Vgl. hierzu und zum folgenden Bergmann, S.100-120.

5 Vgl. Bock, S.490.

6 Vgl. Bergmann, S.46.

7 Umgekehrt wird jedoch der Ehestatus bei den meisten sog. Reproduktionsmedizinern zur Voraussetzung gemacht.

8 BFL II, ⁴1932, S.292. Eine »Beschränkung der Sterilisierung auf Geisteskranke«, wie es in einem sächsischen Gesetzentwurf von 1928 vorgesehen war, hielt Lenz für »viel zu eng«. Vielmehr liege es »im Interesse der Gesamtheit, daß alle Personen, die dem untüchtigen Drittel der Bevölkerung angehören, sich nicht fortpflanzen«. Ebda., S.277.

9 Arthur Gütt, Der öffentliche Gesundheitsdienst (Handbücherei für den Öffentlichen Gesundheitsdienst, Bd.1) 2.völlig neu bearb. Aufl.1938, S.265 (HdG).

10 Muckermann, S.3.

11 Die offizielle Bezeichnung lautete: *amtsärztliche (ärztliche) Bescheinigung über die Untersuchung auf Eignung zur Ehe.*

12   Duden Band 7, Etymologie. Herkunftswörterbuch der deutschen Sprache, Mannheim 1963; vgl. H.Meisner, Der Einfluß der sozialen Lage auf die Militärtauglichkeit, in: Max Mosse, G.Tugendreich (Hg.), Krankheit und soziale Lage, München 1913, S.342-399; Wehrgesetz v. 21.5.1935, »Wehrpflichtausnahmen § 14: Zum Wehrdienst nicht herangezogen werden 1. Wehrpflichtige, die nach dem Gutachten des Sanitätsoffiziers oder eines von der Wehrmacht beauftragten Arztes für den Wehrdienst für untauglich befunden worden sind«, RGBl I, S.610. Vgl. auch Wehrpflichtgesetz v. 21.9.1956, BGBl.I, S.651.

13   Vgl. z.B. Moritz Fürst, Der Einfluß der sozialen Lage auf die Schultauglichkeit, in: Mosse/Tugendreich, S.308-341. Ein Beitrag über den »Einfluß der sozialen Lage auf die Ehetauglichkeit« ist in diesem Sammelband von 1913 übrigens nicht vorhanden, ein Zeichen, daß der Ehe hier (noch) nicht dieselbe öffentlich- medizinisch-soziale Dimension zuerkannt wird wie dem Militär und der Schule. Die Frage der Ehetauglichkeit wird dennoch thematisiert. Sie erscheint jedoch nicht wie Schul- und Militärtauglichkeit im Abschnitt über die »Soziale *Ätiologie* der Krankheiten«, sondern in dem über »Soziale *Therapie* der Krankheiten« (hervorgeh. v. mir, GC.) in einem Beitrag des Rassenhygienikers Wilhelm Schallmayer. Die ärztliche Untersuchung auf Ehetauglichkeit erscheint als therapeutische, sozialpolitische Maßnahme zusammen mit Eheverboten und Sterilisation. »Soziale Maßnahmen zur Besserung der Fortpflanzungsauslese« lautet der Titel des Beitrags, in: Mosse/Tugendreich, S.841-859.

14   Ute Gerhard spricht vom »... ʻdoppelten Charakterʼ der Ehe ... als einerseits privatrechtliche(m) Vertrag und andererseits überpersönlicher, sozialer Institution, ... (die) nicht der vertraglichen Disposition der Ehepartner unterliegt«. Ute Gerhard, Verhältnisse und Verhinderungen. Frauenarbeit, Familie und Rechte der Frauen im 19.Jahrhundert. Mit Dokumenten, Frankfurt 1978, hier S.155, 167f.

15   Duden Bd.7, Etymologie, S.129f.

16   Vgl. Edgar Atzler, Kaiser Wilhelm-Institut für Arbeitsphysiologie in Dortmund und Münster i.W., in: Max Planck, (Hg.) 25 Jahre Kaiser Wilhelm-Gesellschaft, Bd.II, S.379-387.

17   Vgl. Ludwig Preller, Sozialpolitik in der Weimarer Republik, Kronberg/Ts und Düsseldorf 1978, S.125ff.; Carola Sachse, Betriebliche Sozialpolitik als Familienpolitik, S.76ff.; Karl-Peter Reeg, Friedrich Georg Christian Bartels (1892-1968). Ein Beitrag zur Entwicklung der Leistungsmedizin im Nationalsozialismus, Husum 1988, S.82-96.

18   Preller, S.128.

19   Sachse, S.77f.

20   Abgedruckt in: Hans Nevermann, Über Eheberatung, Leipzig 1931, S.89-91.

21   Heide Wunder, Vortrag in Loccum 1986.

22   Weiter scheinen die Stadt-Land-Unterschiede bedeutsam: Nach dem Roman Fritz Reuters *Das Leben auf dem Lande*(Ut mine Stromtid), München [4]1985, S.563, sind in Mecklenburg Eheschließungen in der Kirche bis Mitte des 19.Jahrhunderts hinein unüblich gewesen. Der Pfarrer kam auf die Höfe, wo die Hochzeit gehalten wurde. Zur Noch-nicht-Geschiedenheit in Privat (Familie) und Öffentlich (Staat) und der sozial strukturierenden Macht der Familien oder (Feudal-)Geschlechter und dem geringen oder fehlenden persönlichen Freiheitsspielraum von Frauen, Kindern, Mägden, Knechten, Dienerschaft und Leibeigenen in der Alten Gesellschaft vgl. Jean Louis Flandrin, Familien. Soziologie – Ökonomie – Sexualität, Frankfurt a.M.-Berlin-Wien 1978; Philippe Ariès, Die Geschichte der Kindheit, München, [2]1979.

23   Zur Entwicklung der Eheauffassungen und des Eherechts, hier besonders seiner Kodifizierungen in den verschiedenen europäischen Ländern und Nord-Amerika, vgl. Marianne Weber, Ehefrau und Mutter in der Rechtsentwicklung – Eine Einführung, Tübingen 1907 (Neudruck Aalen 1971).

24 Reichsgesetz über die Beurkundung des Personenstandes und die Eheschließung vom 6. Februar 1875, RGBl S.23. Die *vor* der standesamtlichen stattfindende kirchliche Trauung wurde unter Strafe gestellt!.

25 RGBl I, 1937, S.1146-1152; Begründung zum Personenstandsgesetz vom 3.November 1937, in: Zeitschrift für Standesamtswesen – Personenstandsrecht, Eherecht und Sippenforschung, 17.1937 (=63.Jg. der Zeitschrift *Der Standesbeamte* = 36.Jg. der Zeitschrift *Das Standesamt*), S.386-394; vgl. [Franz] Maßfeller, Zur Einführung in das neue Personenstandsgesetz, ebda., S.400-412; Edwin Krutina, Zum neuen Personenstandsgesetz, ebda., S.417-420.

26 Ein Boom von Vereinen und Verbänden entwickelte sich seit der Jahrhundertwende, der im Zusammenhang mit dem Aufschwung der menschlichen Erbforschung stand. Dies kommt auch zum Ausdruck in der Gründung der *Abteilung für Demographie und Genealogie* der *Deutschen Forschungsanstalt für Psychiatrie* in München; siehe Kap.2, S.45. – Zur Bedeutung des Württembergischen Familienregisters für die Erfassung und Verfolgung von »Zigeuner-Mischlingen« vgl. Müller-Hills Gespräch mit Adolf Würth in: Benno Müller-Hill, Tödliche Wissenschaft. Die Aussonderung von Juden, Zigeunern und Geisteskranken 1933-1945, Reinbek 1984, S.152-57.

27 Außerdem war eine bessere Abklärung mit der gesundheitsamtlichen *Erbbestandsaufnahme* möglich, siehe Kapitel 5.

28 Vgl. PersStG i.d.F. v. 8.8.1957, BGBl, S.1126.

29 Die Volljährigkeitserklärung konnte auch ab 18 Jahre vorzeitig beantragt werden.

30 Hier auszugsweise zit. nach § 340 der Dienstanweisung für die Standesbeamten und ihre Aufsichtsbehörden, hg. vom RMdI, Berlin 1938.

31 GLM, S.61.

32 Vgl. hierzu z.B. Hans-Georg Güse/Norbert Schmacke, Psychiatrie zwischen bürgerlicher Revolution und Faschismus, Bd.2, Kronberg 1976, S.205-212.

33 Sigmund Freud, Totem und Tabu. Einige Übereinstimmungen im Seelenleben der Wilden und der Neurotiker (1912-13), in: ders., Kulturtheoretische Schriften, Frankfurt/M 1974, S.287-444.

34 Diesen Fragen des Eherechts, die seinen in vielen Zügen bis heute gültigen zutiefst patriarchalen Charakter verdeutlichen, kann hier nicht weiter nachgegangen werden.

35 Wilhelm Stuckart/Hans Globke, Reichsbürgergesetz vom 15.September 1935 – Gesetz zum Schutze des deutschen Blutes und der deutschen Ehre vom 15.September 1935 – Gesetz zum Schutze der Erbgesundheit des deutschen Volkes (Ehegesundheitsgesetz) vom 18.Oktober 1935 nebst Ausführungsvorschriften und den einschlägigen Gesetzen und Verordnungen, München und Berlin 1936, S.165.

36 GLM, S.93.

37 § 14 der 1. DVO EhegesG, GLM, S.165.

38 Ebda., S.17. Gütt zitierte hier aus der *Rassenpolitischen Auslandskorrespondenz* vom Dezember 1935. Die Rassenpolitik der USA war auch häufig Thema der Zeitschrift des Rassenpolitischen Amtes der NSDAP *Neues Volk*, die in hoher Auflage auch als Beilage in Fachzeitschriften erschien. Zum folgenden vgl. GLM, S.19.

39 Mit dem *Gesetz zur Vereinheitlichung des Rechts der Eheschließung und der Ehescheidung im Lande Österreich und im übrigen Reichsgebiet* vom 6.7.1938, RGBl I, S.807ff., wurden Teile der eherechtlichen Bestimmungen aus dem BGB herausgelöst. Vgl. Anka Schaefer, Zur Stellung der Frau im nationalsozialistischen Eherecht, in: Lerke Gravenhorst und Carmen Tatschmurat (Hg.), TöchterFragen. NS-Frauengeschichte, München 1990, S.183-192; Thilo Ramm, Eherecht im Nationalsozialismus, in: Günther Doecker/Winfried Steffani (Hg.), Klassenjustiz und Pluralismus. Festschrift für Ernst Fraenkel, Hamburg 1973, S.151-166; Franz Maßfeller, Christoph Böhmer, Michael Coester, Das gesamte Familienrecht.

Sammlung familienrechtlicher Vorschriften mit Erläuterungen und Hinweisen, Loseblattsammlung, 2.1 Ehegesetz, Vorbemerkungen, ³1989, S.1-3.

40 Das *G über die Anerkennung freier Ehen rassisch und politisch Verfolgter* vom 23.6.1950, BGBl S.226, *Eintragungen in die Personenstandsbücher auf Grund des Ges. über die Anerkennung freier Ehen rassisch und politisch Verfolgter*. Rundschreiben des BMdI v.17.8.1950, GMBl 1.1950, S.89-92, rehabilitierte unter bestimmten Bedingungen die aus rassischen und politischen Gründen verbotenen Ehen, nicht hingegen die gemäß dem eugenischen und gesundheitlichen Ehegesundheitsgesetz. Die Forderung Zwangssterilisierter nach Aufnahme in das Bundesentschädigungsgesetz lehnte der Wiedergutmachungsausschuß des Bundestages nach Expertenanhörungen 1961-1965 ab. Die Experten waren dieselben wie bis 1945. Vgl. Christian Pross, Wiedergutmachung. Der Kleinkrieg gegen die Opfer, Frankfurt a.M. 1988, S.103f.

41 Vgl. Wolfgang Müller-Freienfels, Ehehindernisse, in: Spiros Simitis/Gisela Zenz (Hg.), Seminar: Familie und Familienrecht, Bd.1, Frankfurt 1975, S.170.

42 Vgl. Marianne Weber, S.318ff., S.549.

43 Zur Aufhebung der »vorbürgerlichen« Eheverbote im Verlauf des 19.Jahrhunderts bzw. der an die Eheschließung geknüpften Standes-Voraussetzungen und Erlaubnisregelungen vgl. Gunnar Heinsohn/Rolf Knieper, Theorie des Familienrechts. Geschlechtsrollenaufhebung, Kindesvernachlässigung, Geburtenrückgang, Frankfurt 1974; vgl. auch Jacques Donzelot, Die Ordnung der Familie, Frankfurt 1980.

44 Wilhelm Schallmayer, Vererbung und Auslese im Lebenslauf der Völker. Eine staatswissenschaftliche Studie auf Grund der neueren Biologie, Jena 1903, S.337f.

45 Wenn z.B. nach Maimonides bei den alten Juden die Brautleute von Verwandten desselben Geschlechts in einem öffentlichen Bade untersucht wurden; Max Hirsch, Heiratszeugnis, Eheberatung, Fortpflanzungspflege, in: ders. (Hg.), Das ärztliche Heiratszeugnis, seine wissenschaftlichen und praktischen Grundlagen, Leipzig 1921, S.64.

46 Vgl. Marianne Weber, S.380.

47 Hirsch, Heiratszeugnis, S.54; hervorgeh. im Orig.

48 in: Julius Schwalbe, Gesundheitliche Eheberatung, Leipzig 1927, S.23.

49 Vgl. Bernhard Möllers, (Hg.), Gesundheitswesen und Wohlfahrtspflege im Deutschen Reiche. 2., neubearb. u. ergänzte Aufl. Berlin/Wien 1930; Ludwig Teleky, Die Entwicklung der Gesundheitsfürsorge. Deutschland – England – USA, Berlin- Göttingen-Heidelberg 1950; Marie Baum, Familienfürsorge, Frankfurt-Berlin-Hannover 1951; Hans Scherpner, Die Geschichte der Jugendfürsorge, bearb. von Hanna Scherpner, Göttingen 1966; Hausen, Karin, Mütter, Söhne und der Markt der Symbole und Waren: Der deutsche Muttertag 1923-1933, in: Hans Medick/David Sabean (Hg.), Emotionen und materielle Interessen. Sozialanthropologische und historische Beiträge zur Familienforschung, Göttingen 1984, S.473-523; Irene Stoehr, »Organisierte Mütterlichkeit«. Zur Politik der deutschen Frauenbewegung um 1900, in: Hausen, Karin (Hg.), Frauen suchen ihre Geschichte, S.221-249; Christoph Sachße, Mütterlichkeit als Beruf. Sozialarbeit, Sozialreform und Frauenbewegung 1871-1929, Frankfurt a.M. 1986.

50 Gustav Boehmer, Einführung in das Bürgerliche Recht, Tübingen ²1965, S.89, vgl. Gerhard, S.155. Ute Gerhard bezeichnet Boehmer als einen von wenigen Juristen, die aufgrund eines ungebrochenen Patriarchalismus hinreichend scharfsinnig seien, dieses Faktum zu erkennen.

51 Zur Geschichte der Ehegesundheitszeugnisse vgl. auch Weingart/Kroll/Bayertz, S.227f., 274-283.

52 Vgl. Schwalbe, S.23.

53 Daß diese ärztlichen Untersuchungen auch zur Erfassung von Menschen für Zwangssterilisation und Eheverbote dienten, sei hier schon angemerkt (s. Kapitel 4 und 6).

54 Georg Kleemann, Erbhygiene – kein Tabu mehr. Mit Erbkrankheiten leben, Stuttgart 1970.
55 Vgl. z.B. Schwalbe; Max Hirsch, Der Erlaß des Preußischen Ministers für Volkswohlfahrt
    über die Eignungsprüfung bei der Eheschließung und über das Heiratszeugnis, in: Medizi-
    nische Klinik, 22.1926, S.867-869, 905-907; Max Christian, Biologische Kritik des Ehe-
    rechts, in: Marcuse, S.586-612; Rainer Fetscher, Ehegesuche und Ehevermittlung. Ehebe-
    ratung, Eheverbote und Ehezeugnisse, ebda., S.550-566; Nevermann.
56 Muckermann, Eheberatung.
57 Vgl. hierzu die grundlegende und umfassende Untersuchung über die Sexualreform-
    bewegung als Teil der proletarischen Subkultur in den Zwanziger und Dreißiger Jahren bis
    zum Beginn der Nazi-Ära von Atina Grossmann, The New Woman, auf die ich mich hier
    wesentlich stütze.
58 Als Sterilisationsgegner – auf dem Gynäkologenkongreß 1933 hatte er als einziger gegen
    das Sterilisationsgesetz berufsöffentlich Stellung genommen – war er später im KZ inter-
    niert. Vgl. Albert Niedermeyer, Wahn, Wissenschaft und Wahrheit. Lebenserinnerungen
    eines Arztes, Innsbruck-Wien-München 1956, S.277f.
59 Vgl. Grossmann, The New Woman, 272-74, 387, 389.
60 Vgl. hierzu z.B. Lotte Neisser-Schröter, Enquete über die Ehe- und Sexualberatungsstellen
    in Deutschland mit besonderer Berücksichtigung der Geburtenregelung, Berlin-Nikolassee
    1929.
61 Grossmann, The New Woman, S.127f.
62 Zu den sehr unterschiedlichen Positionen und dem breiten Spektrum der an der Diskussion
    beteiligten Gruppen und Personen der ersten bedeutenden Versammlung zu dieser Frage
    vgl. Ueber den gesetzlichen Austausch von Gesundheitszeugnissen vor der Eheschließung
    und über rassenhygienische Eheverbote. Verhandlungsbericht einer Vorberatung und einer
    gemeinsamen Aussprache der beteiligten Gesellschaften: Deutscher Ärztevereinsbund,
    Deutsche Gesellschaft für Bevölkerungspolitik … [zusammen Vertreter und Vertreterinnen
    von 19 Vereinen, u.a. aus der Frauenbewegung, Antialkoholbewegung, Sittlichkeits-
    bewegung, Sexualreformer, Ärztevereinsbund GC.], hg. von der Berliner Gesellschaft für
    Rassenhygiene, München 1917. Zur Sittlichkeits-, Antialkohol- und Frauenbewegung vgl.
    Elisabeth Meyer-Renschhausen, Weibliche Kultur und Soziale Arbeit. Eine Geschichte der
    Frauenbewegung am Beispiel Bremens 1810-1927, Köln 1989. Zu den auch vertretenen
    Vereinigungen *Deutsche Gesellschaft für Bevölkerungspolitik*, *Bund zur Erhaltung und
    Mehrung der Volkskraft* und *Preußische Zentralstelle für Volkswohlfahrt* vgl. Weingart/
    Kroll/Bayertz, S.222ff.
63 Vgl. Ueber den gesetzlichen Austausch, S.64.
64 Vgl. Weingart/Kroll/Bayertz, S.226.
65 Die Münchner Sitzungen fanden im April und im November 1916 statt. Vgl. Ueber den
    gesetzlichen Austausch, S.61-67; Schwalbe, S.12.
66 Ueber den gesetzlichen Austausch, S.75. Alfons Fischer sprach niemals von Rassenhygiene,
    sondern von Rassehygiene, um sich von ethnisch-rassistischen Positionen abzugrenzen.
67 Max Hirsch (Hg.), Das ärztliche Heiratszeugnis, seine wissenschaftlichen und praktischen
    Grundlagen, Leipzig 1921.
68 Max Hirsch, Der Erlaß des Preußischen Ministers für Volkswohlfahrt über die Eignungs-
    prüfung bei der Eheschließung und über das Heiratszeugnis; Aussprache über den Vortrag,
    in: Medizinische Klinik 22.1926, S.868. Die Berliner Medizinische Gesellschaft beschäf-
    tigte sich mit diesem Thema kurz nach dem Hirtsiefer-Erlaß über die Einrichtung von Ehe-
    beratungsstellen und hatte den damaligen Chef der Preußischen Medizinalabteilung, Otto
    Krohne, zu Gast.
69 Dies waren F.Leppmann, Julius Heller, Paul Strassmann und der Jurist Sonntag. *Für* das
    Heiratszeugnis sprachen sich außer Max Hirsch Arthur Czellitzer und Westenhöfer aus.

Die Einleitung der Monographie verfaßte der damalige Vorsitzende der Gesellschaft, Posner. Wir treffen hier also einige der Mitverfasser von *Krankheiten und Ehe* und andere uns bekannte Personen an.

70 Zu Max Hirsch vgl. Robert Lenning, Max Hirsch: Sozialgynäkologie und Frauenheilkunde, Med. Diss., Berlin 1977.

71 Leitsätze des Reichsgesundheitsrates vom 26.Februar 1920, abgedruckt in Nevermann, S.87f.

72 Christian, Biologische Kritik, passim.

73 Marianne Weber, S.551. Dort auch im VI.Kapitel *Ehekritik, Ehescheidung und außereheliche Geschlechtsbeziehungen* eine entschiedene Kritik am Ehescheidungsrecht des BGB, vor allem dem Wegfall der einvernehmlichen Trennung »auf Grund gegenseitiger Einwilligung« oder »einseitiger unüberwindlicher Abneigung«. Diesen Fragen kann hier nicht weiter nachgegangen werden.

74 Marianne Weber, S.547. Der § 1568 BGB lautete: »Ein Ehegatte kann auf Scheidung klagen, wenn der andere Ehegatte durch schwere Verletzung der durch die Ehe begründeten Pflichten oder durch ehrloses oder unsittliches Verhalten eine so tiefe Zerrüttung des ehelichen Verhältnisses verschuldet hat, daß dem Ehegatten die Fortsetzung der Ehe nicht zugemutet werden kann. Als schwere Verletzung der Pflichten gilt auch grobe Mißhandlung.« Vgl. Julius Heller, Arzt und Eherecht. Die ärztlich wichtigen Rechtsbeziehungen der Ehe in der Rechtsprechung, Berlin und Köln 1927, S.107.

75 Letzteres kam nach Heller, S.110, außer bei Geschlechtskrankheiten und Trunksucht in Gerichtsentscheidungen selten vor. Der § 1569 BGB lautete: »Ein Ehegatte kann auf Scheidung klagen, wenn der andere Ehegatte in Geisteskrankheit verfallen ist, die Krankheit während der Ehe mindestens drei Jahre gedauert und einen solchen Grad erreicht hat, daß die geistige Gemeinschaft zwischen den Ehegatten aufgehoben, auch jede Aussicht auf Wiederherstellung dieser Gemeinschaft ausgeschlossen ist.« Vgl. Heller, S.119.

76 Ebda., S.61. § 1334, Abs.1 BGB lautete: »Eine Ehe kann von einem Ehegatten angefochten werden, der zur Eingehung der Ehe durch arglistige Täuschung über solche Umstände bestimmt worden ist, die ihn bei Kenntnis der Sachlage und bei verständiger Würdigung des Wesens der Ehe von der Eingehung der Ehe abgehalten haben würden. Ist die Täuschung nicht von dem anderen Ehegatten verübt worden, so ist die Ehe nur dann anfechtbar, wenn dieser die Täuschung bei der Eheschließung gekannt hat«. Vgl. Heller, S.62.

77 Heller, S.65.

78 Ebda., S.64.

79 Diese Entwicklung zeigt Ute Gerhard in ihrer Untersuchung über den Wandel der Rechtsverhältnisse von Frauen hinsichtlich Arbeit und Familie im 19.Jahrhundert auf. Die Ehe war im APLR noch so auf den *Ehezweck* Nachkommenschaft zentriert, daß die einvernehmliche Scheidung einer kinderlosen Ehe möglich war. Davon ist im BGB nichts mehr enthalten. Der sozial- und gesundheitspolitische Nutzen der Ehe für das *Wohl des Individuums*, vor allem des Ehegatten durch die häusliche Arbeit der Frau, tritt hier in den Vordergrund.

80 Zur Diskussion, analog der Militärdienstpflicht des Mannes über eine Frauendienstpflicht den Frauen staatsbürgerliche Rechte zu erwerben vgl. Susanna Dammer, Mütterlichkeit und Frauendienstpflicht. Versuche der Vergesellschaftung »weiblicher Fähigkeiten« durch eine Dienstverpflichtung (Deutschland 1890-1918), Weinheim 1988, S.100ff.

81 Heller, S.62f., 65.

82 Dr. Vollmann, Die Bekämpfung der Abtreibungsseuche (Stenographischer Bericht über die Verhandlungen des 44.Deutschen Ärztetages 1925 in Leipzig), in: Ärztliches Vereinsblatt für Deutschland, 54.1925, Nr.1360, S.44.

83 Christian, Biologische Kritik, S.607f.
84 Vgl. Schwalbe, S.13-15. Der Sozialdemokrat, Jurist und Reichsanwalt Ludwig Ebermayer war auch strikter Gegner der Sterilisation; vgl. Grossmann, passim.
85 Adele Schreiber-Krieger war Vorsitzende des *Bundes für Mutter- und Kindesrecht*, aktiv in der frühen feministischen Sexualreformbewegung und in der Weimarer Zeit Reichstagsabgeordnete der SPD. Sie emigrierte nach England. Vgl. Christl Wickert, Unsere Erwählten. Sozialdemokratische Frauen im Deutschen Reichstag und im Preußischen Landtag 1919 bis 1933, Bd.1, Göttingen 1986.
86 Ueber den gesetzlichen Austausch, S.49-51.
87 Petition des Deutschen Monistenbundes betr. eine Ergänzung des Gesetzes über die Beurkundung des Personenstandes und die Eheschließung vom 6.Februar 1875 durch Forderung eines Gesundheitsattestes, gez. Prof. Dr. W. Ostwald, I.Vorsitzender, zit. nach: Rainer Fetscher, Ehegesuche und Ehevermittlung. Eheberatung und Ehezeugnisse, in: Marcuse, S.559f.
88 Vgl. Schwalbe, S.30.
89 Vgl. Elisabeth Meyer-Renschhausen, Die weibliche Ehre. Ein Kapitel aus dem Kampf von Frauen gegen Polizei und Ärzte, in: Geyer-Kordesch/Kuhn (Hg.), Frauenkörper – Medizin – Sexualität, S.80-101; Meyer-Renschhausen, Weibliche Kultur. Die »Neutralisierung« der Gesundheitsüberwachung, d.h. die (theoretische) Ausweitung bzw. Zwangsuntersuchung auch auf Männer, erfolgte durch das GBGK von 1927, das den Ort der Kontrolle von der Polizei zur unteren Verwaltungsbehörde verlegte: von der Polizeikontrolle zur Gesundheitskontrolle mit ebenfalls möglichen restriktiven Maßnahmen wie der Zwangseinweisung in die Klinik, die nach wie vor in der Regel allein Frauen betraf. Vgl. Gisela Bock, »Keine Arbeitskräfte in diesem Sinne«. Prostituierte im Nazi-Staat, in: Pieke Biermann, »Wir sind Frauen wie andere auch!« Prostituierte und ihre Kämpfe, Reinbek 1980, S.70-106.
90 Hoche, in: von Noorden/Kaminer, S.817.
91 Vgl. Siegfried Placzek, Berufsgeheimnis und Ehe, in: von Noorden/Kaminer, S.1012-1028.
92 Hoche, S.806.
93 Vgl. Heller, S.64.
94 Urteil des Reichsgerichts vom 4.5.1921, III, 218/20, Lübeck; zit. nach Heller, S.23.
95 Esther Fischer-Homberger, Ärztliche Ethik und ärztliche Standespolitik – ein Aspekt der Geschichte der ärztlichen Ethik, in: Bull. Schweiz. Akad. Med. Wiss. 36.1980, S.395-410, 402f. Zur Ideologisierung des familialen Geschlechterverhältnisses vgl. Karin Hausen, Die Polarisierung der »Geschlechtscharaktere« – Eine Spiegelung der Dissoziation von Erwerbs- und Familienleben, in: Werner Conze (Hg.), Sozialgeschichte der Familie in der Neuzeit Europas, Stuttgart 1976, S.363-393.
96 Eulenburg, in: von Noorden/Kaminer, S.767.
97 Carroll Smith Rosenberg, Weibliche Hysterie. Geschlechtsrollen und Rollenkonflikt in der amerikanischen Familie des 19.Jahrhunderts, in: Claudia Honegger/Bettina Heintz (Hg.), Listen der Ohnmacht. Zur Sozialgeschichte weiblicher Widerstandsformen, Frankfurt a. M. 1981, S.276-300.
98 Esther Fischer-Homberger, Herr und Weib. Zur Geschichte der Beziehung zwischen ordnendem Geist und anderen Impulsen, in: dies., Krankheit Frau. Zur Geschichte der Einbildungen, Darmstadt 1984, S.92-121, 95.
99 Hoche, S.817.
100 Kaminer, S.336.
101 Kaminer, S.353.
102 Ebda. In Kaminers Beitrag wird die Historizität des ärztlichen Diskurses im Wandel der Anschauungen über die Tuberkulose und Therapie (z.B. galt um die Mitte des 18. Jahrhunderts die Ehe noch als die Heilung fördernd) sowie in methodischer Hinsicht sehr schön deutlich.

103 Vgl. Christa Lange-Mehnert, »Ein Sprung ins absolut Dunkle«. Zum Selbstverständnis der
ersten Ärztinnen: Marie Heim-Vögtlin und Franziska Tiburtius in: Geyer-Kordesch/
Kuhn, S.286-310; Mathilde Weber, Aerztinnen für Frauenkrankheiten, eine ethische und
sanitäre Notwendigkeit, Tübingen 1888.

104 Vgl. zu diesem hier nur sehr grob umreißbaren Komplex Claudia Huerkamp, Ärzte und
Professionalisierung in Deutschland. Überlegungen zum Wandel des Arztberufs im
19.Jahrhundert, in: Geschichte und Gesellschaft 6.1980, S.349-382; Michael Hubenstorf,
»Deutsche Landärzte an die Front!« Ärztliche Standespolitik zwischen Liberalismus und
Nationalsozialismus, in: Der Wert des Menschen, S.200-223; Labisch/Tennstedt, Der
Weg zum GVG.

105 Vgl. Huerkamp; für die Weimarer Zeit Grossmann, The New Woman, speziell auch über
den sog. laienmedizinischen Flügel der Sexualreformbewegung. Die Ausbildung von
»Laienmedizinern« wird erstmalig im Heilpraktikergesetz von 1938, während des Nationalsozialismus also, vorgeschrieben; vgl. Alfred Haug, Die Reichsarbeitsgemeinschaft für
eine Neue Deutsche Heilkunde (1935-36). Ein Beitrag zum Verhältnis von Schulmedizin,
Naturheilkunde und Nationalsozialismus, Husum 1985.

106 Reinhard Spree, Soziale Ungleichheit vor Krankheit und Tod. Zur Sozialgeschichte des
Gesundheitsbereichs im Deutschen Kaiserreich, Göttingen 1981, S.98ff., sowie die Tabellen 16, 17 und 18 über *Regionale Verteilung der Ärzte und der Mitglieder der GVK im Deutschen Reich; 1885/87 und 1907/09; Verteilung der »Kurpfuscher« auf die preußischen
Regierungsbezirke und ihr Verhältnis zur Zahl der approbierten Ärzte; 1903 und 1913–*
wobei die tatsächliche Anzahl der Heilkundigen bei weitem über den statistisch erfaßten
Zahlen liegt – und *GVK-Mitglieder im Deutschen Reich; 1855-1911*, S.182-184.

107 Spree, S.201; Adolf Gottstein, Das Heilwesen der Gegenwart, Berlin 1924.

108 Vgl. Spree, S.150f.

109 Die Kurierfreiheit – und damit ärztliches Handeln als Gewerbe – war 1869/71 auf Betreiben der *Berliner Medizinischen Gesellschaft* eingeführt worden. Vgl. Spree, S.145ff. Im
folgenden stütze ich mich auf die Untersuchung von Atina Grossmann, The New Woman,
S.179f., 382ff.

110 Bestrafung des Ausstellens, Ankündens und Anpreisens von Gegenständen zu unzüchtigem
Gebrauch.

111 [Hans Harmsen], Fachkonferenzen für Geburtenregelung, in: Archiv für Bevölkerungspolitik, Sexualethik und Familienkunde, 1.1931, S.72-78.

112 Hirsch, Heiratszeugnis, S.68.

113 Vgl. Bergmann, S.75-99. Die ersten Arbeiter-»Laien«-Verbände der Sexualreformbewegung entwickelten sich zu Beginn der Weimarer Zeit aus einer Mischung von Ge-
schäftsinteressen und politischer Zielsetzung; erstere traten zunehmend in den Hintergrund. Vgl. Grossmann, The New Woman, S.112-122, 162-206.

114 Marcuse, S.394, 397.

115 Ebda., S.VIIIf.

116 Vgl. Schr. Präs. RGA an RMdI v. 26.3.1929, Betrifft: Geburtenregelung und Abtreibung,
ZStAP, 15.01, 26233, Bl.54-59; Grossmann, The New Woman, S.158-162.

117 Ludwig Fraenkel, Sterilisierung und Konzeptionsverhütung, in: Verhandlungen der deutschen Gesellschaft für Gynäkologie, 22.Versammlung, abgehalten zun Frankfurt a.M. vom
27.-30.Mai 1931, Archiv Gyn 144.1931, S.86-132. Ludwig Fraenkel (1870- 1951) wurde 1933
im »Selbstreinigungsprozeß« der deutschen Gynäkologen aus dem Verband ausgeschlossen
und emigrierte 1936 nach Brasilien. Auch die 23.Versammlung der deutschen Gesellschaft
für Gynäkologie 1933 beschäftigte sich mit Geburtenkontrolle, aber unter veränderten Vorzeichen, denn das GzVeN war inzwischen verabschiedet. Über »Eingriffe aus eugenischer
Indikation« referierten Eugen Fischer, damals Rektor der Universität, der Strafrechtler

Eduard Kohlrausch, Oskar Bumke, Direktor der psychiatrischen Universitätsklinik in München, und Ludwig Seitz, der II.Vorsitzende der Gesellschaft für Gynäkologie, Direktor der Universitätsfrauenklinik in Frankfurt a.M.. Vgl. Arch Gyn 156.1934, S.102-161.

118 Prof. Kirstein, Bremen, Arch Gyn 144.1931, S.371.

119 Herbstversammlung der Gyn. Ges. d.dt. Schweiz am 12.10.1930, ZBlGyn, 55.1931, S.1603.

120 Geza von Hoffmann hatte als österreichisch-ungarischer Diplomat in den Vereinigten Staaten die rassenhygienische Bewegung aufmerksam studiert und durch sein Buch *Die Rassenhygiene in den Vereinigten Staaten von Nordamerika*, München 1913, in Deutschland vorgestellt.

121 Ueber den Austausch, S.62, hervorgeh. im Orig.

122 Heller, S.64.

123 Ueber den Austausch, ebda.

124 Hoche, S.810.

125 Ueber den Austausch, ebda. Die Eheberater sollten die Ehefähigkeit bei folgenden Krankheitszuständen verneinen: ansteckende Geschlechtskrankheit; Lepra; schwere Geisteskrankheit, namentlich epileptische oder kretinische Verblödung, progressive Paralyse, Dementia praecox, manisch-depressives Irresein ohne längerdauernde krankheitsfreie Zwischenzeiten, Imbezillität höheren Grades, schwere psychopathische Veranlagung oder Entartungshysterie; chronische Vergiftungen: ausgesprochener chronischer Alkoholismus, Morphinismus und Kokainismus.

126 Vgl. Schwalbe, S.14.

127 Ueber den Austausch, S.49.

128 Heller, S.67f.

129 Ueber den Austausch, S.50.

130 Heller, S.61.

131 Ursprünglich war die Abhandlung als Beitrag in Marcuses *Ehebuch* vorgesehen. Da sie aber erheblich umfangreicher ausfiel als geplant, wurde sie als eigenständiges Buch im selben Verlag zur selben Zeit wie das *Ehebuch* herausgegeben, worauf Marcuse und Heller jeweils im Vorwort hinweisen.

132 Heller, S.68, 71, 83, 94.

133 Ebda., S.68.

134 Ebda., S.94f.

135 Zit. nach Heller, S.83.

136 Ebda., S.85.

137 Für künstlerisch veranlagte (offensichtlich männliche! GC.) Individuen z.B. würden »Mangel von Busen und Hüften«, Verbiegung der Wirbelsäule, Mangel der Haare und Zähne, ausgedehnte Muttermale eine solche Rolle spielen, daß die eheliche Gemeinschaft unmöglich sei, führte Heller hierzu aus. An Hautkrankheiten erwähnte er Schuppenflechte, Ichtyosis und chronische Ekzeme. Es seien fast gar keine Urteile bekannt geworden. Dem Ermessen des Richters müsse hier großer Spielraum gegeben werden. Ebda., S.69-83.

138 Heller, S.82. Wieweit der § 1334 herangezogen werden müsse (»arglistige Täuschung«), wenn körperliche Gebrechen durch kosmetische Maßnahmen verdeckt wurden, daß der gesunde Nupturient ihr Vorhandensein »vor der Ehebetätigung« nicht erkennen konnte, sei fraglich. Hier müsse abgewartet werden, wie die Judikatur in konkreten Fällen entscheide.

139 Heller zitierte hier aus einem Urteil des Oberlandesgerichts Stuttgart aus dem Jahr 1892 und aus einer Entscheidung in Breslau von 1912. Ebda., S.71.

140 Christian in Marcuse, S.608.

141 Vgl. »Anfechtung der erbkranken Ehe« und »Anfechtung der Mischehe« GLM, S.102-106, 208-210.

142 Zur Ehescheidungsrechtsreform vgl. Jill Stephenson, Women in Nazi Germany, London 1975; Ramm; Anka Schaefer.

143 Ähnliches vollzieht sich um diese Zeit mit dem § 218 StGB. Gegenüber dem zuvor generellen Verbot der Abtreibung erfolgt durch das Aufstellen von *Indikationen* eine teilweise Aufhebung des zuvor als *kriminell* Geahndeten – eine Erweiterung, die zugleich neue und abstraktere Grenzen zieht: Die Frage der Zulassung des Schwangerschaftsabbruchs wird nun auf einer professionellen Ebene entschieden, wovon Frauen auch profitieren können, während ihnen grundsätzlich nach wie vor kein selbständiges Entscheidungsrecht zugestanden wird.

Anmerkungen zum 4. Kapitel

1 Dr. Gerum, Stadtarzt in Frankfurt/Main, Erfahrungen bei der Begutachtung von Ehestandsdarlehen (sic!), in: Zs Gesverw Gesfürs, 15.1934, S.366.

2 Eugen Fischer, Denkschrift über Forschungsinstitute zur wissenschaftlichen Unterbauung deutschvölkischer, rassenhygienischer Bevölkerungspolitik, Anlage zum Schreiben Fischer an Gütt vom 5.7.1933, ZStAP, 15.01, 26244, Bl.14-18.

3 Schreiben Ploetz an Hitler o.D. (Vermerk Gütt vom 9.5.1933), ZStAP, 15.01, 26243, Bl.127f.; Alfred Ploetz, Bisherige private und staatliche Förderung der Rassenhygiene und ihre nächste Weiterentwicklung, in: Verhandlungen des V.Internationalen Kongresses für Vererbungswissenschaft Berlin 1927, Leipzig 1928, S.310-331.

4 Vgl. Reiner Pommerin, »Sterilisierung der Rheinlandbastarde«. Das Schicksal einer farbigen deutschen Minderheit 1918-1937, Düsseldorf 1979.

5 Obwohl nach Reichsrecht die Eheschließung zwischen deutschen Männern und afrikanischen Frauen zwar nicht verboten war, aber als nicht erwünscht galt, wurden sie zwischen 1905 und 1912 durch Gouverneursverordnungen in den deutschen Kolonien verboten. Ungültig geschlossene Ehen wurden rückwirkend aufgehoben und den weißen Ehemännern die bürgerlichen Ehrenrechte entzogen. Der Name des rassistischen Ehe- und Sexualverbotsgesetzes von 1935, »Gesetz zum Schutz des deutschen Blutes und der deutschen Ehre«, kommt also nicht von ungefähr. Vgl. Bergmann/Czarnowski/Ehmann, S.126ff. In seinem Beitrag *Klima, Rasse und Ehe* in *Ehe und Krankheiten* kritisierte Moszkowski 1916 weniger die Heiraten in den Kolonien – aufgrund ihrer geringen Verbreitung –, sondern vor allem die Prostitution schwarzer Frauen, nicht hingegen die weißen Männer, die diese Dienste in Anspruch nahmen.

6 Wilhelm Reich berichtet in seinem Buch *Massenpsychologie des Faschismus* über einen solchen Vorfall in Nürnberg. Leon Poliakow, Christian Delacampagne und Patrick Girard sprechen von grundsätzlich zwei Wegen der Rassendiskriminierung: Ausschluß aus der allgemeinen gesellschaftlichen Ökonomie und Eheverbote: Leon Poliakov/Christian Delacampagne/Patrick Girard, Über den Rassismus. Sechzehn Kapitel zur Anatomie, Geschichte und Deutung des Rassenwahns, Stuttgart/Berlin 1985.

7 Gesetz zur Verminderung der Arbeitslosigkeit vom 1. Juni 1933, Abschnitt V, Förderung der Eheschließungen, § 1 Abs. (1), RGBl I, 1933, S.323-329. Die (künftige) Ehefrau mußte sich verpflichten, »eine Tätigkeit als Arbeitnehmerin so lange nicht wieder aufzunehmen, als der künftige Ehemann Einkünfte im Sinne des Einkommensteuergesetzes von mehr als 125 Reichsmark monatlich bezieht und das Ehestandsdarlehen nicht restlos getilgt ist.« Durch das 1.Änderungsgesetz vom 28.3.1934 wurde die Einkommenshöchstgrenze des

Ehemannes mit folgender Begründung aufgehoben: »Es kommt oft vor, daß die Antragstellerin nur vorübergehend aus dem Arbeitnehmerstand ausscheidet, ... einzig und allein zu dem Zweck, die Voraussetzung für die Gewährung eines Ehestandsdarlehens zu schaffen. Sie weiß schon bei Einbringung des Antrages, ... daß das Einkommen ihres künftigen Ehemannes 125 Reichsmark monatlich nicht übersteigt oder bald nicht mehr übersteigen wird, und daß sie dann eine neue Stellung annehmen kann, ohne gegen die Vorschriften des Gesetzes zu verstoßen.« Artikel I bestimmte nun, daß die Ehefrau erst (wieder) erwerbstätig sein dürfe, wenn der Ehemann »als hilfsbedürftig im Sinn der Vorschriften über die Gewährung von Arbeitslosenunterstützung betrachtet« werde.

8 § 2 Durchführungsverordnung über die Gewährung von Ehestandsdarlehen (ED-DVO) vom 20.Juni 1933, RGBl I, 1933, S.377-388, hier S.377. Muster der »Bedarfsdeckungsscheine« ebda., S.387f.

9 Tim Mason, Zur Lage der Frauen in Deutschland 1930 bis 1940: Wohlfahrt, Arbeit und Familie, in: Gesellschaft. Beiträge zur Marxschen Theorie 6, Frankfurt 1976, S.139. M.W. gibt es keine Statistik aufgeschlüsselt nach Anzahl und jeweiliger Höhe der Ehestandsdarlehen, sondern nur die Angabe von Durchschnittswerten und Angaben über die Schwankungen der Höchstgrenzen aus verschiedenen Gründen. Zahlen über Eheschließungen 1925-1935 siehe in J.E. Knodel, The Decline of Fertility in Germany, 1871-1939, Princeton 1974. Nach den »Richtlinien für die Gemeindebehörden« konnten für die Darlehensgutscheine erworben werden : »alle Gegenstände, die außer Möbeln, Kleidung und Wäsche zur Einrichtung eines Haushalts dienen ... Gardinen, Vorhänge, Möbelstoffe, Matratzen, Betten (Bettdecken und Kopfkissen mit Federfüllung), Tischdecken, Stepp- und Schlafdecken, Musikinstrumente für Hausmusik, Teppiche, Küchengeräte, Geschirr, Gläser, Bestecke, Beleuchtungskörper, Kochherde, Oefen, Badeeinrichtungen, Waschfässer, Nähmaschinen, Bilder, Stand- und Wanduhren, Gartengeräte, elektrische Apparate und Rundfunkgerät«. Anonymes Schr. an den Reichskanzler, ZStAP, 15.01, 26239, Bl.191. Zu den »Richtlinien für die Gemeinde« vgl. B. Möllers, Die Förderung der Eheschließungen im neuen Deutschland, Berlin 1935; Erich Bartz, Ehestandsdarlehen, Berlin und Wien 1940.

10 7.ED-DVO v. 10.März 1937, RGBl I, 1937, S.292.

11 Berlitz, S.39. Hervorhebungen im Text gesperrt gedruckt. Zur geschlechtsspezifischen Demobilmachungspolitik zu Beginn der Weimarer Republik vgl. Susanne Rouette, »Gleichberechtigung« ohne »Recht auf Arbeit«. Demobilmachung der Frauenarbeit nach dem Ersten Weltkrieg, in: Christiane Eifert/Susanne Rouette (Hg.), Unter allen Umständen. Frauengeschichte(n) in Berlin, Berlin 1986, S.159-182.

12 Vermerk Pfundtner vom 16.6.1933, ZStAP, 15.01, 26239, Bl.87.

13 Min. Dir. Dr. Jancke verfaßte auch einen Gesetzeskommentar zu den Ehestandsdarlehen.

14 ED-DVO v. 20.6.1933, §1, Buchst. d), RGBl I, 1933, S.377.

15 Vermerk Melior, RMdI, vom 21.6.1933, ZStAP, 15.01, 26239.

16 Schreiben Frick an das Reichsfinanzministerium (RMF) vom 23.6.1933, ebda.

17 Schreiben RMF, i.V. Staatssekretär Reinhardt an das RMdI vom 11.7.1933, ebda., Bl.92.

18 Schreiben RMdI an RMF v. 19.7.1933, ZStAP, 15.01, 26239.

19 Zur Entlassung und Verfolgung von Ärztinnen und Ärzten vgl. Stephan Leibfried/Florian Tennstedt, Berufsverbote und Sozialpolitik 1933. Die Auswirkungen der nationalsozialistischen Machtergreifung auf die Krankenkassenverwaltung und die Kassenärzte. Analyse, Materialien zu Angriff und Selbsthilfe, Erinnerungen, Bremen [1]1979 ([3]1983); Käthe Frankenthal, Der dreifache Fluch: Jüdin, Intellektuelle, Sozialistin. Lebenserinnerungen einer Ärztin in Deutschland und im Exil, hg. von Kathleen M. Pearle und Stephan Leibfried, Frankfurt/New York 1981; Christian Pross/Rolf Winau (Hg.), Nicht mißhandeln. Das Krankenhaus Moabit; Fridolf Kudlien unter Mitarbeit von Gerhard Baader u.a., Ärzte im Nationalsozialismus, Köln 1985; Nathorff, Hertha, Das Tagebuch der Hertha Nathorff.

Berlin – New York. Aufzeichnungen 1933 bis 1945, hg. und eingeleitet von Wolfgang Benz, Frankfurt 1988.

20 Schreiben des PrMdI an das RMdI vom 19.7.1933 mit Abschrift des Schreibens des Oberbürgermeisters von Düsseldorf vom 29. Juni 1933, ZStAP, 15.01, 26239.

21 So laut Schreiben RMdI an RMF vom 19.7.1933 (Anm. 18).

22 Zu der geringfügigen Wirkung der Ehestandsdarlehen in dieser Hinsicht vgl. Winkler, S.48f.

23 »Die Tatsache, daß keiner der Ehegatten an vererblichen geistigen oder körperlichen Gebrechen leidet, die seine Verheiratung nicht als im Interesse der Volksgemeinschaft liegend erscheinen lassen, und die Tatsache, daß keiner der Ehegatten zur Zeit der Antragstellung an Infektionskrankheiten oder sonstigen das Leben bedrohenden Krankheiten leidet, sind durch ein Zeugnis eines beamteten Arztes oder eines nach Abs. 2 an seine Stelle tretenden Arztes nachzuweisen.« 2.DVO vom 22.7.1933, RGBl I, 1933, S.540, § 5, Abs.1.

24 Runderlaß des Ministers des Innern betr. Ausstellung amtsärztlicher Zeugnisse für Ehestandsdarlehensempfänger vom 7.8.1933, in: RGesbl, 8.1933, S.694f.

25 Schnellbrief RFM an die Landesregierungen vom 27.7.1933, ZStAP, 15.01, 29239, Bl.122-124; § 5 Abs.3, 2.DVO. In Preußen sollten die entstehenden Kosten für die Kreisärzte aus der Dienstaufwandsentschädigung bestritten werden; in dem »Ersuchen« der Regierungspräsidenten bzw. des Polizeipräsidenten zu Berlin an die zu beteiligenden kommunalen Gesundheitsämter und Fürsorgestellen war mitzuteilen, daß diese die Kosten selbst zu tragen hätten; RdErlMdI v. 7.8.1933. Offensichtlich beglichen kleine und mittlere Handels- und Handwerksbetriebe teilweise ihre Steuerschulden bei den Finanzämtern mit den Ehestandsdarlehensscheinen. Vgl. RGesbl, 9.1934, S.362.

26 Antragsberechtigt waren nun auch arbeitslose weibliche Verlobte, die in den vergangenen fünf Jahren, also seit 1928, mindestens sechs Monate erwerbstätig gewesen sein mußten – das Gesetz vom 2.6.1933 hatte den Zeitraum auf 1931 begrenzt –, ferner auch erwerbstätige Ehefrauen. Das Gesetz hatte den Zeitpunkt der Eheschließung mit dem Juni 1933 festgesetzt, jetzt konnte ein ED auch beantragt werden, wenn die Ehe bereits ein Jahr früher (nach dem 1.6.1932) geschlossen war. Bedingung war, daß die noch erwerbstätige Ehefrau wie die noch erwerbstätige Verlobte bei Erhalt des Darlehens aus dem Erwerbsleben ausscheiden mußte (§§ 1 und 2 der 2.DVO, RGBl I, 1933, S.540).

27 Wie z.B. in manchen nordeuropäischen und -amerikanischen Staaten eidesstattliche Erklärungen über das Nichtvorhandensein praktisch derselben eugenischen »Indikationen« für ein Eheverbot keine große Wirkung hatten, was Max Christian in Marcuses *Ehebuch* kritisierte!

28 5.DVO vom 24.3.1936, RGBl I, 1936, S.316.

29 3.DVO vom 22.8.1933, RGBl I, 1933, S.596. Auch die Ehefrau bei ab dem 1.6.1932 geschlossenen Ehen konnte nun erwerbslos sein unter der Voraussetzung einer mindestens sechsmonatigen Erwerbsarbeit in der Zeit vom 1.6.1928 bis zum 31.5.1933 (§ 1a); auch Arbeitsverhältnisse der »künftigen Ehefrau« oder »Ehefrau« in Haus oder Betrieb bei »Verwandten aufsteigender Linie« wurden nun anerkannt – das war zuvor nicht der Fall –, wenn durch ihr Ausscheiden »die Einstellung einer fremden Arbeitskraft nachweislich erfolgt ist«. (§ 1b) Der § 1a galt übrigens nur bis Anfang Dezember 1933, aufgehoben durch die 4.ED-DVO vom 2.12.1933, RGBl I, 1933, S.1019f.

30 Im ZStAP, 15.01, 26239 – 26241 sind drei Bände aus der ersten Zeit erhalten. Bearbeiter im Reichsgesundheitsamt waren: Dornedden, Wiedel und Bernhard Möllers; jedes Schreiben trug die Unterschrift von Prof. Hans Reiter, dem Präsidenten des Reichsgesundheitsamts. Auch im RMdI wurden die Gutachten vor der Weitersendung studiert.

31 RdErl RMdI vom 16.1.1939, abgedruckt in: Öff GesD A, 5.1939/40, S.378.

32 Ehestandsdarlehen, hg. vom Reichsminister der Finanzen, Berlin 1935, S.40 (Erläuterungen des RFM vom 5.7.1933).

33 Schreiben des Kreisarztes des Stadt- und Landkreises Stolp, Medizinalrat Dr. med. E. Rapmund, an den Regierungspräsidenten in Köslin vom 2.8.1933, ZStAP, 15.01, 26239, Bl.167f.

34 Im Februar wurden die Bewilligungsbescheide wegen der großen Nachfrage und dem Ende des Rechnungsjahres am 31.März 1934 ausgesetzt; im RFM rechnete man für April mit 50000 Bescheiden, da »in der Bearbeitung der Anträge ... eine Stockung nicht eingetreten sei«. Vgl. RGesBl, 9.1934, S.361f.

35 Stadtmedizinalrat Dr. Klose/Stadtarzt Dr. Büsing, Kiel, Zur Duchführung des Gesetzes über Ehestandsdarlehen, in: Zs Gesverw Gesfürs, 5.1934, S.73-77.

36 Stadtmedizinalrätin Freiin von König, Plauen, Eheberatung und Ehestandsdarlehen, in: DÄBl, 64.1934, S.64-66. Im Vergleich dazu einige Zahlen über freiwillige Eheberatung in der Weimarer Zeit aus Berliner Beratungsstellen nach Atina Grossmann: Berlin-Prenzlauer Berg 1926 (Eröffnungsjahr) 800 Konsultationen (in der NS-Zeit unter demselben Leiter Dr. Scheumann weitergeführt); größer war die Besucherzahl in den von den Nationalsozialisten geschlossenen Beratungsstellen der Berliner Krankenkassenambulatorien: 1928 (Eröffnungsjahr) 2455 Erstberatungen, 3576 Folgeberatungen. Vgl. Grossmann, The New Woman, S.124, 156.

37 Dr. Vollmer, Bremen, Eheberatung und Ehestandsdarlehen, in: DÄBl, 64.1934, S.314f.

38 Kreisarzt Dr. Herbert Köhler, Sonneberg/Thüringen, Ehestandsdarlehen und erbbiologische Bestandsaufnahme, in: DÄBl, 64.1934, S.499f. Zum thüringischen »Landesamt für Rassewesen« und Dr. med. Karl Astel vgl. Karl Heinz Roth: »Erbbiologische Bestandsaufnahme«, S.65.

39 Kreis- und Stadtarzt Dr. Beyreis, Mülheim/Ruhr, Die Mitwirkung des beamteten Arztes bei der Gewährung der Ehestandsdarlehen, in: Zs Medb, 46.1933, S.555-558.

40 Gerum, S.366. Nicht mit aufgeführt ist die Zahl der untersuchten Einzelpersonen für ein Ehestandsdarlehen.

41 Bezirksarzt Dr. v. Ebner, Nürnberg, Über die Tätigkeit des Amtsarztes in der neuen Bevölkerungspolitik, insbesondere über die Begutachtung der Ehestandsdarlehen (sic!), in: Zs Medb, 46.1933, S.605-610.

42 Bezirksarzt Dr. W. Glaser, Erding, Zur amtsärztlichen Begutachtung von Ehestandsdarlehen, in: Zs Medb, 47.1934, S.59-63.

43 Medizinalrat Dr. Rapmund, Stolp, Zur amtsärztlichen Begutachtung bei Ehestandsdarlehen, in: ebda., S.63-65.

44 Labisch/Tennstedt, S.76: Tabelle 1 »Organisation und Personal im Öffentlichen Gesundheitswesen im Herbst 1933«.

45 Ebda., S.317ff.; Tabelle 5 »Übersicht über die vorhandenen und noch zu errichtenden Gesundheitsämter in den unteren Verwaltungsbezirken des Deutschen Reiches (Stand 1.Nov. 1934)«, S.319. Der Großteil der Ehestandsdarlehen wurde in Städten beantragt. Für die Landbevölkerung wurden ab 1938, als Versuch, der wachsenden Landflucht gegenzusteuern, besondere Ehestandsdarlehen eingeführt. Sie brauchten nicht getilgt zu werden, wenn mindestens ein Ehegatte zehn Jahre ununterbrochen in der Land- und Forstwirtschaft oder als ländlicher Handwerker tätig war. Vgl. Verordnung des Beauftragten für den Vierjahresplan, des RMF und des RM für Ernährung und Landwirtschaft zur Förderung der Landbevölkerung vom 7.Juli 1938, RGBl I, S.835 und Durchführungsbestimmungen vom 31.8.1938, ebda., S.1174.

46 Schreiben des Verbandes der Ärzte Deutschlands – Hartmannbund – Leipzig, an das RMdI vom 4.8.1933, ZStAP, 15.01, 26239, Bl.134f.

47 RMdI an den Verband der Ärzte Deutschlands – Hartmannbund – und z. K. an die Landesregierungen; für Preußen: Ministerium des Innern vom 10.8.1933, ZStAP, 15.01, 26239, Bl.142.

48 Der RAM-Erlaß v. 24.11.1933 wird erwähnt im Preußischen RdErl MdI über ärztliche Untersuchungen für Bewerber um Ehestandsdarlehen. Vom 10.3.1934 (Auszug), RGesBl, 9.1934, S.391; die Einstellung von Medizinalassessoren erwähnt Beyreis, S.558.

49 Hermann von Redetzky, Entwicklung, Vereinheitlichung und Demokratisierung des öffentlichen Gesundheitswesens, Berlin 1949; F. Pürckhauer, Das Gesundheitsamt im Wandel der Zeit, Sonderdruck aus: *Der öffentliche Gesundheitsdienst. Monatszeitschrift für Gesundheitsverwaltung und Sozialhygiene,* 8.1954, S.279-296; ausführlich hierzu vgl. Labisch/Tennstedt.

50 Schreiben Wendenburg an den DGT vom 11.8.1933, ZStAP, 15.01, 26239, Bl.161ff.

51 Zu Wendenburg vgl. Labisch/Tennstedt, S.511f.

52 Gütt an den Kommissar der ärztlichen Spitzenverbände, Provinzialbeauftragter Westfalen, Dr. Scholz, v. 25.8.1933, ZStAP, 15.01, 26239, Bl.179 u. Rs.

53 Friedrich Wendenburg, Soziale Hygiene, Berlin 1929, S.54, vgl. Christoph Sachße, Mütterlichkeit als Beruf. Sozialarbeit, Sozialreform und Frauenbewegung 1871-1929, Frankfurt am Main 1986, S.341.

54 Schreiben des Oberregierungsmedizinalrats Dr. Lambert, Hannover, an Gütt vom 19.7.1933, ZStAP, 15.01, 262339, Bl.113.

55 Schreiben Gütt an Lambert vom 26.7.1933, ebda., Bl.114.

56 Eine Umfrage des Preußischen Medizinalbeamtenvereins 1926 ergab, daß 310 der Medizinalbeamten »in irgendeiner Form neben ihrer staatlichen Aufgabe als Kreisarzt zugleich kommunalärztlich tätig waren.« Eine Umfrage des deutschen Landkreistages mit dem Stichtag 20.6.1930 verzeichnete in 293 von 408 preußischen Landkreisen nebenamtlich (also in der Gesundheitsfürsorge) tätige Kreiskommunalärzte, die Labisch/Tennstedt im wesentlichen als staatliche Kreisärzte identifizieren. In 71 preußischen Landkreisen hingegen gab es keine Kommunalärzte. Labisch/Tennstedt, S.75.

57 50. Jubiläumstagung des Preußischen Medizinalbeamtenvereins, in: Zs Medb, 46.1933, S.492. Dr. med. Willy Boehm (1877-1937) war 1920 bis 1933 Bezirksarzt in Remscheid, 1933 Bezirksarzt in Berlin-Kreuzberg und ab 1935 Medizinalrat im Polizeipräsidium Berlin; er gehörte der DVP an und war 1925-1933 Abgeordneter im Preußischen Landtag (1931/32 Vizepräsident). Vgl. Labisch/Tennstedt, S.384f. Boehm verfaßte 1936 gemeinsam mit dem Bevölkerungsstatistiker im Statistischen Reichsamt Friedrich Burgdörfer, seinem amtsärztlichen Kollegen Friese und dem Ministererialbeamten aus dem RMdI Herbert Linden den zweiten Band der *Handbücherei für den öffentlichen Gesundheitsdienst,* Grundlage der Erb- und Rassenpflege, Berlin 1936.

58 Rapmund, S.64.

59 Glaser, S.60.

60 Rapmunds Fragebogen etwa vervielfältigten Polizeiverwaltung und Landratsamt.

61 Glaser, S.61.

62 Schr. vom 3.8.1934, Betr. Gesuch über Ehestandsdarlehen, ZStAP, 15.01, 26241, Bl.246f.

63 Der Gemeindeschulze von Glindow an den Kreiswalter der NSV Beelitz-Stadt vom 26.6.1934, ebda., Bl.251.

64 Schreiben Dr. Büttner, Abteilungsleiter der Abteilung Gesundheit der NSV, Kreis Zauche-Belzig, an den Kreismedizinalrat Dr. Brauner in Belzig vom 2.7.1934, ebda., Bl.249.

65 Schr. Dr. Brauner an Dr. Büttner vom 10.7.1934, ebda., Bl.248. Wie bis 1935 vorgeschrieben, hatte er die Unterlagen bereits an das Reichsgesundheitsamt eingesandt.

66 Schreiben des Präsidenten des Reichsgesundheitsamts, Prof. Reiter, an das RMdI vom 12.9.1934, Betrifft: Röntgenologische und serologische Untersuchungen an Ehestandsdarlehensbewerbern. Berichterstatter: Reg.Rt. Dr. Dornedden, ZStAP, 15.01, 26241, Bl.253-254.

67 Ebda.

68 Ebda.

69 Vermerk vom 19.9.1934, ebda.

70 Dem Schulzeugnis bzw. der Vorlage des Entlassungszeugnisses der Volksschule wurde von den untersuchenden Ärzten wesentliche Aussagekraft hinsichtlich der »Eheeignung« zuerkannt; die neuen im Januar 1934 vom RMdI herausgegebenen »Personalbogen für Bewerber um Ehestandsdarlehen« fragten außer nach Familien- und Vorname, Geburtsdatum und Geburtsort, Wohnort, Straße und Hausnummer, »Stand oder Beruf« und »Religion«, auch nach »Art der besuchten Schule« und »Entlassen aus welcher Klasse?« ZStAP, 15.01, 26241, Bl.224 und 225.

71 Vgl. Bock, Zwangssterilisation, S.247f. Vgl. auch die Dissertationen über Zwangssterilisationen im Einzugsbereich Nürnberg bei dem Erlanger Humangenetiker und Verschuer-Schüler Gerhard Koch: Jobst Thürauf, Erhebungen über die im Rahmen des GVeN vom 14.Juli 1933 in den Jahren 1934 bis 1945 durchgeführten Sterilisationen im Raume Nürnberg-Fürth-Erlangen (Mittelfranken), dargestellt an den Akten des Gesundheitsamtes der Stadt Nürnberg, I. Beitrag, Diss. Med. Erlangen-Nürnberg 1970; Harald Hoffmann, Erhebungen, II. Beitrag, Diss. Med., Erlangen-Nürnberg 1971; Dieter Horn, Erhebungen, III. Beitrag, Diss. Med., Erlangen-Nürnberg 1972, Heidi Kreutzer, Erhebungen, IV. Beitrag, Diss. Med., Erlangen-Nürnberg 1972. Zu Hamburg vgl. Roth/Ebbinghaus (Hg.), Mustergau Hamburg. Kiel mit seinem Stadtmedizinalrat Franz Klose wird uns noch öfter begegnen.

72 Erlaß RMdI vom 16.3.1934 betr. Richtlinien über die ärztliche Untersuchung der Ehestandsdarlehensbewerber, RGesBl, 9.1934, S.270.

73 ZStAP, 15.01, 26239, Bl.123,Rs.

74 Schnellbrief RMdI an RMF vom 22.7.1933 (»sofort! abzutragen durch besonderen Amtsgehilfen«) und Schreiben RFM an die Landesregierungen v. 27.7.1933 mit zwei Anlagen, ebda., Bl.109-110 und Bl.122-124.

75 50.Jubiläumstagung des Preußischen Medizinalbeamtenvereins, Zs Medb, 46.1933, S.492f. Die Bildung einer Kommission war die übliche Form zur Behandlung wichtiger Fragen im Medizinalbeamtenverein. Im Zusammenhang mit der Einführung kommunaler Eheberatungsstellen in Preußen war 1926/27 daran gedacht, ein »Indikationenbuch« für die Eheberater herauszugeben, wozu es offensichtlich nicht gekommen war.

76 Dieses und die folgenden Zitate v. Ebner, S.605f.

77 »Die Zeitschrift wurde 1930 ins Leben gerufen, um nach Möglichkeit der literarischen Zersplitterung auf dem Gebiete der öffentlichen Gesundheitspflege ein Ende zu machen«, hieß es in ihrer letzten Nummer am 20. März 1935. Sie war das »Organ des deutschen Medizinalbeamtenvereins e.V., der Vereinigung der deutschen Kommunal-, Schul- und Fürsorgeärzte, der Vereinigung der deutschen Tuberkulose-Ärzte, des Verbandes der verbeamteten Zahnärzte im Reichsverband der Zahnärzte Deutschlands e.V. und des Reichsverbands der Fürsorgeärzte Österreichs«. Ab April 1935 fand auch hier die »Vereinheitlichung« statt: zusammengelegt mit der Zeitschrift für Medizinalbeamte erschien unter neuer Schriftleitung Der öffentliche Gesundheitsdienst.

78 Ludwig Federhen, Die gesundheitliche Eignung zur Ehe, in: Zs Gesverw Gesfürs 4.1933, S.499f.

79 Klose/Büsig, S.75.

80 Die Ablehnungsgründe differenzierte er wie folgt: »11 % wegen asozialem Verhalten, politischer Unzuverlässigkeit usw. ... 9 % Geschlechtskrankheiten ... weitere 10 % wegen innerer Leiden. Es verbleiben dann noch 70 % der Ablehnungen, die durch seelische Erbkrankheiten bedingt sind«. Gerum, S.365f.

81 Schreiben des Reichsbundes der Körperbehinderten e.V. Berlin, an den RFM vom 30.6.1933 (Anlage zum Schreibens RFM an RMdI vom 11.7.1933, siehe Anm. 17).

82 Vollmer, S.315.

83 Eugen Fischer, Schlußansprache, in: Harmsen/Lohse (Hg.), Bevölkerungsfragen, S.929.

84 Schreiben der Schriftleitung *Die Medizinische Welt. Ärztliche Wochenschrift*, Prof. Dr. Dietrich, wirkl. Geheimer Obermedizinalrat, Ministerialdirektor i.R., und Dr. Clemens E. Benda, vom 5.10.1933 an Gütt, ZStAP, 26241, Bl.208. Interessant an diesem Schreiben ist der Hinweis auf die kreisärztlichen Anfragen. Offenbar holte eine ganze Reihe der beamteten Ärzte sich nicht beim neuen zuständigen Reichsministerium, sondern bei dem ehemaligen preußischen Vorgesetzten Auskunft.

85 ZStAP, 15.01, 26239, passim.

86 Federhen, S.500; v. Ebner, S.608.

87 Glaser, S.61.

88 Klose/Büsing, S.75. Hervorgeh. von mir, GC. Bei dem erwähnten »Merkblatt« handelte es sich wahrscheinlich um die oben erwähnten, im März 1934 herausgegebenen »Richtlinien für die ärztliche Untersuchung der Ehestandsdarlehensbewerber«. Klose hatte offensichtlich gute Beziehungen zum Reichsgesundheitsamt (RGesA), weil er bereits den Entwurf kannte, den er hier kritisierte.

89 Richtlinien für die ärztlichen Untersuchungen der Ehestandsdarlehensbewerber, in: RGesBl, 9.1934, S.270.

90 von König, S.65, hervorgeh. i.O.; die genaue bibliographische Angabe von Federhens Artikel ist eingefügt; dieser Hinweis dokumentiert den Kolleg/innendisput über Zeitschriftengrenzen hinweg.

91 Dr. Kluck, Danzig, und Dr. Rapmund, Stolp, entwarfen eigene Fragebögen, vgl. 50. Jubiläumstagung des Preußischen Medizinalbeamtenvereins, Zs Medb, 46.1933, S.492 und Rapmund, S.64. Dr. Wendenburg verteilte den von ihm entworfenen in Westfalen. Ebenso verfuhr man in Plauen, Erding und Kiel. Dr. Vollmer, Bremen, verwies zwar auf die neuen Prüfungsbögen ab Januar 1934 als Grundlage für eine einheitlichere Beurteilung für die untersuchenden Ärzte; doch in Kiel beispielsweise verwendeten sie weiterhin ihren eigenen Fragebogen.

92 Beyreis, S.556.

93 Federhen, S.499.

94 von Ebner, S.605.

95 Beyreis, S.558.

96 Klose/Büsing, S.73, das folgende Zitat S.77.

97 von König, S.66.

98 Neubelt, Einige Mitteilungen zur Durchführung des Gesetzes zur Verhütung erbkranken Nachwuchses, in: Öff GesD A, 1.1935, S.423.

99 Vgl. die Versammlung des Deutschen und Preußischen Medizinalbeamtenvereins in Eisenach 1932 und das »politische Manifest« des Arthur Gütt sowie die Entschließung des Medizinalbeamtenvereins auf der Jubiläumstagung im August 1933, Labisch/Tennstedt, S.200-215, 265f.

100 von König, S.66.

101 Vollmer, S.315.

102 In der Diskussion über eugenische Ehekontrollen in den Zwanziger Jahren wurden bereits die Schwierigkeiten, hier zu fundierten Aussagen zu gelangen, thematisiert; vgl. Betrieb und Entwicklung der Eheberatungsstellen, Bericht über die Verhandlungen des Ausschusses 1 (für Bevölkerungswesen und Rassenhygiene) des Landesgesundheitsrates am 14. Mai 1927. Verhandlungen des Preußischen Landesgesundheitsrates Nr. 9 (Veröffentlichungen aus dem Gebiet der Medizinalverwaltung 25.Bd.), Berlin 1927, S.56f.

103 Schreiben Dr. Rapmund an das RMdI vom 14.8.1933, ZStAP, 15.01 26239, Bl.166.

104 Entschließung des Bayerischen Staatsministeriums des Innern über die Gesundheitszeugnisse für die Gewährung von Ehestandsdarlehen vom 23.11.1933, in: RGesBl, 9.1934, S.139.

105 Runderlaß des Preußischen Ministers des Innern über die ärztliche Untersuchung für Bewerber um Ehestandsdarlehen vom 10. 3.1934, in: RGesBl, 9.1934, S.391.

106 Neubelt, S.423.

107 Klose/Büsing, S.77.

108 Glaser, S.61.

109 von Ebner, S.607.

110 Köhler, S.499.

111 Schreiben Lambert an Gütt v. 19.7.1933, siehe Anm. 58.

112 ZStAP, 15.01, 26241, Bl.224 und 225.

113 Stadtmedizinalrat Dr. Klose, Kiel, an den Präsidenten des Reichsgesundheitsamts vom 24. September 1934, ZStAP, 15.01, 26241, Bl.222-223.

114 Ebda.

115 Kurzbiographie in Labisch/Tennstedt, S.437f.

116 Dr. Folberth, Ergebnisse bei Untersuchungen über 7000 Ehestandsdarlehensbewerbern, in: Klinische Wochenschrift, 41.1938, S.1446-1448.

117 Schreiben Gütt vom 25.8.1933 an Dr. Scholz und (das folgende Zitat) vom 21.8.1933 an Dr. Rapmund, ZStAP, 15.01, 26239, Bl.179 Rs und 170.

Anmerkungen zum 5. Kapitel

1 Vom Gesundheitsamt als *biologischer Zentrale des deutschen Volkes* sprach Dr. med. Krahn, Oberreg. Rat im RMdI, auf der Tagung der Wissenschaftlichen Gesellschaft der Ärzte des öffentlichen Gesundheitswesens 1936 in seiner Rede »Das Gesundheitsamt und seine Bedeutung für Volk und Staat«, in: Öff GesD A 2.1936/37, S.450-462, hier S.452.

2 Arthur Gütt, Der Aufbau des Gesundheitswesens im Dritten Reich, Berlin 1938, S.8; hervorgeh. von mir, GC.

3 In dieser Höhe bewegten sich die Zahlenvorstellungen über rassenhygienisch als »negative Auslese« klassifizierte Menschen aufgrund der Medizinalstatistik und von Schätzungen. Alfred Grotjahn beispielsweise sprach von einem Drittel der Bevölkerung, Fritz Lenz – der nicht so weit gehen wollte – von über 12 Millionen »Minderwertigen«, deren »Fortpflanzung« zu unterbinden oder zu reduzieren sei. BFL II, S.272f.; Alfred Grotjahn, Soziale Pathologie, ³1923, S.475; Otmar von Verschuer, Vom Umfang der erblichen Belastung im deutschen Volke, in: ARGB, 24.1930, S.238-267.

4 Vgl. auch zum folgenden Bock, S.259-264.

5 Die Aufnahme in ein psychiatrisches Krankenhaus konnte als (amts-)ärztliche Zwangseinweisung oder freiwillig erfolgen. Vgl. Hans-Georg Güse/Norbert Schmacke, Psychiatrie zwischen bürgerlicher Revolution und Faschismus, Kronberg 1976, Bd.2, S.365-385.

6 Für die Zeit bis zum 1.Juni 1934 liegen keine statistischen Auswertungen aus dem Reichsgesundheitsamt vor, weil die bis zu dieser Zeit verwendeten Vordrucke und das neue Formblatt keine einheitliche Auswertung der *Prüfungsbogen* erlaubten; vgl. M.v. Mezynski, Der Gesundheitszustand der Ehestandsdarlehensbewerber, in: DÄBl 66.1936, S.161-165. Für August 1933 bis Ende Februar 1934 liegt jedoch die Zahl der ausgegebenen ED vor. Da die Zahl der Ablehnungen in den ersten Monaten erheblich größer war als später, müssen in diesem Zeitraum mindestens 400 000 Personen untersucht worden sein; vgl. Kapitel 4. und 6.

7   Bock, S.231. Die unterschiedlichen Zahlen stammen aus zwei verschiedenenen Statistiken.

8   Zum Verhältnis von rassenhygienischer Bewegung und Nazi-Bewegung vor 1933 vgl. ebda., S.23-27.

9   Die Akte enthält übrigens auch ein Schreiben Gütts an den damaligen Reichsinnenminister, in dem er, auf die Eisenacher Medizinalbeamtenversammlung 1932 hinweisend, seine Pläne darlegte und einen Sonderdruck seines dort gehaltenen Referates beifügte. Vgl. Schreiben vom 30.10.1932, ZStAP, 15.01, 26227, Bl.10-11 Rs.; Med.Rat Dr.Gütt, Wandsbek, Bevölkerungspolitik und öffentliches Gesundheitswesen, 19. Hauptversammlung des Deutschen Medizinalbeamtenvereins in Eisenach, 22. und 23.9.1932, in: Zs Medbeamte, 45.1932, S.451-472.

10 Gütts Lebenslauf, seine Rolle in der Reformdiskussion im Verein Preußischer Medizinalbeamter und die Umstände seiner Berufung ins RMdI nach der nationalsozialistischen »Machtergreifung« sind von Labisch und Tennstedt ausführlich dargestellt. Ergänzt werden mag hier noch, daß Gütt von der Reichsleitung des Nationalsozialistischen Deutschen Ärztebundes (NSDÄB) (Unterschrift unleserlich) seiner »politischen und weltanschaulichen Qualitäten als auch seiner Sachbefähigung wegen« dem RMdI empfohlen wurde. Er stelle die Verbindung zu den »maßgebenden Fachleuten« her, die der Partei als solcher zunächst noch ferner stünden – so verfüge er über gute Beziehungen zu Lenz und Burgdörfer – und biete überdies »durch seine berufliche Herkunft auch in gegnerischen Kreisen keinerlei Angriffsfläche«. ZStAP, 15.01, 26243, Bl.86, 87.

11 Nordischer Ring, Geschäftsführer Dr. Ruttke, an den Reichsminister des Innern, zu Hd. seines persönlichen Referenten Metzner vom 14.3.1933, ebda., Bl.83-85. Im *Reichsausschuß für Volksgesundheitsdienst* wurden nach und nach alle medizinischen Berufsorganisationen und gesundheitspolitischen Vereinigungen gleichgeschaltet. Zum *Nordischen Ring* vgl. Hans-Jürgen Lutzhöft, Der nordische Gedanke in Deutschland 1920-1940, Stuttgart 1971.

12 Vgl. ZStAP, 15.01, 26243, Bl.190ff.

13 Vorschläge für die Errichtung eines Erbpflegeamtes, ebda., Bl.262-266.

14 Eugen Fischer, Denkschrift; Plan über Forschungsanstalten, ebda., Bl.14-18; Bl.19-22; vgl. Anm.2 Kap.4.

15 Staemmler an das RMdI vom 16.5.1933, ebda., Bl.231; Organisationsplan Bl.232-238.

16 Die Pläne von Fischer, Schwab und Staemmler ließ Gütt für den *Sachverständigenbeirat für Bevölkerungs- und Rassenpolitik* als Arbeitsunterlagen vervielfältigen. Zu diesem Gremium vgl. Heidrun Kaupen-Haas, Die Bevölkerungsplaner im Sachverständigenbeirat für Bevölkerungs- und Rassenpolitik, in: dies. (Hg.), Der Griff nach der Bevölkerung, S.103-120.

17 Gesetz über die Vereinheitlichung des Gesundheitswesens vom 3.Juli 1934, RGBl I, S.531; 1.DVO vom 6.2.1935, RGBl I, S.177; 2.DVO (Dienstordnung –Allgemeiner Teil) vom 22.2.1935, ebda., S.215; 3.DVO (Dienstordnung – Besonderer Teil) vom 30.3.1935, RMBliV, S.327 (Beilage zu Nr. 14). Die ersten beiden von insgesamt sechs Entwürfen trugen noch den Titel »Gesetz zur Vereinheitlichung der Gesundheitsverwaltung«, vgl. BAK, R 18/5518. Zu den Entwürfen, den hartnäckig geführten Verhandlungen zwischen dem RMdI, dem DGT, Preußen und dem RMF und den Phasen der Durchsetzung des GVG im einzelnen vgl. Labisch/Tennstedt, S.257-313.

18 Abschrift eines undatierten 10-seitigen dienstlichen Schreibens von Gütt »an Herrn Minister durch die Hand des Herrn Staatssekretärs«, als Abschrift beigefügt dem vertraulichen Schreiben Gütt – mit dem Briefkopf SS-Oberführer – an Himmler vom 14.1.1938. Himmler setzte sich erfolgreich als Schlichter zwischen Gütt und Wagner ein; siehe den gesamten Vorgang, der u.a. auch einen »Bericht betr. Gegensätze zwischen Reichsärzteführer Wagner und Ministerialdirektor Gütt sowie die Lage auf dem Gebiet der Erb- und Rassenpflege

und Volksgesundheit« von Heydrich als SD-Chef enthält, IfZ, MA 3 (1), Himmler Files Nr.1302, Drawer 1, Folder 5, RFSS/Pers. Stab.

19 Vgl. das diesem Kapitel vorangestellte Zitat Gütts.

20 Zur Auseinandersetzung um das Gesundheitswesen vgl. Bock, S.343-348; Labisch/Tennstedt, S.266-271, S.332-348; Reeg, Friedrich Georg Christian Bartels, S.52-66.

21 Hier arbeitete er eng mit dem Bevölkerungsstatistiker Friedrich Burgdörfer zusammen. Auch die AG des Sachverständigenbeirats für Rassen- und Bevölkerungspolitik beim RMdI – u.a. waren Burgdörfer und Lenz hier Mitglieder – befaßte sich mit dem Reichsfamilienlastenausgleich.

22 Schreiben Gütt an Himmler vom 21.3.1938, IfZ MA 3 (1), ebda. Gütt bat Himmler mehrmals dringend um ein persönliches Treffen, um ihm seine langfristigen Pläne darlegen zu können: »Es handelt sich hierbei um eine Angelegenheit von weittragender Bedeutung, das Reichsarbeitsministerium, das Reichsfinanzministerium, das Reichsministerium des Innern und nicht zuletzt die NSDAP in ihrer gesamten Gesundheits- und Sozialpolitik betreffend.« Im Zuge einer weitsichtigen Bevölkerungspolitik auf dem Boden nationalsozialistischer Weltanschauung müsse »die jetzige, noch marxistisch eingestellte Sozial- und Krankenkassenpolitik grundsätzlich nationalsozialistisch umgestaltet werden, um das deutsche Volk vor dem Untergang zu retten.« Der konkrete Anlaß dafür, daß Gütt sein »Problem, das er seit langem mit (Himmler) erörtern wollte«, nun schriftlich andeutete, war die »akute Frage ... was soll aus dem österreichischen Sozialministerium werden?«. Soweit aus den Unterlagen ersichtlich, ging Himmler nicht darauf ein.

23 Labisch/Tennstedt, S.342.

24 Interessanterweise hier mit der Begründung, »weil das große ärztliche Teilgebiet der Sozialversicherung nebst der Kassenärztlichen Vereinigung Deutschlands und die mit der Durchführung der Sozialversicherung zusammenhängenden Aufgaben auf dem Gebiet der Gesundheitspolitik der Aufsicht des Reichsarbeitsmimisters unterstehen«. Undatiertes Schr. Gütt an Lammers (Durchschlag, Geheim) v. Sept.1937, Stellungnahme zu den Forderungen des Reichsärzteführers Wagner auf Übertragung eines Teils des öffentlichen Gesundheitsdienstes auf die Ämter für Volksgesundheit der NSDAP, mit 18 Anlagen, BAK, R 18/5581, Bl.393-496.

25 Vgl. Gütt an Pfundtner v. 6.12.1937, Vorlage für die Besprechung mit Lammers, BAK R 18/5584 und Gütt an Himmler v. 7.2.1938, IfZ MA 3 (1), Himmler Files, ebda.

26 Im folgenden kann nur ein Überblick über die »Vereinheitlichung des Gesundheitswesens« gegeben werden, der die für unser Thema wichtigsten Dimensionen dieser Reform anreißt. Eine vergleichende Studie über die Entwicklung in einzelnen Regionen etwa ist im Rahmen dieser Untersuchung weder möglich noch beabsichtigt. Allerdings ergeben sich aus der hier angewandten »Zentralperspektive« eine ganze Reihe interessanter Fragen für lohnend erscheindende weitere Untersuchungen.

27 GVG § 3 Abs (1) I, HdG, S.19. Die Ausführungen über das Gesundheitswesen in diesem Kapitel beruhen auf dem Verwaltungskommentar zum Öffentlichen Gesundheitsdienst von 1939 (HdG).

28 1.DVO § 9 , HdG, S.144.

29 1.DVO §§ 20-21, HdG, S.46.

30 HdG, S.78.

31 HdG, S.282. Zum Reichsmütterdienst vgl. Susanna Dammer, Kinder, Küche, Kriegsarbeit – Die Schulung der Frauen durch die NS- Frauenschaft, in: Mutterkreuz und Arbeitsbuch, S.215-245.

32 Vgl. auch Labisch/Tennstedt, S.330f.

33 Vgl. nicht abgesandtes undatiertes Schreiben Gütt an Frick (Beschwerde über Surén, Kommunalabteilung des RMdI), IfZ MA 3 (1), Himmler File Nr.1302, Drawer 1, Folder 5.

34 Ebda.
35 Vgl. Notiz im DÄBl v. 14.4.1934, S.410.
36 Zu Halle, Erfurt, Hannover vgl. ZStAP 15.01, 26239.
37 Kranz an Präs. RGesA v. 31.5.1934; Präs. RGA an RMdI vom 23.6.1934, Betrifft: Die
    Errichtung von Erbgesundheitsämtern, mit 6 Schriftanlagen. ZStAP, 15.01, 26245,
    Bl.448-467ff.
38 Gesundheitsbehörde Hamburg, Präses Dr. Ofterdinger an Gütt, RMdI vom 11.9.1933 sowie
    Wagner, Sachverständigenbeirat für Volksgesundheit, München, Betrifft: Ausarbeitung
    über den Plan eines Gesundheitspasses. Der Gesundheitspass, ein Instrument für die
    Volksgesundheitspflege, insbesondere die Rassenhygiene, ZStAP, 15.01, 26247, Bl.31-50,
    53.
39 Öff GesD B, 1.1935/36, S.23.
40 Schr. Gercke, Sachverständiger für Rassenforschung beim RMdI, v. 6.5.1933, ZStAP,
    15.01, 26244, Bl.261f. Es wurden also nicht allein die »Unterklassen« erfaßt. Gerade die
    Schülerinnen höherer Schulen, Studentinnen und Akademikerinnen waren ein beliebtes
    eugenisches Studienobjekt, um anhand ihrer niedrigen Geschwister-bzw. Kinderzahl die
    negativen Auswirkungen von Frauenstudium und Beruf auf die *Rasse* zu demonstrieren. Zu
    den frühen Basis-Aktivitäten vgl. auch Karl Heinz Roth, »Erbbiologische Bestandsauf-
    nahme«.
41 Schr. Gercke v. 6.5.1933, ebda.
42 RdErl PrMdI an die Ober- und Regierungspräsidenten sowie den Polzeipräsidenten von
    Berlin vom 12.8.1933; ZStAP, 15.01, 26244, Bl.237.
43 Die *Reichsstelle für Sippenforschung* bzw. das *Reichssippenamt* unterstand wie das
    RGesAmt der direkten Kontrolle des RMdI. Vgl. Josef Wulf, Die Nürnberger Gesetze,
    Berlin-Grunewald 1960, S.12-21; Horst Seidler/Andreas Rett, Das Reichssippenamt ent-
    scheidet. Rassenbiologie im Nationalsozialismus, Wien 1982.
44 In einem Schreiben betr. Erstattung anthropologischer Gutachten an Gercke, *Sachver-
    ständiger für Rasseforschung beim RMdI*, benannte Gütt im Juni 1934 »zur Erstattung von
    Hilfsgutachten folgende Sachverständige«: Eugen Fischer, Berlin-Dahlem, Theodor Mol-
    lison, München, Otto Reche, Markkleeberg b. Leipzig und Walter Scheidt, Hamburg. In
    dem an diese gerichteten Schreiben hieß es u.a. »Durch die von Ihnen zu erstattenden
    Gutachten sollen bei der rassischen Einordnung einer Person ggf. Entscheidungen ver-
    mieden werden, die offensichtlich im Widerspruch zu den Tatsachen stehen«. Vgl. ZStAP,
    15.01, 26245, Bl.431-435. In einer Verfügung des RMJ vom 27.6.1939 an die OLG-Präsiden-
    ten *Betrifft: Erb- und rassenbiologische Gutachten durch wissenschaftliche Institute* mit
    Überdrucken für sämtliche Land- und Amtsgerichte waren folgende wissenschaftliche
    Institute aufgeführt: 1) Kaiser Wilhelm-Institut für Anthropologie, menschliche Erblehre
    und Eugenik, Berlin-Dahlem, Ihnestraße 22-24; 2) Anthropologisches Institut der Univer-
    sität München, Neuhauser Str. 31, Alte Akademie; 3) Institut für Rassen- und Völkerkunde
    an der Universität Leipzig, Neues Grassi-Museum, Johannisplatz 1, 4) Rassenbiologisches
    Institut der Universität Königsberg Pr., Oberlaak 8-9; 5) Anthropologisches Institut der
    Universität Breslau, Tiergartenstraße 74, 6) Universitätsinstitut für Erbbiologie und
    Rassenhygiene Frankfurt a.M., Gartenstraße 140; 7) Landesamt für Rassenwesen, Wei-
    mar, Marienstraße 15; 8) Rassenbiologisches Institut der Universität Hamburg, Moller-
    straße 2, 9) Institut für Erb- und Rassenpflege Gießen, 10) Anthropologisches Institut der
    Universität Kiel, Hospitalstraße 20. IfZ, Fa 195/5, Bd.1, S.232-34. Rassengutachten für die
    Reichsstelle für Sippenforschung wurden ebenfalls in der Poliklinik für Erb- und Rassen-
    pflege im KAVH Berlin-Charlottenburg erstellt. Vgl. F.Dubitscher, Praktische Erb- und
    Rassenpflege, in: Öff GesD A, 6.1940/41, S.545-569; Viktor Nordmark, Über Rassen-
    begutachtung, in: ebda., S.596-604.

45 Siehe Abbildungen der Karteikarten im Anhang, die Analyse ihrer Bedeutung im letzten Abschnitt dieses Kapitels.

46 In einer Vorlage für den Minister schrieb er:»Es kommt jetzt noch die Gefahr hinzu, daß durch Einrichtung von Rassenämtern die Lage noch verwickelter und unübersichtlicher wird.« Labisch/Tennstedt, S.259.

47 Dubitscher; Otmar Freiherr von Verschuer, Vier Jahre Frankfurter Universitätsinstitut für Erbbiologie und Rassenhygiene, in: Der Erbarzt (Beilage zum DÄBl), 6.1939, S.57-63.

48 Im Oktober 1938 war die Aufteilung wie folgt: Staatliche Ämter: 650; kommunale Ämter mit staatlichem Amtsarzt als Leiter: 51; kommunale Ämter mit kommunalem Leiter: 38; zusammen also 739 Gesundheitsämter »im Altreich« – das hieß zu diesem Zeitpunkt: ohne Österreich. Verzeichnis der Gesundheitsämter nach dem Stande vom 1.Oktober 1938, HdG, S.329-357. Vgl. Abb. Tabelle Anhang, S.306.

49 Ärztlicher Gutachtenvordruck für Tuberkulose-Heilverfahren, RdErl RuPrMdI vom 16.2.1937, abgedruckt in HdG, S.501. Das Formular wurde vom Reichs-Tuberkulose-Ausschuß »im Benehmen mit den zuständigen Organisationen und Dienststellen herausgebracht« und für jeden Arzt vorgeschrieben.

50 Durchführung der Jugendgesundheitspflege. RdErl des RMdI, der Jugendführung des Deutschen Reiches und des RM für Wissenschaft, Erziehung und Volksbildung vom 6.3.1940, Öff GesD A, S.92-94. Der Jugendgesundheitsbogen sollte Daten vom 1. bis 18.Lebensjahr enthalten, während die Jugendgesundheitspflege selbst das Alter von 6 bis 18 Jahre umfaßte.

51 Der Reichsgesundheitsführer. Anordnung Nr.12/42. Gesundheitsbogen für Säuglinge und Kleinkinder vom 4.9.1942.»Alle Dienststellen des Staates, der Gemeinden und der Partei, die auf dem Gebiet der Vorsorge für den Säugling und das Kleinkind tätig sind«, sollten künftig diesen Gesundheitsbogen verwenden. Mit Rücksicht auf die Papierknappheit im Krieg allerdings sollten die vorhandenen bzw. bisher benutzten Formulare vorläufig weiterverwendet und der neue Bogen bei Neubestellungen zugrundegelegt werden. InfoDienst HAfVG, 1.1942, Folge 4, Okt.1942, BAK, NSD 28/6.

52 Die Gesundheitsämter waren verpflichtet, neben dem RGBl, RGesBl, RMBliV, Öff GesD A und B sowie dem jeweiligen Amtsblatt der Länder die Zeitschriften *Archiv für Rassen-und Gesellschaftsbiologie, einschl. Rassen- und Gesellschaftshygiene, Volk und Rasse* und *Rasse* zu beziehen, außerdem den *Völkischen Beobachter* und, »wenn dienstlich notwendig, eine örtliche Zeitung. Diese dienstliche Notwendigkeit scheint immer gegeben, da das GesAmt verdächtige Anzeigen und Ankündigungen für Vorträge usf. zu überwachen hat.« Der Bezug des Ärzteblatts hingegen war freigestellt. HdG, S.81f., 465.

53 HdG, S.88. Der Jahresgesundheitsbericht wurde übrigens seit 1935 auf jeweils für alle Länder einheitlichen Vordrucken erstattet. Damit wurde auch hier ein teilweise lange dauernder Partikularismus angeglichen: In Sachsen z.B. wurden seit 1867, in Preußen seit 1901 Jahresgesundheitsberichte erstellt.

54 HdG, S.95.

55 Abdruck eines ausgefüllten Monatsberichts von einer mittleren Verwaltungsbehörde (Oldenburg) in: Erfassung zur Vernichtung, S.77.

56 Vgl. Besichtigung der Gesundheitsämter. RdErl. d. RuPrMdI. vom 15.3.1938, HdG, S.548-554.

57 Die Verfasser der Jahresgesundheitsberichte unterschieden etwa zwischen Stadt und Land bei der Beurteilung der »Hygiene des täglichen Lebens« oder wiesen auf die nur schrittweise zu überwindenden althergebrachten, aus ihrer Sicht falschen Methoden der Säuglingsernährung auf dem Land hin. Der öffentliche Gesundheitsdienst im Deutschen Reich 1938, in: Öff GesD A, 5.1939/40, S.129, 131.

58 HdG, S.264.

270

59 So heißt es in Dubitschers Bericht über die Tätigkeit der *Erbbiologischen Poliklinik*, daß bei der Untersuchung von »U-Fällen« – so benannte der Autor die zur Untersuchung für eine Zwangssterilisation Vorgeladenen – »der Eindruck einer *'Erbpolizei' unbedingt vermieden werden (müsse)«* – durch »eingehende Besprechungen« mit »den Betroffenen und ihren Angehörigen«. »Der Betroffene (müsse) mit der Überzeugung fortgehen, daß die Frage der Notwendigkeit einer solchen Maßnahme eingehend und sehr ernst geprüft (werde) und daß es sich nicht um eine Maßnahme *gegen* ihn handele«! Daß wir es hier mit einer recht modern wirkenden psychologischen Verkleidung desselben Zwangs zu tun haben, liegt auf der Hand. Vgl. Dubitscher, S.555, hervorgeh. im Orig.

60 So z.B. Bock, S.187; Roth, S.75.

61 Hans Schaefer/Maria Blohmke, Sozialmedizin und Universität, in: Erna Lesky (Hg.), Sozialmedizin. Entwicklung und Selbstverständnis, Darmstadt 1977, S.392f.

62 Erstmalige Einrichtung der Gesundheitsämter. RdErl RuPrMdI v. 24.2.1936, HdG, S.461f. Die Gegenstände sind folgenden Aufstellungen entnommen: Übersicht über die Inneneinrichtung eines Gesundheitamts. Muster A. Einrichtung der Gesundheitsämter; Muster B. Übersicht über die ärztlichen Geräte der Gesundheitsämter, RdErl RuPrMdI. vom 14.2.1938 an die Regierungspräsidenten (aufgrund mehrfacher Anfragen lediglich als Anhalt für die Beschaffung des Notwendigen), HdG, S.539-543.

63 Vgl. z.B. Engering, Schwangerenfürsorge auf dem Lande, in: Öff GesD A, 6.1940/41, S.75-82.

64 Nach einem Erlaß Himmlers sollten die SS-Eignungsprüfer bei Rassenprüfungen im Gesundheitsamt als vorgeschriebene Bekleidung Arztmäntel anziehen. Die »E-Prüfer« bereiteten durch ihre Untersuchungsergebnisse auch die im Reichssicherheitshauptamt abschließend getroffenen Entscheidungen über Eheerlaubnisse oder Mord (»Sonderbehandlung«) wegen verbotener sexueller Beziehungen vor. Vgl. Franciszek Polomski, Aspekty rasowe w postepowaniu z robotnikamii przymusowymi i jencami wonennymi III Rzeszy, 1939-1945 (Rassische Aspekte der Behandlung der Zwangsarbeiter und Kriegsgefangenen im Dritten Reich), Wroclaw 1976; Roman Hrabar/Zofia Tokarz/ Jacek E. Wilczur, Kinder im Krieg – Krieg gegen Kinder. Die Geschichte der polnischen Kinder 1939-1945, Hamburg 1981, S.217-222; Matthias Hamann, Erwünscht und unerwünscht. Die rassenpsychologische Selektion der Ausländer, in: Herrenmensch und Arbeitsvölker. Ausländische Arbeiter und Deutsche 1939-1945 (Beiträge zur nationalsozialistischen Gesundheits- und Sozialpolitik, Bd.3), Berlin 1986, S.143-180; Bock, S.440-451.

65 HdG, S.72.

66 HdG, S.76.

67 HdG, S.75f. Ein Erlaß des RMdI von 1938 empfahl als Grundausstattung für das Laboratorium im Gesundheitsamt unter anderem die Anschaffung von 1 Mikroskop mit 3 Okularen und 3 Objektiven (1/12 Ölimmersion) mit ausziehbarem Tubus mit Grob- und Feineinstellung, dreiteiligem Revolver, Beleuchtungsapparat mit Irisblende, rundem Objekttisch, Vergrößerung 1260fach; 1 Zentrifuge mit 2 Proben (dient der Blut-, Harn-, Sputum-, Wasser- und Milchuntersuchung; bewirkt durch Zentrifugalkraft beschleunigte Sedimentierung suspendierter Teilchen oder kolloidal gelöster Substanzen (Eiweißkörper) in Flüssigkeiten bzw. Trennung von Flüssigkeiten verschiedenen spezifischen Gewichts, vgl. Pschyrembel, S.1330), 1 Zeiß-Thoma-Zählkammer mit 2 Pipetten (»Objektträgerähnliche Glasplatte mit Netzteilung zur Zählung der Formelemente in Blut und Liquor. ... Blutentnahme: Einstich in Fingerbeere oder Ohrläppchen mit Franck' Nadel« – dem Schnepper, GC. – Pschyrembel, S.1326. Vgl. dort auch genauere Angaben zur Zählung der weißen und roten Blutkörperchen aus einem verdünnten Blutstropfen. Mit Liquor wird die Gehirn-Rückenmark-Flüssigkeit bezeichnet. »Gewinnung« durch »Lumbalpunktion, (Quincke, 1891), Lendenstich, Punktion des Duralsacks zwischen dem 3.und 4. oder 4. und

6. Lendenwirbeldornfortsatzes mit langer Hohlnadel«, Pschyrembel, S.709); 1 Hämoglobinometer (Sahli) mit Glasstab (Gerät zur Bestimmung des Hämoglobingehaltes des Blutes durch Farbmessung: Vergleich der Farbintensität der chemisch verwandelten Blutprobe mit einem gefärbten Glaskeil und Vergleich mit einer Farbskala. »Wegen zahlreicher Fehlermöglichkeiten ist diese erste als klinisch brauchbares Verfahren historisch bedeutsame Bestimmungsmethode verlassen worden.« Pschyrembel, S.454); 1 Blutsenkungsapparat für 10 Röhrchen, 50 Reagenzgläser, 1 Reagenzglasständer für 12 Gläser, 300 Objektträger, 10 Petrischalen, 300 Deckgläschen, 10 weiße und 5 braune Glasflaschen mit eingeriebenem Glasstopfen, 3 Mensuren und 3 Glastrichter verschiedener Größe, 1 Spiritusbrenner, 60 ccm, 2 Ösenhalter (bakteriologisch) u.a.m. Einrichtung der Gesundheitsämter. Übersicht über die ärztlichen Geräte. RdErl RuPrMdI v.14.2.1938, HdG, S.542f.

68   Praktische Versuche, die Trennung zwischen Gesundheitsfür-bzw. -vorsorge und eventuell notwendig werdender Heilbehandlung aufzuheben, stellen die von der niedergelassenen Ärzteschaft bekämpften und von den Nationalsozialisten geschlossenen Krankenkassenambulatorien der Zwanziger Jahre in Berlin und Bremen dar; vgl. Stephan Leibfried/Florian Tennstedt: Berufsverbote und Sozialpolitik 1933. Die Auswirkungen der nationalsozialistischen Machtergreifung auf die Krankenkassenverwaltung und die Kassenärzte. Analyse, Materialien zu Angriff und Selbsthilfe, Erinnerungen, Bremen ¹1979 (³1983); Grossmann, Ärztinnen, S.192-204. Allgemein zu den ärztlichen Aufgaben des Gesundheitsamtes und ihrer Verbindung mit der (kommunalen) Familienfürsorge vgl. HdG, S.144ff., bes. S.147 und dortige Verweise.

69   Die theoretischen, organisatorischen und diagnostischen Verknüpfungen können im Rahmen dieser Arbeit nur angedeutet werden, ihre genauere Analyse muß hier unterbleiben. Nur so viel: Sie haben mit dem Wandel des Geschlechterverhältnisses insgesamt zu tun.

70   HdG, S.92.

71   Alle Zitate aus: Übersicht über die Inneneinrichtung eines Gesundheitamts, HdG, S.539-542, Unterbringung von staatlichen Gesundheitsämtern. RdErl RuPrMdI. vom 22.2.1937 RMBliV S.343, HdG, S.502-504.

72   Aufbewahrung der Erbkarteien, in: Infodienst HAfVG, 2.1943 Folge 6/7, S.66, BAK, NSD 28/7, ein Hinweis auf einen RdErl RMdI v. 25.6.1943, der »zur Durchführung besonderer Maßnahmen zum Schutze der Erbkarteien, die im Rahmen der Erb- und Rassenpflege ein nicht wieder zu beschaffendes Auskunftsmaterial darstellen, gegenüber etwaigen feindlichen Fliegerangriffen« aufforderte. Sie sollten in das Erdgeschoß oder in die Kellerräume transportiert und dort nicht in der Nähe von Fenstern oder dünnen Wänden aufgestellt werden. Die untersten Fächer der Schränke sollten möglichst freibleiben, »damit nicht eindringendes Löschwasser die Urkunden aufweichen und unbrauchbar machen kann ... Die Karteien gehören zu den Einrichtungsgegenständen, die im Falle eines Brandes zuerst sicher zu stellen sind.«

73   HdG, S.92.

74   HdG, S.147.

75   2.DVO, § 6 Abs.2, HdG, S.260. 1951 kritisierte Marie Baum die Karteikartenausfüllerei als zeitraubende Tätigkeit im Innendienst, ohne inhaltlich darauf einzugehen. Marie Baum, Familienfürsorge (Sozialpädagogische Arbeitshefte. Schriftenreihe eines sozialpädagogischen Arbeitskreises, Folge D, Heft 1), Frankfurt-Berlin-Hannover 1951.

76   *Grundsätze für die Errichtung und Tätigkeit der Beratungsstellen für Erb- und Rassenpflege*, Anlage 1) zum Runderlaß RuPrMdI vom 25.1.1935. Betrifft: Beratungsstellen für Erb- und Rassenpflege, in: GLM, S.286f.

77   Ebda.

78   Ebda.

79 § 53 3.DVO zum GVG (Dienstordnung für die Gesundheitsämter – Besonderer Teil) vom 30.3.1935, HdG, S.261. Vgl. hierzu die sehr instruktive Leserbriefdiskussion in der MMW 1965 zwischen dem Bundesanwalt Max Kohlhaas und Otmar v. Verschuer über *Schweige-pflicht im amtsärztlichen Bereich*, woraus hervorgeht, daß Humangenetiker der Nach-kriegszeit offensichtlich noch immer Zugang zu gesundheitsamtlichen Daten hatten. Der Verschuer-Schüler Gerhard Koch hat diese Kontroverse in seinen Erinnerungen abge-druckt: Gerhard Koch, Inhaltsreiche Jahre eines Humangenetikers. Mein Lebensweg in Bildern und Dokumenten, Erlangen 1982, S.226-231.

80 HdG, S.260-69; siehe dort ebenfalls die einschlägigen Vorschriften des GVG und der DVOs nebst einer *Zusammenstellung der für das Gebiet der Erb- und Rassenpflege wich-tigen Gesetze und Verordnungen*: 67 (siebenundsechzig!) sind mit Verweis auf ihren Abdruck im RGBl angeführt. Zur Legalisierung der rassenhygienischen (eugenischen) Indikation für Schwangerschaftsabbruch, wenn die schwangere Frau von einem Erb-gesundheitsgericht für »sterilisationspflichtig« erklärt worden war, und der medizinischen Indikation sowie die gleichzeitige Einführung einer Meldepflicht für »ungesetzliche« Abtreibungen siehe Anm.83 und Gabriele Czarnowski, Frauen – Staat – Medizin. Aspekte der Körperpolitik im Nationalsozialismus, in: beiträge zur feministischen theorie und praxis, 8.1985, S.79-98.

81 1.DVO vom 6.2.1935, RGBl I, S.177; HdG, S.23. Zur nationalsozialistischen Bedeutung und Praxis der Eheberatung siehe Kap.6.

82 § 59 3.DVO, HdG, S.262.

83 Wollenweber, Das Gesundheitsamt im Kampfe gegen den Geburtenschwund, in: ÖffGesD A, 5.1939/40, S.447-459. Nach den biographischen Angaben Labisch/Tennstedts, S.515-517, war Nathanael Wollenweber (1875-1951) von 1909 bis 1935 Kreisarzt des Land-kreises Dortmund (des ersten Kreisgesundheitsamtes in Preußen) und ab April 1935 bis 1945 Amtsarzt und Leiter des staatlichen Gesundheitsamts in Lünen, wohnte aber weiter-hin in Dortmund.

84 Das Hauptthema dieser Tagung war Geburtenpolitik. Frauen standen im Mittelpunkt. Um die Komplexität anzudeuten, seien die Vortragsthemen erwähnt: *Die bevölkerungspoli-tische Lage der Ostmark, Kinderreichtum der Gesunden und Tüchtigen, Säuglings- und Kindersterblichkeit seit 1933, Familienfürsorge als Aufgabe des Gesundheitsamtes, Die Bedeutung der Familienfürsorge für die Erb- und Rassenpflege, Das Gesundheitsamt im Kampfe gegen den Geburtenschwund, Das Problem der Massengeburten unehelicher Kinder in Steiermark und Kärnten, Erfahrungen mit einer Frauenmilchsammelstelle, Vor-beugende Rachitisbekämpfung als Aufgabe der Gesundheitsämter*. Der Verhandlungs-bericht ist in Heft 11 des Öff GesD A, 45.1939/40 abgedruckt. Auch die anschließende Ver-sammlung der Deutschen Gesellschaft für gerichtliche, soziale Medizin und Kriminalistik, auf welcher die Amtsärzte zu Gast waren, beschäftigte sich mit dem Handeln von Frauen: Abtreibung und Kindestötung. Die Themen: *Der gerichtsärztliche und kriminalistische Nachweis der Abtreibung, Die Bekämpfung der Abtreibung als politische Aufgabe* (hier sprach Kriminalrat Meisinger vom Reichssicherheitshauptamt, Leiter einer 1936 von Himmler eingerichteten *Reichszentrale zur Bekämpfung der Homosexualität und Ab-treibung*), *Die kriminalistischen Gesichtspunkte bei der Leichenschau und Leichenöffnung* (viele Frauen starben bei dem Versuch der Selbstabtreibung!) *Die gerichtsärztlich-krimina-listischen Gesichtspunkte bei der Untersuchung der Kindestötung*. Vgl. Bericht über die Tagung ebda., S.477.

85 Wollenweber, S.456.

86 Vgl. Bock, S.382ff., 436ff.

87 Die Meldepflicht für »sterilisierende Operationen« aus gesundheitlichen Gründen war in Art.8 der 1.AVO zum GzVeN vom 5.12.1933 vorgeschrieben; GRR [2]1936, S.87. Die

Anzeigepflicht für Fehlgeburten (Art.12 4.AVO) wurde zusammen mit der Legalisierung der Abtreibung aus eugenischen und gesundheitlichen Gründen und der »freiwilligen Entmannung« durch das 1.Änderungsgesetz des GzVeN vom 26.Juni 1935 und die 4.AVO zum GzVeN vom 18.7.1935 eingeführt; GRR ²1936, S.101.

88 HdG, S.260.

89 HdG, S.264.

90 Herbert Linden, Erb- und Rassenpflege bei den Gesundheitsämtern, in: Öff GesD 1.1935, S.3.

91 Ebda., S.4. In der Semantik dieser kurzen Passage wird die Abwehr gegen »das Schwache« deutlich: Sich erschöpfen, ausgießen, zur Neige gehen in der Sorge-für heißt auch möglicherweise die Schwächung des eigenen Selbst; Hochpäppeln: Säuglingsfütterung mit Brei; hilfsbedürftige Kinder werden gepäppelt. Die Förderung des »Gesunden« hingegen hat etwas Strahlendes an sich; dem Gesunden – dazu noch einer ganzen »Formation«, nämlich der *erbgesunden kinderreichen Vollfamilie* – etwas angedeihen zu lassen, hat etwas Generöses, nichts Beunruhigendes. – Der Topos der Verantwortung taucht sehr häufig im Zusammenhang mit der Gesundheitsfürsorge auf und war zentrales Ziel der Eheberatung. Die Verantwortung abnehmen, *für* jemanden tragen, was er selbst tragen soll! Wer aber bestimmt das?

92 Wie nun dieser Umschwung konkret ausgesehen hat, kann hier nicht nachgezeichnet werden. Diese Fragen harren weiterer Untersuchungen. Lohnend scheinen mir hier zum einen vergleichende Regionalstudien, zum anderen die Geschichte ausgewählter Fürsorgezweige im Nationalsozialismus wie Tbc-, Geschlechtskranken-, Mütter- und Säuglingsund Schulgesundheitsfürsorge.

93 Linden, S.4.

94 Arthur Gütt, Der öffentliche Gesundheitsdienst im Dritten Reich, in: Öff GesD, 1.1935/36, S.91f.

95 Hoffmann, S.4. Zur erbbiologischen Erfassung bei der Schwangerenfürsorge vgl. Engering.

96 Der Reichsgesundheitsführer. Anordnung Nr. 12/42. Gesundheitsbogen für Säuglinge und Kleinkinder, in: Infodienst HAfVG, 1.1942, Folge 4, S.47, BAK NSD 28/6.

97 Vgl. Bock zu den Aufgaben des Erbzensus, S.188ff.; Roth, »Erbbiologische Bestandsaufnahme«, S.75f.

98 Weingart/Kroll/Bayertz, S.485ff.

99 Natürlich ist Familie entscheidend durch die Klassenlage bestimmt, dennoch gehen »Familie« und »Klasse« nicht ineinander auf. Die Bedeutung und Differenz der Familienstrukturen in verschiedenen sozialen Lebenswelten und die unterschiedlichen Wirkungen nationalsozialistischer Jugendpolitik für die Mädchen in ihnen analysiert Dagmar Reese in ihrer Untersuchung: Straff, aber nicht stramm – Herb, aber nicht derb. Zur Vergesellschaftung von Mädchen durch den Bund Deutscher Mädel im sozialkulturellen Vergleich, Weinheim und Basel 1989.

100 Vgl. z.B. Grotjahn, Fortpflanzungshygiene; Walter Scheidt, Einführung in die naturwissenschaftliche Familienkunde, München 1923.

101 Hier soll nur die Kopfleiste näher betrachtet werden, vgl. Abb. im Anhang. Anlage 4) zum RdErl RuPMdI v. 21.5.1935, GLM, S.294f.

102 Erläuterung zur Karteikarte, Anlage 5) zum RdErl RuPrMdI vom 21.5.1935, GLM, S.296-299, 296.

103 Ebda.

104 RdErl RuPrMdI vom 21.5.1935, Betrifft: Beratungsstellen für Erb- und Rassenpflege, GLM, S.285.

105 Erläuterungen, GLM, S.296.

106 Anlage 7) zum RdErl., GLM, S.300.
107 Ab 1938 anhand eines »Sippenfragebogens«, abgedruckt in HdG, S.601-604.
108 Vgl. Kap.4.
109 RdErl RuPrMdI vom 21.5.1935, GLM, S.286.
110 Sippentafel, Anlage 2) zum RdErl RuPrMdI v. 21.5.1935, GLM, S.288-291.
111 Anleitung zur Ausfüllung der Sippen- und Übersichtstafel, Anlage 3) zum RdErlRuPrMdI
     v. 21.5.1935, GLM, S.292f.
112 Ebda., S.293.
113 Die Tagung fand nicht im Reichsgebiet, sondern außerhalb der durch den Ersten Weltkrieg
     gesetzten Landesgrenzen in Zoppot statt. Das Telegramm »An den Führer und Reichskanz-
     ler« grüßte aus »dem deutschen Danzig«, das, um diese Zeit bereits nationalsozialistisch
     regiert, als selbständiger Staat unter Völkerbundsmandat stand. Nicht nur das Bekenntnis
     zum »deutschen Osten« durch die Ortswahl dieser Tagung, sondern auch die erstmalige
     Teilnahme der österreichischen Medizinalbeamten nach dem »Anschluß« machte deutlich:
     Auch die Amtsärzteschaft befand sich gezielt auf dem Vormarsch in das »großdeutsche
     Reich«.
114 H. Vellguth, Ziel und Methoden der Erbbestandsaufnahme, in: Öff GesD A 4.1938/39,
     S.495-501. Die Referate und Diskussionen dieser Tagung kreisten um Erbbestandsauf-
     nahme, Eheberatung und Eheverbote. Die anderen Referenten und ihre Vorträge waren:
     Arthur Gütt, Gesundheits- und Rassenpflege als Grundlage der Staatspolitik, Eduard
     Schütt, Die Bedeutung der wissenschaftlichen Erb- und Rassenforschung für die prak-
     tische Gesundheitpflege, Franz Redeker, Die Bedeutung der Tuberkulose für die Ehe-
     eignung und Ehetauglichkeit, G.F. Wagner, Nachweis der Ansteckungsfähigkeit bei Tuber-
     kulose durch bakteriologische Methoden, Johannes Lange, Die Feststellung und Wertung
     geistiger Störungen im Ehegesundheitsgesetz, Dr.Seeger, Die geistigen Störungen in der
     Praxis der Eheberatung, Dr.Morschhäuser, Die Geschlechtskrankheiten als Ehehindernis,
     Dr.Nast, Die Bekämpfung der Geschlechtskrankheiten unter den Seeleuten in Danzig. Vgl.
     Verhandlungsbericht über die Vierte Reichstagung der Ärzte des öffentlichen Gesundheits-
     dienstes am 8.-12.Juni 1938 in Zoppot, in: Öff GesD A 4.1938/39, S.447-556.
115 Ebda., S.495.
116 Grundsätze für die Tätigkeit der Beratungsstellen für Erb- und Rassenpflege in den
     Gesundheitsämtern und Richtlinien für die Durchführung der Erbbestandsaufnahme.
     RdErl RuPMdI vom 1.4.1938; Grundsätze ... und Richtlinien für die Durchführung der
     Erbbestandsaufnahme vom 23.März 1938. Anlage zum RdErl RuPrMdI v.1.4.1938, IfZ Da
     51.13; HdG, S.555f.; 575-607.
117 Zum die »Familienbuchführung« einführenden PersStandsG an Stelle individueller Ge-
     burten-, Heirats- und Sterberegister siehe oben, Kap. 3.
118 HdG, S.596-600; Abb. im Anhang.
119 HdG, S.578-589, 585ff.
120 HdG, S.586.
121 Vgl. hierzu W.F. Winkler, Beitrag zur Unehelichenfrage, in: Öff GesD B, 4.1938/39,
     S.35-41.
122 HdG, S.586f.
123 HdG, S.586.
124 Der die Gesundheitsämter betreffende Absatz wurde ebenfalls im HdG, S.595, veröffent-
     licht.
125 Hier war die »Rassenhygienische und Bevölkerungsbiologische Forschungsstelle« des
     Zigeunerforschers Robert Ritter angesiedelt. Vgl. Robert Ritter, Die Bestandsaufnahme
     der Zigeuner und Zigeunermischlinge in Deutschland, ÖffGesD B 6.1940/41, S.477-89.
126 HdG, S.593.

127 In den *Grundsätzen* heißt es hierzu: »Für alle Personen, über welche das Gesundheitsamt Untersuchungs- oder Ermittlungsbefunde erhoben hat, welche für eine spätere gesundheitliche oder erb- und rassenpflegerische Beurteilung verwertbar sind, werden Karteikarten angelegt. Es werden somit nicht nur Personen erfaßt, die bei der Durchführung der erb- und rassenpflegerischen Maßnahmen untersucht oder beraten werden, sondern auch z.B. in der Tuberkulose-, Geschlechtskranken-, Krüppel-, Geisteskranken-, Trinker- usw. Fürsorge untersuchten und beratenen Personen. Ausgenommen von der regelmäßigen Verkartung können lediglich die bei Reihenuntersuchungen und in der Gruppenfürsorge (*schulärztliche Tätigkeit, Säuglings- und Mütterberatung*, ferner Reihenuntersuchungen von Landjahr- und Arbeitsdienstlagern) erfaßten Personen bleiben, *sofern sie keine besonderen Befunde* bieten *und soweit* die bei ihnen *erhobenen Untersuchungsergebnisse anderweitig übersichtlich geordnet* sind. Die so entstehende Zentralkartei kann stets Aufschluß darüber geben, welche gesundheitlich und erb- und rassenpflegerisch wichtigen Vorgänge im Gesundheitsamt über die von ihm betreuten Personen vorhanden sind. Ferner wird es durch diese Kartei möglich, die außerhalb der Beratungsstelle für Erb- und Rassenpflege anfallenden Untersuchungs- und Ermittlungsergebnisse für die Erb- und Rassenpflege auszuwerten. Es erübrigt sich damit gleichzeitig die Führung einer besonderen Such- oder Zentralkartei.« HdG, S.579; hervorgeh. von mir, GC.

128 HdG, S.594, gesperrt im Orig., hervorgeh. von mir, GC.

129 D.Drope/H.Vellguth, Erbbestandsaufnahme in der Großstadt [Berlin-Spandau, GC.], in: Öff GesD B 6.1940/41, S.261-273, 261f. Auf der anderen Seite nutzten sie die in »jeder zivilisierten Großstadt« viel mehr als auf dem Lande vorhandenen »Einrichtungen, bei denen Menschen, die zur negativen Auslese gehören, erfaßt werden« als Informationsquellen zur *Gruppenerfassung* aus. Vgl. auch Roth, »Erbbiologische Bestandsaufnahme«, S.92-95.

130 Vellguth, S.500f.

131 Diese waren für die »Reichshauptstadt Berlin die Zentrale Erbkartei in Berlin C2, Spandauer Str.17, für das Staatsgebiet Groß-Hamburg bei dem Hauptgesundheitsamt in Hamburg – Abt. Erbkartei – in Hamburg 1, Besenbinderhof 41, für das Land Sachsen beim Sächs. MdI in Dresden 6, Königsufer 2, für das Land Thüringen beim Thür. Landesamt für Rassewesen in Weimar, für das Saarland bei dem staatl. Gesundheitsamt Saarbrücken-Land – Landeszentrale für Erb- und Rassenpflege – in Saarbrücken, Eisenbahnstr.35«. RdErl RMdI vom 17.8.1938, abgedruckt in: HdG, S.571f.

132 Ab dem 1.6.1941 erfolgte die Einrichtung einer Geburtsortkartei für den »Reichsgau Sudetenland« in Reichenberg, vgl. RdErl RMdI vom. 26.5.1941, Erbbestandsaufnahme, Geburtsortkartei, in: Öff GesD A, 4.1941/42, S.284. Geburtsortkartei für die in Böhmen und Mähren geborenen Personen war die »*Zentralstelle für die Erbkartei der deutschen Bevölkerung in Böhmen und Mähren* beim Oberlandrat, Deutsches Gesundheitsamt, in Prag II«; vgl. RdErl RMdI v. 28.5.1942, Öff GesD A, 8.1942, S.341. Ab Anfang 1943 waren in Elsaß, Lothringen und Luxemburg Gesundheitsämter errichtet, die die Geburtsortkarteien von in diesen Orten geborenen Personen führten, ebenso in Kärnten und in der Steiermark; vgl. RdErl RMdI betr. Erbbestandsaufnahme, Geburtsortkarteien vom 17.12.1942, RGesBl 18.1943, S.39. Die Zentrale Geburtsortkartei für das besetzte und nicht dem großdeutschen Reich einverleibte Polen war in Krakau. Vgl. RdErl RMdI betr. Zentrale Geburtsortkartei für das Generalgouvernement v. 3.5.1943 – IV B 310/43-1075a – RGesBl 18.1943, S.457.

133 HdG, S.601-605.

134 HdG, S.589; vgl. *Richtlinien zur Führung der Sippenregistratur*, sowie *Verbindung von Kartei und Sippenregistratur* S.589-593, u.a. mit Vorschriften zur Vernetzung der einzelnen *Sippenakten* untereinander sowie mit den Karteikarten der jeweiligen Familienangehörigen.

135 Vellguth, S.500.
136 Bock, S.289.
137 HdG, S.590.
138 RdErl RMdI vom 27.2.1939. Vgl. Dr.Lehmkuhl, Zur Technik der Erbbestandsaufnahme, in: Öff GesD A, 5.1939/40, S.145 Zum Ehegesundheitsgesetz siehe das folgende 6. Kapitel.
139 Lehmkuhl, S.145.
140 Vgl. Klee, S.66ff.
141 HdG, S.580. Vgl. Drope/Vellguth über die Praxis der *Gruppenerfassung* in Berlin-Spandau.
142 RdErl RMdI v. 27.3.1939, vgl. Lehmkuhl, S.145.
143 Ebda.
144 RdErl RMdI v. 5.6.1941, RMBliV S.1045, Öff GesD A, 7.1941/42 S.314f. Wieweit dieser Erlaß auch mit den Anstaltsmorden zu tun hatte, kann hier nicht geklärt werden.
145 Vellguth, S.497.
146 Ebda., S.501.
147 RdErl RMdI vom 8.April 1943, betr. Vereinfachung der Verwaltung; hier: Vorübergehende Einschränkungen bei den Arbeiten der Beratungsstelle für Erb- und Rassenpflege, RGesBl 18.1943, S.455-457.
148 Bock, S.191f.
149 Götz Aly, Der saubere und der schmutzige Fortschritt, in: Reform und Gewissen. Euthanasie im Dienst des Fortschritts (Beiträge zur nationalsozialistischen Gesundheits- und Sozialpolitik Bd.2) S.17.
150 Vgl. Alexander Mitscherlich/Fred Mielke, Medizin ohne Menschlichkeit. Dokumente des Nürnberger Ärzteprozesses, Frankfurt a.m. 1979, S.91f.
151 Linden, Die Eheunbedenklichkeitsbescheinigung. Bemerkungen zu dem vorstehenden Aufsatz von Stadtmedizinalrat Dr.Seeger, Königsberg, in: Öff GesD B, 8.1942, S.239f.

Anmerkungen zum 6. Kapitel

1 W. Scheurlen, Die ärztliche Begutachtung der Ehestandsdarlehensbewerber, Berlin 1939, S.320. Die Angaben in Klammern habe ich zur Verdeutlichung der jeweiligen Folgen hinzugefügt, GC.
2 Vgl. über Zwangssterilisation bei »leichten Graden« in der zeitgenössischen Fachliteratur und in den Gerichtsbeschlüssen Bock, S.308-310. Über Zwangseingriffe wegen »leichten Schwachsinns« und die Prüfungskriterien ebda., S.311-326. Die meisten, die als »leichte« und aus diesem Grunde besonders »fortpflanzungsgefährliche Fälle« zwangssterilisiert wurden, wurden unter dieser Diagnose dem Zwangseingriff unterworfen; es waren in der Mehrzahl Frauen.
3 Vgl. § 4 1.DVO EhegesG, GLM, S.151. Der Amtsarzt des Gesundheitsamtes der Braut stellte das *Eheeignungszeugnis* aus, wenn nicht beide Wohnsitze zum selben Gesundheitsamt gehörten.
4 HdG, S.265.
5 F. Neureiter, Über die Bedeutung und den Geltungsbereich der Begriffe »Ehetauglichkeit« und »Eheeignung«, in: RGesBl, 12.1937, S.863.
6 Gesetz zum Schutze der Erbgesundheit des deutschen Volkes (Ehegesundheitsgesetz) vom 18.10.1935, § 2, RGBl I, S.1246.

7   GLM, S.124.

8   Erste Verordnung zur Ausführung des Gesetzes zum Schutze des deutschen Blutes und der
    deutschen Ehre vom 14. November 1935, RGBl I, S.1334, GLM, S.225.

9   Ein RdErl RuPrMdI vom 26.4.1935 führte noch vor dem Erlaß des BlutSchG zum *Begriff
    »Mischehe«* aus: »Der Begriff 'Mischehe' wird zur Zeit in verschiedenem Sinn gebraucht.
    Während der Nationalsozialismus hierunter die Ehe zwischen Menschen verschiedener Ras-
    senzugehörigkeit versteht, wendet die Kirche diese Bezeichnung auf die Ehe zwischen Ange-
    hörigen verschiedener Konfessionen an. Ich ordne hiermit an, daß im behördlichen Verkehr
    das Wort 'Mischehe' nur in dem Sinn zu gebrauchen ist, daß hierunter *eine zu einer Rassen-
    mischung führende Ehe* zu verstehen ist, d.h. eine solche, die zwischen einem Arier und einer
    Nichtarierin und umgekehrt geschlossen wird.« GLM, S.259, hervorgeh. von mir. Durch die
    1. AVO des zusammen mit dem *BlutschG* erlassenen *ReichsbürgerG* vom 14.11.1935 wurde
    bestimmt, »wer Jude ist« und »wer jüdischer Mischling ist«. GLM, S.219, 197-201.

10 Vgl. RdErl RuPrMdI vom 12.12.1935, MBliV, S.1489, GLM, S.280f.

11 GLM, S.229. Zur Geschichte der Afro-Deutschen vgl. Katharina Oguntoye, May Opitz,
    Dagmar Schultz (Hg.), Farbe bekennen. Afro-deutsche Frauen auf den Spuren ihrer
    Geschichte, Berlin 1986.

12 GLM, S.46. Dieses »wieder« ist ähnlich zu interpretieren wie die Aussage Max Hirschs,
    den Ärzten »wieder« die Geburtenkontrolle zu erobern: es verweist auf angeblich Verloren-
    gegangenes, was in dieser Form niemals existiert hat.

13 GLM, S.23.

14 GLM, S.9.

15 Begründung zum Gesetz, GLM, S.39; vgl. RdErl RuPrMdI vom 18.10.1935, MBliV, S.1295
    und vom 19.10.1935, MBliV S.1299, GLM, S.277-280.

16 RdErl RuPrMdI vom 16.6.1936, GLM, S.334.

17 Die Zahl der 1936 verlangten ETZ war noch gering; eine offizielle Statistik für den gesam-
    ten Zeitraum ist mir nicht bekannt. Immerhin wurden bereits 1936 626 und 1937 808 Ehe-
    verbote wegen »geistiger Störung« verhängt. Vgl. Seeger, Die geistigen Störungen in der
    Praxis der Eheberatung, in: ÖffGesD A, 4.1938/39, S.537. Im Einzugsbereich der *Poli-
    klinik für Erb- und Rassenpflege* am KAVH in Berlin-Charlottenburg wurde von 1936 bis
    1939/40 pro Jahr von durchschnittlich 9 % aller aufgebotenen Paare eine Untersuchung auf
    Ehetauglichkeit verlangt, von diesen erhielten etwa 5 % kein ETZ. In absoluten Zahlen:
    von 8 995 Paaren bzw.17 990 Eheschließenden mußten sich 788 Paare bzw. 1 576 Personen
    im KAVH einer Untersuchung auf *Ehetauglichkeit* unterziehen, davon wurde 39 Paaren die
    Heirat verboten, in der Mehrzahl wegen »Psychopathie«, also »geistiger Störung«, und
    wegen einer »Erbkrankheit« nach dem GzVeN. »Mischlingsuntersuchungen« nach dem
    »Blutschutzgesetz« umfaßten 35 »Fälle«, die Zahl der dabei untersuchten Personen war
    höher. Dubitscher, S.556f.

18 Drope/Vellguth, S.261.

19 Ebda., S.267.

20 »Heiratserlaubnis. § 27 Die Angehörigen der Wehrmacht bedürfen zur Heirat die Erlaubnis
    ihrer Vorgesetzten«, Wehrgesetz vom 21.5.1935, RGBl I, S.609-615; vgl. auch Heiratsord-
    nung für den besonderen Einsatz der Wehrmacht v. 7.5.1941; Heiratsordnung der Wehr-
    macht für die Dauer des Krieges v. 28.1.1943, IfZ, MA 470; letztere auch in: NSDAP-Par-
    teikanzlei, Rundschreiben Nr.42/43 v. 13.3.1943, BAK NS 6/340. Die Zahl der Berufssol-
    daten war nach den Bestimmungen des Versailler Friedensvertrags auf 100 000 Mann redu-
    ziert und die allgemeine Wehrpflicht verboten worden, was erst die Regierung Hitler brach
    – ohne Einwände der Weltkriegsgewinner übrigens. Daß sich die Reichstagung der Ärzte
    des öffentlichen Gesundheitsdienstes 1937 mit Fragen der Wehrmedizin befaßte, ist von
    daher nicht zufällig.

21 Für SS und RAD vgl. z.B. RdErl RMdI v. 23.12.1943, Heiraten von Angehörigen der SS und des RAD, RMBliV S.2299, Öff GesD, 7.1941/42, S.628.

22 Die neuen Ehegesetze sahen von vornherein Nichtigkeitsbestimmungen für Eheschließungen im Ausland vor, wenn sie dort zur »Umgehung« der Gesetze stattfanden. Die Nichtigkeitsklage konnte nur der Staatsanwalt erheben. Die Übertretung des Eheverbots zwischen Juden und Nichtjuden wurde zusätzlich mit Zuchthaus bedroht. Vgl. §§ 3 und 4 EhegesG sowie § 5 BlSchG, GLM, S.94-101, 207f., 213-215. Ein Anhang im Kommentar mit dem Titel *Durchführung des Ehegesundheitsgesetzes im Ausland* skizzierte die unterschiedlichen rechtlichen Bestimmungen über Eheschließung für ausländische (in diesem Falle also deutsche) Paare von rund 50 Ländern der Welt unter dem Blickwinkel »Die Durchführung des Gesetzes ist gesichert« oder »nicht gewährleistet« vor dem Hintergrund völkerrechtlicher Regelungen. Vgl. ebda., S.334- 341.

23 2.DVO EhegesG v. 22.10.1941, RGBl I, S.650; RdErl RMdI vom 6.11.1941, Eheunbedenklichkeitsbescheinigung, RMBliV, S.2000.

24 Zur Kritik an diesem »unzureichenden« Verfahren und der bürokratischen Mehrarbeit vgl. Seeger, Die Eheunbedenklich- keitsbescheinigung, in: Öff GesD B, 8.1942, S.237-339; einige Berichte aus kommunalen Gesundheitsämtern aufgrund einer Umfrage des DGT betr. Ehegesundheitsgesetz vom 2.2.1942, BAK R 36/1290.

25 RSHA an alle Kripo(leit)stellen (u.a.) v. 25.10.1941, BAK Slg. Schumacher 271. Das RSHA berief sich auf den RdErl RMJ vom 14.12.1937.

26 Vgl. Bock, S.339-351.

27 Schr. Gütt an Himmler vom 7.2.1938, Erläuterungen zu Anlage 4 (Vorschlag betr. Übertrag eines Teiles des öffentlichen Gesundheitsdienstes auf die Ämter für Volksgesundheit der NSDAP), IfZ, MA 3 (1), Himmler File Nr.1302.

28 GLM, S.78.

29 Zu den Plänen vgl. IfZ MA 3(1) Himmler Files, u.a. Auszüge aus der vorläufigen Begründung eines 3.ÄndG des GzVeN vom 11.6.1938 – Geheim –.

30 Die Frage, welches Verhalten der Klientel vom Amtsarzt während des Selektionsprozesses konkret im einzelnen welcher dieser Indikationen zugeordnet wird oder nicht zugeordnet wird, steht an dieser Stelle nicht zur Debatte.

31 GzVeN vom 14.Juli 1933, GRR ²1936, S.73. Mit Einführung der Röntgensterilisation als zusätzliche Methode des Zwangseingriffs an Frauen 1936 wurde »chirurgischer Eingriff« durch »ärztlicher Eingriff« ersetzt; vgl. 2.ÄndG GzVeN, ebda., S.83. Der Grund für die Gesetzesänderung war die hohe Mortalitätsrate von Frauen an der chirurgischen Zwangsoperation und eine erwartete Reduzierung der Sterblichkeit durch diese Methode, um das Gesetz nicht noch weiter in Verruf zu bringen. Vgl. Bock, Zwangssterilisation, S.375-380.

32 GLM, S.47- 88.

33 EhegesG, § 1 Abs.(1), GLM, S.45.

34 EhegesG, § 1 Abs.(2), ebda.

35 GLM, S.65f.

36 GLM, S.342.

37 Ebda.

38 GLM, S.124-147.

39 Damit befand man sich, wenn hier auch sehr knapp nur zusammengefaßt, auf der Höhe der damaligen Wissenschaft, z.B. der in dieser Hinsicht wichtigen Studien aus dem Rüdinschen KWI für Psychiatrie.

40 GLM, S.71.

41 GLM, S.70-74.

42 Der Vollständigkeit halber seien hier alle diagnostischen Angaben im Kommentar zur »geistigen Störung« als Ehehindernis angegeben. Als *Beispiele* für Entscheidungen über

ein Eheverbot nach § 1 (1) c) werden zu Beginn diskutiert *Psychopathie* und *Alkoholismus* (hierunter fällt auch *Asozialität*), *Rauschgiftsuchten*, *kriminelle Delikte*, *Konstitution*, *geschlechtliche Verirrung*; dann folgen *Hysterie* (6 Zeilen) und die oben erwähnten *Psychosen*, schließlich Aussagen zur *Nicht vererbbaren bzw. erworbenen Geistesstörung*. GLM, S.64-76.

43 GLM, S.64f.
44 GLM, S.81f.
45 GLM, S.80. Daß die Erbgesundheitsgerichte sich in ihren Beschlüssen weitgehend daran hielten, zeigt die Untersuchung von Bock.
46 GLM, S.77.
47 GRR, ²1936, S.347f.
48 Beyreis, S.558.
49 GRR, ²1936, S.126.
50 E. Meier/M. v. Mezynski, Monatsberichte über das Ergebnis der ärztlichen Untersuchungen bei den Ehestandsdarlehensbewerbern, in: RGesBl 10.1935, S.416.
51 Rundschreiben des RMdI betr. Richtlinien für die ärztlichen Untersucher der Ehestandsdarlehensbewerber v. 16.3.1934, RGesBl, 9.1934, S.269-271.
52 Prüfungsbogen für Eheeignung, ZStAP, 15.01, 26241, Bl.225f.; siehe Abb. im Anhang.
53 So wird in einer medizinischen Dissertation von 1941 das Verfahren in Hamburg beschrieben, vgl. Erika Holzmann, Erfahrungen und Ergebnisse der Untersuchungen auf Ehetauglichkeit in Hamburg vom 20.Oktober 1935 bis 1.Juli 1940, Diss. Med. Rostock, Hamburg 1941, S.12. Die Kontrollen auf *Eheeignung* und *Ehetauglichkeit* wurden akten- und untersuchungsmäßig nicht getrennt; nur der Fragebogen über die Person und die »Sippe« war bei einem Antrag auf ED nicht im Standesamt, sondern im Gesundheitsamt auszufüllen.
54 Vgl. Grundsätze für die Errichtung und Tätigkeit der Beratungsstellen für Erb- und Rassenpflege, GLM, S.286.
55 Beyreis, S.558.
56 Unter dem Stadtmedizinalrat Franz Klose, der sich 1935 habilitiert und einen Lehrauftrag für Sozialhygiene übernommen hatte, entfaltete sich hier überhaupt eine rege fachpublizistische und wissenschaftliche Produktion, wie an keinem anderen Gesundheitsamt, zu vielen Fragen seiner Tätigkeit, in denen das Spektrum der Verknüpfung von Rassenhygiene, Gesundheitsfürsorge und nationalsozialistischer Geschlechterpolitik gut deutlich wird. Vgl. z.B. Franz Klose, Staatliche Gesundheitsämter und Familienfürsorge, in: ÖffGesD A, 1.1935/36, S.937-945; E. Hoffmann, Die Notwendigkeit erbbiologischer Auslese bei Kleinsiedlern. Erhebungen an 100 öffentlich unterstützten kinderreichen Familien, in: RGesBl 11.1936, S.660-663; Maria Frede, Über den sozialen Wert, die erbbiologischen Verhältnisse, Heiratshäufigkeit und Fruchtbarkeit von Schwachsinnigen. Eine Untersuchung an ehemaligen Kieler Hilfsschülern, in: *Erbarzt* 4.1937, S.145-153, 161-166; Rolf Stahlmann, Über die Notwendigkeit erbbiologischer Untersuchungen unehelicher Kinder vor der Adoptionsvermittlung unter besonderer Berücksichtigung der sozialen Verhältnisse, in: ARGB 33.1939, S.449-490; Derkmann, (Unterarzt, zur Zeit im Felde), Ehetauglichkeitsnachweis als rassenhygienische Maßnahme, in: ARGB 34.1940, S.401-432; Felicitas Klose, Nachuntersuchung des Schicksals der in den Jahren 1934 bis 1937 in dem Stadtkreis Kiel auf Grund des Gesetzes zur Verhütung erbkranken Nachwuchses sterilisierten Frauen unter Berücksichtigung der Frage nach der Notwendigkeit einer nachgehenden Fürsorge, in: ÖffGesD A, 6.1940/41, S.294-305, 325-333.
57 Vgl. v. Ebner.
58 Untersuchungen auf Eheeignung und Ehetauglichkeit. RdErl RMdI v. 21.6.1940, ÖffGesD A, 6.1940/41, S.313-315. Die Aufforderung an die niedergelassenen Ärzte, geschlechtskranke

Patienten zu melden, war der Grund, weshalb einige Abschnitte dieses Erlasses auch im DÄBl abgedruckt wurden. Offiziell bestand eine Meldepflicht nur dann, wenn ein Patient oder eine Patientin die Behandlung vorzeitig abgebrochen hatte, doch vor allem Conti machte sich während des Krieges stark für die Einführung der allgemeinen Meldepflicht bzw. versuchte, die niedergelassenen Ärzte moralisch dazu zu verpflichten.

59 Die Darstellung über Kiel beruht auf Klose/Büsing, Zur Durchführung des Gesetzes über Ehestandsdarlehn, in: Zs Gesfürs Gesverw 5.1934, S.73-77; Klose/Büsing, Ergebnisse der Untersuchung von zweitausend Ehestandsdarlehensbewerbern, in: Klin Wschr 13.1934, S.597-600; Stadtarzt Folberth, Ergebnisse bei Untersuchungen von über 7000 Ehestandsdarlehensbewerbern, in: Klin Wschr 17.1938, S.1446-1448.

60 Klose/Büsing, Durchführung, S.74.

61 So auch in Plauen, vgl. Dr. v. König, S.65.

62 Vollmer, S.314.

63 Ebda., S.315.

64 Klose/Büsing, Durchführung, S.75, 77.

65 Vgl. GLM, S.77.

66 Vgl. v. Ebner, S.607.

67 Klose/Büsing, Durchführung, S.74.

68 Ebda., S.77. Eine solche vier Generationen sowie die Ururgroßmutter (von der nichts weiter bekannt ist, als daß sie 100 Jahre alt geworden sei) und 56 Personen umfassende *Sippentafel* ist auf S.76 abgedruckt mit dem Untertitel: »Die Familie ist von jeher als asozial, geistig und moralisch minderwertig bekannt«. Die umfangreiche Untersuchung der wissenschaftlichen Assistentin am Kieler Gesundheitsamt, Maria Frede, *Über den sozialen Wert, die erbbiologischen Verhältnisse, Heiratshäufigkeit und Fruchtbarkeit von Schwachsinnigen. Eine Untersuchung an ehemaligen Kieler Hilfsschülern* gibt Aufschluß darüber, daß und wie der »soziale Wert« und die »erbbiologischen Verhältnisse« auf Basis der als wissenschaftlich objektiv geltenden bürgerlichen kulturellen Normen definiert und gemessen wurden. Dies kommt in den Methoden, der Verknüpfung und Interpretation der Ergebnisse zum Ausdruck, denen hier nicht weiter nachgegangen werden kann. Wichtigstes praktisch-politisches Ergebnis ist: Die Untersuchung korrigiert die Vorstellung einer *allgemein* höheren Fruchtbarkeit »der Schwachsinnigen«. Hier müsse differenziert werden nach Geschlecht und Familienstand. Auf diese Weise erscheinen dann um so mehr, denn nun auf neue Art statistisch belegt, als einzige Gruppe »überproportionaler Fruchtbarkeit« die »schwachsinnigen Mädchen« bzw. ledigen Frauen als ein weiterer wissenschaftlicher Beweis für die Notwendigkeit der Zwangssterilisation gerade dieser. Daß am Hervortreten dieser »Fruchtbarkeit« auch Männer mitgewirkt haben, ist ohne Belang.

69 Klose/Büsing, Durchführung, S.74; dies., Ergebnisse, S.598.

70 Folberth, S.1446.

71 Gerhard Rautmann, Welche Genitalstaten ergibt die Gesundheitsuntersuchung von Antragstellerinnen auf Ehestandsdarlehen? Med. Diss. Kiel 1936, S.30.

72 Rautmann, S.2.

73 Vgl. zur noch völlig untergeordneten Bedeutung der körperlichen Untersuchung in der ärztlichen Praxis im 18. Jahrhundert Duden, Geschichte unter der Haut, S.100ff.

74 Rautmann, S.14. Alle Ausrufezeichen sind original zitiert.

75 Folberth, Ergebnisse bei Untersuchungen von über 7000 Ehestandsdarlehnsbewerbern. Die Untersuchung Rautmanns wird zitiert als »Welche Genitalstaten ergriff die Gesundheitsuntersuchung ...«!

76 Folberth, S.1446.

77 Dr.Thomsen, Der Gebißzustand bei den Antragstellern auf Ehestandsdarlehen in Kiel 1939/40, in: Öff GesD B, 6.1940/41, S.357-366. Dr.Klose initiierte übrigens eine ganze

Reihe Untersuchungen dieser Art; auch sein frühes Eintreten für das »Aufspüren erb-kranker Sippen« durch die Kontrollen der ED-Antragstellenden ist Teil ihrer Funktionalisierung, wenn auch mit völlig anderen Inhalten.

78 »Fokalinfektion (Pässler, Internist, Dresden 1909) (focus: Herd): Herdinfektion, Infektion durch Mikroben oder deren Toxine, die dauernd oder schubartig von einem Ausgangsherd in den Kreislauf abgegeben werden und die im Körper an anderer Stelle Absiedelung, Entzündung, Allergisierung oder Störung der nervlichen Steuerung ... erzeugen ... Häufigste Ausgangsherde: Entzündungen bzw. Eiterungen vor allem im Zahn-, Mund- und Kieferbereich«, vgl. Pschyrembel, S.377. Der 42. Internistenkongreß in Wiesbaden verabschiedete die sog. *Päßlersche Liste*, in der solche Krankheiten zusammengestellt waren.

79 Thomsen, S.362; *ex juvantibus*: Stellung der Diagnose aus dem Erfolg eines Mittels mit bestimmter, kennzeichnender Wirkung. Vgl. Pschyrembel S.580.

80 Thomsen, S.364. Interessant erscheint mir übrigens auch die Bemerkung »Bei der Bewertung des Gebisses mußte abgesehen werden von den Beziehungen des Zahnorgans zur Geisteshaltung der Untersuchten, weil es hierfür einen Maßstab nicht gibt. Vielmehr konnte das Gebiß nur zensiert werden nach seiner Funktionstätigkeit und seinen sichtbaren, nicht immer erwiesenen Beziehungen zur Gesundheitslage des gesamten Organismus«, ebda. Sie kann als Kritik an der Art der ansonsten betriebenen Persönlichkeitsbewertung verstanden werden, zumal wenn wir in einer anderen Nummer derselben Zeitschrift in einem Artikel Dubitschers unter »Anhaltspunkte für eine Beurteilung in allgemein-seelischer Hinsicht« »Sauberkeit und Körperpflege« vorfinden. Fred Dubitscher, Sozialbiologische Beurteilung der Persönlichkeit, in: Öff GesD A, 4.1938/39, S.906-913.

81 Thomsen, ebda.

82 Buschmann, Einige Erfahrungen bei kurzer Verstandesprüfung von Ehestandsdarlehensbewerbern, in: Öff GesD 2.1936/37, S.19-21.

83 Ebda., S.20.

84 Ebda.

85 Dazu und zur Erweiterung der Intelligenzprüfung um die Kontrolle der »Lebensbewährung« als Mittel zur Feststellung von »Schwachsinn« vgl. Bock, S.313-326.

86 Buschmann, S.19.

87 Ebda., S.21.

88 In dieser Beziehung außerordentlich aufschlußreich ist ein im Öff GesD A, 7.1941, S.46-48, erschienener Beitrag von Gerhard Kloos, Direktor der Thüringischen Landesheilanstalten Stadtroda, *Zur Intelligenzprüfung der Landbevölkerung.* Hier ist ein umfangreicher Fragebogen über »Landwirtschaftliches Berufswissen« abgedruckt, den der Verfasser mit »Sachverständigen« (Ortsbauernführern, Dorfschullehrer, dem Leiter der Landwirtschaftsschule in Stadtroda) erarbeitet hatte. Aus diesem sollten die Amtsärzte einige Fragen neben den sonst üblichen für die Intelligenzprüfung auswählen: Denn »ein recht großer Teil der Fälle, die wegen angeborenen Schwachsinns angezeigt werden, gehören der Landbevölkerung an«. Der Amtsarzt, der Erbgesundheitsrichter und der psychiatrische oder erbbiologische Gutachter seien aber bei der Prüfung der Intelligenz der bäuerlichen Bevölkerung in einer schwierigen Lage, weil ihnen der »bäuerliche Lebens- und Gedankenkreis meist doch etwas fremd« sei. Das Besondere an diesem Fragebogen gegenüber den sonst in der Schwachsinns-Diagnostik gebräuchlichen ist, daß hier in Klammern bei den meisten Fragen die richtigen Antworten für den Amtsarzt angegeben waren! Hier kommt sehr deutlich die bürgerliche Bias von Intelligenz zum Ausdruck: Die meisten Amtsärzte wären bei dieser Prüfung durchgefallen.

89 Buschmann, S.20.

90 Fred Dubitscher, Praktische Erb- und Rassenpflege. Erfahrungen in der Poliklinik für Erb- und Rassenpflege, in: Öff Ges D A, 6.1940/41, S.545-569. Die Aufgaben der Poliklinik

waren laut dem Gründungsdirektor Otmar von Verschuer: »1.Beratung auf dem Gebiet der Erb- und Rassenpflege. 2.Lehr- und Ausbildungstätigkeit. 3.Forschungstätigkeit«.

91 Ebda., S.564.

92 Klose/Büsing, Durchführung, S.74.

93 Scheurlen, S.376. Vgl. zu Entscheidungen und Beurteilungsgesichtspunkten aus der Begutachtungspraxis des RGA bei Anträgen auf Ausnahmebewilligung eines ED bei Lungentuberkulose ebda., S.369-376.

94 GLM, S.49.

95 G.F. Wagner, Nachweis der Ansteckungsfähigkeit bei Tuberkulose durch bakteriologische Methoden, in: Öff GesD A, 4.1938, S.516.

96 Vgl. auch Hans Adolf Hoffmann, Lungentuberkulose und Ehegesundheitsgesetz (Aus der Tuberkulosefürsorgestelle an der Medizinischen Poliklinik der Friedrich Schiller-Universität zu Jena, Leitender Arzt Prof. Kayser-Petersen), in: ARGB, 33.1939, S.377-411. Ein neues RStGB wurde jedoch trotz jahrelanger Verhandlungen nicht verabschiedet, speziell auf Einschreiten Hitlers, der durch eine offizielle Verabschiedung mitten im Krieg die »Stimmung« gefährdet sah. Die Trennung illegal zusammenlebender Paare übernahm die Kriminalpolizei.

97 Vollmer, S.315.

98 Der Erbarzt 4.1938, S.160; hervorgeh. im Orig.

99 RGesBl, 9.1934, S.271.

100 Scheurlen, S.382f.

101 Ebda., S.69.

102 von König, S.65.

103 von Ebner, S.410.

104 Scheurlen, S.381f.

105 Morschhäuser, Die Geschlechtskrankheiten als Ehehindernis, in: Öff GesD A, 4.1938/39, S.543-551.

106 Die Eignung für »die Durchführung unauffälliger Reihenuntersuchungen der Bevölkerung« wird auch noch im Pschyrembel, 1977, S.188, hervorgehoben.

107 Pschyrembel, S.1306.

108 Rückenmarksflüssigkeit; vgl. Anm.67, Kap. 5.

109 Scheurlen, S.379.

110 2.VO zur Bekämpfung der Geschlechtskrankheiten vom 27.2.1940, Öff GesD A, 6.1940/41, S.128. Die Zwangseinweisung in ein Krankenhaus und Zwangsbehandlung waren seit dem GBGK vom 18.2.1927 (§ 4 Abs.II) gestattet, das die frühere polizeiärztliche Kontrolle von Frauen, die der Prostitution verdächtigt wurden, ersetzte:»Personen, die geschlechtskrank oder verdächtig sind, die Geschlechtskrankheit weiter zu verbreiten, können einem Heilverfahren unterworfen, auch in ein Krankenhaus verbracht werden, wenn dies zur Verhütung der Ausbreitung der Kankheit erforderlich erscheint.« Vgl. GLM, S.57. Die Salvarsanbehandlung war ein relativ neues Verfahren, das in den Zwanziger Jahren noch klinisch erprobt wurde und wegen überhöhter Dosierungen auch zu Todesfällen führte. Vgl. Elisabeth Meyer-Renschhausen, Weibliche Kultur, S.334-364.

111 1934 waren z.B. rund 225000 Personen erstmalig wegen Geschlechtskrankheiten in ärztlicher Behandlung, davon 175000 wegen Tripper, 47000 wegen Syphilis, 3000 wegen weichen Schankers und rund 4000 Kinder wegen angeborener Syphilis. Florian Werr, Die Geschlechtskrankheiten und das Ehegesundheitsgesetz, Berlin 1938, S.6.

112 Morschhäuser, S.546, Ausrufezeichen im Orig.

113 Ebda., S.546, 549.

114 von Ebner, S.608f.

115 GLM, S.59.

116 GLM, S.53.
117 Morschhäuser, S.546.
118 Vgl. Scheurlen, S.378.
119 Vgl. Kap. 6.
120 Morschhäuser, S.546.
121 Pschyrembel, S.927.
122 Vgl. Abb. ebda.
123 Scheurlen, S.379.
124 Vgl. Arno Kunigk, Die salpingographischen Röntgenaufnahmen der Königsberger Universitäts-Frauenklinik (1933-1938), Med. Diss., Königsberg 1939.
125 Vgl. Czarnowski, Frauenpolitik.
126 Vgl. Mitscherlich/Mielke, S.246-248, 290. Zu Clauberg vgl. auch Heidrun Kaupen-Haas, Das Experiment Gen- und Reproduktionstechnologie. Nationalsozialistische Fundamente in der internationalen Konzeption der modernen Geburtshilfe, in: Menschenversuche, S.88-97.
127 Asepsis wie bei einem operativen Eingriff sei unbedingt erforderlich, die Durchführung der Untersuchung solle unter dem Schutz von Antibiotika erfolgen, 24stündige Bettruhe nach der Untersuchung, die ambulant durchgeführt werden könne, sei unbedingt erforderlich. »Wesentliche Verringerung aller Gefahrenmomente, wenn in der Klinik durchgeführt.« Pschyrembel, S.542f.
128 Hierbei ging es um die Klärung sicherer Gebärunfähigkeit als Basis einer möglichen Entscheidung gegen die Zwangssterilisation. Aus diesem Grund wurden einer Salpingographie in Königsberg unterworfen 1934:1, 1935:41, 1936:28, 1937:18, 1938: 20 Frauen. Auch diese Eingriffe fanden unter Anwendung von Gewalt statt. Vgl. Czarnowski, Frauenpolitik.
129 Kunigk, S.8ff.
130 Die Aushändigung eines Entlassungsmerkblattes war nach dem GBGK vorgeschrieben nach Beendigung der ärztlichen Behandlung.
131 Scheurlen, S.377.
132 Scheurlen, S.328.
133 Erl RMdI, betr. Richtlinien für die ärztlichen Untersucher der Ehestandsdarlehensbewerber vom 14.1.1939, RGesBl 14.1939, S.70f.
134 Glaser, S.62.
135 Glaser, S.63.
136 Zur Geschlechtsspezifität der psychiatrischen Zwangssterilisationsdiagnosen hinsichtlich Sexualverhalten und Arbeit vgl. Bock, S.389ff.
137 Klose/Büsing, Ergebnisse, S.599f.
138 Folberth, S.1448.
139 Dies wurde im amtsärztlichen Diskurs weitertransportiert. Vgl. W.F.Winkler, Beitrag zur Unehelichenfrage in: Öff GesD B, 4.1938/39, S.37.
140 M. v. Mezynski, Der angeborene Schwachsinn als Ablehnungsgrund bei Ehestandsdarlehensbewerbern, in: DÄBl 66.1936, S.919.
141 Ebda., S.921.
142 GLM, S.132.
143 GLM, S.140.
144 GLM, S.144.
145 GLM, S.145.
146 GLM, S.138f.
147 GLM, S.141.
148 GLM, S.141.
149 GLM, S.142.

150 Ebda.
151 Vgl. GLM S.142f., die folgenden Zitate stammen von hier. *Impotenz* (des Mannes) und *Perversionen* wurden unter der Rubrik *Geistes- und Nervenkrankheiten* abgehandelt.
152 GLM, S.142.
153 GLM, S.140f.
154 GLM, S.140.
155 Vgl. Fritz Lange, Indikationen von Seiten des Herzens, in: Richtlinien für Schwangerschaftsunterbrechung und Unfruchtbarmachung aus gesundheitlichen Gründen, hg. von der Reichsärztekammer, München 1936, S.50-57.
156 Vgl. K.Lydtin, Lungentuberkulose als Indikationsgebiet, in: ebda., S.58-79; GLM, S.128f.
157 Redeker, S.511.
158 Czarnowski, Frauenpolitik, S.87ff.
159 GLM, S.138.
160 Vgl. hierzu J.Fauler, Ehehindernisse wegen Altersunterschiedes? in: Öff GesD A, 7.1941/42, S.474-478. Eine Ausweitung der gesetzlichen Ehehindernisse um »Altersunterschied« und »Unfruchtbarkeit« wurde während des Krieges angestrebt und war bis zur Diskussion von Gesetzentwürfen auf ministerieller Ebene gediehen, scheiterte aber u.a. an Einsprüchen Himmlers, der vor allem eine gesetzliche Festlegung der Altersdifferenz problematisch ansah und auch hier – wie bei vielen Vorschriften – individuelle Entscheidungen (sprich: Willkür) »auf dem Verwaltungswege« vorzog.
161 Erlaß des RMdI, betr. Richtlinien für die ärztlichen Untersucher der Ehestandsdarlehensbewerber vom 14.1.1939, in: RGesBl, 14.1939, S.70f.
162 GLM, S.66.
163 Ebda.
164 Vgl. Wollenweber.
165 GLM, S.75.
166 GLM, S.66.
167 In der amtsärztlichen Fachpresse wurde mehrfach darauf hingewiesen, daß der Amtsarzt für die Ausstellung oder Verweigerung des ETZ die erste Instanz war und deshalb besonders sorgfältig zu prüfen habe, anders als bei den Zwangssterilisationen, wo er das Verfahren in Gang setzte, aber nicht selbst an dem Beschluß bei denjenigen mitwirkte, die er vor das Gericht gebracht hatte; vgl. GLM, S.118f.
168 GLM, S.66.
169 Die »Grade« bildeten ja nichts anderes als das Generationen-*Rassenmischungs*-Verhältnis ab. – 1.AVO BlutschG v. 14.11.1935, Erläuterungen in GLM, S.219-225.
170 GLM, S.134; vgl. Berechnungen zum »Problem« der Heirat zwischen zwei »Erbbelasteten« oder »Erbbelasteten« und »Erbbelastungsfreien« Siegfried Koller, Erwünschte und unerwünschte Ehen, in: Der Erbarzt, 2.1935, S.130f.
171 Nach den Untersuchungen von Gisela Bock war tatsächlich ein familiäres Merkmal der aufgrund von »Schwachsinn« Zwangssterilisierten, daß sie aus großen Familien stammten, also viele Geschwister, und nicht, daß sie viele Kinder hatten. Vgl. Bock, S.408.
172 ED-Richtlinien v.14.1.1939, RGesBl 14.1939, S.71.
173 GLM, S.145.
174 GLM, S.146, hervorgeh. im Orig.
175 Vgl. Der Erbarzt, 5.1938, S.160.
176 GLM, S.88.
177 Raul Hilberg, Die Vernichtung der europäischen Juden. Die Gesamtgeschichte des Holocaust, Berlin 1982, S.297. Die Zwangssterilisation aller »Mischlinge« war ein Vorschlag Pfundtners, der auf der Wannseekonferenz vom 20.1.1942 und einer eigens zur »Lösung der

Mischehen- und Mischlingsfragen« einberufenen zweiten Konferenz vom 6.3.1942 diskutiert wurde. Vgl. ebda., S.294-300.

178 Zum RMdI vgl. abgedruckte ausgefüllte *Untersuchungsbogen für Untersuchungen gem. d. gemeinsamen RdErl des RMdI und des Reichsprotektors in Böhmen und Mähren zur Dritten VO zur Durchführung und Ergänzung des Ehegesetzes v. 22.10. 1940 (RGBl I, S.1488)* für auf oberster Ebene zu entscheidende Ehegenehmigungen mit Nacktaufnahmen von vorn und von der Seite. Ein vertraulicher Erlaß vom 15.6.1944 *betr. Eheschließungen von deutschen Staatsangehörigen mit Protektoratsangehörigen* bestimmte, daß »die dem Untersuchungsbogen beizufügenden Lichtbilder *bei Frauen* grundsätzlich im Badeanzug zu machen« seien. Stehe »ein solcher im Einzelfall nicht zur Verfügung«, solle dafür »Sorge getragen (werden), daß die Lichtbilder, die die Antragstellerin im unbekleideten Zustand zeigen, dem Vorgang im verschlossenen Briefumschlag beigefügt werden, so daß sie nur den unmittelbar beteiligten Sachbearbeitern zugänglich sind«. In: Reinhard-M. Strecker, Dr.Hans Globke, Aktenauszüge, Dokumente, Hamburg 1961, S.271-275. Zur Ahndung verbotenen Geschlechtsverkehrs zwischen »fremdvölkischen« Männern und deutschen Frauen vgl. Bock, S.438.

179 Zur Frage der geburtenpolitischen Wirksamkeit der ED, die auch in der zeitgenössischen Forschung untersucht und kontrovers diskutiert wurde, vgl. Bock, S.142-153.

180 Die Ehestandsdarlehen im 4.Vierteljahr und im Jahre 1943, in: WuS, 24.1944, S.50f.

181 Quellen siehe Anm. *** S.227 dieser Arbeit.

182 Die Zahlen wurden aus den Viertel- bzw. Halbjahresstatistiken des RGesA berechnet, vgl. Anm. *** S.227 dieser Arbeit.

183 Siehe Anm. 182.

184 Vgl. z.B. Götz-Helmuth Kirchberger, Ausnahmebewilligungen im Ehegesundheitsgesetz, Diss. med. Leipzig 1943.

185 Siehe Anm. 182.

186 Vorübergehende Einschränkungen bei Untersuchungen für die Gewährung von Ehestandsdarlehen und Ausbildungsbeihilfen. RdErl RMdI v. 6.2.1942, Öff GesD A, 8.1942, S.91.

187 Vgl. Fritz Masuhr, Die Verlagerung der Aufgaben des Amtsarztes im Kriege, in: Öff GesD A, 7.1941/42, S.570-574.

188 Vgl. § 1 Abs.3 der 2.DVO EhegesG v. 22.10.1941, RGBl I, S.650f.: »(Die E.U.) braucht ... während eines Krieges, eines kriegsähnlichen Unternehmens oder eines besonderen Einsatzes (im Sinne des § 5 der PersStVO der Wehrmacht vom 4.November 1939 – RGBl I, S.2163) von dem Verlobten nicht beigebracht zu werden, der der Wehrmacht angehört oder der nachweist, daß er zum Dienst in der Wehrmacht einberufen ist. Dasselbe gilt für diejenigen Verlobten, auf die nach § 32 der vorgenannten Verordnung die Vorschriften dieser und der 2.AVO PersStG v. 30.8.1939 (RGBl I, S.1540) Anwendung finden.« Die VO war unterzeichnet von Leonardo Conti in Vertretung des RMdI, dem Leiter der Parteikanzlei, Martin Bormann, und dem um diese Zeit mit der Geschäftsführung im RMJ beauftragten Dr. Schlegelberger.

189 Gewährung fördernder Maßnahmen an Wehrmachtsangehörige. RdErl RMdI v. 16.10.1942, Öff GesD A, 9.1943, S.17.

190 RdErl RMdI vom 8.April 1943, betr. Vereinfachung der Verwaltung; hier: Vorübergehende Einschränkungen bei den Arbeiten der Beratungsstelle für Erb- und Rassenpflege, RGesBl 18.1943, S.455-457.

191 Vgl. RdErl RMdI über vorläufige Beschränkung der Gewährung von Ehestandsdarlehen, Einrichtungsdarlehen und Einrichtungszuschüssen v. 8.11.1944, RGesBl 20.1945, S.25.

192 Der öffentliche Gesundheitsdienst im Deutschen Reich 1939. Nur für den inneren Dienstgebrauch. Schr. RMdI an die Reichskanzlei vom 29.9.1943, BAK R 43 II/719, Bl.68.

193 Folberth, S.1446.

Anmerkungen zum Schluß

1 Vgl. Barbara Duden, »Keine Nachsicht gegen das schöne Geschlecht«. Wie sich Ärzte die Kontrolle der Gebärmütter aneigneten, in: Susanne von Paczensky (Hg.), Wir sind keine Mörderinnen!, Reinbek 1980, S.109-126; dies., Geschichte unter der Haut.

2 Vgl. Rainer Hohlfeld, Regine Kollek, Menschenversuche? Zur Kontroverse um die Forschung mit Reagenzglasembryonen, in: Menschenversuche, S.146-172; Helga Satzinger, Wider die Ermordung der Nachtigall – Zur Ethikdebatte um Embryonenforschung, in: Wechselwirkung 10.1988, Heft 37; vgl. auch Gena Corea, MutterMaschine. Reproduktionstechnologien – Von der Befruchtung zur künstlichen Gebärmutter, Berlin 1986.

3 Fischer, Schlußansprache, S.929.

4 Vgl. Bock, Zwangssterilisation, S.324f.; Pross, Wiedergutmachung, S.103f.; Gesetz zur Verhütung erbkranken Nachwuchses, in: J.Daniels, W.Hagen, H.Lehmkuhl, F.Pürckhauer, E.Schröder, J.Stralau, C.L.P.Trüb (Hg.), Das öffentliche Gesundheitswesen, Bd.IV: Gesundheitsfürsorge, Teil B: Rechtsvorschriften und Erläuterungen (Loseblattsammlung), zusammengestellt von Wilhelm Hagen und Erich Schröder, Stuttgart 1962, Bd.IV – I B:1, S.1-3.

5 Vgl. Bock, S.231f.

6 Vgl. Ludwig Hopfner, Das öffentliche Gesundheitswesen in der Exekutive (Verwaltung), in: Daniels/Hagen (Hg.), Das öffentliche Gesundheitswesen, Bd.I: Gesundheitsverwaltung, hg. von F.Pürckhauer und J.Stralau, Teil A: Grundlagen, Stuttgart 1966, S.66-77. Das in den Sechziger Jahren erschienene mehrbändige Handbuch *Das öffentliche Gesundheitswesen* bietet insgesamt einen instruktiven Überblick über Kontinuitäten und Veränderungen gegenüber der Zeit des Nationalsozialismus.

7 GesVeinhG, in: Walter Thürk (Hg.), Recht im Gesundheitswesen, Textsammlung, Lose-Blatt-Ausgabe, Köln-Berlin-Bonn-München, 12-1, S.1. Dies betrifft vor allem die (Re-) Kommunalisierung der Gesundheitsämter in Nordrhein-Westfalen, Hessen, Schleswig-Holstein, Berlin, Hamburg und Bremen. In den übrigen Bundesländern sind die Gesundheitsämter ganz oder teilweise staatliche Einrichtungen. Vgl. Daniels/Hagen u.a., Das öffentliche Gesundheitswesen, Bd.I: Gesundheitsverwaltung, Teil B: Rechtsvorschriften und Erläuterungen, zusammengestellt von F.Pürckhauer und Josef Stralau, Stuttgart 1966, Bd.I – III C 1:1, S.1; P.V.Lundt/P.Schiwy (Bearb.), Deutsches Gesundheitsrecht. Sammlung des gesamten Gesundheitsrechts des Bundes und der Länder sowie der DDR, Bd.1-5, Loseblattsammlung, Perchta am Starnberger See.

8 Thürk, ebda. Vgl. auch 1.DVO § 4 Abs 4, Thürk, 12-1-1, S.3; Daniels/Hagen Teil B, Bd.1 – III C 1:2, S.2; *Dienstordnung – Allgemeiner Teil* (2. DVO) § 6, Thürk, 12-1-2, S.2; Daniels/Hagen, ebda., III C 1:3, S.2. In § 52 der *Dienstordnung – Besonderer Teil* (3. DVO) heißt es im »Abschnitt XIV Erb- ...pflege« heute u.a.: »(1) Das Gesundheitsamt ist verpflichtet, praktische Erb- ...pflege zu betreiben. Zur Durchführung dieser Aufgabe hat es bei Bedarf Beratungsstellen für Erb- ...pflege einzurichten. Seine beamteten Ärzte sollen in Fragen, die die Erbgesundheit ... [gestrichen: und Rassenreinheit, GC.] der Familie oder des einzelnen betreffen, die Bevölkerung beraten und die dem Amtsarzt zufallenden Aufgaben des Gesetzes zur Verhütung erbkranken Nachwuchses erfüllen. (2) Dabei sollen sie die zur Heirat entschlossenen Personen vor der Eheschließung beraten, wie auch Verheiratete und ihren Familien mit ihrem sachverständigen Rat zur Seite stehen. Dazu werden sie ... [gestrichen: Ehezeugnisse und im besonderen die für Ehestandsdarlehensbewerber und Siedler erforderlichen Zeugnisse, GC.] Gutachten über Kinder und Personen auszustellen haben, die an Kindes Statt angenommen werden sollen. Die Beratungsstellen sind ferner zur Untersuchung und Begutachtung derjenigen Ausländer heranzuziehen, die die Einbürgerung ... beantragt haben. ... [gestrichen: Dabei sollen sie erbbiologisch

belastete oder sonst rassisch nicht zum deutschen Volkstum gehörende Personen durch eine ablehnende Stellungnahme von dem deutschen Volkskörper fernhalten, GC.] (3) Bei der Ausübung ihrer Tätigkeit werden sie körperlich und seelisch Untaugliche von der Ehe und Zeugung möglichst abzuhalten suchen, um unerwünschten Nachwuchs auch über den Rahmen des Gesetzes zur Verhütung erbkranken Nachwuchses hinaus zu verhindern ... [gestrichen: und eine Aufartung des Volkes zu erreichen, GC.] (4) Als Eheberater sind nur Ärzte zu bestellen, die über ein ausreichendes Wissen auf dem Gebiet der Erb-...pflege verfügen ... [gestrichen: und auf dem Boden der nationalsozialistischen Weltanschaung stehen, GC.]. Thürk, 12-1-3, S.26. Die gestrichenen Passagen habe ich jeweils aus dem HdG (1939) eingesetzt. In Daniels/Hagen, Teil B, Bd.I – III 1:3, S.17, hingegen sind die §§ 51-53 nicht abgedruckt mit den Bemerkungen »kein Bundesrecht« bzw. »überholt durch Kontrollratsbestimmungen«. Der Abschnitt »Erb-...pflege« als solcher hat jedoch weiterhin Bestand als Überschrift zur »Gesundheitlichen Volksbelehrung« – in der Sprache der Sechziger Jahre: »Gesundheitserziehung einschließlich Erbpflege und Eheberatung«. Vgl. hierzu Oskar Gundermann, Die Aufgaben des Gesundheitsamtes, in: Daniels/Hagen, Bd.I, Teil A, S.107, 125.

9   Vgl. die Glosse *Erbrecht*, in: Süddeutsche Zeitung v. 8./9.1.1983. Im damaligen Württemberg-Baden, Schleswig-Holstein und Hamburg blieb der § 14 des GzVeN über den medizinisch indizierten Schwangerschaftsabbruch und Sterilisation in Kraft; Eingriffe aus eugenischen Gründen wurden teilweise hierunter subsumiert. In allen anderen Bundesländern erfolgte keine formelle Regelung. Vgl. Daniels/Hagen, IV B I:1, S.2 (siehe Anm. 3); Ernst Walter Hanack, Die strafrechtliche Zulässigkeit künstlicher Unfruchtbarmachungen, Marburg 1959.

10 Anders in Daniels/Hagen. Hier ist der § 53 3.DVO gestrichen; vgl. Anm.7. Allerdings: zur Weiterführung der Erbkartei als zentrale Suchkartei »von überflüssigem Beiwerk befreit« vgl. Rudolf Kuhn, Geschäftsführung, in: Daniels/Hagen, Bd.I, Teil A, S.240f.

11 3.DVO, § 59. Thürk, 12-1-3, S.29; Daniels/Hagen Teil B, Bd.I – II C 1:4, S.19 Inwieweit die Gesundheitsämter nach 1945 Frauen, Abtreibungen vornehmende Hebammen, Ärzte oder sonstige Personen tatsächlich weiterhin nach § 218 StGB anzeigten, wäre eine Nachprüfung wert.

12 Vgl. Ferdinand Oeter, Qualitative Bevölkerungspolitik, in: Daniels/Hagen u.a. (Hg.), Das öffentliche Gesundheitswesen, Bd.IV, Teil A, Gesundheitsfürsorge, hg. von Wilhelm Hagen und Erich Schröder, S.22-28.

13 Vgl. Anm. 9.

14 Siegfried Häussler, Ärztlicher Ratgeber für werdende und junge Mütter (Hg. Rolf Becker und Deutsches Grünes Kreuz, vertreten durch Martin K. Döll), Baierbrunn 1989, S.16-20 (Dabei sind zwei Seiten Werbung für Windeln und Säuglingsnahrung).

15 Wir heiraten, München 1986.

16 Vgl. Theresia Seible, Aber ich wollte vorher noch ein Kind, in: Courage 6.1981, Nr.5, S.21-24.

17 GRR, ²1936, S.113.

Quellen- und Literaturverzeichnis

Ungedruckte Quellen

Bundesarchiv Koblenz (BAK)
R 18 Reichsministerium des Innern
R 36 Deutscher Gemeindetag
R 43 Reichskanzlei
NS 6 Parteikanzlei
NSD Drucksachen der NSDAP
Sammlung Schumacher
Zentrales Staatsarchiv der DDR Potsdam (ZStAP)
15.01 Reichsministerium des Innern
30.01 Reichsjustizministerium
Institut für Zeitgeschichte, München (IfZ)

Gedruckte Quellen

Zeitschriften

Archiv für Gynäkologie. Organ der Deutschen Gesellschaft für Gynäkologie
Archiv für Psychiatrie und Nervenkrankheiten
Archiv für Rassen- und Gesellschaftsbiologie
Der Erbarzt, Beilage zum Deutschen Ärzteblatt
Der öffentliche Gesundheitsdienst, Ausgabe A und Ausgabe B
Deutsche medizinische Wochenschrift
Deutsches Ärzteblatt
Informationsdienst des Hauptamtes für Volksgesundheit der NSDAP
Klinische Wochenschrift
Ministerialblatt für die innere Verwaltung
Münchener medizinische Wochenschrift
Reichsgesetzblatt
Reichsgesundheitsblatt
Volk und Rasse
Wirtschaft und Statistik
Zeitschrift für die gesamte Neurologie und Psychiatrie
Zeitschrift für Gesundheitsverwaltung und Gesundheitsfürsorge
Zeitschrift für induktive Abstammungs- und Vererbungslehre
Zeitschrift für Medizinalbeamte
Zeitschrift für Morphologie und Anthropologie
Zeitschrift für Standesamtswesen – Personenrecht, Eherecht und Sippenforschung (=Das Standesamt = Der Standesbeamte)
Zentralblatt für Gynäkologie

Publikationen (Bücher und Aufsätze)

Adam, Curt, Augenerkrankungen unter dem Gesichtspunkt der Vererblichkeit, in: Klein (Hg.), Wer ist erbgesund, S.122-133

Atzler, Edgar, Kaiser Wilhelm-Institut für Arbeitsphysiologie in Dortmund und Münster i.W., in: Planck, (Hg.), 25 Jahre Kaiser Wilhelm-Gesellschaft, Zweiter Band, S.379-387

Bauer, Karl Heinrich, Mickulicz-Radecki, Felix von, Die Praxis der Sterilisierungsoperationen, Leipzig 1936

Baum, Marie, Familienfürsorge (Sozialpädagogische Arbeitshefte. Schriftenreihe eines sozialpädagogischen Arbeitskreises, Folge D, Heft 1), Frankfurt-Berlin-Hannover 1951

Baur, Erwin, Die Frage der Vererbung erworbener Eigenschaften im Licht der neuen experimentellen Forschung mit Pflanzen, in: Archiv für Soziale Hygiene mit besonderer Berücksichtigung der Gewerbehygiene und Medizinalstatistik. Neue Folge der Zeitschrift für Soziale Medizin, 8.1913, S.117-130

ders., Einführung in die Vererbungslehre, 7.-11. völlig neubearb. Aufl. Berlin 1930

ders., Fischer, Eugen, Lenz, Fritz, Menschliche Erblichkeitslehre und Rassenhygiene, Bd.I: Menschliche Erblichkeitslehre, 3.neubarb. Aufl. München 1927

dies., Menschliche Erblehre und Rassenhygiene, Bd.I: Menschliche Erblehre, 4.neubearb. Aufl. München 1936

dies., Menschliche Erblehre und Rassenhygiene, Bd.II: Fritz Lenz, Menschliche Auslese und Rassenhygiene (Eugenik), München [4]1932 (unveränd. Nachdruck der 3., vermehrten und verbesserten Aufl. 1931)

dies., Menschliche Erblehre und Rassenhygiene, neu herausgegeben von Eugen Fischer und Fritz Lenz gemeinsam mit Kurt Gottschaldt, Johannes Lange, Otmar von Verschuer und Wilhelm Weitz, Bd.I 2. Hälfte: Erbpathologie, 5., völlig neubearbeitete und erweiterte Auflage München-Berlin 1940

Berliner Gesellschaft für Rassenhygiene (Hg.), Ueber den gesetzlichen Austausch von Gesundheitszeugnissen vor der Eheschließung und rassenhygienische Eheverbote, München 1917

Berlitz, Erich, Ehestandsdarlehen. Bücherei des Steuerrechts, herausgegeben von Fritz Reinhardt, Berlin und Wien 1940

Beyreis, Die Mitwirkung des beamteten Arztes bei der Gewährung der Ehestandsdarlehen, in: Zs Medb, 46.1933, S.555-558

Blumreich, L., Frauenkrankheiten, Empfängnisunfähigkeit und Ehe, in: v. Noorden/Kaminer (Hg.), Krankheiten und Ehe, S.679-748

Brugsch, Theodor, Lewy, Fritz Heinrich (Hg., unter Mitarbeit zahlreicher Fachmänner), Die Biologie der Person. Ein Handbuch der allgemeinen und speziellen Konstitutionslehre, Bd.1-4, Berlin und Wien 1926-1931

Burgdörfer, Friedrich, Geburtenschwund: Die Kulturkrankheit Europas und ihre Überwindung in Deutschland, Heidelberg-Berlin-Magdeburg 1942

Buschmann, Einige Erfahrungen bei kurzer Verstandesprüfung von Ehestandsdarlehensbewerbern, in: Öff GesD 2.1936/37, S.19-21

Christian, Max, Biologische Kritik des Eherechts, in: Marcuse, Die Ehe, S.586-612

Curtius, Friedrich, Die Familienforschung als Grundlage therapeutischer Überlegungen, in: Fortschritte der Therapie, 8.1932, S.198-201

ders., Familienforschung und Begutachtung, in: Der Erbarzt, 1.1934, S.51-53

ders., Erbbiologische Strukturanalyse im Dienste der Krankheitsforschung, in: Zeitschrift für Morphologie und Anthropologie (Eugen-Fischer-Festband), 34.1934, S.63-75

ders., Multiple Sklerose und Erbanlagen, Leipzig 1933

ders., Stoffwechsel, Magen-, Darm-, Lebererkrankungen sowie Krebsleiden unter dem Gesichtspunkt der Vererblichkeit, in: Klein (Hg.), Wer ist erbgesund, S.45-55

Czellitzer, Arthur, Die Vererbung hochgradiger Kurzsichtigkeit (aufgrund einer 27jährigen Sammelforschung), in: Verhandlungen 5. Internat. Kongr. Vererbwiss. Berlin 1927, Z indukt Abst, 1928, Suppl. 1, S.578-94

ders., Familienforschung als Grundlage für das Heiratszeugnis, in: Hirsch, Heiratszeugnis, S.12-20

Daniels, J., Hagen, W., Lehmkuhl, H., Pürckhauer, F., Schröder, E., Stralau, J., Trüb, C.L.P. (Hg.), Das öffentliche Gesundheitswesen, Bd.I: Gesundheitsverwaltung, hg. von F. Pürckhauer und J. Stralau, Teil A: Grundlagen; Teil B: Rechtsvorschriften und Erläuterungen (Loseblattsammlung), zusammengestellt von F. Pürckhauer und Josef Stralau, Stuttgart 1966; Bd.IV: Gesundheitsfürsorge, hg. von Wilhelm Hagen und Erich Schröder, Teil A: Grundlagen; Teil B: Rechtsvorschriften und Erläuterungen (Loseblattsammlung), zusammengestellt von Wilhelm Hagen und Erich Schröder, Stuttgart 1962

Derkmann, Ehetauglichkeitsnachweis als rassenhygienische Maßnahme, in: ARGB 34.1940, S.401-432

Die Eugenik im Dienste der Volkswohlfahrt. Bericht über die Verhandlungen eines zusammengesetzten Ausschusses des Preußischen Landesgesundheitsrats vom 2.Juli 1932 (Veröffentlichungen aus dem Gebiete der Medizinalverwaltung 38.5), Berlin 1932, S.3-112

Diehl, Karl, Verschuer, Otmar von, Zwillingstuberkulose, Jena 1933

Dienstanweisung für die Standesbeamten und ihre Aufsichtsbehörden, hg. vom RMdI, Berlin 1938

Drope, D., Vellguth, H., Erbbestandsaufnahme in der Großstadt, in: Öff GesD B 6.1940/41, S.261-273

Dubitscher, Fred, Praktische Erb- und Rassenpflege. Erfahrungen aus der Poliklinik für Erb- und Rassenpflege, in: Öff GesD, 6.1940/41, S.545-569

ders., Sozialbiologische Beurteilung der Persönlichkeit, in: Öff GesD, A, 4.1938/39, S.906-913

Ebner, von, Über die Tätigkeit des Amtsarztes in der neuen Bevölkerungspolitik, insbesondere über die Begutachtung der Ehestandsdarlehen (sic!), in: Zs Medb, 46.1933, S.605-610

Engering, Schwangerenfürsorge auf dem Lande, in: Öff GesD A, 6.1940/41, S.75-82

Entres, Lothar, Ursachen der Geisteskrankheiten. Vererbung, Keimschädigung, in: Oswald Bumke (Hg.), Handbuch der Geisteskrankheiten, Bd.1, Berlin 1928, S.50-307

Eugenische Eheberatung. Das kommende Geschlecht, Zeitschrift für Eugenik, 6.1932, H.1/2

Eulenburg, Albert, Nervenkrankheiten und Ehe, in: v. Noorden/Kaminer (Hg.), Krankheiten und Ehe, S.748-798

Fauler, J., Ehehindernisse wegen Altersunterschiedes? in: Öff GesD A, 7.1941/42, S.474-478

Federhen, Ludwig, Die gesundheitliche Eignung zur Ehe, in: Zs Gesverw Gesfürs 4.1933, S.499f.

Fetscher, Rainer, Ehegesuche und Ehevermittlung. Eheberatung, Eheverbote und Ehezeugnisse, in: Marcuse, Die Ehe, S.550-566

Fischer, Eugen, Schlußansprache, in Harmsen/Lohse (Hg.), Bevölkerungsfragen, S.927-31

ders., Kaiser Wilhelm-Institut für Anthropologie, menschliche Erblehre und Eugenik, in: Planck (Hg.), 25 Jahre Kaiser Wilhelm-Gesellschaft, Zweiter Band, S.348-356

Folberth, Ergebnisse bei Untersuchungen von über 7000 Ehestandsdarlehensbewerbern, in: Klin Wschr 17.1938, S.1446-1448

Fraenkel, Ludwig, Sterilisierung und Konzeptionsverhütung, in: Verhandlungen der deutschen Gesellschaft für Gynäkologie, 22. Versammlung, abgehalten zu Frankfurt a.M. vom 27.-30. Mai 1931, Archiv Gyn 144.1931, S.86-132

Frede, Maria, Über den sozialen Wert, die erbbiologischen Verhältnisse, Heiratshäufigkeit und Fruchtbarkeit von Schwachsinnigen. Eine Untersuchung an ehemaligen Kieler Hilfsschülern, in: Der Erbarzt 4.1937, S.145-153, 161-166

Fürst, Moritz, Der Einfluß der sozialen Lage auf die Schultauglichkeit, in: Mosse/Tugendreich, Krankheit und soziale Lage, S.308-341

Gerum, Erfahrungen bei der Begutachtung von Ehestandsdarlehen, in: Zs Gesverw Gesfürs, 15.1934, S.364-366

Glaser, W., Zur amtsärztlichen Begutachtung von Ehestandsdarlehen (sic!), in: Zs Medb, 47.1934, S.59-63

Gottron, H., Hautkrankheiten unter dem Gesichtspunkt der Vererblichkeit, in: Klein (Hg.), Wer ist erbgesund, S.184-207

Grotjahn, Alfred, Die Hygiene der menschlichen Fortpflanzung. Versuch einer praktischen Eugenik, Berlin und Wien 1926

ders., Soziale Pathologie, 3., völlig neu bearb. Aufl. Berlin 1923

Gruber, Max von, Die hygienische Bedeutung der Ehe, in: v. Noorden/Kaminer (Hg.), Krankheiten und Ehe, S.1-14

Gütt, Arthur, Bevölkerungspolitik und öffentliches Gesundheitswesen, 19.Hauptversammlung des deutschen Medizinalbeamtenvereins in Eisenach, 22. und 23.9.1932, in: Zs Medb, 45. S.451-472

ders., Der öffentliche Gesundheitsdienst im Dritten Reich, in: Öff GesD, 1.1935/36, S.84-94

ders., Der Aufbau des Gesundheitswesens im Dritten Reich (Schriften der Deutschen Hochschule für Politik 10/11), 4.überarb. Aufl. Berlin 1938

ders., (Hg.), Der öffentliche Gesundheitsdienst. Erläuterungen zum Gesetz über die Vereinheitlichung des Gesundheitswesens vom 3.Juli 1934 nebst Durchführungsverordnungen, Gebührenordnung und Anhang mit Erlassen. (Handbücherei für den öffentlichen Gesundheitsdienst, Band 1), völlig neu bearb. Auflage, Berlin 1939

ders., Rüdin, Ernst, Ruttke, Falk, Gesetz zur Verhütung erbkranken Nachwuchses. Kommentar und Erläuterungen, München 1934; ²1936

ders., Linden, Herbert, Maßfeller, Franz, Blutschutz- und Ehegesundheitsgesetz. Gesetz zum Schutze des deutschen Blutes und der deutschen Ehre und Gesetz zum Schutz der Erbgesundheit des deutschen Volkes nebst Durchführungsverordnungen sowie einschlägigen Bestimmungen. Dargestellt, medizinisch und juristisch erläutert von ..., München 1936

Halban, Josef, Seitz, Ludwig (Hg.), Biologie und Pathologie des Weibes, Bd.1, Wien und Berlin 1924

[Harmsen, Hans], Fachkonferenzen für Geburtenregelung, in: Archiv für Bevölkerungspolitik, Sexualethik und Familienkunde, 1.1931, S.72-78

ders., Lohse, Franz (Hg.), Bevölkerungsfragen. Bericht des Internationalen Kongresses für Bevölkerungswissenschaft Berlin 26.August – 1.September 1935, München 1936 (Reprint Neudeln-Liechtenstein 1969)

Harnack, Adolf von (Hg.), Handbuch der Kaiser Wilhelm-Gesellschaft zur Förderung der Wissenschaften, Berlin 1928

Häussler, Siegfried, Ärztlicher Ratgeber für werdende und junge Mütter (Hg. Rolf Becker und Deutsches Grünes Kreuz), Baierbrunn 1989, S.16-20

Heller, Julius, Arzt und Eherecht. Die ärztlich wichtigen Rechtsbeziehungen der Ehe in der Rechtsprechung, Berlin und Köln 1927

Hirsch, Max (Hg.), Das ärztliche Heiratszeugnis. Seine wissenschaftlichen und praktischen Grundlagen, Leipzig 1921

ders., Der Erlaß des Preußischen Ministers für Volkswohlfahrt über die Eignungsprüfung bei der Eheschließung und über das Heiratszeugnis; Aussprache über den Vortrag, in: Medizinische Klinik 22.1926, S.866-869; S.905-907

ders., Mutterschaftsfürsorge. Kritische Darstellung der wissenschaftlichen Grundlagen, praktischen Einrichtungen und gesetzgeberischen Maßnahmen. Grundlegung der Sozialgynäkologie (Monographien zur Frauenkunde und Konstitutionsforschung, Nr. 15), Leipzig 1931

Hoche, Alfred, Geisteskrankheiten und Ehe, in: v. Noorden/Kaminer (Hg.), Krankheiten und Ehe, S.798-823

Hoffmann, E., Die Notwendigkeit erbbiologischer Auslese bei Kleinsiedlern. Erhebungen an 100 öffentlich unterstützten kinderreichen Familien, in: RGesBl 11.1936, S.660-663

Hoffmann, Geza von, Die Rassenhygiene in den Vereinigten Staaten von Nordamerika, München 1913

Hoffmann, Hans Adolf, Lungentuberkulose und Ehegesundheitsgesetz, in: ARGB, 33.1939, S.377-411

Hoffmann, Organisation der Säuglingsfürsorge in einem ländlichen Gesundheitsamt, in: Öff GesD B 4.1938/39, S.1-11

Holzmann, Erika, Erfahrungen und Ergebnisse der Untersuchungen auf Ehetauglichkeit in Hamburg vom 20.Oktober 1935 bis 1. Juli 1940, Med. Diss. Rostock, Hamburg 1941

Ickert, Franz, Benze, Hans, Stammbäume mit Tuberkulösen (Tuberkulose Bibliothek Nr.55), Leipzig 1933

7th International Congress of Human Genetics Berlin (West) September 22-26, 1986, Abstracts, Part I and II

Jötten, K.W., Reploh, H., Erbhygienische Untersuchungen an Hilfsschulkindern, in: Harmsen/ Lohse, Bevölkerungsfragen, S.730-735

Kaminer, Siegfried, Krankheiten der Atmungsorgane und Ehe, in: v. Noorden/ders., Krankheiten und Ehe, S.332-370

Kirchberger, Götz-Helmuth, Ausnahmebewilligungen im Ehegesundheitsgesetz, Diss. Med. Leipzig 1943

Kleemann, Georg, Erbhygiene – kein Tabu mehr. Mit Erbkrankheiten leben, Stuttgart 1970

Klein, Wilhelm (Hg. im Auftrage der Akademie für ärztliche Fortbildung), Wer ist erbgesund und wer ist erbkrank? Praktische Vorschläge für die Durchführung des Gesetzes zur Verhütung erbkranken Nachwuchses und zur Verleihung der Ehrenpatenschaft, Jena 1935

Kloos, Gerhard, Zur Intelligenzprüfung der Landbevölkerung, in: Öff GesD A, 7.1941, S.46-48

Klose, Felicitas, Nachuntersuchung des Schicksals der in den Jahren 1934 bis 1937 im dem Stadtkreis Kiel auf Grund des Gesetzes zur Verhütung erbkranken Nachwuchses sterilisierten Frauen unter Berücksichtigung der Frage nach der Notwendigkeit einer nachgehenden Fürsorge, in: Öff GesD A, 6.1940/41, S.294-305, 325-333

Klose, Franz, Staatliche Gesundheitsämter und Familienfürsorge, in: Öff GesD A, 1.1935/36, S.937-945

ders., Büsing, Zur Durchführung des Gesetzes über Ehestandsdarlehn, in: Zs Gesfürs Gesverw 5.1934, S.73-77

dies., Ergebnisse der Untersuchung von zweitausend Ehestandsdarlehensbewerbern, in: Klin Wschr 13.1934, S.597-600

Knothe, Franz Klose, Kiel, 80 Jahre, in: Das öffentliche Gesundheitswesen, 29.1967, S.393f.

Koch, Gerhard, Die Gesellschaft für Konstitutionsforschung. Anfang und Ende 1942-1965, Erlangen 1985

ders., Inhaltsreiche Jahre eines Humangenetikers. Mein Lebensweg in Bildern und Dokumenten, Erlangen 1982

Koller, Siegfried, Erwünschte und unerwünschte Ehen, in: Der Erbarzt, 2.1935, S.130f.

Köhler, Herbert, Ehestandsdarlehen und erbbiologische Bestandsaufnahme, in: DÄBl, 64.1934, S.499f.

König, Freiin von, Eheberatung und Ehestandsdarlehen, in: DÄBl, 64.1934

Kraus, F., Blutsverwandtschaft in der Ehe und deren Folgen für die Nachkommenschaft, in: Senator/Kaminer, S.56-88

Kunigk, Arno, Die salpingographischen Röntgenaufnahmen der Königsberger Universitäts-Frauenklinik (1933-1938), Med. Diss., Königsberg 1939

Lange, Fritz, Indikationen von Seiten des Herzens, in: Richtlinien für Schwangerschaftsunterbrechung, S.50-57

Lehmkuhl, Zur Technik der Erbbestandsaufnahme, in: Öff GesD A, 5.1939/40, S.143-148

Lenz, Fritz, Gedanken zur Rassenhygiene (Eugenik), in: ARGB, 37.1943, S.84-109

Linden, Herbert, Erb- und Rassenpflege bei den Gesundheitsämtern, in: Öff GesD 1.1935, S.3-13

ders., Die Eheunbedenklichkeitsbescheinigung. Bemerkungen zu dem vorstehenden Aufsatz von Stadtmedizinalrat Dr. Seeger, Königsberg, in: Öff GesD B, 8.1942, S.239f.

Luxenburger, Hans, Die Ergebnisse der Erbprognose in den vier wichtigsten Erbkreisen, in: Zs für psychische Hygiene, 6.1933, S.331-335

ders., Vorläufiger Bericht über psychiatrische Serienuntersuchungen an Zwillingen, in: Z Neurol 116.1928, S.297-326

ders., Zur Frage der Manifestationswahrscheinlichkeit des erblichen Schwachsinns und der Letalfaktoren, in: Z Neurol 135.1931, S.767-778

Lydtin, Kurt, Die Frage der Auslese bei der Tuberkulose, in: Der Erbarzt 1.1934, S.73-78

ders., Lungentuberkulose als Indikationsgebiet, in: Richtlinien für Schwangerschaftsunterbrechung, S.58-79

Marcuse, Max (Hg.), Die Ehe, ihre Physiologie, Psychologie, Hygiene und Eugenik. Ein biologisches Ehebuch, Berlin und Köln 1927

Martius, Friedrich, Der Familienbegriff und die genealogische Vererbungslehre, in: v. Noorden/Kaminer (Hg.), Krankheiten und Ehe, S.84-100

Masuhr, Fritz, Die Verlagerung der Aufgaben des Amtsarztes im Kriege, in: Öff GesD A, 7.1941/42, S.570-574

Maßfeller, Franz, Zur Einführung in das neue Personenstandsgesetz, in: Zs f Standesamtswesen 17.1937, S.400-412

Meier, E., Mezynski, M. v., Monatsberichte über das Ergebnis der ärztlichen Untersuchungen bei den Ehestandsdarlehensbewerbern, in: RGesBl 10.1935, S.416-418

Meisner, H., Der Einfluß der sozialen Lage auf die Militärtauglichkeit, in: Mosse/Tugendreich, Krankheit und soziale Lage, S.342-399

Mezynski, M. von, Der Gesundheitszustand der Ehestandsdarlehensbewerber, in: DÄBl 66.1936, S.161-165

ders., Der angeborene Schwachsinn als Ablehnungsgrund bei Ehestandsdarlehensbewerbern, in: DÄBl 66.1936, S.918-921

Morschhäuser, Die Geschlechtskrankheiten als Ehehindernis, in: Öff GesD A, 4.1938/39, S.543-551

Mosse, Max, Tugendreich, Gustav (Hg.), Krankheit und soziale Lage, München 1913 (ungekürzte Neuausgabe hg. von Jürgen Cromm, Göttingen 1977)

Moszkowski, M., Klima, Rasse und Nationalität in ihrer Bedeutung für die Ehe, in: v. Noorden/Kaminer (Hg.), Krankheiten und Ehe, S.100-157

Möllers, Bernhard, Die Förderung der Eheschließungen im neuen Deutschland (Arbeiten aus dem Reichsgesundheitsamt, 67.Bd.), Berlin 1935

ders., (Hg. unter Mitarbeit von Bogusat, H. u.a.), Gesundheitswesen und Wohlfahrtspflege im Deutschen Reiche. Ein Ratgeber für Ärzte, Sozialhygieniker, Kommunal- und Versicherungsbehörden, Krankenkassen, Wohlfahrtsämter, Gewerkschaften und die öffentlichen und privaten Fürsorgeorgane, 2., neubearb. u. ergänzte Aufl. Berlin-Wien 1930

Muckermann, Hermann, Ursprung und Entwicklung der Eheberatung (Tatsächliches und Kritisches); Leitsätze für den Gang in die Zukunft, in: Das kommende Geschlecht, Zeitschrift für Eugenik, 6.1932, H.1/2 (Eugenische Eheberatung), S.1-36, 65-71

Neisser-Schröter, Lotte, Enquete über die Ehe- und Sexualberatungsstellen in Deutschland mit besonderer Berücksichtigung der Geburtenregelung, Berlin-Nikolassee 1929

Neubelt, Einige Mitteilungen zur Durchführung des Gesetzes zur Verhütung erbkranken Nachwuchses, in: Öff GesD A, 1.1935, S.420-423

Neureiter, Franz, Über die Bedeutung und den Geltungsbereich der Begriffe »Ehetauglichkeit« und »Eheeigung« in: RGesBl 12.1937, S.862f.

Nevermann, Hans, Über Eheberatung, Physikatsarbeit 1929, umgearbeitet und vervollständigt 1931 (Monographien zur Frauenkunde und Konstitutionsforschung, Nr.16) Leipzig 1931

Niedermeyer, Albert, Wahn, Wissenschaft und Wahrheit. Lebenserinnerungen eines Arztes, Innsbruck-Wien-München 1956

Nordmark, Viktor, Über Rassenbegutachtung, in: Öff GesD A, 6.1940/41, S.596-604

Noorden, Carl von, Kaminer, Siegfried (Hg.), Krankheiten und Ehe. Darstellung der Beziehungen zwischen Gesundheitsstörungen und Ehegemeinschaft, zweite neu bearbeitete und vermehrte Auflage, Leipzig 1916

Orth, Johannes, Angeborene und ererbte Krankheiten und Krankheitsanlagen, in: v.Noorden/ Kaminer (Hg.), Krankheiten und Ehe, S.14-48

Placzek, S., Ärztliches Berufsgeheimnis und Ehe, in: v.Noorden/Kaminer (Hg.), Krankheiten und Ehe, S.1012-1029

Planck, Max (Hg.), 25 Jahre Kaiser Wilhelm-Gesellschaft zur Förderung der Wissenschaften, Erster Band: Handbuch; Zweiter Band: Die Naturwissenschaften, redigiert von Max Hartmann, Berlin 1936

Ploetz, Alfred, Bisherige private und staatliche Förderung der Rassenhygiene und Eugenik und ihre nächste Weiterentwicklung, in: Verhandlungen des V.Internationalen Kongresses für Vererbungswissenschaft Berlin 1927, hg. von Hans Nachtsheim, (Zeitschrift für induktive Abstammungs- und Vererbungslehre, Supplementband 1) Leipzig 1928, S.310-331

Porges, O., Erkrankungen der endokrinen Drüsen und Ehe, in: v. Noorden/Kaminer (Hg.), Krankheiten und Ehe, S.247-263

Pschyrembel, Willibald, Klinisches Wörterbuch mit klinischen Syndromen und einem Anhang Nomina Anatomica (gegründet von Otto Dornblüth), Berlin-New York [253]1977

Pürckhauer, F., Das Gesundheitsamt im Wandel der Zeit, Sonderdruck aus: Der öffentliche Gesundheitsdienst. Monatszeitschrift für Gesundheitsverwaltung und Sozialhygiene, 8.1954, S.279-296

Rapmund, E., Zur amtsärztlichen Begutachtung bei Ehestandsdarlehen, in: Zs Medb, 47.1934, S.63-65

Rautmann, Gerhard, Welche Genitalstaten ergibt die Gesundheitsuntersuchung von Antragstellerinnen auf Ehestandsdarlehen? Med. Diss. Kiel 1936

Redeker, Franz, Die Bedeutung der Tuberkulose für Eheeignung und Ehetauglichkeit, in: Öff GesD A, 4.1938/39, S.505-515

Redetzky, Hermann von, Entwicklung, Vereinheitlichung und Demokratisierung des öffentlichen Gesundheitswesens, Berlin 1949

Reichsminister der Finanzen (Hg.), Ehestandsdarlehen, Berlin 1935

Reiter, Hans, Osthoff, Hermann, Die Bedeutung endogener und exogener Faktoren bei Kindern der Hilfsschule, in: Zeitschrift für Hygiene, 94.1921, S.224-252

Richtlinien für Schwangerschaftsunterbrechung und Unfruchtbarmachung aus gesundheitlichen Gründen, Reichsärztekammer (Hg.), bearbeitet von Hans Stadler, München 1936

Rüdin, Ernst, Zur Vererbung und Neuentstehung der Dementia praecox, Berlin 1916

ders., Der gegenwärtige Stand der Epilepsieforschung. IV.Genealogisches, in: Zs ges Neurol Psych, 89.1924, S.368-382

ders., Korreferat über »Degenerationspsychosen«, in: Archiv für Psychiatrie, 83.1928, S.376-381

ders., Die Beziehungen zwischen Erbvorhersage und Bevölkerungspolitik, in: Harmsen/Lohse, Bevölkerungsfragen, S.655-659

ders., Deutsche Forschungsanstalt für Psychiatrie (Kaiser Wilhelm-Institut), München, Institut für Genealogie und Demographie, in: Planck,(Hg.), 25 Jahre Kaiser Wilhelm-Gesellschaft, Zweiter Band, S.413-419

Schallmayer, Wilhelm, Soziale Maßnahmen zur Besserung der Fortpflanzungsauslese, in: Mosse/Tugendreich, Krankheit und soziale Lage, S.841-859

ders., Vererbung und Auslese im Lebenslauf der Völker. Eine staatswissenschaftliche Studie auf Grund der neueren Biologie (Natur und Staat. Beiträge zur naturwissenschaftlichen Gesellschaftslehre Bd.3), Jena 1903

Scheidt, Walter, Einführung in die naturwissenschaftliche Familienkunde, München 1923

Scheurlen, W., Die ärztliche Begutachtung der Ehestandsdarlehensbewerber (Veröffentlichungen aus dem Gebiet der Volksgesundheitsdienstes, Bd.52), Berlin 1939

Schwalbe, Julius, Gesundheitliche Eheberatung, Leipzig 1927, (stark erweiterer Sonderabdruck aus Deutsche Medizinische Wochenschrift 1926)

Seeger, Die geistigen Störungen in der Praxis der Eheberatung, in: ÖffGesD A, 4.1938/39, S.536-541

ders., Die Eheunbedenklichkeitsbescheinigung, in: Öff GesD B, 8.1942, S.237-339

Senator, Hermann, Kaminer, Siegfried (Hg.), Krankheiten und Ehe, München 1904

Siemens, Hermann Werner, Die Zwillingspathologie, ihre Bedeutung, ihre Methodik, ihre bisherigen Ergebnisse, Berlin 1924

Stahlmann, Rolf, Über die Notwendigkeit erbbiologischer Untersuchungen unehelicher Kinder vor der Adoptionsvermittlung unter besonderer Berücksichtigung der sozialen Verhältnisse, in: ARGB 33.1939, S.449-490

Stuckart, Wilhelm, Globke, Hans, Reichsbürgergesetz vom 15.September 1935 – Gesetz zum Schutze des deutschen Blutes und der deutschen Ehre vom 15.September 1935 – Gesetz zum Schutze der Erbgesundheit des deutschen Volkes (Ehegesundheitsgesetz) vom 18.Oktober 1935 nebst Ausführungsvorschriften und den einschlägigen Gesetzen und Verordnungen (Kommentare zur deutschen Rassengesetzgebung, Bd.1), München und Berlin 1936

Thomsen, Der Gebißzustand bei den Antragstellern auf Ehestandsdarlehen in Kiel 1939/40, in: Öff GesD B, 6.1940/41, S.357-366

Vellguth, H., Ziel und Methoden der Erbbestandsaufnahme, in: Öff GesD A 4.1938/39, S.495-501

Verhandlungsbericht über die Vierte Reichstagung der Ärzte des öffentlichen Gesundheitsdienstes am 8.-12. Juni in Zoppot, Telegramme, Ansprache, Vorträge, in: Öff GesD A 4.1938/39, S.447-556

Verschuer, Otmar Freiherr von, Die vererbungsbiologische Zwillingsforschung. Ihre biologischen Grundlagen. Studien an 102 eineiigen und 45 gleichgeschlechtlichen zweieiigen Zwillings- und 2 Drillingspaaren, in: Ergebnisse der inneren Medizin und Kinderheilkunde 31.1927, S.35-120

ders., Vom Umfang der erblichen Belastung im deutschen Volke, in: ARGB, 24.1930, S.238-267

ders., Erbbiologische Grundlagen der Eheberatung, in: Das kommende Geschlecht, Zeitschrift für Eugenik, 6.1932, H. 1/2 (Eugenische Eheberatung), S.37-64

ders., Erbpathologie. Ein Lehrbuch für Ärzte und Medizinstudierende (Medizinische Praxis, Bd.18), 2.neubearb. Auflage, Dresden und Leipzig 1937

ders., Vier Jahre Frankfurter Universitätsinstitut für Erbbiologie und Rassenhygiene in: Der Erbarzt (Beilage zum DÄBl), 6.1939, S.57-63

Vogt, Cécile und Oskar, Kaiser Wilhelm-Institut für Hirnforschung in Berlin-Buch, in, Planck, Max (Hg.), 25 Jahre Kaiser Wilhelm-Gesellschaft, Erster Band, S.128-131

Vollmann, Die Bekämpfung der Abtreibungsseuche, in: Ärztliches Vereinsblatt für Deutschland. Organ des Deutschen Ärztevereinsbundes, 54.1925, Nr. 1360, S.42-49 (Stenographischer Bericht über die Verhandlungen des 44.Deutschen Ärztetages am 9. und 10.September 1925 in Leipzig)

Vollmer, Eheberatung und Ehestandsdarlehen, in: DÄBl, 64.1934, S.314f.

Wagner, G.F., Nachweis der Ansteckungsfähigkeit bei Tuberkulose durch bakteriologische Methoden, in: Öff GesD A, 4.1938, S. 515-520

Weber, Marianne, Ehefrau und Mutter in der Rechtsentwicklung – Eine Einführung, Tübingen 1907 (Neudruck Aalen 1971)

Weber, Mathilde, Aerztinnen für Frauenkrankheiten, eine ethische und sanitäre Notwendigkeit, Tübingen 1888

Weinberg, Wilhelm, Die rassenhygienische Bedeutung der Fruchtbarkeit, Teil I, in: ARGB 7.1910, S.684-696

Weitz, Wilhelm, Studien an eineiigen Zwillingen, in: Zeitschrift für klinische Medizin, 101.1925, S.115-154

Werr, Florian, Die Geschlechtskrankheiten und das Ehegesundheitsgesetz (Schriftenreihe des Reichsausschusses für Volksgesundheitsdienst, H.28), 16.-25. Tsd. Berlin 1938

Winkler, W.F., Beitrag zur Unehelichenfrage, in: Öff GesD B, 4.1938/39, S.35-41

Winter, Georg, Der künstliche Abort. Indikationen, Methoden, Rechtspflege für den medizinischen Praktiker, Stuttgart [1]1926; [2]1932

Wollenweber, [Nathanael], Das Gesundheitsamt im Kampfe gegen den Geburtenschwund, in: ÖffGesD A, 5.1939/40, S.447-459

Sekundärliteratur (Bücher und Aufsätze)

Ackerknecht, Erwin H., Geschichte und Geographie der wichtigsten Krankheiten, Stuttgart 1963

Aly, Götz, Der saubere und der schmutzige Fortschritt, in: Reform und Gewissen. Euthanasie im Dienst des Fortschritts (Beiträge zur nationalsozialistischen Gesundheits- und Sozialpolitik Bd.2) S.9-78

ders., Roth, Karl Heinz, Die restlose Erfassung. Volkszählen, Identifizieren, Aussondern im Nationalsozialismus, Berlin 1984

Arditti, Rita, Duelli Klein, Renate, Minden, Shelley (Hg.), Retortenmütter. Frauen in den Labors der Menschenzüchter, Reinbek 1985

Ariès, Philippe, Die Geschichte der Kindheit, München [2]1979

Baader, Gerhard, Die Medizin im Nationalsozialismus. Ihre Wurzeln und die erste Periode ihrer Realisierung 1933-1938, in: Pross/Winau, Nicht mißhandeln, S.61-107

ders., Versuch – Tierversuch – Menschenversuch, in: Menschenversuche, S.14-45

ders., Sozialhygiene im Nationalsozialismus – ihre Tradition und ihre Ausformung, unveröff. Manuskript 1989

Bergmann, Anna, Die rationalisierten Triebe. Rassenhygiene, Eugenik und Geburtenkontrolle im Deutschen Kaiserreich, Phil. Diss. Freie Universität Berlin 1988

dies., Czarnowski, Gabriele, Ehmann, Annegret, Menschen als Objekte humangenetischer Forschung und Politik im 20.Jahrhundert, in: Der Wert des Menschen, S.121-142

Bochalli, Richard, Die Entwicklung der Tuberkuloseforschung in der Zeit von 1878 bis 1958. Rückblick eines deutschen Tuberkulosearztes, Stuttgart 1958

Bock, Gisela, Zwangssterilisation im Nationalsozialismus. Studien zur Rassenpolitik und Frauenpolitik (Schriften des Zentralinstituts für sozialwissenschaftliche Forschung der Freien Universität Berlin, Bd.48), Opladen 1986

Corea, Gena, Mutter Maschine. Reproduktionstechnologien – Von der Befruchtung zur künstlichen Gebärmutter, Berlin 1986

Czarnowski, Gabriele, Frauen – Staat – Medizin. Aspekte der Körperpolitik im Nationalsozialismus, in: beiträge zur feministischen theorie und praxis, 8.1985, S.79-98

dies., Nationalsozialistische Frauenpolitik und Medizin: Der Zusammenhang von Zwangssterilisation und Sterilitätsforschung am Beispiel des Königsberger Universitätsgynäkologen Felix
von Mikulicz-Radecki, in: Leonore Siegele-Wenschkewitz, Gerda Stuchlik (Hg.), Frauen
und Faschismus in Europa. Der faschistische Körper, Pfaffenweiler 1990, S.90-113

Dammer, Susanna, Kinder, Küche, Kriegsarbeit – Die Schulung der Frauen durch die NS-
Frauenschaft, in: Frauengruppe Faschismusforschung, Mutterkreuz und Arbeitsbuch,
S.215-45

dies., Mütterlichkeit und Frauendienstpflicht. Versuche der Vergesellschaftung »weiblicher
Fähigkeiten« durch eine Dienstverpflichtung (Deutschland 1890-1918), Weinheim 1988

Delaporte, François, Das zweite Naturreich. Über Fragen des Vegetabilischen im XVIII. Jahrhundert, Frankfurt/M-Berlin-Wien 1983 (franz. Originaltitel: Le second règne de la nature,
1979)

Donzelot, Jacques, Die Ordnung der Familie, Frankfurt 1980

Duden, Barbara, »Keine Nachsicht gegen das schöne Geschlecht«. Wie sich Ärzte die Kontrolle
der Gebärmütter aneigneten, in: Susanne von Paczensky (Hg.), Wir sind keine Mörderinnen!
Streitschrift gegen eine Einschüchterungskampagne, Reinbek 1980, S.109-126

dies., Geschichte unter der Haut. Ein Eisenacher Arzt und seine Patientinnen um 1730, Stuttgart
1987

Ebbinghaus, Angelika, Kaupen-Haas, Heidrun, Roth, Karl Heinz (Hg.), Heilen und Vernichten
im Mustergau Hamburg. Bevölkerungs- und Gesundheitspolitik im Dritten Reich, Hamburg
1984

Eifert, Christiane, Rouette, Susanne (Hg.), Unter allen Umständen. Frauengeschichte(n) in Berlin, Berlin 1986

Erbrecht, Süddeutsche Zeitung, Glosse v. 8./9.1.1983

Erfassung zur Vernichtung: Von der Sozialhygiene zum »Gesetz über Sterbehilfe«, Redaktions-
kollektiv Autonomie, hg. von Karl Heinz Roth, Berlin 1984

Eugenics in Britain. Annals of Science, Special Issue, 36.1979, S.110-170

Fischer-Homberger, Esther, Ärztliche Ethik und ärztliche Standespolitik – ein Aspekt der
Geschichte der ärztlichen Ethik, in: Bull. Schweiz. Akad. Med. Wiss. 36.1980, S.395-410

dies., Geschichte der Medizin, 2.überarb. Aufl. Berlin-Heidelberg-New York 1977

dies., Krankheit Frau. Zur Geschichte der Einbildungen, Darmstadt 1984

Flandrin, Jean Louis, Familien. Soziologie – Ökonomie – Sexualität, Frankfurt a.M.-Berlin-
Wien 1978

Frankenthal, Käthe, Der dreifache Fluch: Jüdin, Intellektuelle, Sozialistin. Lebenserinnerungen
einer Ärztin in Deutschland und im Exil, hg. von Pearle, Kathleen M. und Leibfried,
Stephan, Frankfurt-New York 1981

Frauengruppe Faschismusforschung, Mutterkreuz und Arbeitsbuch. Zur Geschichte der Frauen
in der Weimarer Republik und im Nationalsozialismus, Frankfurt 1981

Freud, Sigmund, Totem und Tabu. Einige Übereinstimmungen im Seelenleben der Wilden und
der Neurotiker (1912-13), in: ders., Kulturtheoretische Schriften, Frankfurt/M 1974,
S.287-444

Gerhard, Ute, Verhältnisse und Verhinderungen. Frauenarbeit, Familie und Rechte der Frauen
im 19.Jahrhundert. Mit Dokumenten, Frankfurt 1978

Geyer-Kordesch, Johanna, Kuhn, Annette, Frauenkörper – Medizin – Sexualität. Auf dem Wege
zu einer neuen Sexualmoral, Düsseldorf 1986

Gilsenbach, Raimar, Die Verfolgung der Sinti – ein Weg, der nach Auschwitz führte, in: Feind-
erklärung und Prävention. Kriminalbiologie, Zigeunerforschung und Asozialenpolitik (Beiträge zur nationalsozialistischen Gesundheits- und Sozialpolitik Bd.6) Berlin 1988, S.11-41

Gordon, Linda, Women's Body, Women's Right. A Social History of Birth Control in America,
New York 1977

Graham, Loren, Science and Values: The Eugenics Movement in Germany and Russia in the 1920s, in: The American Historical Review, 82.1977, S.1133- 1164

Grell, Ursula, »Gesundheit ist Pflicht« – Das öffentliche Gesundheitswesen Berlins 1933-1939, in: Arbeitsgruppe zur Erforschung der Geschichte der Karl- Bonhoeffer-Nervenklinik (Hg.), Totgeschwiegen 1933-1945. Zur Geschichte der Wittenauer Heilstätten, seit 1957 Karl-Bonhoeffer-Nervenklinik, 2.erw. Aufl. Berlin 1989, S.49-76

Grossmann, Atina, The New Woman, the New Family and the Rationalization of Sexuality: The Sex Reform Movement in Germany 1928 to 1933, Ph. D. Rutgers University, New Jersey 1984

dies., Berliner Ärztinnen und Volksgesundheit in der Weimarer Republik: Zwischen Sexualreform und Eugenik, in: Eifert/Rouette (Hg.), Unter allen Umständen, S.183-217

Günther, Maria, Die Institutionalisierung der Rassenhygiene an den deutschen Hochschulen vor 1933, Med. Diss. Mainz 1982

Güse, Hans-Georg, Schmacke, Norbert, Psychiatrie zwischen bürgerlicher Revolution und Faschismus, Kronberg 1976, Bd.2

Hamann, Matthias, Erwünscht und unerwünscht. Die rassenpsychologische Selektion der Ausländer, in: Herrenmensch und Arbeitsvölker. Ausländische Arbeiter und Deutsche 1939-1945 (Beiträge zur nationalsozialistischen Gesundheits- und Sozialpolitik, Bd.3), Berlin 1986, S.143- 180

Hanack, Ernst Walter, Die strafrechtliche Zulässigkeit künstlicher Unfruchtbarmachungen, Marburg 1959

Harwood, Jonathan, The Reception of Morgan's Chromosome Theory in Germany: Inter-War Debate over Cytoplasmic Inheritance, in: Medizinhistorisches Journal, 19.1984, S.3-32

ders., Geneticists and the Evolutionary Synthesis in Interwar Germany, in: Annals of Science, 42.1985, S.279- 301

Haug, Alfred, Die Reichsarbeitsgemeinschaft für eine Neue Deutsche Heilkunde (1935-36). Ein Beitrag zum Verhältnis von Schulmedizin, Naturheilkunde und Nationalsozialismus (Abhandlungen zur Geschichte der Medizin und der Naturwissenschaften, Heft 50), Husum 1985

Hausen, Karin (Hg.), Frauen suchen ihre Geschichte. Historische Studien zum 19. und 20. Jahrhundert, München 1983 (²1987)

dies., Die Polarisierung der »Geschlechtscharaktere« – Eine Spiegelung der Dissoziation von Erwerbs- und Familienleben, in: Werner Conze (Hg.), Sozialgeschichte der Familie in der Neuzeit Europas, Stuttgart 1976, S.363-393

dies., Mütter, Söhne und der Markt der Symbole und Waren: Der deutsche Muttertag 1923-1933, in: Medick, Hans, Sabean, David (Hg.), Emotionen und materielle Interessen. Sozialanthropologische und historische Beiträge zur Familienforschung, Göttingen 1984, S.473-523

Heinsohn, Gunnar, Knieper, Rolf, Theorie des Familienrechts. Geschlechtsrollenaufhebung, Kindesvernachlässigung, Geburtenrückgang, Frankfurt 1974

Hilberg, Raul, Die Vernichtung der europäischen Juden. Die Gesamtgeschichte des Holocaust, Berlin 1982

Hohlfeld, Rainer, Kollek, Regine, Menschenversuche? Zur Kontroverse um die Forschung mit Reagenzglasembryonen, in: Menschenversuche, S.146-172

Hrabar, Roman, Tokarz, Zofia, Wilczur, Jacek E., Kinder im Krieg – Krieg gegen Kinder. Die Geschichte der polnischen Kinder 1939-1945, Hamburg 1981

Hubenstorf, Michael, »Deutsche Landärzte an die Front!« Ärztliche Standespolitik zwischen Liberalismus und Nationalsozialismus, in: Der Wert des Menschen, S.200-223

ders., Alfred Grotjahn, in: Wilhelm Treue, Rolf Winau (Hg.), Berlinische Lebensbilder – Mediziner (Berlinische Lebensbilder, hg. von Wolfgang Ribbe, Bd.2, Mediziner. Einzelveröffentlichungen der Historischen Kommission zu Berlin, Bd.60), Berlin 1987, S.337-358

Huerkamp, Claudia, Ärzte und Professionalisierung in Deutschland. Überlegungen zum Wandel des Arztberufs im 19. Jahrhundert, in: Geschichte und Gesellschaft 6.1980, S.349-382

upen-Haas, Heidrun (Hg.), Der Griff nach der Bevölkerung. Aktualität und Kontinuität nazistischer Bevölkerungspolitik (Schriften der Hamburger Stiftung für Sozialgeschichte des 20.Jahrhunderts, Bd.1), Nördlingen 1986

dies., Das Experiment Gen- und Reproduktionstechnologie. Nationalsozialistische Fundamente in der internationalen Konzeption der modernen Geburtshilfe, in: Menschenversuche, S.88-97

dies., Die Bevölkerungsplaner im Sachverständigenbeirat für Bevölkerungs- und Rassenpolitik, in: dies. (Hg.), Der Griff nach der Bevölkerung, S.103-120

dies., Eine deutsche Biographie – der Bevölkerungspolitiker Hans Harmsen, in: Ebbinghaus/ Kaupen-Haas/Roth (Hg.), Heilen und Vernichten, S.41-45

Kelting, Kerstin, Das Tuberkuloseproblem im Nationalsozialismus, Med. Diss. Kiel 1974

Kevles, Daniel M., In the Name of Eugenics. Genetics and the Uses of Human Heredity, New York 1985

Klee, Ernst, »Euthanasie« im NS-Staat. Die »Vernichtung lebensunwerten Lebens«, Frankfurt 1985

Klinksiek, Dorothee, Die Frau im NS-Staat (Schriftenreihe der Vierteljahreshefte für Zeitgeschichte, Nr.44), Stuttgart 1982

Knodel, John E., The Decline of Fertility in Germany, 1871-1939, Princeton 1974

Kroll, Jürgen, Die Entstehung und Institutionalisierung einer naturwissenschaftlichen Bewegung: Die Entwicklung der Eugenik/Rassenhygiene bis zum Jahr 1933, Phil. Diss. Tübingen 1983

Krügel, Rainer, Friedrich Martius und der konstitutionelle Gedanke (Marburger Schriften zur Medizingeschichte, Bd.11), Frankfurt a.M.-Bern-New York-Nancy 1984

Kudlien, Fridolf unter Mitarbeit von Baader, Gerhard u.a., Ärzte im Nationalsozialismus, Köln 1985

Labisch, Alfons, Tennstedt, Florian, Der Weg zum »Gesetz über die Vereinheitlichung des Gesundheitswesens« vom 3.Juli 1934. Entwicklungslinien und - momente des staatlichen und kommunalen Gesundheitswesens in Deutschland (Schriftenreihe der Akademie für öffentliches Gesundheitswesen in Düsseldorf, Bd.13, Teil 1 und Teil 2), Düsseldorf 1985

Leibfried, Stephan, Tennstedt, Florian, Berufsverbote und Sozialpolitik 1933. Die Auswirkungen der nationalsozialistischen Machtergreifung auf die Krankenkassenverwaltung und die Kassenärzte. Analyse, Materialien zu Angriff und Selbsthilfe, Erinnerungen, Bremen [1]1979 ([3]1983)

Lesky, Erna (Hg.), Sozialmedizin. Entwicklung und Selbstverständnis (Wege der Forschung, Bd.CCLXXIII), Darmstadt 1977

Lundt, P.V., Schiwy, P.(Bearb.), Deutsches Gesundheitsrecht. Sammlung des gesamten Gesundheitsrechts des Bundes und der Länder sowie der DDR, Bd. 1-5, Loseblattsammlung, Perchta am Starnberger See

Lutzhöft, Hans-Jürgen, Der nordische Gedanke in Deutschland 1920-1940, Stuttgart 1971

Macnicol, John, Eugenics and the Campaign for Voluntary Sterilization in Britain between the Wars, in: Social History of Medicine 2.1989, S.147-169

Mason, Tim, Zur Lage der Frauen in Deutschland 1930 bis 1940: Wohlfahrt, Arbeit und Familie, in: Gesellschaft. Beiträge zur Marxschen Theorie 6, Frankfurt 1976, S.118-193

Massfeller, Franz, Böhmer, Christoph, Coester, Michael, Das gesamte Familienrecht. Sammlung familienrechtlicher Vorschriften mit Erläuterungen und Hinweisen, Loseblattsammlung, [3]1989

Medizin ohne Menschlichkeit. Dokumente des Nürnberger Ärzteprozesses, hg. und kommentiert von Alexander Mitscherlich und Fred Mielke, 91.-95.Tsd. Frankfurt a.M. 1979

Menschenversuche. Wahnsinn und Wirklichkeit, hg. v. Rainer Osnowski, Köln 1988

Meyer-Renschhausen, Elisabeth, Die weibliche Ehre. Ein Kapitel aus dem Kampf von Frauen gegen Polizei und Ärzte, in: Geyer-Kordesch/Kuhn, Frauenkörper, S.80-101

dies., Weibliche Kultur und Soziale Arbeit. Eine Geschichte der Frauenbewegung am Beispiel Bremens 1810-1927, Köln 1989

Müller, Joachim, Sterilisation und Gesetzgebung bis 1933, Husum 1985

Müller-Freienfels, Wolfgang, Ehehindernisse, in: Spiros Simitis, Gisela Zenz (Hg.), Seminar: Familie und Familienrecht, Bd.1, Frankfurt 1975, S.164-170

Müller-Hill, Benno, Tödliche Wissenschaft. Die Aussonderung von Juden, Zigeunern und Geisteskranken 1933-1945, Reinbek 1984

Nathorff, Hertha, Das Tagebuch der Hertha Nathorff. Berlin- New York. Aufzeichnungen 1933 bis 1945, hg. und eingeleitet von Wolfgang Benz, Frankfurt 1988

Nowak, Kurt, »Euthanasie« und Sterilisierung im »Dritten Reich«. Die Konfrontation der evangelischen und katholischen Kirche mit dem »Gesetz zur Verhütung erbkranken Nachwuchses« und der »Euthanasie-Aktion« (Arbeiten zur Geschichte des Kirchenkampfes, Ergänzungsreihe Bd.12), Halle 1977 und Göttingen 1978

Oguntoye, Katharina, Opitz, May, Schultz, Dagmar (Hg.), Farbe bekennen. Afro-deutsche Frauen auf den Spuren ihrer Geschichte, Berlin 1986

Paul, Diane, Eugenics and the Left, in: Journal of the History of Ideas, 45.1984, S.567-590

Poliakov, Leon, Delacampagne, Christian, Girard, Patrick, Über den Rassismus. Sechzehn Kapitel zur Anatomie, Geschichte und Deutung des Rassenwahns, Stuttgart-Berlin 1985 (Paris 1976)

Polomski, Franciszek, Aspekty rasowe w postepowaniu z robotnikamii przymusowymi i jencami wonennymi III Rzeszy, 1939-1945 (Rassische Aspekte der Behandlung der Zwangsarbeiter und Kriegsgefangenen im Dritten Reich), Wroclaw 1976

Pommerin, Reiner, »Sterilisierung der Rheinlandbastarde«. Das Schicksal einer farbigen deutschen Minderheit 1918-1937, Düsseldorf 1979

Preller, Ludwig, Sozialpolitik in der Weimarer Republik, Kronberg/Ts und Düsseldorf 1978 (unveränd. Neuaufl., 1.Aufl. Stuttgart 1949)

Pross, Christian, Wiedergutmachung: Der Kleinkrieg gegen die Opfer, hg. vom Hamburger Institut für Sozialforschung, Frankfurt a.M. 1988

ders., Winau, Rolf (Hg.), Nicht mißhandeln. Das Krankenhaus Moabit. 1920-1933 Ein Zentrum jüdischer Ärzte in Berlin. 1933-1945 Verfolgung – Widerstand – Zerstörung (Stätten der Geschichte Berlins, Bd.5), Berlin 1984

Ramm, Thilo, Eherecht im Nationalsozialismus, in: Günther Doecker, Winfried Steffani (Hg.) unter red. Mitarb. v. Falk Esche, Klassenjustiz und Pluralismus. Festschrift für Ernst Fraenkel zum 75.Geburtstag am 26.Dezember 1973, Hamburg 1973, S.151-166

Reeg, Karl-Peter, Friedrich Georg Christian Bartels (1892-1968). Ein Beitrag zur Entwicklung der Leistungsmedizin im Nationalsozialismus (Abhandlungen zur Geschichte der Medizin und der Naturwissenschaften, Heft 56), Husum 1988

Reese, Dagmar, Straff, aber nicht stramm – Herb, aber nicht derb. Zur Vergesellschaftung von Mädchen durch den Bund Deutscher Mädel im sozialkulturellen Vergleich zweier Milieus (Ergebnisse der Frauenforschung, Bd.18), Weinheim und Basel 1989

Rissom, Renate, Fritz Lenz und die Rassenhygiene, Med. Diss. Mainz, Husum 1982

Rosenberg, Carroll Smith, Weibliche Hysterie. Geschlechtsrollen und Rollenkonflikt in der amerikanischen Familie des 19.Jahrhunderts, in: Claudia Honegger, Bettina Heintz (Hg.), Listen der Ohnmacht. Zur Sozialgeschichte weiblicher Widerstandsformen, Frankfurt a.M. 1981, S.276-300

Roth, Karl Heinz, »Erbbiologische Bestandsaufnahme« – ein Aspekt »ausmerzender« Erfassung vor der Entfesselung des Zweiten Weltkrieges, in: Erfassung zur Vernichtung, S.57-100 ders., Schein-Alternativen im Gesundheitswesen: Alfred Grotjahn (1869-1931) – Integrationsfigur etablierter Sozialmedizin und nationalsozialistischer »Rassehygiene«, in: Erfassung zur Vernichtung, S.31-56

ders., Schöner neuer Mensch. Der Paradigmenwechsel der klassischen Genetik und seine Auswirkungen auf die Bevölkerungsbiologie des »Dritten Reichs«, in: Kaupen-Haas (Hg.), Der Griff nach der Bevölkerung, S.11-63

Rouette, Susanne, »Gleichberechtigung« ohne »Recht auf Arbeit«. Demobilmachung der Frauenarbeit nach dem Ersten Weltkrieg, in: Eifert/Rouette (Hg.), Unter allen Umständen, S.159-182

Sachse, Carola, Hausarbeit im Betrieb. Betriebliche Sozialarbeit unter dem Nationalsozialismus, in: dies., Tilla Siegel, Hasso Spode, Wolfgang Spohn, Angst, Belohnung, Zucht und Ordnung. Herrschaftsmechanismen im Nationalsozialismus, Opladen 1982, S.244

dies., Betriebliche Sozialpolitik als Familienpolitik in der Weimarer Republik und im Nationalsozialismus. Mit einer Fallstudie über die Firma Siemens, Berlin (Forschungsberichte des Hamburger Instituts für Sozialforschung), Hamburg 1987

Sachße, Christoph, Mütterlichkeit als Beruf. Sozialarbeit, Sozialreform und Frauenbewegung 1871-1929, Frankfurt a.M. 1986

Satzinger, Helga, Wider die Ermordung der Nachtigall – Zur Ethikdebatte um Embryonenforschung, in: Wechselwirkung 10.1988, S.37

Schaefer, Anka, Zur Stellung der Frau im nationalsozialistischen Eherecht, in: Lerke Gravenhorst und Carmen Tatschmurat (Hg.), TöchterFragen. NS-Frauengeschichte, München 1990, S.183-192

Schaefer, Hans, Blohmke, Maria, Sozialmedizin und Universität (1964), in: Erna Lesky (Hg.), Sozialmedizin, S.392-414

Scherpner, Hans, Die Geschichte der Jugendfürsorge, bearb. von Hanna Scherpner, Göttingen 1966

Schleiermacher, Sabine, Die Innere Mission und ihr bevölkerungspolitisches Programm, in: Kaupen-Haas (Hg.), Der Griff nach der Bevölkerung, S.73-89

Schoenbaum, David, Die braune Revolution. Eine Sozialgeschichte des Dritten Reiches, Köln-Berlin 1961

Seible, Theresia, Aber ich wollte vorher noch ein Kind, in: Courage 6.1981, Nr.5, S.21-24

Seidler, Horst, Rett, Andreas, Das Reichssippenamt entscheidet. Rassenbiologie im Nationalsozialismus, Wien 1982

Semadeni, Helmut, Die Erbkrankheiten um 1850, Med.Diss., Zürich 1960

Spree, Reinhard, Soziale Ungleichheit vor Krankheit und Tod. Zur Sozialgeschichte des Gesundheitsbereichs im Deutschen Kaiserreich, Göttingen 1981

Stephenson, Jill, Women in Nazi Germany, London 1975

Stoehr, Irene, »Organisierte Mütterlichkeit«. Zur Politik der deutschen Frauenbewegung um 1900, in: Hausen, Karin (Hg.), Frauen suchen ihre Geschichte, S.221-264

Strecker, Reinhard M., Dr. Hans Globke, Aktenauszüge, Dokumente, Hamburg 1961

Strickberger, Monroe W., Genetik, München-Wien 1988

Teleky, Ludwig, Die Entwicklung der Gesundheitsfürsorge. Deutschland – England – USA, Berlin-Göttingen-Heidelberg 1950

Thürk, Walter, (Hg.), Recht im Gesundheitswesen, Textsammlung, Lose-Blatt-Ausgabe, Köln-Berlin-Bonn-München

Tröger, Annemarie, Die Frau im wesensgemäßen Einsatz, in: Frauengruppe Faschismusforschung, Mutterkreuz und Arbeitsbuch, S.246-272

Tutzke, Dietrich, Alfred Grotjahn (Biographien hervorragender Naturwissenschaftler, Techniker und Mediziner, Bd.36), Leipzig 1979

Usborne, Cornelia, Fertility Control and Population Policy in Germany 1910-1927, Ph.D. Open University Milton Keynes, 1989, erscheint als The Politics of the Body in Weimar Germany. Reproductive rights and duties, London 1991

Weindling, Paul, Die preußische Medizinalverwaltung und die »Rassenhygiene«. Anmerkungen zur Gesundheitspolitik der Jahre 1905-1933, in: Zeitschrift für Sozialreform, 30.1984, S.675-687

ders., Soziale Hygiene: Eugenik und medizinische Praxis – Der Fall Alfred Grotjahn, in: Jahrbuch für kritische Medizin 10, Krankheit und ihre Ursachen, 1984 (Argument Sonderband 119), S.6-20

ders., Weimar Eugenics: The Kaiser Wilhelm Institute for Anthropology, Human Heredity and Eugenics in Social Context, in: Annals of Science, 42.1985, S.303-318

ders., Die Verbreitung rassenhygienischen/eugenischen Gedankengutes in bürgerlichen und sozialistischen Kreisen in der Weimarer Republik, in: Medizinhistorisches Journal 22.1987, S.352-368

Weingart, Peter, Kroll, Jürgen, Bayertz, Kurt, Rasse, Blut und Gene. Geschichte der Eugenik und Rassenhygiene in Deutschland, Frankfurt 1988

Weiss, Sheila Faith, The Race Hygiene Movement in Germany, in: Osiris, 2nd series, 3.1987, S.193-236

dies., Die Rassenhygienische Bewegung in Deutschland, 1904-1933, in: Der Wert des Menschen, S.153-173

Der Wert des Menschen. Medizin in Deutschland 1918-1945, hg. von der Ärztekammer Berlin in Zusammenarbeit mit der Bundesärztekammer, Redaktion: Christian Pross, Götz Aly (Reihe Deutsche Vergangenheit, Bd.34), Berlin 1989

Weß, Ludger (Hg.), Die Träume der Genetik. Gentechnische Utopien von sozialem Fortschritt (Schriften der Hamburger Stiftung für Sozialgeschichte des 20. Jh., Bd.6), Hamburg 1989

Wickert, Christl, Unsere Erwählten. Sozialdemokratische Frauen im Deutschen Reichstag und im Preußischen Landtag 1919 bis 1933, Bd.1, Göttingen 1986

Winkler, Dörte, Frauenarbeit im »Dritten Reich (Historische Perspektiven 9), Hamburg 1977

Wolf, Christa, Ein Besuch, in: Christa Wolf, Die Dimension des Autors, Darmstadt und Neuwied 1987

Wulf, Josef, Die Nürnberger Gesetze, Berlin-Grunewald 1960

Wuttke-Groneberg, Walter, Medizin im Nationalsozialismus. Ein Arbeitsbuch, Tübingen 1980

ANHANG

Verzeichnis der Gesundheitsämter

Personalbogen für Bewerber um Ehestandsdarlehen, Prüfungsbogen auf Eheeignung
v. 8.1.1934, ZStAP, 15.01, 26 241, Bl. 224-225

Ehetauglichkeitszeugnis, Untersuchungsbogen
1935 RGBl I 1935, S.1422-1427

Karteikarte 1935, GLM, S.294

Wohnort- und Geburtsort-Karteikarten und Sippentafel 1938
HdG, S.596-599, 605

Zusammenfassung

Lfd. Nr.	Gesundheitsämter in	Zahl der Gesundheitsämter				Einwohnerzahl in 1000		
		insgesamt	staatl.	kommunal mit staatlichem Leiter	kommunal mit kommunalem Leiter	staatlich	kommunal mit staatlichem Leiter	kommunal mit kommunalem Leiter
I	Preußen . . .	423	346	47	30	22547	5278	11855
II	Bayern	139	136	2	1	6361	587	735
III	Sachsen	32	27	—	5	3292	—	1905
IV	Württemberg .	33	32	—	1	2259	—	420
V	Baden	27	27	—	—	2413	—	—
VI	Thüringen . . .	24	24	—	—	1659	—	—
VII	Hessen	15	15	—	—	1429	—	—
VIII	Hamburg . . .	1	—	—	1	—	—	1711
IX	Mecklenburg .	12	12	—	—	805	—	—
X	Oldenburg . .	9	8	1	—	418	77	—
XI	Braunschweig .	7	6	1	—	347	167	—
XII	Bremen . . .	1	1	—	—	372	—	—
XIII	Anhalt	5	5	—	—	365	—	—
XIV	Lippe	2	2	—	—	176	—	—
XV	Schaumburg-Lippe	1	1	—	—	50	—	—
XVI	Saarland . . .	8	8	—	—	818	—	—
		739	650	51	38	43311	6109	16626

22735

66046

davon

56 mit unter 30000 Einw.
208 ,, 30000— 50000 ,,
240 ,, 50000— 80000 ,,
173 ,, 80000—150000 ,,
62 ,, über 150000 ,,

739

Diese Bogen sind von dem ausstellenden Arzt gesammelt am Ersten jedes Monats an das Reichsgesundheitsamt, Berlin NW 87, Klopstockstr. 18, zu senden.

Verwaltungsbezirk _____   Nr. _____
        (Kreis, Bezirk usw.)

Personalbogen für Bewerber um Ehestandsdarlehen

Von den Bewerbern um Ehestandsdarlehen persönlich auszufüllen und nach
erfolgter behördlicher Bescheinigung dem untersuchenden Ärzte zu übergeben.

Familien- und Vorname

geboren in   am

Wohnort   Straße und
(auch Verwaltungsbezirk)   Hausnummer

Stand oder Beruf   Religion¹)

Art der besuchten Schule

Entlassen aus welcher Klasse?

Vorstehende Angaben habe ich nach bestem Wissen gemacht. Ich versichere weiterhin, daß ich dem untersuchenden Arzt wissentlich keine falschen Angaben machen werde. Gleichzeitig entbinde ich diesen sowie
andere in Anspruch genommene Ärzte von der Schweigepflicht gegenüber den an der Entscheidung über das
Darlehen beteiligten Stellen.

_____, den _____ 19____

_____
(Eigenhändige Unterschrift²))

Die vorstehende eigenhändige Unterschrift des – der – Antragsteller – s – in – wird hierdurch amtlich beglaubigt.

Der – Die – Antragsteller – in – wird an

_____ zur ärztlichen Untersuchung überwiesen.

Abdruck des
Dienststempels

_____
(Beglaubigung durch zuständige Gemeindebehörde)

¹) Bei Religionswechsel ist die ursprüngliche Religion anzugeben.
²) Die eigenhändige Unterschrift ist erst vor der zuständigen Gemeindebehörde abzugeben.

II 1072 9/10 1034

307

Prüfungsbogen für Eheeignung

Verwaltungsbezirk
(Kreis Bezirk ......)

N₀

Familien- und Vorname des/der Untersuchten ....

Wohnort .... Straße und Hausnummer ....

I. Vorgeschichte

1. Sichere oder vermutete Fälle von Schwachsinn, Epilepsie, Geisteskrankheiten, Krämpfen, Mißbildungen, Gebrechen (z B. vererbbare Blindheit, Taubstummheit usw.), Verkrüppelung, Stoffwechselkrankheiten, Tuberkulose, Alkoholismus, Rauschgiftsucht, Selbstmord, konstitutionelle Krankheiten, Aufenthalt in Anstalten für Geisteskranke, Schwachsinnige und Epileptiker

    a) bei den Großeltern ....

    b) bei den Eltern ....

    c) bei den Geschwistern der Eltern und deren Kindern ....

    d) bei den Geschwistern des/der Untersuchten ....

2. Chronische Infektions- oder konstitutionelle Krankheiten (einschließlich Berufskrankheiten), Suchten oder Gebrechen, an denen der/die Untersuchte selbst gelitten hat ....

3. Bei weiblichen Untersuchten: Zahl der Schwangerschaften, getrennt nach Lebend-, Tot- und Fehlgeburten ....

....
(Eigenhändige Unterschrift des Untersuchten¹)

¹) Die Unterschrift ist in Gegenwart des untersuchenden Arztes abzugeben und von diesem mit der auf Seite 1 abgegebenen Unterschrift des Antragstellers zu vergleichen.

II. Befund[1])

1. a) Allgemeinzustand . . . .

   b) Haut und sichtbare Schleimhäute . .

   c) Kreislauforgane . . . .

   d) Bauchorgane . . . .

2. Lungenbefund (nötigenfalls Röntgen-
   befund) . . . .

3. Urinbefund . . . .   Eiweiß . . . .   Zucker

4. Anzeichen von Geschlechtskrankheiten
   (nötigenfalls serol. Blutbefund): WaR.

5. Anzeichen von Schwachsinn, Epilepsie,
   Geisteskrankheiten, Alkoholismus und
   Rauschgiftsucht . . . .

6. Anzeichen von akuten Infektionskrankheiten . . . .

7. Anzeichen von sonstigen das Leben
   bedrohenden Infektionskrankheiten . . . .

8. Sind begründete Anzeichen für Zeu-
   gungs- oder Gebärunfähigkeit vorhanden?

III. Gutachten

1. $\frac{Dem}{Der}$ Untersuchten ist die Eheeignung — nicht — bescheinigt worden.

2. Eheuntauglichkeit besteht vermutlich
   $\frac{vorübergehend}{dauernd}$ wegen . . . .

3. Obgleich die Befunde eine Eheuntauglichkeit nicht sicher bedingen, ist $\frac{dem}{der}$
   Untersuchten von der Eingehung der beabsichtigten Ehe abgeraten worden wegen[2])

4. Bemerkungen:

_____, ben . . . . 193. . . .
   (Ort)

(Unterschrift und Amtsbezeichnung des untersuchenden Arztes)

[1]) Im Interesse der Volksgesundheit liegen nicht Eheschließungen von Personen, die an erheblichen geistigen oder körperlichen Gebrechen, an Infektionskrankheiten oder an sonstigen das Leben bedrohenden Krankheiten leiden.
[2]) Hier sind vorübergehend oder ständig vorhandene Umstände und auch bei in der beabsichtigten Ehe etwa ungünstige Zusammentreffen bestimmter
Krankheitserscheinungen zu berücksichtigen.

● 4488. 20. II C

Anlage 1

(Zum § 1 vorstehender
Verordnung)

Gesundheitsamt°

Tgb. Nr. ...., den .... 193.....

(Anschrift und Fernsprecher)

Ehetauglichkeitszeugnis

Bei dem ....

geb. am .... in ....

wohnhaft in ....

und der ....

geb. am .... in ....

wohnhaft in ....

liegen Ehehindernisse im Sinne des Gesetzes zum Schutze der Erbgesundheit des deutschen Volkes (Ehegesundheitsgesetz) vom 18. Oktober 1935 (Reichsgesetzbl. I S. 1246) und des § 6 der Ersten Verordnung vom 14. November 1935
zur Ausführung des Gesetzes zum Schutze des deutschen Blutes und der deutschen Ehre (Reichsgesetzbl. I S. 1334)
nicht vor.

(Siegel)

_____

(Unterschrift)

*) Einzusetzen die amtliche Bezeichnung des Gesundheitsamts.

Anlage 2
(Zum § 2 Abs. 2 vorstehender
Verordnung)

................................, ben ....193....
(Wohnort)

....
(Straße, Haus-Nr., Fernsprecher)

Lichtbild   Lichtbild

(von vorn)   (von der Seite)

Untersuchungsbogen

Gesamtbeurteilung und Diagnose:	Untersuchender Arzt: ......

Familie Nr. ......   Nr. .... der Sippentafel   Bild ......   Karteikarte ....

Name: ....
(bei Frauen auch Mädchenname)

geboren in .... am .... ehelich / unehelich

Beruf: ....

Wohnort: ....   Straße: ......
(Haus-Nr.)

Personenstand: ....
Glaubensbekenntnis
des Vaters: ....
der Mutter: ....
des Untersuchten: ....

Erbärztliche Maßnahmen: ....   Zwilling? ....
(wenn ja, Name und Anschrift des Paarlings)

Ist Ihnen der Untersuchte bekannt oder woburch hat er sich ausgewiesen? ....

Frühere ärztliche Behandlung
(Angabe der Ärzte, Krankenhäuser — genaue Zeitangabe und Anschrift):

....
....
....
....
....
....
....
....

(Seite 2 der Anlage 2)

Eigene Vorgeschichte

Geburt: ....

Laufen gelernt: ....

Sprechen gelernt: ....

Kinderkrankheiten: ....

....

Spätere Krankheiten: ....

....

Körperliche Entwicklung und Betätigung: ....

....

Geistige Entwicklung (Schulbesuch, Berufsausbildung, evtl. Kriminalität) ....

.... mal sitzengeblieben ....

....

Charakterentwicklung: ....

....

Auffallende Begabung: ....

....

Pubertät: ....   Sexualleben: ....
                                 (bei Frauen auch Menstruation, Schwangerschaften, Entbindungen, Aborte)

Inf. ven.: ....

Alkoholgenuß, Rauchen: ....

Umweltverhältnisse: ....

....

Beschwerden: ....

....

Besonderes: ....

....

Körpergewicht: .... kg   Körpergröße: ....   Kopfumfang: ....   Brustumfang: ....

Körperbautyp (nach Kretschmer): ....

Haarfarbe: ....   Augenfarbe: ....

Bestehen Anzeichen für Einschlag nichtdeutschen } ....
oder nicht artverwandten Blutes?   } ....

(Seite 3 der Anlage 2)

Allgemeiner Körperzustand (Knochenbau, Muskulatur, Fettpolster, Haltung, Körperbau und Rassentyp) ....

....

Haut: ....

Behaarung: ....   Pigmentanomalien: ....

Schleimhäute: ....   Venektasien: ....

Extremitäten: ....

Wirbelsäule: ....   Thorax: ....

Schädel und Gesicht: ....

Augen: ....

Ohren: ....

Nase: ....

Mundhöhle: ....

Schilddrüse: ....

Lymphdrüsenanschwellungen: ....

Lungen: ....

Herz: ....

Puls: ....   Blutdruck: ....

Bauchorgane: ....

....   Bruchanlagen: ....

Geschlechtsorgane: ....

Zeugungsfähigkeit bzw. Gebärfähigkeit: ....

Urin: .... Reaktion: .... E: .... Z: ....

Blut: ....   gegebenenfalls WaR ....

Reflexe: Bauchdeckenreflexe Cremasterreflex   Patellarsehnenreflex   Achillessehnenreflex

Babinski: .... Romberg: ....   Pupillenreaktion: ....

Koordination: ....   Nystagmus: ....

Motilität: ....   Würgreflex: ....

Sensibilität: ....

Psyche: ....

(Seite 4 der Anlage 2)

Nach dem vorstehenden Befund und den sonstigen Feststellungen ist $\frac{dem}{der}$ ....

zur Eheschließung geraten worden

von der Eheschließung abgeraten worden

eröffnet worden, daß vermutlich wegen ....

vorübergehend — dauernd — Eheuntauglichkeit besteht

obwohl eine Eheuntauglichkeit nicht sicher bedingt ist, abgeraten worden, die beabsichtigte Ehe einzugehen

wegen vorhandener Unfruchtbarkeit empfohlen worden, eine Ehe mit $\frac{einem}{einer}$ Unfruchtbaren oder Erbkranken einzugehen

wegen vorhandener Erbkrankheit empfohlen worden, die Ehe mit $\frac{einem}{einer}$ Unfruchtbaren einzugehen.

```
..................................
:                                :
:          Stempel               :
:         des Arztes             :
:                                :
..................................
```

....

(Unterschrift des untersuchenden Arztes)

Raum für Bemerkungen, spätere Untersuchungsbefunde und Ermittlungsergebnisse

Gesundheitsamt[1])

Tgb. Nr. ....

...., den .... 193...
(Anschrift und Fernsprecher)

Bescheinigung

Dem ....

geb. am .... in ....

wohnhaft in ....

und der ....

geb. am .... in ....

wohnhaft in ....

ist das auf Grund des Gesetzes zum Schutze der Erbgesundheit des deutschen Volkes (Ehegesundheitsgesetz) vom 18. Oktober 1935 (Reichsgesetzbl. I S. 1246)[2]) und des § 6 der Ersten Verordnung vom 14. November 1935 zur Ausführung des Gesetzes zum Schutze des deutschen Blutes und der deutschen Ehre (Reichsgesetzbl. I S. 1334)[3]) erforderliche Ehetauglichkeitszeugnis versagt worden, weil ....

....

....

....

(Siegel)

....
(Unterschrift)

[1]) Einzusetzen die amtliche Bezeichnung des Gesundheitsamts.
[2]) Eine etwaige Beschwerde ist in diesem Fall an das für das ausstellende Gesundheitsamt zuständige Erbgesundheitsgericht zu richten.
[3]) Eine etwaige Beschwerde ist in diesem Fall an die dem Gesundheitsamt vorgesetzte höhere Verwaltungsbehörde (...
....) zu richten.

Anlage 4*)
(Vorderseite)

A B C D E F G H I J K L M N O P Q R S Sch St T U V W X Y Z | Mb Sb Sch FE Tbc Gb Kb Psb Alk | NA | Bs Ed Ep EE B K Ek Auss

Fürsorge   Positive — Auslese — Negative

1. Amt

2. Nr. der Akte   Bezirk

3. Tag der Kartenausst.

4. Zuname   Vorname (Rufname unterstreichen) , geb.:

14. Eltern blutsverwandt: ja / nein
Onkel/Nichte, Tante/Neffe, Geschw.-Kinder

Mädchenname bei Frauen

15. Sind der Eltern   Kindern
von insgesamt   davon:

5. Geburtsort   6. Geburtstag, -monat, -jahr

7. ehelich / unehelich

8. Religion: bei der Geburt

9. Zwilling: gleich-/anders-geschlechtl.

13. Eigene Kinder insgef.   totgeboren / noch lebend
davon unehelich   bavon: / noch lebend

10. genaue Berufsangabe

11. ledig, verheiratet, verwitwet, geschieden   12. Heiratsalter Jahre

16. Wohnort (Unterstützungswohnsitz)
Ort: Wohnung:

21. Vorkommen hochwertiger Eigenschaften in der Sippe
Art: Verwandtschaftsgrad:

23. artig — nichtartig
Körperbautyp nach Kretschmer
Vorwiegender Rasseanteil mit   Einschlag
Haarfarbe:
Augenfarbe:
Schädelform:

24. Schulart u. Schulleistungen
  mal sitzengeblieben

27. Erbkrankheit
Zur U. angezeigt am: Attest, am:
Antragsteller:
EG.:   Zugest. am:
Beschluß auf:
Durchgeführt am:
Ausführung bis:
wegen EOG.:

28.   mal vorbestraft wegen:
Am   in
wegen
unter Vsichtschaft gestellt, entmündigt, entmannt
nach § 42 k St.G.B., aus § 51 St.G.B., § 58 St.G.B.,
§ 3 J.G.G. freigesprochen, Sicherheitsverwahrung,
Fürsorgeerziehung angeordnet.
Gericht: Geschäftszeichen:
Kriminalbiologisch untersucht am
in

17. Frühere Krankheiten

18. Anstaltsaufenthalte

22. Vorkommen von Erbkrankheiten in der Sippe
Art: Verwandtschaftsgrad:

25. Körperliche Entwicklung

26. Charakterentwicklung, Sonderbegabungen

19. Hauptdiagnose
Erblich:
Erbbiologisch:
Sozial:

20. Gestorben am:
Todesursache:

*) Anlage 4 in Rotbruck. Karteikarte für männliche Personen grau, für weibliche bläulich.

Anlage 4
(Rückseite)

Fürsorgerisch betreut durch	von (Jahr)	Hinweis auf Sonderkartei	Fürsorgerisch betreut durch	von (Jahr)	Hinweis auf Sonderkartei

Ärztliche Untersuchung am	für	Urteil	Rat	Durchgeführte Maßnahmen (auch soziale)

Weitere Aktenunterlagen, Art	Aktenzeichen	Det	Weitere Aktenunterlagen, Art	Aktenzeichen	Det

Wohnortkarte (Rückseite) (Für männliche Personen grau, für weibliche Personen blau)

Sonstiges:

Geburtsortkarte abgesandt an G. A.

am:

Untersuchungen und andere wichtige Vorgänge beim Gesundheitsamt

Ergebnis

Veranlassung

Tag

Wohnortkarte (Vorderseite) (Für männliche Personen grau, für weibliche Personen blau)

| A | B | C | D | E | F | G | H | I | J | K | L | M | N | O | P | Q | R | S | Sch | St | T | U | V | W | X Y Z |

Geburtsname:

Vorname:

| A | B | C | D | E | F | G | H | I | J | K | L | M | N | O | P | Q | R | S | Sch | St | T | U | V | W | X Y Z |

Namensänderungen:

Geburtsort: verheiratet: vermitwet: geschieden: unehelich: Geburtstag, -monat, -jahr:

| A | B | C | D | E | F | G | H | I | J | K | L | M | N | O | P | Q | R | S | Sch | St | T | U | V | W | X Y Z |

Gesundheitsamt: Nrn. der Sippenakten:

Religion: Zucker (jüd. Mitsch.? Sonst artfremd?)

Wohnung:

Gelernter Beruf? Gerichtl. Bestrafung?
Erbkränklich? Ständiger Arbeitgeber (Anschrift)?

Wohnort: in

X U. (Änderungen mit Jahreszahl)

Geistesbrüche Sozial: Hauptdiagnose:

EG
EOG WE

Schule (Ort) in von (Jahr) bis (Jahr) am in

Totesursache:

Bemerkungen:

Hinweis auf weitere Auskunftsquellen und Akten:

Ärztliche und Anstaltsbehandlung (Jahr, Name und Anschrift des Arztes (Anstalt), Krankheit):

Soziale Auffälligkeiten (Fürsorgeerziehung, Vorstrafen, Entmündigung usw. — Bezeichnung der Behörde, des Gerichts, Aktenzeichen, Jahr):

Bemerkungen über die Sippe:

R 132 14 381 Reichsdruckerei, Berlin

319

605

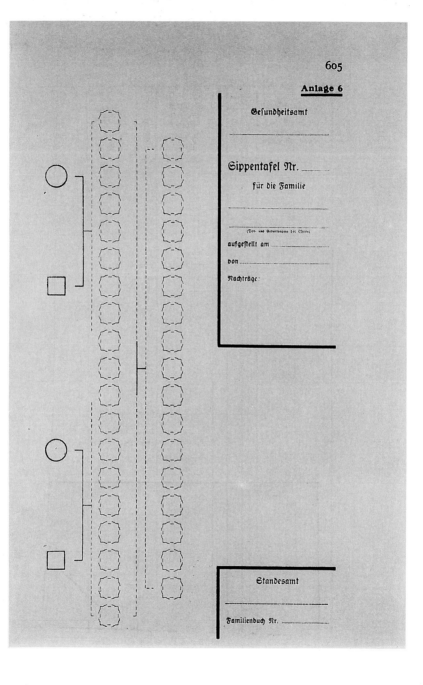

Anlage 6

Gesundheitsamt

_____

Sippentafel Nr. _____

für die Familie

_____

_____
(Vor- und Geburtsname der Eltern)

aufgestellt am _____

von _____

Nachträge:

Standesamt

_____

Familienbuch Nr. _____